U0959884

权威·前沿·原创

皮书系列为
“十二五”“十三五”国家重点图书出版规划项目

BLUE BOOK

智库成果出版与传播平台

中国社会科学院创新工程学术出版资助项目

青少年蓝皮书
BLUE BOOK OF TEENAGERS

中国未成年人互联网运用报告（2021）

ANNUAL REPORT ON THE INTERNET USE OF CHINESE MINORS (2021)

主　　编 / 季为民　沈　杰
执行主编 / 杨斌艳
副 主 编 / 季　琳

社会科学文献出版社
SOCIAL SCIENCES ACADEMIC PRESS (CHINA)

图书在版编目(CIP)数据

中国未成年人互联网运用报告. 2021 / 季为民，沈杰主编. --北京：社会科学文献出版社，2021.9
(青少年蓝皮书)
ISBN 978-7-5201-8811-1

Ⅰ.①中… Ⅱ.①季… ②沈… Ⅲ.①互联网络-影响-青少年-研究报告-中国-2021 Ⅳ.①D669.5 ②TP393.4

中国版本图书馆 CIP 数据核字(2021)第 162954 号

青少年蓝皮书
中国未成年人互联网运用报告(2021)

主　　编 / 季为民　沈　杰
执行主编 / 杨斌艳
副 主 编 / 季　琳

出 版 人 / 王利民
责任编辑 / 桂　芳　陈　颖
责任印制 / 王京美

出　　版 / 社会科学文献出版社·皮书出版分社(010)59367127
地址：北京市北三环中路甲 29 号院华龙大厦　邮编：100029
网址：www.ssap.com.cn
发　　行 / 市场营销中心(010)59367081　59367083
印　　装 / 天津千鹤文化传播有限公司

规　　格 / 开 本：787mm×1092mm　1/16
印 张：23.5　字 数：353 千字
版　　次 / 2021 年 9 月第 1 版　2021 年 9 月第 1 次印刷
书　　号 / ISBN 978-7-5201-8811-1
定　　价 / 158.00 元

《中国未成年人互联网运用报告（2021）》编委会

主要编撰者简介

季为民 中国社会科学院大学新闻传播学院教授，博士生导师。中国社会科学院新闻与传播研究所媒介传播与青少年发展研究中心主任。马克思主义理论研究和建设工程重点教材编修组首席专家，共青团十七届中央委员会委员，北京青年研究会常务理事，中国社会学会青年社会学专委会理事。主要研究领域和方向：马克思主义新闻学、新闻伦理、青少年研究。编著出版论文集、研究报告集、访谈文集、专著（合著）20多部1000多万字。如《艰难的新闻自律》（合著）、《学问有道——学部委员访谈录》、《共筑基层教育中国梦》、《青少年蓝皮书——中国未成年人互联网运用报告》、《青年学者看中国》、“国情调研”系列丛书等。获第二届政府出版奖提名奖、中宣部好信息奖、中国新闻史学会新闻传播学学会奖、中国社会科学院优秀科研成果奖、中国社会科学院优秀对策信息特等奖、全国党建研究会科研院所专委会调研课题优秀成果奖等。

沈　杰 中国社会科学院大学教授，博士生导师。青年研究领域的主要学术任职经历有：中国青少年研究会副会长，中国人才研究会青年人才专业委员会副会长，北京青年研究会会长等。获中央宣传部、中央文明办、团中央、教育部、文化部、国家广播电影电视总局、国家新闻出版总署、国家体育总局、全国妇联、中国科协共同授予“中国青少年社会教育‘银杏奖’突出贡献奖”（2005年），获中国青少年研究会授予“中国青少年研究事业突出贡献奖”（2008年）。近年主要著述有：《青年对社会变迁的反应：中国现代化进程中青年社会心理的变迁》（独著，2012 年）、《中国改革开放以来青年发展状况研究》（主编，2015 年）、《青年世界的社会学洞见》（独著，2018 年）。

杨斌艳 中国社会科学院新闻与传播研究所副研究员、硕士生导师。中国社会科学院舆情调查实验室秘书长，中国社会科学院“国家治理研究智库”副秘书长，中国社会科学院青年人文社会科学研究中心副秘书长，中国社会学会青年社会学专业委员会理事。主要研究领域为网络传播、舆情与社会治理、青少年的网络行为。2010 年起参与“中国未成年人互联网运用状况调查”项目，该项目已完成全国抽样调查 10 次，出版《青少年蓝皮书：中国未成年人互联网运用报告》六部，完成多项对策研究。本人因此项目 2016 年获评《全民科学素质行动计划纲要》“十二五”实施工作先进个人，成果多次获中国社会科学院优秀对策信息奖，2019 年获“优秀皮书报告”一等奖。

季　琳 中国少年儿童发展服务中心媒介与教育中心主任。长期致力于青少年成长实践与互联网相关问题研究和工作。曾在团中央所属国家重点网站中青网担任技术负责人，参与中国共青团网、中青网建设运维；2005 年至今，先后在中国青少年社会服务中心，中国少先队事业发展中心及下辖辅导员杂志社、少先队小干部杂志社，中国青少年宫协会，中国少年儿童发展服务中心等单位，负责新媒体与少年儿童实践教育活动相关工作。

摘要

青少年互联网运用是当代社会广泛关注的重大问题，更是关系网络强国和未成年人成长发展的重大战略问题。本书是“中国未成年人网脉工程”子项目“中国未成年人互联网运用状况调查”的重要成果之一。调查自 2006 年启动，截至 2020 年 1 月共完成十次全国抽样调查。本年度青少年蓝皮书基于第十次调查数据和有关专项调查研究，对中国未成年人互联网使用的最新现状进行了报告，对疫情中未成年人运用互联网学习的情况进行了调查。此外，本书还对北京和广东未成年人网络运用进行了报告。

互联网已深深融入青少年的生活与学习之中。身处中国互联网发展的大环境，应该进一步思考和重构我国“青少年与互联网”之间的关系。一是，未成年人的网络行为和认知已经与数字时代深度嵌套在一起，未成年人如何更好地实现数字化生存将是未来关注的焦点；二是，青少年是网络强国的生力军，是网络文化的参与和创造者，在网络空间赓续传承着中华文化；三是，成长在网络时代的青少年不仅需要社会的保护，更需要肩负新时代网络强国的担当，应以积极的眼光用发展促保护，为网络强国建设打好坚实基础；四是，网络素养已经成为青少年必备的生存技能、成为数字时代的公民素养，因此网络素养的培育已经由青少年扩展至全民。因此，本书确立了将未成年人网络运用与网络强国、网络文化和网络文明联系在一起并置于中国情境中进行分析和观察的研创方向。

本书的主要研究发现包括：①城乡未成年人网络认知态度及行为差异明显，农村未成年人遭遇网络安全问题的比例更高；②未成年人首次触网的年龄不断降低，手机等移动终端的使用率不断提高，娱乐过度、网络成瘾等问题依然突出；③视频类 App 最受留守儿童欢迎，未成年人网络充值等网上消费较为普遍；④青少年人群接触编程的年龄呈现逐年走低趋势；⑤未成年人在线学习时间不断加长、内容参差不齐；⑥未成年人参与网络社群具有明显的分众化、个性化、多元化、“因人（物）聚群”的特点，存在娱乐化、圈层化、群体极化、非理性消费等问题；⑦互联网一方面便捷地满足了青少年社会化需求，另一方面也带来不良内容影响、身体素质下降等问题；⑧未成年人网络素养总体水平不高，易受到个人、家庭、学校等的影响；⑨网络欺凌、未成年网红、短视频沉迷等成为未成年人网络运用的新问题。

本书的主要建议包括：①从传统的管控模式向多方协调系统规治模式转变，明确厘清各方责任，加强协同创新；②加强对在线教育平台和教学内容的治理改善；③“限制”和“赋能”并重，提高未成年人网络素养，完善青少年模式；④积极构建未成年人网络社群参与的政策协同联动机制，履行好平台管理职责，压实互联网企业主体责任；⑤提升青少年网络素养需集结社会各界力量，通过制定行动计划、构建教育生态系统、完善相关法律法规等方式提升全社会网络素养；⑥加强对个人信息泄露、网络依赖、数字鸿沟、未成年网红等问题的研究治理。

关键词： 未成年人　网络文化　网络社交　网络素养　网络学习　网络保护

目 录

Ⅰ 总报告

Ⅱ 分报告

Ⅲ 热点报告

Ⅳ 网络社交

Ⅴ 网络素养

Ⅵ 区域报告

Ⅶ 附 录

皮书数据库阅读使用指南

总报告

General Report

B.1

赓续网络强国重任 建设适宜未成年人成长的互联网生态

——中国未成年人互联网运用报告（2021）

季为民　杨斌艳　刘博睿*

摘　要：报告综述了过去一年来未成年人在互联网生态系统中的地位和网络运用概况，结合调查对未成年人的网络文化、职业选择和网络社群进行了报告，对未成年人互联网运用的保护、引导与网络素养情况进行了分析，洞悉当前未成年人互联网运用的主要问题：网络对未成年人带来的不良影响和潜在风险值得关注；家长对未成年人网络运用指导有限；网络运用呈现城乡差异和发展不平衡问题；网络素养教育不平衡，任

* 季为民，中国社会科学院大学新闻传播学院教授、博士生导师，中国社会科学院新闻与传播研究所媒介传播与青少年发展研究中心主任，主要研究方向为马克思主义新闻学、新闻伦理、青少年研究；杨斌艳，中国社会科学院新闻与传播研究所副研究员，主要研究方向为舆情与社会治理、新媒体与社会、青少年与互联网；刘博睿，中国社会科学院大学新闻传播学院2019级博士生。

重道远。建议明确未成年人赓续网络强国重任的主体地位，并达成社会共识；把握好发展与保护、发展与治理的平衡；重视并解决网络城乡差异和发展不平衡问题；加强数字关怀，弥合数字鸿沟；持续关注技术迭代和智能产品对未成年人的影响，推进未成年人群体健康学习、使用网络新技术；持续关注和深入研究网络文化对未成年人的影响。

关键词：　未成年人　网络强国　网络文化　网络素养　互联网生态

习近平指出："网络空间是亿万民众共同的精神家园。网络空间天朗气清、生态良好，符合人民利益。网络空间乌烟瘴气、生态恶化，不符合人民利益。"[①] 互联网生态（网络生态）是网络环境中网络主体与网络客体相互作用、竞争合作、动态发展、共同演化的开放系统。[②] 在我国，当代未成年人作为互联网的"原住民"是互联网生态中不可或缺的重要一环。未成年人对互联网的认知、运用能力、网络素养等直接影响互联网生态，为未成年人提供健康、安全的网络环境也成为网络生态构建过程中的重要命题。自2006 年开始，"中国未成年人互联网运用状况调查"项目组对全国 7～18 岁的在校学生开展了 10 次全国调查。本报告基于 2020 年进行的第十次调查数据，[③] 并结合其他相关研究，全面审视当前我国未成年人的互联网运用状况和发展趋势。通过分析总结相关数据，我们认为，应高度关注未成年人作为网络生态主体的重要作用，明确未成年人赓续网络强国的使命任务，通过未

① 习近平：《网络空间是亿万民众共同的精神家园》，2016 年 4 月 20 日，http：//www.cac.gov.cn/2016－04/20/c_ 1118679396.htm。

② 季为民：《论习近平关于网络强国的重要思想——写在习近平"4·19"讲话发表五周年之际》，《新闻与传播研究》2021 年第 4 期。

③ 本报告除单独标注来源之数据外，所有数据均来自第十次"中国未成年人互联网运用状况调查"。本次调查以 GDP 和人口规模作为主要指标，对全国 7～18 岁的在校学生进行抽样调查，向 10 个省（自治区、直辖市）发放问卷 12829 份，收回有效问卷 11210 份。

成年人、家庭、学校、行政部门、科研部门以及网络服务提供机构等社会各环节的共同努力，保障未成年人互联网运用权益，构建适宜未成年人发展的网络生态，为推动网络强国做出贡献。

一　未成年人在网络生态系统的地位及其网络运用概况

（一）未成年人是互联网生态中的重要主体

1994 年，中国正式联结国际互联网，历经近 30 年的发展，中国已经形成了规模庞大、主体众多、内容多元的互联网生态。有研究指出，网络生态系统主要由环境因子和主体因子两大部分构成，其中，环境因子包括构成网络的物质基础环境、信息资源环境和由法律法规、教育资源、科学技术、经济发展等构成的与网络生态相关的社会环境。网络生态的主体因子则分为网络信息主体、网络运营主体和网络构建主体。网络信息主体可以进一步细分为网络信息的生产者、消费者和分解者。[①] 未成年人作为互联网运用的重要主体，通过与网络生态中的其他各主体的紧密结合、深入互动，共同在互联网生态系统中生存、发展。而由于未成年人处于独特的身心发育时期，他们成为网络生态中的独特群体。当代未成年人自出生以来就在互联网环境下生活，互联网生态对未成年人的成长和发展带来的影响也更加显著。良好的互联网生态可以促进未成年人更好地成长在网络时代，更好地运用互联网；反之，互联网生态恶劣则会对未成年人的合法权益造成侵害，对他们的健康成长造成不利影响。然而，当前的互联网生态环境与对未成年人安全用网、健康成长的期待有较大差距，过度使用、过度娱乐化、诱导消费问题长期存在，网络社群极化、不良信息侵扰、网络欺凌等问题时有发生。准确把握未成年人在互联网生态中的主体地位，构建良好的互联网生态，理应成为当前研究未成年人互联网运用的重要课题。

---

① 徐国虎、许芳：《网络生态平衡理论探讨》，《情报理论与探索》2006 年第 2 期。

（二）未成年人互联网运用基本状况

未成年人在网络普及程度、运用设备、使用时长方面正向着全面化、多元化和低龄化方向发展，现实空间与网络空间深度“嵌套”，网络生活与现实生活密不可分。

1. 网络普及度趋近饱和，触网低龄化趋势显著，上网设备多元

根据中国互联网络信息中心（CNNIC）第48次《中国互联网络发展状况统计报告》，截至2021年6月，我国网民规模为10.11亿，6~19岁网民占15.7%，规模超过1.58亿。[①]“第十次中国未成年人互联网运用调查”结果显示，未成年人互联网普及率达到99.2%，显著高于71.6%的全国平均普及率，未成年人网络普及度基本趋于饱和。参与调查的未成年人中，10岁前接触互联网的比例达到78%，首次触网年龄集中在6~10岁。与2017年调查数据比较，本次调查中8岁以前首次上网比例明显提高。[②] 比较小学、初中、高中数据，超过65%的初中生和超过60%的高中生在10岁及以前就接触过互联网，10岁及之前首次触网的小学生比例超过80%。10岁及以前触网比例不断提高，未成年人上网低龄化趋势明显。

据“第十次中国未成年人互联网运用状况调查”来看，在上网场所和设备方面，超过85%的未成年人选择在家上网。手机已经成为未成年人上网的主要设备，超过80%的未成年人主要用手机上网。具体而言，有84.3%的初中生主要使用手机上网，而高中组选择手机上网的占到79.7%，小学生这一比例为65.3%。小学生对电脑、平板电脑、智能机器人、智能手表等设备的使用比例也较高，说明上网设备多元化和智能化程度不断提高，未成年人上网正变得越来越便捷，选择也更加多样。

调查显示，超过80%的未成年人上学时间日均上网时长不足1小时，

① 中国互联网络信息中心（CNNIC）：第48次《中国互联网络发展状况统计报告》，2021年8月，第29页。

② 季为民、沈杰主编《中国未成年人互联网运用报告（2020）》，社会科学文献出版社，2020，第3页。

其中超过 1/3 在周一到周五不上网，周中不上网的比例随着学业压力的加大而提升，约 40% 初中生周一到周五不使用网络，高中生这一比例提高到约 60%。在周末，未成年人上网者占比明显增加，从不上网比例仅为 4.9%。上网时间也显著增长，特别是周末上网超过 3 小时的比例提升明显，且随着年级增长而提高，初中生为 16.1%，高中生上升到 29.6%。

2020 年初，新冠肺炎疫情突发以来，线上授课成为重要学习方式，未成年人的网络运用时间显著增长。根据《疫情期间大中小学生状况调研报告》，疫情期间 48.4% 的小学生平均每天使用电子设备学习的时间多于 4 小时，72.4% 的初中生运用电子设备的学习时长超 4 小时。①

2. 休闲娱乐仍是主要上网目的，主动用网能力随年龄提高，但用网发展方向单一

比较受调查未成年人的上网目的，可以看出不同学业阶段的未成年人网络运用目的的变化。我们将未成年人上网目的分为内容需求、关系需求和服务需求三类，其中关系需求包括社会互动、自我塑造、人际交流等，内容需求包括环境监测、个人发展、休闲娱乐等。比较中小学生上网目的可以看到，休闲娱乐仍是未成年人的主要上网目的，而随着年龄的增长，未成年人上网也从被动逐渐转为主动，开始自主探索网络世界。

具体来说，中学生通过互联网了解时事的比例比小学生提高约 7 个百分点。而小学生网络课堂、扩大知识量以及完成作业、查资料等上网活动占比明显高于中学生，这说明小学生的上网活动更多是基于老师、学校的要求，以完成学业和作业为导向。休闲娱乐作为受访未成年人最重要的上网目的，在网络活动中占比随年龄增长而提高，中学生把更多的网络活动时间放在了娱乐游戏和放松休息方面。在关系需求方面，未成年人参与网上讨论和通过

---

① 国家统计局上海调查总队：《疫情期间大中小学生状况调研报告：初中篇》，2020 年 4 月，http：//newsxmwb. xinmin. cn/shizheng/2020/04/02/31700910. html，最后检索日期：2021 年 6 月 30 日。

国家统计局上海调查总队：《疫情期间大中小学生状况调研报告：小学篇》，2020 年 4 月，https：//baijiahao. baidu. com/s? id = 1662641698258910248&wfr = spider&for = pc，最后检索日期：2021 年 6 月 30 日。

朋友圈等渠道表达自我的意愿比较低，与小学生相比，中学生在这方面的意愿度有一定提高。在关系需求中，中小学生通过网络进行交友的活动占比变化明显，小学生为19.7%，中学生为39.5%，说明中学生主动通过网络接触世界、结交朋友和表达自我的意愿更高。在服务需求方面，通过网络获取各类生活服务的比例虽然随年龄提升较多，小学生为1.8%，中学生为3.7%，但仍是占比最低的上网目的。这说明当前未成年人自身没有经济来源，通过网络满足自身生活需求的能力也较低，较少能自主获得网络生活服务。调查数据显示，尽管随着年龄增长，未成年人主动用网的能力有所提高，但上网目的仍以休闲娱乐为主，较为单一。

3. 在线学习成为重要网络活动，疫情期间未成年人对网课总体满意

未成年人日常生活的大部分时间都与学习活动相关，在线学习也成为未成年人独具特色的网络活动之一。调查显示，我国参与在线教育的用户规模从2016年的1.38亿增长至2021年的3.25亿。① 据2020年第十次中国未成年人互联网运用状况调查，83.2%的城市未成年人和86.4%的乡镇未成年人有参加网课的经历。在学习课程方面，未成年人参加的网课以英语（41.0%）、数学（37.9%）、语文（28.8%）等科目为主，为满足各年龄段未成年人的学习需求，各个学科和多元教育模式的在线教育产品布局日益完善，在线教育市场形成了在线教学、在线辅导、在线题库和在线作业等全产业链产品和服务协同发展的趋势。

新冠肺炎疫情突发以来，在线教育在全国各地大范围地开展。据西安交通大学《疫情期间中小学生学习生活情况调查报告》，疫情期间全国总体网课开设率达94.03%，未成年人的网课参与率达99.11%。② 疫情期间在线学习的授课内容也从课后辅导和兴趣类课程转为学校日常授课内容，这一教学

① 中国互联网络信息中心（CNNIC）：第48次《中国互联网络发展状况统计报告》，2021年8月，第51页。

② 西安交通大学公共政策与管理学院“新型城镇化与可持续发展”课题组：《疫情期间中小学生学习生活情况调查报告》，2020年3月，https://www.thepaper.cn/newsDetail_forward_6680193，最后检索日期：2020年6月30日。

方式的转变对未成年人、家长、教师、学校、教育行政部门以及网络服务提供商都带来巨大的挑战。授课平台方面，在传统网课平台基础上，以微信、QQ等社交通信工具和钉钉办公平台为代表的社交工具平台成为学校在疫情期间开展在线教育的重要工具，使用率分别达到79%和55.5%。一些适应网络的教学形式也得到推广，《浙江省疫情期间中学线上教学情况调查研究》显示，本省51.8%的学生通过直播进行线上学习，17%的学生通过“直播+录播+资源包”组合的方式进行线上学习，其中，中小学生对通过资源包自主学习的学习方式满意度最高；语音连麦、视频提问、在线测试、微信和弹幕交流等手段弥补了在线教育互动不足的缺陷；在线教育取得了较好的效果，疫情期间未成年人对网课的整体满意度（比较满意、非常满意）达82.9%。

4. 短视频运用增幅显著，成为未成年人重要娱乐手段，参与短视频内容生产比例较低

短视频是继音乐和游戏之后，我国未成年人中排名第五的网络娱乐活动。2020年未成年人观看短视频的比例为49.3%[①]，这一数据在2019年和2018年分别为46.2%[②]和40.5%[③]，与前两年数据比较，未成年人短视频运用增幅显著。调查显示，相比小学生，初中及以上学生观看短视频的比例较高，其中中等职业教育的学生观看比例最高，为67.0%[④]，初中生的观看比例为59.7%，高中生为60.2%。观看目的方面，主要是通过短视频进行休闲娱乐，有研究指出，“学习负担比较重、有心里话藏在心里、感到孤独、对未来迷惘、人际关系不和谐、感到大人不尊重自己”的中小学生，使用

① 共青团中央维护青少年权益部、中国互联网络信息中心：《2020年全国未成年人互联网使用情况研究报告》（2021年7月，第12页），《中国青年报》2020年12月28日，第8版。

② 共青团中央维护青少年权益部、中国互联网络信息中心：《2019年全国未成年人互联网使用情况研究报告》，2020年5月，第1页。

③ 共青团中央维护青少年权益部、中国互联网络信息中心：《2018年全国未成年人互联网使用情况研究报告》，2019年3月，第1页。

④ 共青团中央维护青少年权益部、中国互联网络信息中心：《2020年全国未成年人互联网使用情况研究报告》，2021年7月，第16页。

短视频的比例显著高于没有类似情况的同龄人①。这也从另一方面证明，未成年人通过短视频暂时逃避现实生活中的压力，获得精神上的放松。

从内容方面看，轻松有趣的“搞笑类”内容最受青少年喜爱，占比为58.5%，动漫游戏类、知识教育类、日常生活类分列第二到第四名，占比分别为36.8%、32.8%和31.9%。②

在娱乐功能之外，未成年人也可以通过短视频获取知识和技能。调查显示，有67.1%的未成年人通过短视频获取绘画、舞蹈、书画等才艺类知识，同时，通过短视频获取辅导学习类知识以及生活技能类知识的占比为64.1%和59.3%。③ 相较观看短视频，未成年人参与短视频内容生产的比例相对较低，这也与既往研究中发现未成年人在互联网上自我展示和表达的意愿不高的特征相符。④

二　未成年人的网络文化、职业选择和网络社群

（一）网络文化对未成年人影响深远，互联网相关职业成为未成年人目标职业

当代未成年人广泛接触各类网络文化。未成年人善于学习和模仿流行文化中的一些要素，调查显示，高达78.1%的城市未成年人和79.7%的农村未成年人表示会模仿网络上的行为。以小学生为例，在网上模仿的行为中，被模仿最多的网上行为是学唱网上流行歌曲（47.8%），而对于网络流行语，过半数受调查小学生表示均未听说过本次调查所列出的一系列网络流行

① 孙宏艳、李佳悦：《未成年人最喜欢搞笑类的短视频》，https://baijiahao.baidu.com/s?id=1682414628323133375&wfr=spider&for=pc，最后检索日期：2021年6月30日。

② 孙宏艳、李佳悦：《未成年人最喜欢搞笑类的短视频》，https://baijiahao.baidu.com/s?id=1682414628323133375&wfr=spider&for=pc，最后检索日期：2021年6月30日。

③ 孙宏艳、李佳悦：《看短视频到底影响不影响学习》，《中国青年报》2020年11月5日，第10版。

④ 季为民、沈杰主编《中国未成年人互联网运用报告（2020）》，社会科学文献出版社，2020，第15页。

语，模仿网上说话方式的占 16.5%；对于网络流行语，经常在生活中使用的受调查者占比不足一成。此外，也有 36.9% 的小学生表示自己从不模仿网上的行为。这表明，当代未成年人已经广泛接触网络文化，并受到网络流行文化的影响。

网络文化对未成年人的职业选择产生了一定的影响。以小学生为例，在未来职业选择倾向上，城乡小学生对于调查列出的 16 个职业（包括传统职业和互联网相关的新兴职业）整体的偏好近似，但具体到每个职业上仍有差别。其中，倾向于成为教师的受调查者在城乡小学生中比例均最高；整体来看，有更高比例的城市小学生希望成为艺术家和科学家，乡镇小学生则更多希望成为军人、工人和运动员等。与互联网相关的三个职业：网红、游戏玩家和 AI 高手，乡镇小学生希望成为前两者的比例更高，城市小学生则更多希望成为 AI 高手。与互联网相关的新兴职业逐渐成为未成年人的理想职业目标，凸显出互联网对未成年人潜移默化的影响。

（二）社群呈分众化、个性化、多元化和“因人（物）聚群”特点显著，资本操控下网络社群走向线下

未成年人网上自我表达的意愿相对有限，相较于开放平台的自我表达，一些以共同喜好为纽带的网络社群，成为未成年人在互联网上重要的社交和自我表达平台。在商业运作驱动下，为了更好地满足不同群体的差异化追求，提高用户黏性，以提升网络平台的商业转化率、实现精准营销，网络社群平台呈现明显的分众化特点，人群被定向引流到更加专业化、个性化的社群中。未成年人参与网络社群呈现明显的分众化、个性化、多元化、“因人（物）聚群”的特点。

未成年人的网络社群主题十分丰富，明星、路人、品牌、宠物、衣着、英雄人物、文艺作品等均可形成共同话题，“万物可粉”成为未成年人网络社群的重要标志。未成年人除了对“粉”的对象进行行为上的模仿和追随外，同时也进行心理的投射，获取情感满足。在抖音短视频、微信公众号、快手等平台上，头部 KOL 活跃用户中未成年人分别占到了 12.8%、7.5%、

15.8%，不是活跃用户最主要的组成。但在小红书、微博中，未成年人的占比则跃升至第二位，仅次于19~24岁的年龄群体[①]，这显示出以共同的话题为纽带，未成年人积极参与网络社交、分享个人感受，并借此表达自我、交流感受，在同好之间获取认同。

随着网络社群的不断发展，网络服务提供商也抓住这一重要的营销渠道，鼓励和推动网络社群的运用，诸如“微博超话”“豆瓣群组”等网络社群受到追捧。而网络生活与现实生活紧密相连，加上未成年人更倾向于同在现实生活中认识的人交往，在这些因素的推动下，网络应用服务商进一步加强网络社群营销，通过线下活动将线上社群带到线下，以此为用户提供更多选择，在拓展未成年人的社交、增强未成年人对社群认同的同时，也有效地增强了用户黏性，为企业带来更多获利可能。

三　未成年人互联网运用的保护、引导与网络素养

构建适宜未成年人成长的互联网生态，离不开有效的制度规则、行为规范的保护，离不开家庭、学校对未成年人网络运用的引导，更离不开完善的网络素养教育。作为互联网原住民的未成年人，在长期的网络运用过程中已经具有基本的网络素养，具有基本的网络安全与责任意识。但在家庭和学校的教育引导、网络素养的学习与完善等方面还存在问题和不足，网络素养是与每一个网络运用主体密切相关的课题，对其需要全面分析和评估。

（一）未成年人具备基本网络安全意识和责任意识

调查显示，未成年人在互联网社交过程中，具备基本的网络安全意识和责任意识。在个人信息保护方面，网络空间中，未成年人的交往对象大多是

---

① “头部KOL”是指粉丝数1000万的KOL（关键意见领袖），“全平台”是指所统计范围为指定KOL在各平台中的去重总粉丝数量。数据来源：QuestMobile：《2020跨平台KOL生态研究报告》，2020年7月，https://www.questmobile.com.cn/research/report-new/117，最后检索日期：2021年6月30日。

现实生活中的熟人，未成年人的个人信息保护意识较强。调查显示，对于涉及个人隐私、对个人安全有潜在危险的信息，未成年人保持较高警惕性。对个人安全不会直接构成危险的信息，如性别，52.3%的未成年人选择真实公布，但姓名披露明显减少，学校、照片、班级、手机号、邮箱等内容披露率更低。这表明在网络交往时，未成年人具备一定的个人信息保护意识。

在上网或安装 App、填写个人信息时，53.5%的未成年人表示“每次都会想到”需要保护个人隐私的问题，21.2%的未成年人表示“经常会想到”需要保护个人隐私的问题。可见，超过70%的未成年人具备积极主动地保护个人隐私的意愿，隐私意识较强①。在“在网络交往过程中，您公布了自己的哪些真实信息?”这项调查中，有46.7%的受调查小学生公布了性别，27.6%公布了年龄和19.6%公布了姓名；此外，有部分小学生公布了自己的学校（10.8%）和手机号（6.1%）等隐私信息。

在网络信息真伪辨别能力方面，未成年人表现出较高的自信。调查中，在回答“你认为你辨别网上信息真假的能力能得几分（满分10分）”一题中，小学低年级组平均6.9分，小学高年级组平均8.0分，初中生自评分7.9分，高中生自评分达8.1分。评分总体呈现随年龄增长而提高的趋势。这也反映出未成年人认为随着自己互联网实践不断丰富，对信息真伪的辨别能力也不断提高。但受调查者对于真假信息的鉴别能力来源于自身主观判断，其准确性有待进一步证实。

在网络责任意识方面，未成年人能够意识到网络同样不是法外之地，要对自己的言行以及对他人造成的影响负责。调查显示，79.9%的小学生、62.3%的中学生和51.0%的高中生表示“几乎没有”在网上做过明知不应该做的事情。78.2%的未成年人对“一个人需要对自己的网络言行负责”这一观点表示认同（完全同意57.6% +基本同意20.6%）。

---

① 王颖、季为民：《未成年人网络素养与网络保护》，载季为民、沈杰主编《中国未成年人互联网运用报告（2020）》，社会科学文献出版社，2020，第140页。

（二）学校网络素养课程开设不足，未成年人对相关法规了解较少

相较于未成年人在日常的互联网运用中形成的网络安全意识和责任意识，学校在网络素养方面给予未成年人的教育和引导显得不足。在互联网发展初期，学校曾是未成年人获得网络知识、提升网络素养的主要场所，在2010年的调查中，89.6%的受访者表示自己“上过学校的互联网课程”，并有65.8%的受访者认为“学校的互联网课程对自己有帮助”。而在2020年的调查中，仅有28%的受访者表示自己“上过”专门的网络素养课程，其中，参加过网络媒介素养课程的中学生仅占27.1%。即便在一些大城市，未成年人参与网络素养课程的比例也不足，调查中，在北京仅有22.9%的小学生表示自己参与过网络素养课程，广东省的数据尽管稍优于全国平均水平，但也仅有32.4%的未成年人参与过网络素养课程。这表明，学校在未成年人的网络素养教育方面存在较明显的缺位。

网络安全相关法律法规在未成年人中的教育普及，是提升未成年人网络素养的重要方面。2019年10月1日，我国首部《儿童个人信息网络保护规定》正式实施。该规定正式对我国境内通过网络收集、存储、使用、转移、披露不满14周岁的儿童个人信息进行规范，明确了儿童个人信息网络保护的正当必要、知情同意、目的明确、安全保障、依法利用五大原则，涉及网络运营者对于儿童信息的保护，投诉、举报的方式和渠道，存储儿童个人信息时要确保信息安全等。但在2020年的调查中，有41.9%的受访未成年人表示“听说了”“知道了”该规定，仅有18.1%的受访者表示“知道了，而且还学习了这个法的内容”。对相关法规认识的不清晰，也容易导致未成年人网络运用过程中自我保护意识不足，并可能导致自己的合法权益受到侵害。

（三）家长对未成年人网络运用指导作用有限，父母是未成年人遭遇网络安全问题时优先求助的对象

未成年人的互联网运用主要在家庭完成，家长对未成年人网络运用的指

导和支持，对未成年人规范网络行为及形成良好的网络素养具有直接的影响。但目前来看，家长对未成年人网络运用的指导和支持还相当有限。

在上网规定和引导方面，调查显示，33.9%的城市小学生和41.7%的乡镇小学生表示家长“从来没有”教过上网知识、技能或“家长不会上网”。中学阶段，家长对未成年人网络运用的指导进一步放松，仅有13.7%的家长经常指导中学生子女规范使用网络、教给他们相关的互联网知识，同时约有31.3%的家长从来不教授引导孩子使用互联网，还有6.6%的父母自己不会上网。在上网浏览内容和时间方面同样只有41.4%的家长规定了中学生网络使用的时间和内容，16.2%的家长没有在这方面给予帮助和管控。

家长对未成年人网络运用指导不足同样也表现在未成年人对家长的评价上，以中学生为例，中学生对于“父母对其上网的帮助”的评价平均分数约为6分（满分10分）。仅达到及格水平，表明未成年人对家长在自己网络运用方面给予指导的期许和父母实际起到的帮助存在较大差异。

尽管家长对未成年人网络运用的指导和帮助较少，但家长始终是未成年人遭遇网络风险时最重要的求助对象。当上网遇到不安全的事情时，69.9%的小学生和36.7%的中学生完全会报告家长，尽管这方面中学生只有小学生的约一半比例，但家长仍是未成年人遭遇网络不安全事件时最重要的求助对象。

（四）网络素养教育需要深入研究、全面推广，培育良好网络素养需要多方共同努力

通过上述调查可以看到，未成年人通过自己的实践已经具有一些网络素养，但家庭、学校以及相关法规的引导、教育和普及等方面的不足，导致当前未成年人网络素养的培养尚处于不充分、不全面的阶段。如何有效评估未成年人网络素养发展水平、促进未成年人网络素养的全面健康发展成为各界关注的话题。

2020年，北京师范大学青少年网络素养调查和研究项目组通过“个人

的上网注意力管理、网络信息搜索与利用、网络信息分析与评价、网络印象管理、网络安全认知和行为、网络道德认知和行为”六个维度以及 16 个一级指标、29 个二级指标、66 个操作化定义进行测量，提出了基于以上六个方面推进青少年个人能力提升的行动计划建议。调查显示，青少年网络素养平均得分为 3.54 分（满分 5 分），略高于及格线。其中，网络道德的平均得分最高（3.94 分），网络印象管理的平均得分最低（3.02 分）。个人属性中的性别、年级、成绩、青少年生活的城市等级、每天的平均上网时长、网络技能使用熟练度和网络使用自我效能感，家庭属性中的青少年与父母的亲密程度、父母对青少年上网活动的干预频率、家庭氛围，学校因素中的青少年在网络技能及素养类课程中的收获、与同学讨论网络内容的频率以及学校是否有管理移动设备的规定，对青少年网络素养有显著影响。

还有学者将网络素养教育提升到数字公民素养的高度进行定位和阐释，通过回顾西方国家关于公民数字素养教育的理念和实践，提出中国面向青少年群体的数字公民素养教育的意义。这些调查和研究说明，未成年人网络素养的形成和培养，是一个多主体参与、多要素共同构建的复杂工程，只有在尊重未成年人网络运用主体地位的基础上，进一步深入分析影响未成年人网络素养形成和发展的各个要素，通过不同主体的共同努力，才能实现未成年人网络素养的有效提升。

四　当前未成年人互联网运用的主要问题

通过调查，当前未成年人的互联网运用存在诸多问题。这些问题中，既有关于视力下降、运动量不足等网络运用对身心健康带来的直接影响，也有网络文化、网络运用对生活习惯、思考方式等产生的潜移默化影响，还包括城乡之间网络运用差异、网络欺凌等社会问题，以及其他问题。这些问题直接影响关于未成年人的互联网运用和健康的网络生态构建，其产生机制和解决路径需要网络生态系统建设各方共同参与探讨。

（一）对未成年人互联网运用不良影响的认知集中于视力、运动量、行为习惯等方面

当前，互联网对未成年人带来的不良影响主要集中于视力下降、运动量减少、个人信息泄露和变懒惰等方面。参与本次调查的未成年人对“上网带来的不好的变化”的选择情况分别是“比以前更爱待在家里，运动减少了”（43.7%）、“用电脑和手机太多，视力下降很快”（42.1%）、“分走了不少学习时间”（36.6%）和“更依赖网络，懒得自己想问题”（28.5%）。大量使用电子产品对身体健康带来的影响也是家长和有关主管部门直接关注的问题。在 2018 年国家卫健委对全国儿童青少年近视调查中发现，2018 年全国儿童青少年总体近视率为 53.6%，超过了一半。其中，67% 的学生每天户外活动时间不足 2 小时，29% 的学生不足 1 小时，73% 的学生每天睡眠时间不达标，[①] 课后作业时间和持续近距离用眼时间过长、不科学使用电子产品等不良用眼行为普遍存在，导致我国儿童青少年近视率居高不下。这些现象都为未成年人网络生态建设提出警示，也凸显预防沉迷系统和青少年模式等未成年人网络运用保护措施在网络生态构建中的重要作用。

（二）网络运用对未成年人带来的潜移默化影响需要长期关注和研究

相较于对未成年人因网络运用而视力下降、运动量减少等直接影响的广泛关注，人们对由网络运用所带来的潜移默化的影响的关注则稍显不足。这些问题主要体现在以下几个方面。

首先，过多运用电子产品和网络社交对未成年人心理带来一些不良影响。个人的时间、精力都是有限的，尽管网络生活和现实生活紧密嵌套，但长期运用互联网、参与网络社交，也必然导致未成年人与现实生活相疏离。

① 中华人民共和国国务院新闻办公室：《国家卫生健康委员会 2019 年 4 月 29 日例行新闻发布会》，2019 年 4 月 29 日，http://www.scio.gov.cn/xwfbh/gbwxwfbh/xwfbh/wsb/Document/1653676/1653676.htm，最后检索日期：2021 年 6 月 30 日。

一方面，对网络的长期使用可能导致网络沉迷现象的发生；另一方面，随着网络使用频率的增加，人们的社会交际圈正在缩减，同家人和朋友的交流也越来越少，个体的抑郁和孤独显著增强。调查中有 12.4% 的中学生认为互联网使他们更孤独了，与人面对面的接触减少了，特别是当未成年人在现实生活中遭遇挫折时，由于互联网可以放松压力、逃避现实生活，他们容易一头扎进网络世界，这不仅不利于现实问题的解决，还带来网络沉迷、交往障碍以及自我认知缺失等心理问题。

其次，泛娱乐化的网络环境、碎片化的阅读和社交对未成年人的思维方式、价值导向产生的影响值得深入研究。休闲娱乐是未成年人运用互联网的主要目的。互联网中的一些流行文化、流行语渗入未成年人的日常生活中，对他们的思维方式、价值导向产生了不利影响。调查中，有 28.5% 的未成年人表示自己上网之后“更依赖网络，懒得自己想问题”，碎片化、娱乐化的网络文化和阅读习惯也会导致未成年人在阅读、思考和逻辑思维等方面出现欠缺。在流行文化方面，前些年丧文化、佛系文化在青少年群体中流行，近期又有“内卷”“躺平”等网络语的流传。而这些流行文化、流行语的背后更多的是对青少年群体的生活态度和价值观的影响。这些流行文化中隐含了过多厌世、不努力、不作为等消极生活态度，容易误导青少年。这些流行文化中潜藏着大量的非主流价值观，而且在一定程度上形成了青少年群体的集体无意识，他们只是觉得好玩、新奇、流行，沉浸其中，以狂欢、发泄、戏谑、反叛等青春心理和行为特征为“隐身罩”，渗透和传播了大量的不良和有害的价值观。青少年不是一个孤立的群体，他们与成年人互动交流并相互分享经验，有时已经很难区分网络流行文化是从成人流传到未成年人，还是青少年亚文化的破圈。总之，网络流行文化对青少年群体的影响非常广泛，从生活态度到价值观，甚至已经发展到意识形态和集体行动，值得深度关注。而青少年网络流行文化对于整个社会和整个网络更宏大文化的形成与发展也产生重要的影响，青少年网络流行文化应该成为全社会持续关注的重要问题。

再次，网络社群是未成年人重要的交往空间，但算法推送、社群封闭以及过度营销容易导致未成年人身心受到影响甚至伤害。未成年人通过形式多样、主题各异的网络社群，在网络上寻得同好、交流想法，拓展了他们的交往空间，培养了兴趣，也获得了认同。但未成年人在参与网络社群活动中也面临诸多的风险，特别是大数据对于个人行为的记录和分析，以及算法推荐成为普遍应用的技术，在这种情况下，“算法”给未成年人带来的不利影响更加不可忽视：①算法掩护下对有害信息的持续接触。游戏、动漫等信息在未成年人群体中被反复推荐，导致网络沉迷加深。②信息茧房效应导致知识窄化。尽管信息茧房是一种假说，但定向推送对未成年人的知识获取的确形成了偏颇。③可能被资本操纵。这种情况常常是以算法推荐的模式呈现出来，更具隐蔽性，家长监管也更难。④个人隐私问题。除了平台、App、游戏等大量记录和搜集个人信息外，未成年人群体还存在潜在的隐私侵害风险，网课平台、培训机构、学校等教育主体极有可能被商业利用，或者教育主体与商业形成共谋，过度索取学生及家庭的隐私信息。上述问题有可能导致未成年人在网络社群中陷入单一兴趣的信息茧房，对社会的认知变得封闭，也可能由于社群内某一情绪的反复强化而导致群体极化和极端行为的发生。在社群之外的广阔网络空间中，算法推送让原本开阔的网络环境变得狭隘，不仅不能帮助未成年人利用网络拓宽视野，反而会让他们陷入封闭的信息格局中。

（三）网络运用接入沟、使用沟、知识沟导致了网络城乡差异和发展不平衡，对留守儿童网络运用状况应该高度关注

城乡间未成年人互联网运用发展不平衡始终是我国未成年人互联网运用的重要问题。有学者指出，互联网运用存在着三道不同的数字鸿沟：接入沟、使用沟、知识沟[①]。既存在接入沟：城市未成年人触网明显早于农村；也存在使用沟：农村未成年人互联网使用的休闲娱乐功能比例更高，主动使

① 韦路、张明新：《第三道数字鸿沟：互联网上的知识沟》，《新闻与传播研究》2006 年第 4 期。

用青少年模式的比例低于城市，网络自我保护意识更为薄弱；还存在知识沟：城市未成年人在网络学习方面比例高于农村未成年人。此外，农村未成年群体由于更容易存在家长监管缺位的问题，更易盲目模仿网络上的流行活动甚至是不良行为。

具体来看，尽管农村未成年人接触互联网年龄晚于城市未成年人，但在使用时长上则明显高于城市未成年人，特别是周末平均每天上网时长在三个小时以上的农村未成年人比例高达 13.8%，比城市未成年人高出 4.9 个百分点。在使用功能方面，在线学习、新闻、搜索等偏于学习功能的使用上，城市未成年人比例高于农村，在音乐、视频、QQ、购物（聊天，空间，相册）等偏于休闲娱乐功能的使用上，农村未成年人高于城市。在网络运用保护方面，农村未成年人主动使用青少年模式的比例明显低于城市，有 19.9% 的城市未成年人表示总是主动使用青少年模式，农村未成年人这一比例仅为 13.8%。相应的，农村未成年人遭遇网络不安全事件的比例也更高，81.9% 的农村未成年人遭遇过网络安全问题，而城市未成年人的比例为 77.8%。

农村留守儿童，作为未成年人中的特殊群体，由于缺少家长的有效管理和引导，其网络运用问题更为严峻。调查显示，30% 的留守儿童平均每日接触互联网的时间超过两小时，其中 19% 的留守儿童在周末每日上网的时间超过 3 小时，高达 75% 的留守儿童（有时会 61%、经常会 14%）平时上网会超过事先限定的时间。在网络素养方面，半数以上的留守儿童不能利用网络搜索解决现实问题，30% 的留守儿童表示自己会“较少”或“有时”会做一些明知不应该做的事情，另外有 17% 的留守儿童认为自己可能会参加“在网上组织集体声讨、人肉搜索这样的活动”，2% 表示肯定会参加。超过 1/3 的小学生在互联网参与过网络充值活动，高中留守未成年人进行过网络充值的比例高达 83%，其中一个极端案例曾一次在“王者荣耀”充值 7000 元，还曾经在某网络赌博平台上输了 70000 元。

这些数据显示，与城市未成年人相比，由于缺乏家长的有效监督引导和教育资源有限等问题，农村未成年人和留守儿童能够获取和掌握的网络自我保护知识和能力较少，网络素养相对欠缺。他们更容易出现网络沉迷等问题，也更容易受到网络暴力、网络色情等不良信息的侵害，信息辨别能力不强导致他们更容易受人煽动、参与非法事件。社会各界应该对农村未成年人特别是留守儿童的网络运用问题予以高度关注，通过切实有效的办法维护他们使用网络的正当权利，提升他们的网络素养已刻不容缓。

（四）不良信息和网络欺凌问题依然严峻，网络和现实深度融合可能加剧网络欺凌

不良信息和网络欺凌等问题，始终是危害未成年人安全的重要问题。未成年人普遍遭遇过各类不良信息和网络欺凌行为，且接触过不良信息的比例随年龄增长而提高。在调查所列举的各类不良信息中，46.7%的小学生表示均没经历过不良信息困扰，有17%的初中生曾收到过黄色图片、视频，10.7%的收到过暴力图片和视频，15.7%的曾遇到过骗子，6.4%的被骗钱。21%的初中生在网络上遭遇过辱骂。高中阶段未成年人接触不良信息的比例进一步提升，21.5%的曾在网络上被他人辱骂，30%的收到过黄色图片或视频，14.6%的收到过暴力图片或视频，27.5%的曾遇到过骗子。这显示，随着未成年人主动用网机会的不断增加，他们遭遇不良信息和网络欺凌的机会也更多。

从调查数据来看，当前大多数未成年人普遍表现出较为理性、健康的网络参与倾向，对于可能助长网络欺凌氛围的态度尚比较谨慎。多数未成年人表示自己不会参与网络上的集体声讨、快闪活动、人肉搜索活动，但仍有1.4%的小学生、1%的初中生和1.8%的高中生表示自己肯定会加入集体声讨、快闪活动和人肉搜索活动，5.7%的小学生、8.6%的初中生和8.4%的高中生表示自己可能会加入，这部分群体必须通过及时的情绪疏导和心理引导，才能避免其自身和给其他未成年人的身心安全造成损害。

随着手机、平板电脑、智能手表等便携设备的广泛应用，未成年人上网愈加便捷，网络空间与现实空间深度融合，这导致不良信息和网络欺凌也呈

现“线上和线下融合”的趋势。不良信息和网络欺凌行为可以被反复观看并迅速在线下被讨论，校园暴力行为被录制成视频在网上被反复观看，这些问题导致不良信息和网络欺凌问题日益复杂。而网络技术的发展应用导致侵害行为的隐蔽性强、追查难度大，校园、家庭采取管控措施的尺度难以把握，导致未成年人网络欺凌和网络不良行为的应对和治理存在较大难度，亟待社会各界深入思考和研究应对。2011 年起，全国“扫黄打非”工作小组办公室、国家互联网信息办公室、工业和信息化部、公安部依法严厉打击利用互联网制作传播淫秽色情信息行为，联合开展“净网行动”，为治理网络环境、打击网上不良行为发挥了积极作用；但要在专项整治的基础上，让网络环境治理成为常态化行动，保障未成年人免受不良信息和网络欺凌的侵害，仍需要各方面进一步努力。

（五）网络素养教育推广发展不平衡，相关工作任重道远

网络素养教育是一个需要社会各界共同长期努力的系统工程，当前我国的网络素养教育无论在开展时间、深度还是各主体的参与水平上，都与人们的期待有一定的距离。我国网络素养教育开展较晚，虽然卜卫在 1997 年就在《论媒介教育的意义、内容和方法》一文中介绍了西方媒介素养的理念，但它在我国真正进入实践则是 2010 年以后才开始的。从参与主体来看，家庭是未成年人最重要的上网场所，但家长自身网络素养的不足，以及对网络素养教育的忽视，导致家庭能够给予未成年人网络素养方面的教育较为有限。在学校方面，网络素养教育课程的开设数量、教学内容存在明显短板，即使北京、广东等经济和教育资源富集的地区，在网络素养教育上仍有较大的完善和提升空间；农村地区教育资源不足，留守儿童缺少基本家庭数字教育，学校网络素养教育也严重缺失。至于社区服务、社会工作等其他领域网络素养教育，目前尚处于起步阶段，仍待进一步规范和完善。

当前网络素养教育亟待进一步明确各方主体责任，在制度、教材以及配套措施等方面加强建设。新修订的《中华人民共和国未成年人保护

法》（以下简称《未保法》）已于2021年6月1日实施，其中增设“网络保护”专章，开篇就指出“国家、社会、学校和家庭应当加强未成年人网络素养宣传教育，培养和提高未成年人的网络素养，增强未成年人科学、文明、安全、合理使用网络的意识和能力，保障未成年人在网络空间的合法权益”。《未保法》从法律上明确了开展未成年人网络素养教育的主体以及网络素养教育在未成年人网络保护中的重要作用。但未来仍需要出台更多配套措施，补齐网络素养教育短板，为构建良好的网络生态提供保障。

五　对策建议

（一）未成年人是网络强国的重要力量，明确其地位和使命应成为社会共识

从历史角度来看，每次新技术的出现，都为世界带来巨大的变化，只有赶上技术革命的快车，社会发展才能够实现新的实力飞跃。青少年是国家与民族的未来和希望，其对互联网与新技术的理解、掌握、应用、创新，攸关国家的发展和命运，是网络强国人才战略的重要内容。互联网走进中国的20多年来，人们对未成年人与互联网关系的认识经历了从“未成年人是需要保护的弱势群体”到“促进未成年人更好用网”，再到“承认未成年人是网民的重要组成部分”，未成年人在互联网发展和网络生态建设中的主体地位逐渐得到确立，相应地，对未成年人网络运用的研究也应细化深化。

应该把“青少年如何成为网络强国新一代”作为互联网与青少年议题的核心，进行深入的研究和讨论，而且也需要给社会公众、家长和未成年人传递这样的信念和理念。网络强国的责任赓续和使命担当应该成为青少年网络运用和素养教育的重要主题，通过媒体和教育议题设置等引导、激励青少年学习新技术、发展新技术，在教育引导中将青少年的发展目标聚焦于：如

何通过互联网更好地学习新技术；如何在互联网的运用中发挥协同创新创造作用；如何通过互联网更好地进行交流、交往，拓展与世界各国青少年的联系与友谊；如何通过互联网和新技术更好地传承中华文化、传播中国文明；等等。

在全社会破除“未成年人是网络空间弱势群体”“网络是侵害未成年人的洪水猛兽”等偏见，形成全社会支持未成年人学习创新技术的科技向善风尚。一方面，深化对“未成年人与互联网”关系的认知和重视；另一方面，避免陷入负面认知陷阱和过度焦虑。要给未成年人积极用网、更好用网以实际具体的指导，提升网络素养教育、数字公民教育的水平和作用。要引领未成年人正确认识互联网、合理运用互联网，形成全社会重视引导未成年人互联网健康理性运用的舆论和共识，共同做好未成年人互联网运用的生态建设。

（二）把握好发展与保护、发展与治理的平衡

未成年人网络保护以及未成年人在新技术时代面临的风险，是与发展和治理同步的一个问题的两面。就保护而言，应坚持通过现有的法律、法规开展保护和治理，并基于现有的法律法规以及具体的司法解释等进行修订完善，应保持发展与保护、治理的平衡，给未成年人的互联网成长发展留空间。

2021 年 6 月 1 日，新修订的《中华人民共和国未成年人保护法》（以上简称《未保法》）正式实施。修订后的《未保法》分为总则、家庭保护、学校保护、社会保护、网络保护、政府保护、司法保护、法律责任和附则，共九章 132 条。这是一部全方位保障未成年人权益的综合性、基础性法律。本次修法明确了“最有利于未成年人”原则和“国家亲权”原则，明确了未成年人保护的最高原则和国家在未成年人保护中最高和最后主体的地位，体现了国家对于未成年人健康成长和网络使用的重视和关心。新《未保法》还特别强调网络素养的宣传教育，这也是在未成年人互联网运用方面保持发展与保护、治理平衡的表现。未成年人互联网运用

及未成年人网络素养是一个全社会共同关注的话题，也是需要全社会共同参与的工程，各主体都需要在发展与保护、治理的平衡原则下，开展有益有效的行动。国家有关部门应努力建立家校共育、社会广泛参与的全民网络素养教育体系，为家长和未成年人提供容易获得的、免费的教育资源，提供科学、权威、免费的指导手册，推动互联网新技术、新知识的学习培训。社区和公安机关应通过各类活动向未成年人普及网络风险及防范办法，为陷入网络沉迷、遭受网络欺凌的未成年人提供有效帮助。家庭、学校和社会组织应该主动调整未成年人网络素养教育思路，尤其是家长，应率先示范，做未成年人网络行为和网络素养的榜样，用正确的网络行为引导未成年人合理用网。教育部门应加大对信息技术课程的关注力度，与时俱进完善授课内容，帮助未成年人更加清晰地理解网络世界，加强未成年人思政教育、爱国主义教育，改善互联网信息对未成年人文化和价值观的长期影响。

（三）加强数字关怀，弥合数字鸿沟

针对城乡之间，特别是农村留守儿童互联网运用的“接入沟、使用沟和知识沟”，要关怀和治理并举，通过宣传教育、送教下乡、社会抚育等手段，尽可能地弥合差异。对诱导消费、网络赌博等危害未成年人安全的网络行为要予以坚决打击，维护未成年人网络运用安全。

根据调查数据，尽管未成年人的上网率已经趋近饱和，但仍有一定规模的未成年人没有接入网络的条件和机会，特别是疫情期间，偏远地区的未成年人“蹭网”“找信号”学习的情况多次被媒体报道关注，意味着他们还缺少条件分享时代和社会的发展成果，表明当前我国未成年人网络运用仍存在一定的不平衡现象。对此，应该重点关注那些还没有接触过或者还不能接触互联网的青少年，对少数不能上网的未成年人加强数字关怀。针对少数未成年人不能上网的多种原因深入调研、专题研究，针对不同情况精准帮扶，弥合未成年人群体间的数字鸿沟。

（四）持续关注技术迭代和智能产品对未成年人的影响，推动未成年人群体学习最新技术

当前，新技术应用为社会提供了智能产品，带来了全新体验和消费快感。根据调查，32.3%的受访未成年人拥有智能机器人或智能手表作为自己的独立上网设备，未成年群体开始使用智能手机、智能音箱、智能手表和智能玩具等AI设备。而视觉增强和虚拟现实技术（AR/VR）、5G技术等推动了“云游戏”的发展，不仅给玩家带来更强的沉浸感，保证大量数据交互的顺畅体验，甚至可以通过“VR交互叙事”对游戏情节等进行控制。同时，新技术也重新调整网络课堂与学校课堂的关系、AI学习助手与自主学习探索的关系。以上新技术应用对于未成年人的学习、生活都产生了重要影响。

目前，政府在积极推进“人工智能教育入校园”。“AI+教育”几乎覆盖了幼儿园到大学教育全阶段，除了针对义务教育阶段、高中及大学教育的软件外，市场上针对幼儿教育的软件也比比皆是，如各类幼儿英语教育App、机器人编程入幼儿园等。相关部门应该对商业机构的新技术、机器人、编程等培训进行规制，评估教育教学的能力资质、教学的内容和收费等，探索公立教育系统与商业教育的有效合作机制。相对而言，新技术教育的师资当前还比较匮乏，公立学校可能需要很长的时间解决这个问题，如果能够与商业教育建立有效的合作机制，则可以加快推广新技术教育。当前，社会各方对于校外培训机构有不少质疑、指责和批评，应引起重视，政府要加强监督、评估和有效管理，保证商业教育机构有序介入，保证未成年人AI教育的良性发展。

新一代技术的应用对于社会的影响是深远而持久的，技术对于未成年人的影响更多是以技术推动整个社会变革为背景的。人工智能（AI）、大数据、算法、5G/6G、VR/AR、区块链等技术在很多领域已经广泛使用，需要关注这些新技术与未成年人的关系。“影响”不应该被简单地理解为正负面，而是要从“科技强国、网络强国”的角度理解核心科技对于中国

未来发展的重要性，从国家发展的战略视角来认知未成年人与技术的关系，从创新发展的战略层面在全社会引导未成年人要在高科技发展中有所作为的舆论导向，从科技创新的实践层面给予未成年人更多细致具体的指导。需要改革政府相关部门彼此独立的行政管理模式，开展跨部门、跨领域的协作行动。

（五）持续关注和深入研究网络文化对未成年人的影响

互联网和新技术应用为社会研究贡献了未成年人与互联网、未成年人与新技术等全新的研究问题域和研究范式，重建着社会学的新想象。“新的信息技术不仅是个单纯的应用工具，而且是有待发展的过程，使用者与操作者变成同一群人。”① 这其中，网络文化对社会产生深远影响，尤其是网络流行文化与未成年人的互动和影响值得持续关注和深入研究。随着新技术的不断发展，互联网使文化输入更加隐秘和多样。在网络游戏、网络流行、“新技术 + 文娱”服务背后，有着价值选择、文化输出、资本操控等复杂的人为因素、政治因素深嵌其中。尤其对于未成年人而言，在游戏文娱的过程中就接受了潜移默化的影响。这些都需要持续关注，更需要深入研究。

习近平指出，“我们要本着对社会负责、对人民负责的态度，依法加强网络空间治理，加强网络内容建设，做强网上正面宣传，培育积极健康、向上向善的网络文化，用社会主义核心价值观和人类优秀文明成果滋养人心、滋养社会，做到正能量充沛、主旋律高昂，为广大网民特别是青少年营造一个风清气正的网络空间。”② 而互联网生态最理想的状态则是，通过各方努力，建立能够实现自身净化和进化的互联网生态，推动互联网生态中各主体的良性互动和共同发展。未成年人作为互联网生态建设中的重要主体，既需

① 〔美〕曼纽尔·卡斯特（Manuel Castells）：《网络社会的崛起》，夏铸九等译，社会科学文献出版社，2001，第 28 页。

② 新华社：《习近平主持召开网络安全和信息化工作座谈会并发表重要讲话》，2016 年 4 月 19 日，http：//www.cac.gov.cn/2016－04/19/c_ 1118672883.htm。

要受到严格的法律保护，更需要发挥其在互联网生态建设中的主体作用，还需要各方投入人力物力，营造适宜未成年人生存和发展的良好互联网生态环境，让未成年人能够安全、有效地参与到互联网生态建设之中，共同努力构建一个环境清朗、风清气正的互联网生态空间，为实现建设网络强国的战略目标做出应有的贡献。

参考文献

季为民、沈杰主编《中国未成年人互联网运用报告（2020）》，社会科学文献出版社，2020。

共青团中央维护青少年权益部、中国互联网络信息中心：《2019 年全国未成年人互联网使用情况研究报告》，2020 年 5 月。

徐国虎、许芳：《网络生态平衡理论探讨》，《情报理论与探索》2006 年第 2 期。

〔英〕亚当·乔伊森（Adm N. Joinson）：《网络行为心理学——虚拟世界与真实生活》，商务印书馆，2010。

分 报 告

Sub-reports

B.2
中学生互联网运用状况

季为民　曾雷霄*

摘　要：本文根据2020年“第十次中国未成年人互联网运用状况调查”的相关数据，对我国中学生互联网运用的现状、使用目的和存在的问题进行了分析，主要发现包括：互联网应用在中学生群体中获得全面普及，手机等移动终端的使用率非常高，尽管中学生上网的时长和频次已经有所控制，但仍然存在娱乐过度、网络成瘾等风险，疫情防控常态化后，互联网成为中学生学习的重要辅助工具。本文建议在家庭、学校、媒介平台、行业、教育管理部门间建立联动机制，实现监测、教育、纠错、规范和引导的高效合作治理，为中学生互联网的运用提供一个安全健康的快乐空间。

* 季为民，中国社会科学院大学新闻传播学院教授、博士生导师；曾雷霄，中国社会科学院大学新闻传播学院新闻学硕士研究生。

关键词： 中学生 互联网运用 需求分析

据教育部统计，我国在校中学生达到8822.04万人[①]，中学生群体已经完全融入互联网，他们的学习、生活和娱乐都和互联网息息相关。2020年"第十次中国未成年人互联网运用状况调查"的总样本中包含3475个中学生样本，其中初中生占74.8%，高中生占25.2%，城市中学生占67.3%，乡镇中学生占32.7%。本文重点研究梳理了中学生互联网运用的基本情况，分析中学生互联网使用中存在的问题，在此基础上提出相应的对策建议。

一 中学生互联网运用的现状及特点

（一）基本状况

1. 中学生普遍触网，上网地点主要集中在家里

据中国互联网络信息中心（CNNIC）统计，截至2021年6月，我国网民规模达10.11亿，互联网普及率达到71.6%。[②] 而2020年"第十次中国未成年人互联网运用状况调查"显示，初中生普及率达到99.3%，高中生普及率达到98.5%，远超过网民整体普及率，并且城乡之间没有显著差别，中学生已经普遍触网。家庭仍是中学生的主要上网场所，88.5%的中学生的主要上网地点仍是家里。

2. 手机是主要上网设备，新智能设备有一定使用

调查显示，中学生接入互联网的设备多元，当下常见的终端设备都是中学生连接互联网的工具，手机成为主要上网设备。有84.3%的初中

① 教育部：《2019年全国教育事业发展统计公报》，http://www.moe.gov.cn/jyb_sjzl/sjzl_fztjgb/202005/t20200520_456751.html。

② 中国互联网络信息中心（CNNIC）：第48次《中国互联网络发展状况统计报告》，2021年8月，第1页。

生主要使用手机上网，而高中组选择手机上网的也占到79.7%，初中组和高中组主要使用电脑和平板电脑的不超过20%。在选择单独使用的上网设备时，中学生选择单独使用手机的频率最高，高中组与初中组均超过80%，随后依次是电脑、iPad/平板电脑。从选项可以看到，机器人（小度音箱、天猫精灵、Alpha蛋）与智能手表等智能设备开始被中学生使用（见图1和图2）。

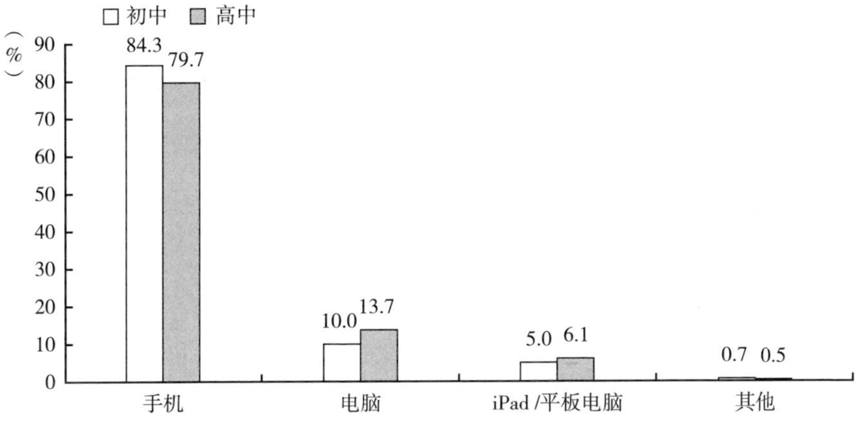

图1　中学生选择的主要上网设备统计（2020）

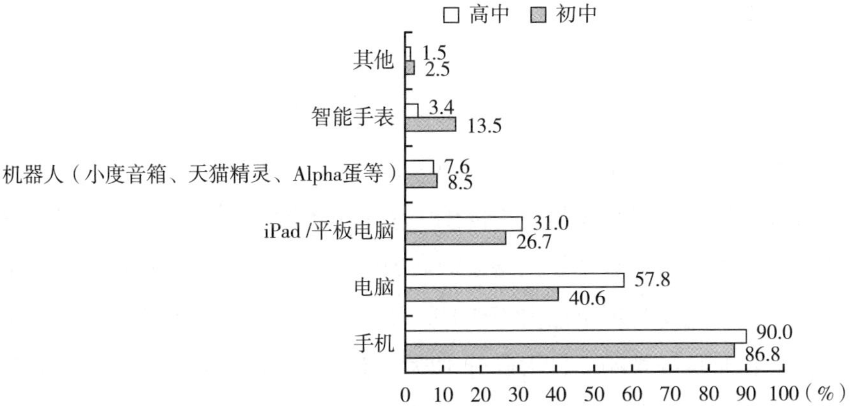

图2　中学生单独使用各种上网设备的频率（2020）

3. 初中生首次触网低龄化

调查显示，中学生的首次触网年龄呈现低龄化现象。中学生普遍在10岁以前已经接触网络，超过65%的初中生在10岁及以前就接触过网络，超过60%的高中生在10岁及以前接触过网络。而初中组和高中组均出现了3岁以前的首次网络接触样本，但占比不高，初中组达到2.2%，高中组达到5.2%。在学龄（包含7岁）前，初中组的首次触网占比达到34.0%，高中组达到39.8%。和之前的调查数据一致，互联网和移动终端向低龄儿童和青少年群体扩散的趋势得到强化（见图3）。

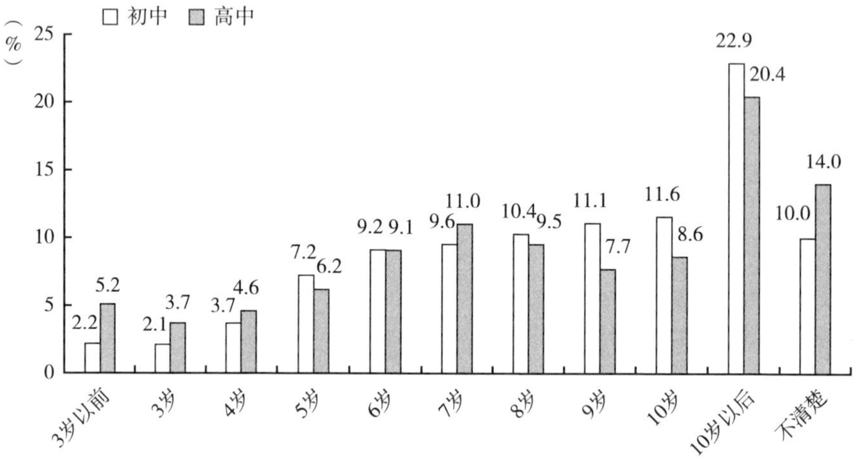

图3　中学生首次触网年龄分布（2020）

4. 上网频次和时长有所控制

调查显示，中学生的网络使用频次和时长得到控制，在工作日与周末的上网情况出现了明显的差异。大部分中学生将上网控制在周末，在样本中约四成初中生不在工作日使用网络，而高中组则更高，约六成不在工作日使用网络。并且无论是在周末还是工作日，相当一部分中学生上网频次控制在一天一次。在时长的控制上，大部分中学生还是比较合理的，初中组近1/3在工作日都将上网控制半小时内。在上网集中的周末，36.7%的学生将上网都控制在一小时内，高中组为18%，而在工作日上网时长超过三小时的仅占3.2%，高中组稍高，为4.4%（见图4和图5）。

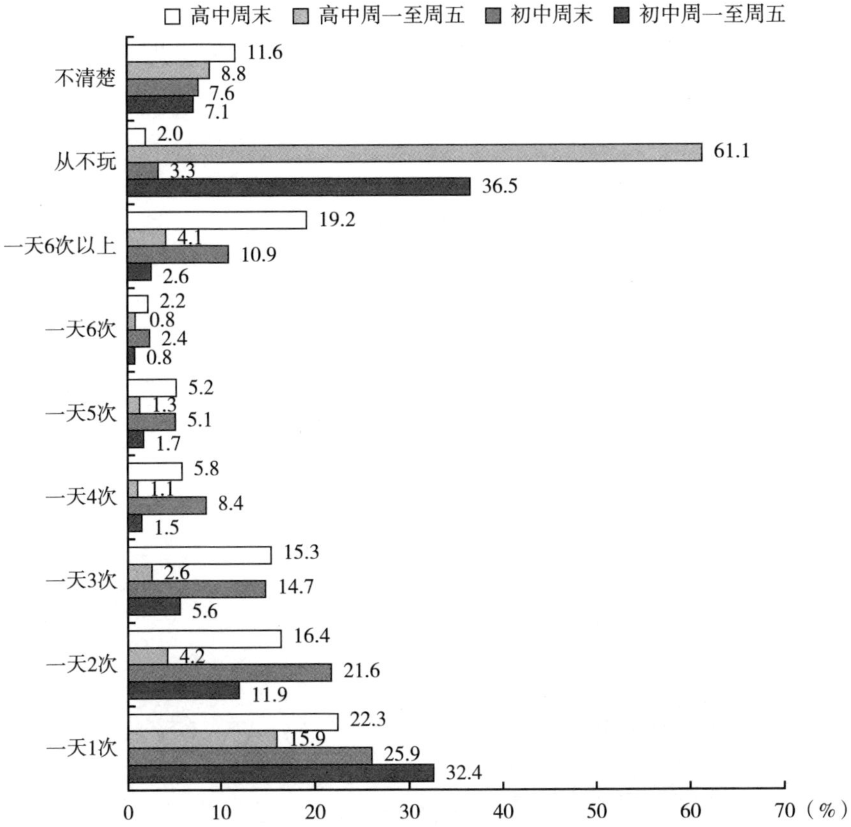

图 4　中学生上网频次（周末/周一到周五）（2020）

（二）关于网络社交

1. QQ 是中学生主要的网络社交平台

社交在中学生网络使用中占有重要地位。根据调查，QQ 和微信使用程度最高。约 66.6% 的中学生使用 QQ 来和朋友网友交流，27.1% 的学生主要使用的是微信。而使用微博、论坛/贴吧、个人空间的比较少，分别占 2.0%、1.0%、0.6%。有分析称，这种社交平台的选择主要和平台使用的第一选择有关，也就是所谓的“先入为主”。

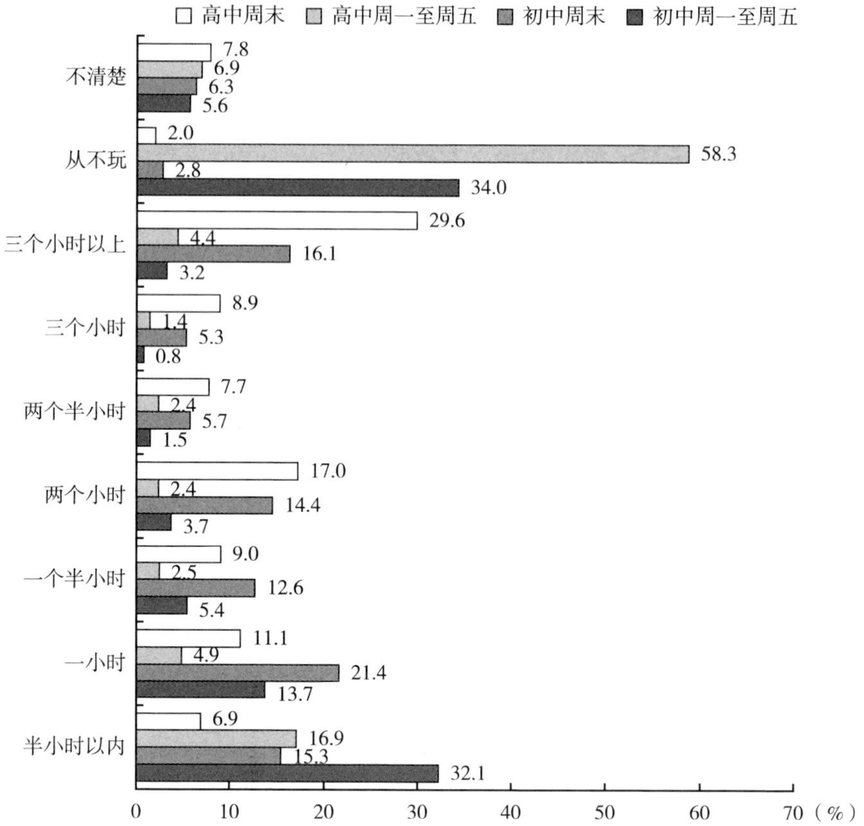

图 5　中学生上网时长（周末/周一到周五）（2020）

2. 聊天是中学生的主要交友方式

调查显示，中学生最主要的交友方式是聊天、添加朋友的朋友为好友以及玩游戏，有 44.6% 的中学生是通过一起聊天互加好友，而添加朋友的朋友为好友的中学生占 37.3%，而通过一起玩游戏交友则达到了 35.3%。在其他选项中，被别人主动加为好友的稍高，占 17.7%（见图 6）。

3. 网上交友多局限于线上，长期交往意愿不强

调查显示，60.1% 的中学生表示只会和网友止步于网络交流，而不会选择线下见面这样现实中的交往。而对于长期来往的意愿，表示可能会与网友

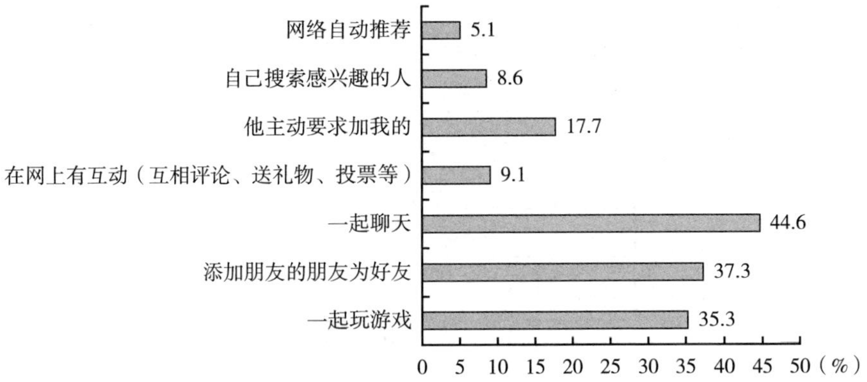

图6　中学生网络交友的方式（2020）

长期交往的意愿所占比例最多（36.6%），明确表示“肯定会”的仅仅占3.7%，“肯定不会”则占比五分之一。

4. 与父母的网络交流互动较少

调查显示，大部分父母与中学生之间网络交流互动偏少。35.9%的中学生家长几乎没有在自己的朋友圈中发自己孩子照片，做到“经常”或“总是”的家长也仅有8.7%。23.8%的中学生表示，自己和父母在微信中几乎没有互动，只有26%的中学生经常或总是在微信上和家长有互动。

5. 个人信息是社交平台上发布的主要内容

调查显示，中学生在网络社交中发布的信息主要是表达自己的兴趣爱好和即时的心情感想，其次是自己的独特个性和学习情况，甚至还有自己遇到的感情麻烦。但从更新状态的频率来看，大部分中学生社交平台更新状态的频率并不高，40.9%的中学生几天更新一次，35.6%的中学生只关注别人，不发自己的状态（见图7和图8）。

6. 网络社交是一把双刃剑

调查显示，约1/3（33.2%）的中学生表示网络社交最大的优点是能与好友保持联系，紧随其后的是在游戏过程中与好友互动，通过快捷迅速的交流也能更快地了解新闻和参与感兴趣的话题讨论。社交媒体的迅速普及是一把双刃剑，给中学生带来双重影响。对于网络社交的危害，中学生所持意见

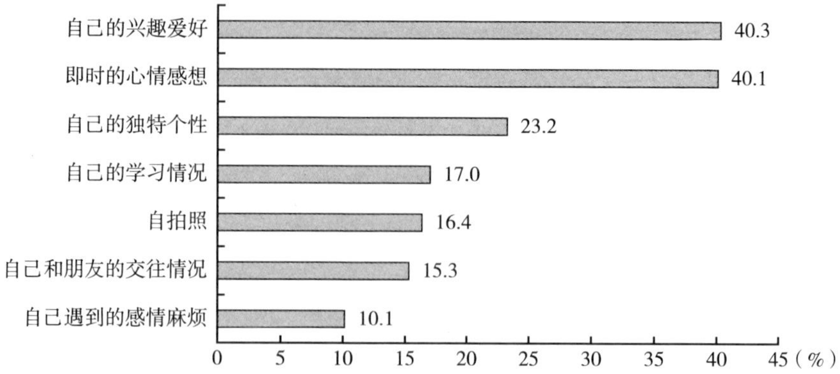

图7　中学生在社交平台发布的信息（2020）

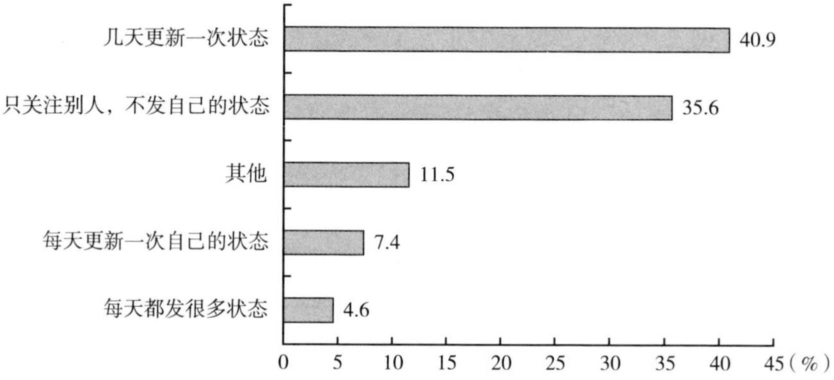

图8　中学生在网上发布状态的频率（2020）

不一，26.1%的中学生认为网络社交活动占据太多学习时间，过多的不良信息对超过1/5（22.1%）的中学生造成困扰，也有部分中学生认为频繁参与网络社交会导致个人信息的泄露（18.0%）、更宅而运动变少（17.5%），需要引起重视（见图9和图10）。

7. 对社会热点比较关心，但较少线上发表观点和传递信息

调查显示，选择浏览大家的评论和只是随便看看相关消息的中学生均超过40%，还有33.4%的中学生会在现实生活中与人讨论，而选择对报道进行转发分享或跟帖评论的中学生均只有约11%，只有14.4%的中学生表示从不关心社会热点（见图11）。

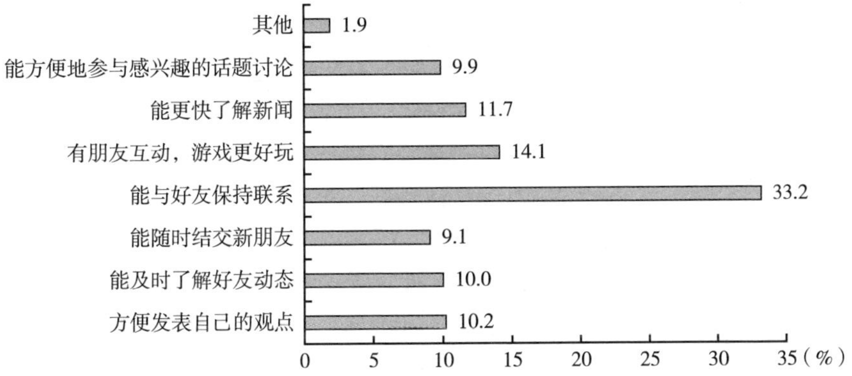

图 9　网络社交对中学生的好处（2020）

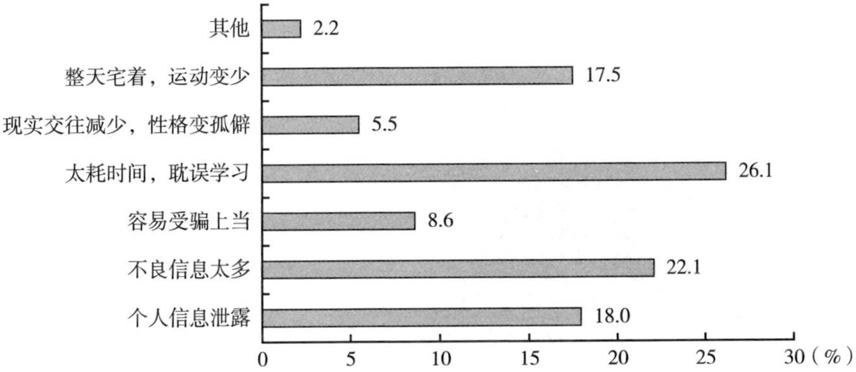

图 10　网络社交对中学生的不良影响（2020）

（三）关于网课学习

1. 网课学习时间与主要内容

在线教育因其突破时空限制和实现资源共享的特点而得到迅速普及，也成为当下中学生的重要学习方式。调查显示，多数中学生每周的网课学习时间在 2 小时以内，44. 2% 的中学生每周网课学习时长在 1 小时以内，30. 4% 的中学生每周网课学习时长在 1 ~2 小时，但也有 5. 5% 的中学生每周的网课学习时长达到 8 小时以上（见图 12）。

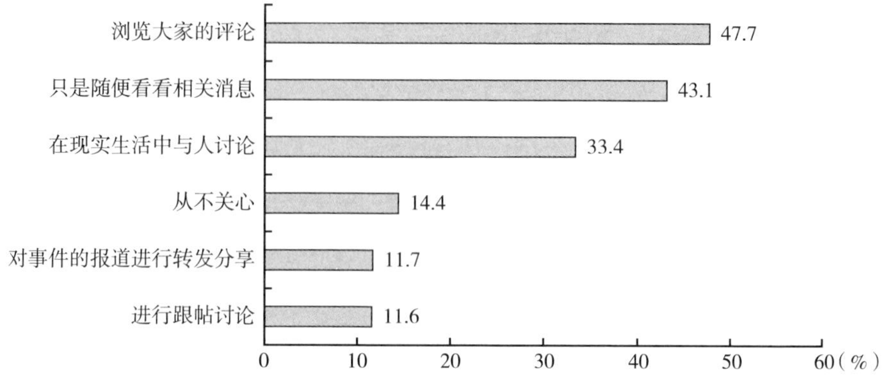

图 11　中学生对网络上社会热点的参与度（2020）

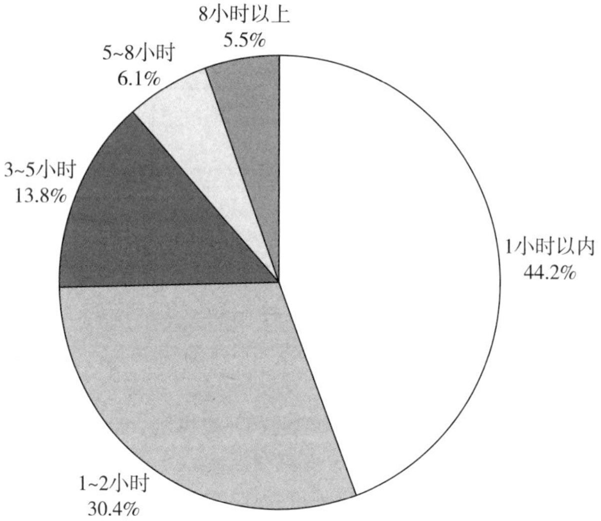

图 12　中学生一周上网课的总时长（2020）

调查显示，在学习内容方面，大部分中学生参加网课的学习内容主要集中于数学、英语、语文等学校开设的主要课程，其中数学选择率达到39.2%；其次是英语，达到34.3%。同时，编程、人工智能、乐高等新型智力开发型内容也进入网络课程，但选学这些课外内容的中学生占比并不高。此外，没有网课的中学生也占20%（见图13）。

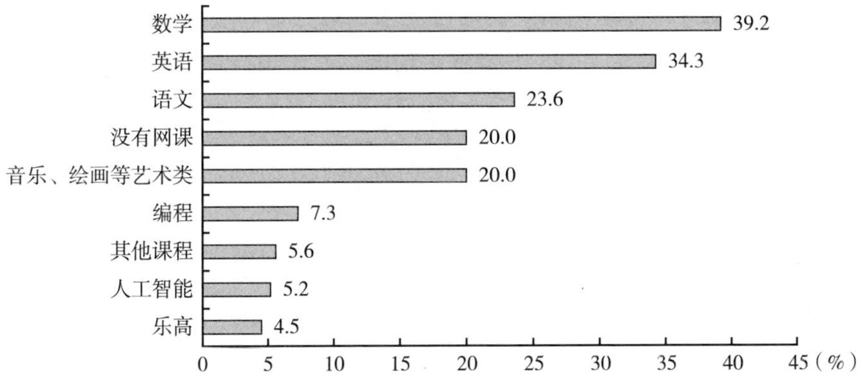

图 13　中学生网课内容选择（2020）

2. 对于网课的态度

调查显示，中学生对于网络课程的态度并不鲜明，40.7%的同学对网课的态度较为中立，表示对网课的态度一般，而非常喜欢和比较喜欢各占 8.5%和 25.4%，高于很不喜欢（6.6%）和不太喜欢（10.7%）的比例。多数中学生认可网课对于学习的帮助作用，约一半（53.1%）的中学生认为，网课使自己的学习成绩有所提高，而认为网课对于学习没有作用的仅占 14.3%。

（四）关于中学生互联网运用目的的分析

马斯洛的需求层次理论将人的需求从低到高分为五个层次，即生理需求、安全需求、社交需求、尊重需求和自我实现需求。麦奎尔则提出受众使用媒介出于四种需求，包括：心绪转换效用、人际关系效用、自我确认效用、环境监测效用。[①] 在互联网媒介时代，网络日益丰富的功能满足了用户需求，而对社会关系的需求则是网络用户的核心需求，网络互联互通则很好地满足了用户这方面的需求；同时，网络提供了海量即时的信息，便于用户监视环境、休闲娱乐和实现自身发展等；另外，网络还可以满足用户的各类

① 郭庆光：《传播学教程》，中国人民大学出版社，2011，第 166 页。

服务需求。[①] 此外，互联网用户的内容需求还可分为环境认知需求、个人发展需求和休闲娱乐需求。个人发展需求指的是网络用户越来越多地依靠网络来获取信息和知识，开阔视野，获得学习工作所需要的资源，促进个体自身的提升和发展。而中学生群体的主要任务是学习，所以应当着重考察他们在学习中对于互联网的运用。

作为特殊的网络用户群体，中学生在互联网运用方面也符合以上需求理论。我们可以把中学生互联网运用的目的按需求分为三类，即内容需求、关系需求和服务需求。其中关系需求包括社会互动、自我塑造、人际交流等。

表 1　中学生互联网运用目的需求分类及调查结果（2020）

单位：%

互联网运用目的分类	目的二级分类		调查结果(%)
	具体目的	调查项目	
内容需求	环境监测	了解时事	21.4
	个人发展	网络课堂	11.4
		扩大知识量	21.2
		完成作业、查资料	35.2
	休闲娱乐	娱乐游戏	51.7
		放松休息	62.7
关系需求	社会互动	参与网上的讨论	3.7
	自我塑造	表达自我/晒朋友圈	9.7
	人际交流	交友交流	39.5
服务需求	获取各类生活服务		3.7

从表 1 的分类和数据可以得到以下结论。

1. 在内容需求方面，休闲娱乐是中学生互联网运用的主要目的

中学生互联网运用的目的主要体现为关系需求和内容需求。调查显示，在内容需求方面，中学生互联网运用的主要目的是休闲娱乐，62.7% 的中学生会运用互联网进行放松休息，51.7% 的中学生运用互联网进行娱乐游戏。

① 彭兰：《网络传播学概论》，中国人民大学出版社，2017，第 170~172 页。

其次是个人发展，35.2%的中学生利用网络完成作业、查找资料，21.2%的中学生会利用互联网扩大知识量，11.4%的中学生选择上网课，这方面选择主要和中学生的学习任务有关。再次是环境监测，21.4%的中学生运用互联网了解时事。

2. 在关系需求方面，中学生运用互联网的主要目的在于人际交流

满足社会关系需求也是中学生互联网运用的重要目的。网络用户的关系需求可以分为自我塑造（包括自我认知、形象管理和自我表达）、人际交流、社会互动等。中学生的互联网运用在这三个层面均有自己的主张和需求特点：（1）自我表达是中学生在社交媒体中自我塑造的主要形式，但不是其主要关系需求。他们在网络社交中发布的信息主要是表达自己的兴趣爱好和即时的心情感想，其次是自己的独特个性和学习情况，甚至还有自己遇到的感情麻烦。（2）网络交友等人际交流是中学生关系需求运用的主要目的。有39.5%的中学生利用网络进行交友，他们的网络交友方式多样，既有网络自动推荐和他人添加的被动交友方式，也有在网络互动、聊天、玩游戏等情况下主动交友，但这种网上交友多局限于线上，且长期交往意向不强。另外，尽管大部分中学生更新状态的频率并不高或不发自己的状态，但这并不代表中学生自我表达欲不强，而是因为他们的学习时间较多，学业较重，家庭和学校对他们上网的管理较为严格，而且中学生已逐渐有了一定的规避网络风险和隐私保护意识。（3）中学生对社会热点比较关心，但很少参与网上讨论等社会互动。网络话语门槛降低促成了公共事务表达权的回归，但大部分中学生对于网络公共议题更多选择浏览评论和获取相关消息，较少在线上发表观点和传递信息，真正选择跟帖评论的中学生只有占11.0%左右，还有14.4%的中学生表示从不关心社会热点。网络社交并非“洪水猛兽”，通过父母和学校对中学生合理的帮助指导才能发挥网络社交的正确价值。

3. 在服务需求方面，中学生的参与较少

对于从网络获得各类生活服务，只有3.7%的中学生选择参与。其原因是中学生的生活需求主要由学校和家庭满足，而且中学生的消费能力有限或受到监护限制。

三　互联网运用给中学生带来的影响和问题

（一）互联网运用对中学生的影响

互联网对于中学生影响的利弊问题一直是各领域关注的热点问题，正如芒福德所说：“技术只是人类文化中的一个元素，它起作用的好坏，取决于社会集团对其利用的好坏。”

从上文的需求分析可以得知，网络媒介技术的飞速发展和普泛化大大满足了中学生的关系需求。高效、快速的互联网信息交互模式让更多的中学生感觉最深刻的影响是人与人之间的沟通交往变得更加方便了，有44.0%的中学生认为互联网使人际交往变得更方便了，19.2%的中学生认为互联网使自己与朋友和家人的沟通变多了。与此同时，信息的高速流动使知识的传递变得更加高效，大大满足了学生们的环境监测需求、个人发展需求、休闲娱乐需求，有32.2%的中学生通过网络随时知道社会上正在发生的事情，有40.1%的中学生认为获得知识变得容易（见图14）。

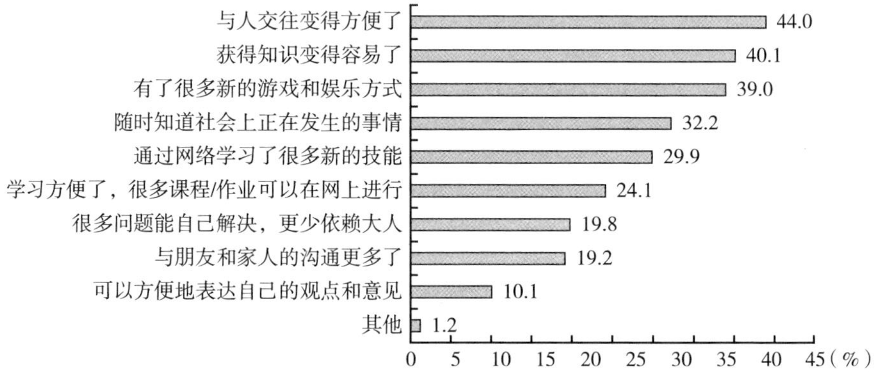

图14　中学生认为互联网带来的益处（2020）

与此同时，海量且鱼龙混杂的碎片化信息也给中学生带来更多的困扰和不良影响。首当其冲的是生理上的直接影响，电脑和手机的长时间使用导致中学生视力下降很快，户外运动时间相应地随之减少；心理方面的影响也不容小觑，中学生对网络过高的依赖程度以及对应接不暇的碎片化信息带来的注意力快速“被”转移表现出自控力低下并疲于思考的问题。更为重要的是，信息污染对于处在身心发育时期的中学生的负面影响需要引起足够的重视。

（二）中学生在互联网运用中的问题

1. 存在“娱乐过度”的隐忧

通过上文的中学生网络使用需求分析可以得知，中学生对网络的内容需求是休闲娱乐需求与求知需求并存的。互联网已然成为中学生经常使用的学习工具，这大大地满足了他们的发展需求，有 40.1% 的中学生认为获得知识变得容易了，29.9% 的中学生通过网络学习了很多新的技能，24.1% 的中学生认为互联网使学习变得更加方便，很多课程和作业可以在网上进行。但同时，在互联网成为他们学习工具的同时也要警惕这种方式带来的弊端，过度依赖网络学习也会使学生产生思维惰性，遇到问题不再自己独立思考，而是直接上网寻求现成的答案。比如有 32.0% 的学生认为自己更懒了，更加依赖网络，懒得自己想问题。

中学生在上网过程中虽然已经开始逐步形成一定的学习型倾向，但中学生基于休闲娱乐的上网需求占据了很大的比例，有娱乐过度的风险。当然，适度的网络游戏没有害处，且有利于中学生释放压力，完成心绪转换，适当的游戏也利于青少年的大脑发展。但一旦娱乐过度，会带来很多的问题。上网占据了中学生的学习时间，有 41.8% 的中学生认为上网分走了不少的学习时间。而同时，“英尼斯已经洞察到一种新的传播技术改变了我们的兴趣结构”①，互联网可能会对中学生的兴趣乃至价值观念形成巨大的影响，青少年时期是形成人生价值观的重要阶段，将娱乐符号作为主

① 〔美〕尼尔·波兹曼：《童年的消逝》，吴燕莛译，广东师范大学出版社，2011，第 40 页。

要的文化消费可能会不利于引导青少年形成正确的价值观。

尼尔·波兹曼和帕金翰等人认为，电子媒介让儿童过早地进入了成人世界，媒介因素消弭了儿童本身单纯天真的特质，在这样的观点基础上，尼尔·波兹曼提出了“童年的消逝”。今天，作为网络用户的青少年群体在互联网上过多地接触成人世界的信息，如一些影视作品、音乐作品、游戏等，消费这些为成人设置的信息产品，是否也会消弭少年本有的特质，而带来“少年的消逝”呢？有13.4%的中学生认为他们过早地接触太多成年人的信息，增加了一些烦恼。

2. 网络成瘾风险仍然存在

过度娱乐往往还伴随着网络媒介过度依赖甚至网络成瘾，根据上文的分析，中学生的上网时长和频次有了基本的控制，中学生大部分还是将主要的上网时间控制在周末，并且大部分也在合理的时长内使用网络。但学生的自律性并不强，仅有25.0%的中学生可以在家长不在时忍住不上网（见图15），仅有18.2%的学生平时上网时间从来不会超过事先限定的时间。

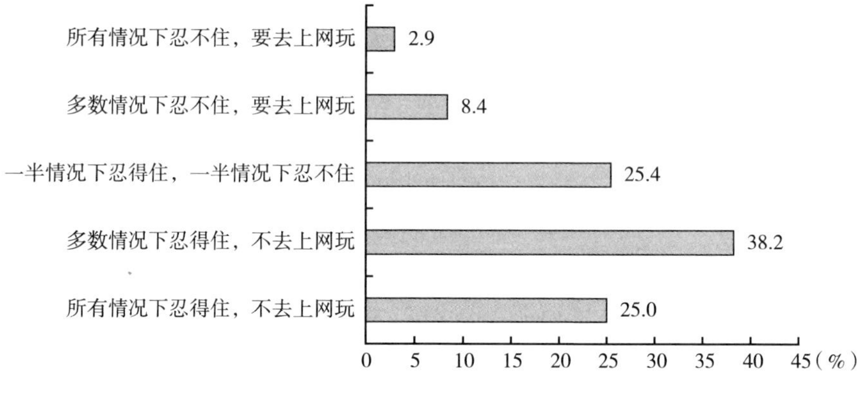

图15　中学生学习时无家长管控的自律情况（2020）

据调查，上网仍然占据了中学生的大量精力和时间。中学生们普遍变得更“宅”了，47.9%的中学生比以前更爱待在家里，而缺乏户外运动直接影响的就是青少年的生理健康，长期盯着电子屏幕，首先影响的就是中学生的视力，有43.5%的中学生认为他们用电脑和手机太多，视力下降很快，据调查，有 59.2% 的中学生已经近视。其次也会影响他们的社交，正如"容器人"的理论一般，有学者指出，随着网络使用频率的增加，人们的社会交际圈会缩减，同家人和朋友的交流也越来越少，个体的抑郁和孤独显著增强。[①] 网络的虚拟社交始终不能取代面对面的人际交流，有 12.4% 的中学生认为互联网使他们更孤独了，与人面对面的接触减少了。其实这些现象也反映出中学生使用网络仍然存在网络成瘾的风险。网络成瘾症（internet addiction disorder，IAD）的概念最早由美国 Goldberg 提出，是指在无成瘾物质作用下的上网行为冲动失控，表现为由过度使用互联网而导致的个体明显的社会、心理功能损害。[②] 可见网络过度使用一旦发展成网络成瘾，将严重危害中学生的身心健康，严重影响他们的学习和发展。

3. 中学生初步形成网络媒介素养

（1）中学生已经形成网络使用的安全意识

对网络媒介素养的具体涵盖范围并没有一致的结论。本文主要从网络媒介使用与信息生产、信息辨别、网络个人信息自我保护、网络社会交往和社会参与等层面考察中学生的网络媒介素养。中学生普遍掌握了使用安全软件以防御一些不良信息的侵害，调查显示，只有 6.4% 的中学生从不会使用这一类的安全软件。调查显示，初中生对于网络信息真伪的辨别能力自我评价平均得分是 7.94（满分 10 分），高中生也达到 8.13 分。说明中学生普遍对网络上的有害信息有一定的辨别意识。

同时，中学的隐私保护观念也开始形成，调查显示，近半数（44.7%）中学生在 App 里填写个人信息时会考虑保护自己的个人隐私，约 68.4% 的中学生表示肯定不会向陌生人透露家庭信息，仅有 3.8% 的中学生会经常向陌生人透露家庭情况。

（2）中学生初步形成网络交往的责任意识

值得关注的是，中学生的媒介素养形成，不仅表现在信息甄别和安全意

---

① 王依玲：《网络人际交往与网络社区归属感——对沿海发达城市网民的实证研究》，《新闻大学》2011 年第 1 期。

② 周云英：《中学生网络成瘾症研究进展》，《上海预防医学杂志》2006 年第 5 期。

识上，还表现在信息生产素养与社会交往素养上。中学生已经产生互联网信息发布和传播的责任意识，并且对自己的网络交往活动有一定的自我规范意识。据调查，超过60%的中学生完全同意“一个人需要对自己的网络言行负责”。仅有5.7%和8.5%的中学生几乎不考虑或较少考虑自己的网络言论对他人的影响（见图16）。

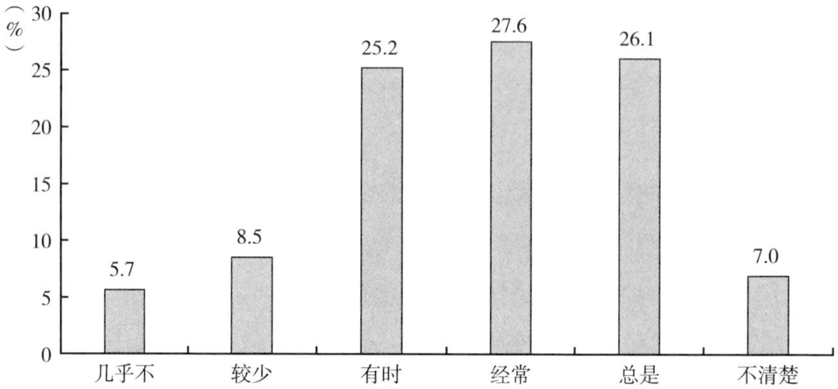

图16　中学生考虑自己的言论对别人产生影响的情况（2020）

但与此同时，互联网环境也愈加复杂，仍然潜藏着许多安全隐患。如图17所示，仅有21.2%的中学生没有遇到过统计内的网络问题，说明网络隐患仍然严重。其中“经常收到无关信息”最为常见，有55.0%的中学生都遇到过，而“网络虚假信息/链接”以及“被人盗号”的问题也十分严重，有超过30%的中学生都表示遇到过。而在互联网各个平台上都有不良信息的存在。调查显示，有62.2%的中学生在网络广告中遇到过不良信息，而有20%以上的中学生在搜索引擎中和观看视频的时候遇到过不良信息。除此之外，在下载、聊天、游戏、论坛以及贴吧论坛等网络平台也遇到过不良信息，但比例相对较小。

4. 父母和学校仍然存在缺位现象

（1）父母对于中学生上网指导不足

在网络使用的知识引导方面，仅有13.7%的家长经常指导子女规范使

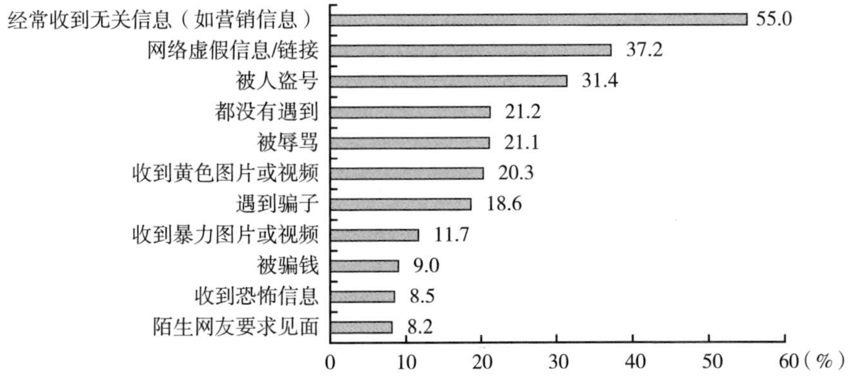

图 17　中学生遇到的网络问题

用网络，告诉他们相关的互联网知识，同时有 31.3% 的家长从来不指导孩子使用互联网，还有 6.6% 的父母自己不会上网，从而难以指导中学生上网。

（2）父母对中学生网络使用的管控不到位

父母对于中学生可能遭遇的网络成瘾和网络信息污染重视程度不够，对中学生的上网时长和上网时接触的内容仍然存在管理不到位的现象，只有 41.4% 的家长规定了中学生网络使用的时间和内容，16.2% 的家长没有在这方面给予帮助和管控。

（3）父母对中学生上网的指导度不高

根据调查，不论是初中还是高中，中学生对于“父母对其上网的帮助”的评价平均分数都约为 6 分（满分 10 分）。这说明家长对于中学生的网络使用帮助度不够高，仍然不够重视中学生互联网使用。此外，中学生在上网遇到不安全的事情时，还是会普遍向家长求助，但仍有 8.8% 的中学生不会求助家长，有 12.4% 的中学生较少求助家长。

（4）学校媒介素养课程较少

在实践中，学校对于中学生的网络媒介素养的教育和引导的重视程度仍然不够，据调查，仅有 27.1% 的中学生专门上过网络媒介素养的相关课程。因此中学生在学校所接受的专门的网络媒介素养教育并不充分。

四　总结与建议

（一）线上教育的优化

中学生的互联网使用主要目的仍然在休闲娱乐上，诚然，面对巨大的学习压力、成长需求和休闲娱乐，互联网使用不可或缺，但也应当积极利用网络媒介的优势，拓展中学生线上教育，规避过度娱乐化的现象，使他们愿意在网络上学习，利用网络促进中学生的自我发展。

第一，教师以及其他的从教人员应当与时俱进，不能视网络为洪水猛兽，而应当主动积极接触互联网，学习使用互联网等新媒体技术。互联网新媒体已经高度嵌入青少年的学习和生活中，教师应当接受这一新生事物，要深入地学习互联网移动新媒体，熟练地掌握各种网络技术，并将互联网的优势应用在教学实践中。学会利用网络直播、网络阅卷、网络答疑等功能辅导学生学习，利用互联网的即时性、互动性和跨区域性帮助中学生更好更快地完成学习任务，并争取得到学生的及时反馈。尤其在2020年的疫情期间，各地教师利用网络组织学生线上学习就是一种很好的尝试。第二，除了线上学习外，教育者和学校也应当转变传统的教育思路和教育方式，利用电子媒介的多媒体符号，丰富上课内容的呈现样态，将课本与教材的知识和信息融入视频、音频等信息产品，通过新颖的方式传授知识技能，激发学生的学习兴趣，并将积极向上的内容融入其中，帮助青少年树立积极向上的价值观和人生观，利用网络的传输下载功能，好好保存相关的教育产品，使学生可以随时随地学习新知识和新技能。

第二，网络平台应当不断适配新媒体技术，不断优化中学生学习平台。一方面，应当对网课内容进行优化，结合互联网思维，除了上文提到的将课堂和教材的内容多媒体化、互联网化外，网络媒介平台还应该整合更多的优势资源，在完善课堂教育的同时，可以和各个领域的专业人士合作，拓宽中学生的课外课堂内容，如现在有一些网络课程已经设计乐高、人工智能、艺术学习等相关内容。网络平台更应该针对中学生的知识体系和认知结构，打造属于中学生的课外学习平台，丰富中学生的知识资源，不少互联网平台邀请名师专家打造各领域的培训或大学公开课，如 CCTALK、慕课、微课堂等，但这些平台并没有设置针对中学生的课堂内外的内容优化课程。另一面，创新扩散理论认为，一个能够被广泛使用的新型产品应当具有“相对优越性、兼容性、易用性”等特点①。所以创新中学生网络课堂，应当优化操作界面，不断提高中学生用户的体验感，让中学生愿意使用、能够使用、乐意使用这些网络课堂；要实现良好的兼容性，无论是网页版本还是软件版本，无论是电脑终端还是手机终端，都可以良好流畅地呈现网课内容；简化系统的操作方式，让各年龄段、各地区的中学生都能够得心应手地使用，设立答疑区、讨论区模块，增强师生间、学生间互动②；同时也要设置上传和下载功能，“支持相应的配套课件习题的下载，并注重保护老师的知识版权和学生个人信息不泄露”③。

同时，家庭也不能缺位。父母应当注意培养中学生的网络学习兴趣，陪伴孩子共同科学健康地利用互联网进行自我提升，比如一起学习一些课堂内外的网络课程，增加自己的各领域的知识积累，陪同孩子一起欣赏网络上优秀的文艺作品如电子书和电影，提升中学生的审美情操。让中学生能够从互联网的学习使用中获得家庭的陪伴感和知识技能的满足感，激发他们网络学习的动力。

（二）预防网络沉迷

中学生网络成瘾的风险依然存在，引导中学生有节制地使用互联网非常重要。这需要家长、教师、媒介平台的多方努力。

在这一点上，家庭的作用至关重要。上文提到，家庭仍是中学生的主要

---

① 邓建国、张琦：《移动短视频的创新、扩散与挑战》，《新闻与写作》2018 年第 5 期。

② 陈健苇、宦成林：《网络教育精品课程建设调查研究——以 2010 年评选的国家级网络教育精品课程为例》，《中国教育技术装备》2012 年第 18 期。

③ 罗金玲：《“物联网 +”背景下课堂教学改革与创新》，《物联网技术》2016 年第 7 期。

上网场所，约85%的中学生仍然选择家庭作为上网地点。有研究指出，“父母和家庭是孩子最早的老师和学校，国内外对父母养育方式与孩子心理障碍的关系研究表明父母养育方式对子女的自我概念形成、焦虑水平、人格特征、神经症倾向等具有重要意义”①。但在上文的分析中，家长对于中学生的上网管理存在缺位的现象。

考虑到中学生上网可能面临的网络成瘾，父母不仅需要教会孩子如何科学正确地使用互联网，也要管制中学生的上网内容和上网时长和频次，让他们做到合理有节制地使用互联网。第一，对中学生进行正确的互联网使用教育和适当监督，父母应当重视对中学生的互联网使用教育，但不能因噎废食，不可以完全禁止中学生使用互联网，因为进入互联网时代后，中学生的学习和生活以及日后的发展都和互联网息息相关，不可能避免接触互联网。对中学生互联网使用的时长、频率和上网接触的内容进行合理具体的管控，做到节制上网和规律上网相统一。第二，以身作则，建立良好的亲子关系，对于中学生上网的时长进行合理规定，就应当起良好的带头示范作用。班杜拉就“观察学习论”指出，观察学习是指人通过观察他人，即榜样的行为及其结果而习得新行为的过程。② 因此父母应当给中学生树立良好的榜样，自己应当先合理、有节制地使用互联网，才能潜移默化地引导中学生正确使用互联网。更重要的是，父母还应当和孩子建立良好的亲子关系，中学生处于青春期，往往对父母有着强烈的逆反心理，所以父母需要和青少年多沟通，取得孩子的信任，建立良好的亲子家庭关系。对此，父母需要增加亲子互动，可以通过体育运动、聊天交流、家庭活动丰富孩子的生活内容，扩大青少年的生活空间，通过这些方式引导孩子培养健康良好的学习习惯和生活习惯，避免过度沉迷在网络虚拟世界中。

学校和教师的作用也不可忽视，应当注意合理管理学生的上网时间。对学生在课堂内外使用手机、电脑的时长要进行管理，同时在广泛利用电子媒

① 胡伟明、姜雪芳：《父母养育方式对青少年网络成瘾行为的影响》，《临床医学》2008年第8期。

② 施良方：《学习论：学习心理学的理论与原理》，人民教育出版社，1994。

介进行教学的同时要注意对“屏幕时间”的把控，一方面，教师要合理科学地利用新媒体技术，不能过度依赖互联网，互联网和新媒体技术作为辅导工具不能喧宾夺主；另一方面，学校和老师要考虑学生的生理健康，尤其是面对中学生近视率较高的情况，要同时开展运动会、篮球赛、户外写生等文艺体育相关的户外活动，保证中学生的户外运动时间，丰富学生的课余生活，帮助他们纾解学习压力，在确保学生们茁壮成长的同时，也让他们德智体美劳全面发展。

而最重要的是，在上网的硬件设备以及各个软件和网页应当设置时间管理程式，根据情况的不同，利用网页弹窗、青少年模式等形式提醒和规制中学生用户的上网时长，无论是学习时间还是娱乐时间都应该受到管控，遇到一些特殊的情况，还可以设置直接断网等。以“360 的家庭防火墙”为例，可以由家长直接设定青少年的上网时长和一天的上网区间，遇到过度使用网络或接触不良网络信息还有直接断网的功能。

（三）加强网络素养教育

网络媒介平台是构成互联网环境的重要一环，所以在互联网的环境治理过程中有着举足轻重的责任。但在实际中，网络媒介平台的用户鱼龙混杂，信息质量参差不齐，色情、暴力等不良信息与不法分子常常侵害中学生的上网安全，同时影响他们的身心健康、价值取向等。

肃清网络空间的信息污染，互联网媒介平台责无旁贷。尤其是 QQ 这样被频繁使用的社交媒体平台和经常出现不良信息的网络视频平台。首先，应当对互联网的有害信息进行严格管理，通过前置的过滤技术和后置的用户反馈编成一个全程性、高覆盖的信息管理网络。一方面广泛应用图像过滤、IP 过滤、关键词过滤、URL 过滤、智能过滤等各类过滤手段，在学校进行互联网访问控制和管理，尤其是广告、视频、搜索引擎等是中学生遇到不良信息的高发地，互联网访问控制非常必要。同时，也要对垃圾信息、盗号等高发问题进行有针对性的管控。因此，互联网媒介平台应该对此严阵以待，进行重点管理。同时利用互联网的反馈性，搭建、开通网络用户的反馈渠道，与受众共同形成保护防线，对不利于青少年身心健康的网络有害信息隔绝清除，当前，有一些互联网社交媒体平台已有类似的机制，如新浪微博、微信等。此外，具体还有通过举报中心官网（http：//www.12377.cn）、12377举报热线等方式举报。但目前还没有建立完备的专门针对青少年用户的信息反馈渠道。

在治理互联网信息污染的同时，也应当积极开展中学生的媒介素养教育。学校是对青少年进行媒介教育的主要阵地，这需要学校这样的专业机构和教师这样的专业人士发挥所长。学校是学生的主要学习场所，也是学生最容易接受和吸收知识和机能的地方。因此，在互联网+时代，教育机构和教育者应当学会利用互联网在教育过程中发挥积极作用，引导青少年健康科学地使用智能手机、电脑以及互联网，让网络真正在教育中发挥作用。因此，应当开设相应的网络媒介素养的课程，培养中学生的媒介素养，让他们掌握基本的媒介技术使用技能，对于网络信息能够有基本的辨别、分析和批判能力，能够抵御互联网的信息污染，形成安全意识和社会责任感，学会在复杂的互联网环境保护自己，并为自己的言论负责。

在网络素养的教育上，家长参与也起着举足轻重的作用。父母等长辈应该首先提升自我的媒介素养，在学会使用互联网等新媒介技术的同时，要对网络信息形成基本的判断，并且有意识地管理中学生上网接触的内容。做到主动引导孩子学习辨别不良信息，学习保护个人与家庭隐私。同时也应当培养孩子上网的责任意识，教导他们在互联网环境下的法律法规，不发布、不传播有害信息和不良信息。

（四）多些线下关怀

根据班杜拉提出的交互学习理论，中学生行为是个体与环境相互作用的产物。所以中学生的上网行为会受到网络环境以及整个社会环境的影响。优化中学生互联网的使用环境不仅需要家长、老师及学校、媒介组织的努力，还需要整个社会环境中各个层面的齐心协力。

政府相关部门应针对中学生乃至全体青少年制定科学的法律法规以及信

息管理规范，做到国家监管与行业自律相适应。之前，在这方面，相关的制度规定得过于宏观，需要不断改进、完善、细化。2017 年 6 月 1 日，《中华人民共和国网络安全法》《互联网新闻信息服务管理规定》《网络产品和服务安全审查办法（试行）》等一批互联网领域的法律法规正式施行。其中《网络安全法》对未成年人网络空间的法治保护做了明确规定，如第十三条规定："国家支持研究开发有利于未成年人健康成长的网络产品和服务，依法惩治利用网络从事危害未成年人身心健康的活动，为未成年人提供安全、健康的网络环境。"随后，又陆续出台实施了一系列配套法律法规。在不断推进互联网法律制度建设的同时，还应当不断推进专门针对青少年互联网使用的法治建设。在加快互联网法治进程的同时，还应该加大普法力度，让社会大众知法守法，让青少年群体了解如何运用法律武器保护自己的同时，也形成对不法分子的威慑。

行业规范对于网络空间治理也起着不可或缺的作用。我国的相关行业组织也一直在推行规范的制定，"中国互联网协会"、网络媒体论坛等自律组织先后通过《中国互联网行业自律公约》《中国互联网网络版权自律公约》《博客服务自律公约》等，对维护网络空间的秩序起到了一定的积极作用。但由于我国网络治理模式还是以政府为主导，行业自律的权限比较模糊。①所以，政府和行业间应当谋求新的治理合作模式，基于共同的网络空间治理目的，针对中学生乃至所有的儿童青少年，探索更为高效的互联网治理模式。

但值得注意的是，如何在信息管控和信息自由之间寻找平衡，需要行业规范和相应的行政法规不断跟进和细化。但尤其需要注意的是，一刀切的信息管理模式并不适用，有一些面向成人的内容可能对于成人本身是无害的，但并不适合中学生以及其他青少年，如果对于这些信息实行简单粗暴的全面禁止，除了有违信息自由的互联网精神外，也可能会引起其他网络用户的不满，针对这一点，国外的一些做法是建立分级机制。以日本为例，"日本对广播电视、电影、书籍（包括色情小说、黄色杂志、色情漫画等）、游戏、

① 浩希：《我国网络有害信息治理研究》，内蒙古大学硕士学位论文，2019。

网络服务商等采取分级措施，例如 Sky Perfect JSAT 公司转播的节目，设定了 20 岁、18 岁、15 岁、12 岁等级别，并且用户如果要收看收听‘成人节目’需要通过身份证明确认”①。但是分级内容复杂，工作量巨大，而且仅仅依靠分级制度也无法解决所有的问题，如分级过后如何确保中学生等青少年不会接触到这类成人信息。因此分级制度是否适合当下的中国国情，分级制度应当如何进行，还有很多问题需要更深入和更细致的考究。

除了顶层的制度设计外，相关部门还可以通过文化活动的形式“软性参与”，以治理中学生使用互联网的各类问题。以中国电信为例，“其配合多个中央部门，开展了‘百万家庭健康上网大行动’‘阳光绿色网络工程’‘中国电信绿色网络遍神州工程’等活动，帮助青少年戒除网瘾、健康上网，大力推进校园信息化建设；联合中国青少年网络协会、中国青少年绿色网络行动组委会推出‘青少年专网’等”。②

同时，传统媒体集聚了大量的媒介资源和文化资源，仍有巨大的影响力和号召力。传统媒体应当结合自身优势整合互联网平台上的各类资源，利用各方优势，对青少年进行媒介素养教育以及价值观引导，让社会广泛关注，促成各领域沟通协作，解决相应的问题。

---

① 陈昌凤：《网络治理与未成年人保护——以日韩青少年网络保护规制为例》，《新闻与写作》2015 年第 11 期。

② 池骋迪：《我国网络色情信息治理政策研究》，复旦大学硕士学位论文，2009。

B.3
城乡未成年人互联网认知态度及行为

刘朝霞　郭 莎*

摘　要：基于2020年“中国未成年人互联网运用状况调查”数据，研究城乡未成年人互联网使用过程中的认知态度及行为。发现：城乡未成年人网络认知态度及行为存在显著差异，数字鸿沟明显，城市未成年人触网明显早于农村；农村未成年人平均每天上网时间较长，倾向于在网络上获取短视频内容，且遭遇网络安全问题的比例更高。基于以上状况，对城乡未成年人互联网使用中存在的基本问题及原因进行分析和归纳，从而因势利导，从传统的管控模式向协调治理模式转换，从社会本位向关系本位范式转换，提出相应的对策和建议。

关键词：未成年人　城乡比较　互联网认知　网络素养

本报告中的城市未成年人是指家庭居住地在城市（包括县城）的未成年人，农村未成年人是指家庭居住地在乡镇和村的未成年人。报告旨在对城乡未成年人的互联网认知态度及行为进行比较，进一步发现城乡未成年人在互联网使用中存在的问题，并针对问题提出可行性对策及建议。

* 刘朝霞，中国社会科学院大学新闻传播学院副教授；郭莎，中国社会科学院大学新闻传播学院硕士研究生。

一　城乡未成年人互联网认知特点及行为基本状况

（一）城乡未成年人互联网认知态度及行为共性表现

娱乐、学习、社交、生活是城乡未成年人互联网使用的主要场景。互联网全面、深度嵌入城乡未成年人生活。音乐、游戏、视频、直播等休闲娱乐功能成为城乡未成年人的使用首选，未成年人互联网使用中娱乐至上的价值取向明显。在线学习是城乡未成年人使用的第二大网络功能。在对城乡未成年人网络认知行为的数据调查中，有高达79.7%的农村未成年人和78.1%的城市未成年人表示会模仿网络上的行为。可见，城乡未成年人在网络认知行为上具有高度一致性。

在"上网带来哪些不好的变化"的统计数据中，选择"上网使得自己比以前更爱待在家里了，运动减少了"的比例最高。"用电脑和手机太多，视力下降很快"居于第二位。由此可见，城乡未成年人普遍认为上网使得运动减少、视力下降。城乡未成年人中均有约1/4表示几乎不会主动使用青少年模式，反映出青少年自我保护意识薄弱。

（二）城乡未成年人互联网认知态度及行为差异

1. 城市未成年人触网明显早于农村

调查数据显示，伴随着互联网的发展，城乡未成年人的首次触网年龄普遍较低，但是城市未成年人触网明显早于农村未成年人。10岁是城乡未成年人首次触网的一个年龄节点。城市未成年人首次触网多在10岁以前，7岁是城市未成年人首次触网比例最高的年龄，达到14.2%；而农村未成年人首次触网比例最高却在10岁以后，达到了22.2%，而这一阶段触网的城市未成年人比例仅为10.8%（见图1）。首次触网年龄在10岁以前的城市未成年人比例为80.9%，比农村未成年人比例（69%）高出了11.9个百分点。由此可见，在首次触网年龄上，城市未成年人与农村未成年人之间存在着显著差别。

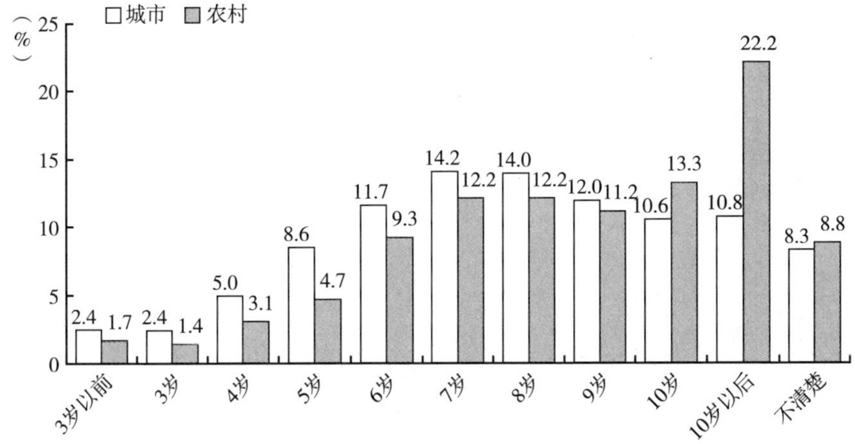

图1　城乡未成年人首次触网年龄比较（2020）

2. 农村未成年人上网时长长于城市未成年人

对城乡未成年人平均每天上网时间的数据统计显示，城市和农村分别有36.4%、31.6%的未成年人表示周一到周五从不上网，39.1%的城市未成年人和34.1%的农村未成年人表示平均每天上网时间在半小时以内。但整体而言，农村未成年人平均每天上网时长长于城市。平均每天上网时长在半小时以内或从不玩的比例农村未成年人普遍比城市未成年人低。而从平均每天上网时间在1小时及以上的比例来看，农村未成年人比例普遍高于城市未成年人比例，分别高出2.6、1.3、1.2、0.7、0.7、1.3个百分点（见图2）。

在周末，平均每天上网时长在一小时及以内的城市未成年人占一半以上，比例是53.3%，比农村未成年人高出11.6个百分点。而上网时长在1小时以上的比例中，农村未成年人占比47.8%，比城市未成年人比例高出9.1个百分点。值得注意的是，周末平均每天上网时长在三个小时以上的农村未成年人比例高达13.8%，比城市未成年人比例高出4.9个百分点（见图3）。

综合看来，农村未成年人平均每天上网时长长于城市。农村未成年人长时间的上网会对农村未成年人学习生活产生重要影响。

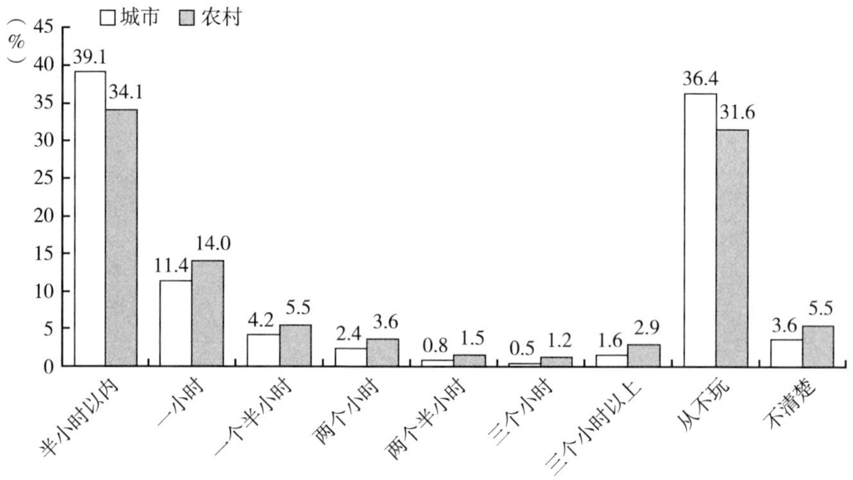

图 2　城乡未成年人平均每天上网时长（周一到周五）（2020）

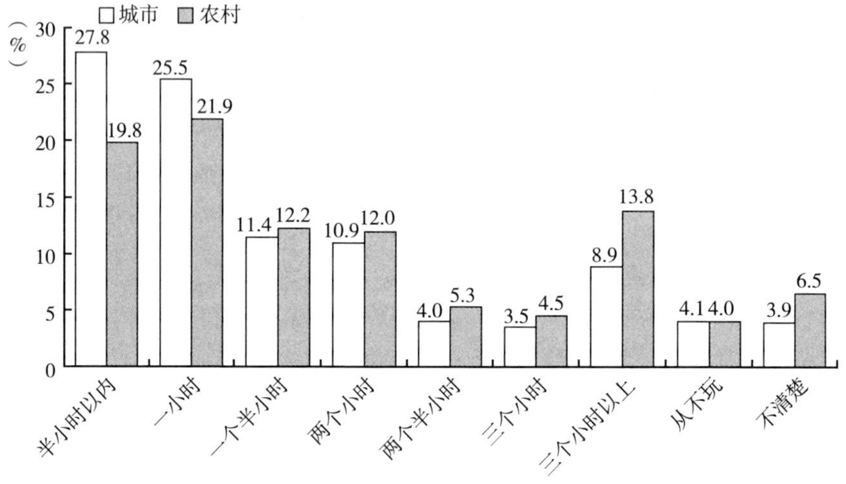

图 3　城乡未成年人平均每天上网时长（周末）（2020）

3. 农村未成年人热衷在网络上获取短视频内容

调查显示，城乡未成年人更倾向于在网络中获取视频类内容。相较于文字内容，视频内容具有强烈的视觉性，更容易吸引未成年人的注意。

在城乡未成年人图文视频 App 的使用调查中，短视频类 App 和视频网站的使用比例最高。其中，城市未成年人使用其他视频网站如：……的比例最高，为 32.6%，比农村未成年人高出 1.3 个百分点。与之相比，农村未成年人更热衷于在网络上获取短视频内容，其短视频类 App 的使用比例超过 1/3，达到了 34.0%，比城市未成年人使用比例高出 3.2 个百分点（见图 4）。

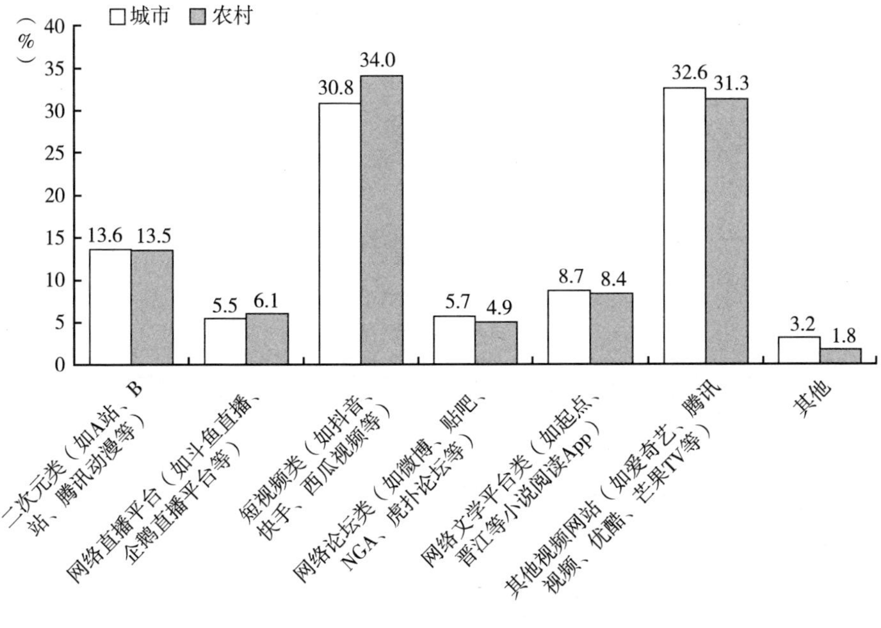

图 4 城乡未成年人图文视频 App 使用比较（2020）

4. 在主动使用青少年模式方面农村未成年人比例低于城市

为了给未成年人营造良好的网络环境，大力推进青少年网络防沉迷工作，从而呵护未成年人的健康成长，腾讯、爱奇艺、优酷等国内众多网络视频平台均上线了“青少年模式”。但调查显示，城市和农村未成年人中均有约 1/4 表示几乎不会主动使用青少年模式。相较而言，农村未成年人主动使用青少年模式的比例明显低于城市。“较少”使用青少年模式的人群中，农村占比 17.4%，城市占比 14.8%。主动使用青少年模式的人群中，有

19.9%的城市未成年人表示总是会主动使用青少年模式，农村未成年人该比例仅为13.8%，比城市未成年人低了整整6.1个百分点。（见图5）。

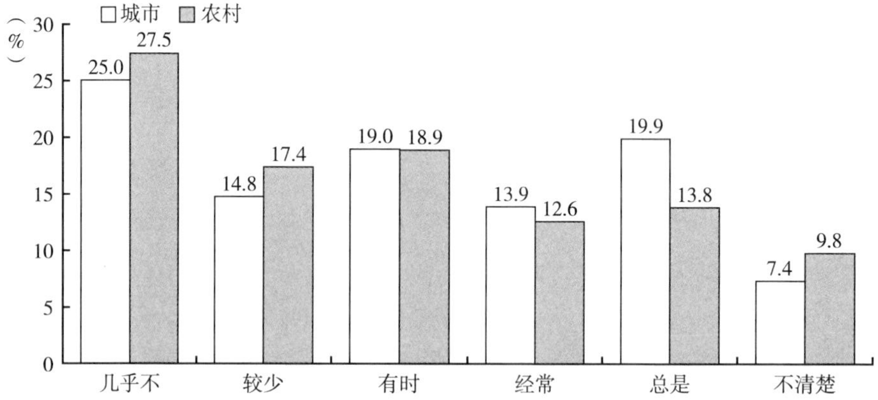

图5　城乡未成年人青少年模式使用比较（2020）

二　城乡未成年人互联网认知态度及行为中存在的问题

（一）在网络的高度依赖、深度卷入方面农村未成年人比城市更严重

对于未成年人来说，互联网的发展为其带来了众多学习和生活上的便利，未成年人越来越深地卷入网络。卷入是指“个体根据其固有的需要、价值和兴趣所产生的与客体的可以察觉到的相关”。[①] 一方面，通过互联网，未成年人可以迅速地查找资料、获取知识，学习变得更加方便；另一方面，互联网打破了时空限制，改变了人际交往和社会娱乐的方式，未成年人可以在网络上结识更多的朋友，也可以选择各种各样的娱乐方式进行放松。未成年人基于学习、社交、娱乐等需要而与互联网发生深度链接，有学者提出了

① 〔美〕道格拉斯·凯尔纳：《媒体奇观：当代美国社会文化透视》，史安斌译，清华大学出版社，2003，第6页。

从上网广度、上网时长、上网方式多样性、上网地点多样性和网络技能等5个指标衡量网络卷入度，以此评价未成年人的网络依赖程度。[①]

“周一到周五的平均每天上网时长”的调查结果表明，城乡未成年人的上网时长相对较短，从不玩或在1小时以内的未成年人比例较高（见图2），但到了周末，城乡未成年人平均每天上网时长明显增多，时长在一小时及以上的城乡未成年人比例分别达到了64.2%和69.7%（见图3），约是周一到周五的3倍。由此看来，城乡未成年人普遍都存在着网络依赖现象。在经历周一到周五的高强度学习之后，未成年人多选择通过上网放松自己，比如听音乐、玩游戏、看视频等。在全身心放松自己的同时，由于未成年人自我管理意识薄弱，容易放任自己沉迷网络，从而导致上网时间过长。

在城乡未成年人的对比中发现，农村未成年人的平均每天上网时长普遍比城市未成年人长。周末平均每天上网时长在三个小时以上的农村未成年人比例高达13.8%，足足比城市未成年人高出了4.9个百分点（见图3）。相比较而言，农村未成年人的网络依赖现象比城市更严重。从未成年人使用网络功能上看，游戏功能是未成年人使用的主要功能之一。分别有16.2%的农村未成年人和16.5%的城市未成年人上网玩游戏。网络游戏中虚拟逼真的游戏场景、复杂连贯的游戏环节能够使未成年人沉浸其中，在游戏中获得自我成就和自我满足。由于现实生活中的学习压力、与父母存在代际差异等问题，未成年人更愿意在游戏中寻找乐趣。

（二）城乡数字鸿沟表现复杂，三道鸿沟并存

城乡未成年人互联网使用中的数字鸿沟并非新现象、新问题，但伴随着社会数字化和智能化程度加深，出现了一些新的发展趋势。有学者指出，存在三道不同的数字鸿沟：接入沟、使用沟、知识沟[②]。不同地区、不同阶层之间由电脑、互联网等接入不同而产生的信息化差距，被学界视为“第一

① 林永峰等：《青少年网络使用卷入度与心理动机的关系研究及量表编制》，《中华疾病控制杂志》2014年第7期。

② 韦路、张明新：《第三道数字鸿沟：互联网上的知识沟》，《新闻与传播研究》2006年第4期。

道数字鸿沟”。2000 年以后，越来越多的数字鸿沟的界定开始超越接入沟，转向对媒介使用的关注，强调人们在互联网的使用、技能、兴趣、动机等方面的差距，这被称为“第二道数字鸿沟”。由于信息和知识会转化为社会资源，在使用沟之后，不少学者开始关注“第三道数字鸿沟”，即在政治经济、文化教育等层面，由新媒体技术接入和使用上的差距所导致的知识沟①。研究发现，城乡未成年人互联网使用中的数字鸿沟表现复杂，三道鸿沟并存。既存在接入沟：城市未成年人触网明显早于农村；也存在使用沟：农村未成年人互联网使用的休闲娱乐功能比例更高，主动使用青少年模式的比例低于城市，网络自我保护意识更为薄弱；同时存在知识沟：城市未成年人使用互联网的学习功能的比例更高，更多使用互联网上网课、进行信息搜索、获取新闻资讯等。弥合城乡数字鸿沟，任重而道远。

（三）泛娱乐化、视觉化传播影响深远，网络认知行为存在潜在风险

未成年人通过模仿习得的方式学习并确立自己的社会行为。模仿分为有意或无意两种，是行为人对来自外界的刺激作出相似反应的一种行为模式。模仿的对象从认知、情感到行为，具体包括思维模式、情感取向，以及行为举止。网络文化深刻影响着城乡未成年人的现实行为，使其表现出一定的趋同性。通过调查我们发现，未成年人特别热衷于模仿网络上的流行内容，如网络流行歌曲、网络流行语言、网上流行娱乐活动、网上流行的物品等特别容易成为未成年人追捧的对象。网络文化的泛娱乐化在潜移默化中影响了未成年人的行为方式和思维方式。可以说，模仿行为是未成年人学习的重要途径，通过模仿，不断强化自身技能，解决生活中难题；它也是未成年人主动适应社会环境的一种手段。② 未成年人不断接触新事物，开拓新思维方式，适应新的生活环境。

---

① 韦路、张明新：《第三道数字鸿沟：互联网上的知识沟》，《新闻与传播研究》2006 年第 4 期。

② 张胜康：《论青少年的社会模仿》，《青年探索》2005 年第 5 期。

与此同时，这种网络模仿行为存在一定的潜在认知风险。在一些网络流行内容中，存在着危险行为、血腥暴力、错误诱导等内容，特别是近年来兴起的短视频，为博眼球、赚流量也存在不少少儿不宜的内容，由于未成年人认知能力偏低，缺乏辨别能力，随意模仿会隐含未知风险。城乡未成年人图文视频 App 使用选项显示，城乡未成年人更倾向于从网络中获得视频内容。其中，抖音、快手等短视频类 App 是城乡未成年人使用比例较高的 App，分别占 30.8%、34%（见图 4）。相比较而言，农村未成年人更倾向于获取短视频内容。针对这一问题，引导城乡未成年人正确认知网络至关重要。

（四）过度娱乐化与网络安全威胁

网络素养包括对信息的辨别和批判能力、对负面信息的免疫能力、利用网络媒介帮助自己成长的能力、了解计算机和网络的基础知识，对计算机、网络及其使用有相应的管理能力、创造和传播信息的能力，保护自己安全的能力。[①] 在基本知识和技能要求上，网络素养包括网络信息的筛选和判断能力、网络参与和合作、网络安全和网络道德法律意识、健康用网自控能力。

未成年人触网低龄化趋势明显，未成年网民成为互联网运用的重要主体。未成年人由于认知能力有限，尚未形成成熟的价值观，更容易成为网络不法分子的侵害目标。调查显示，77.8% 的城市未成年人和 81.9% 的农村未成年人均遭遇过网络安全问题。城乡未成年人在网络上最容易遇到的三类问题包括：经常遇到网络虚假信息/链接；经常收到无关信息，比如营销信息；甚至被人盗号。遇到骗子、被辱骂、收到黄色图片或视频、收到暴力图片或视频等也是未成年人经常遇到的问题。相比较而言，农村未成年人遇到此类问题的比例更高。未成年人的网络安全和网络道德法律意识均比较薄弱，以上数据反映出未成年人缺乏网络信息的筛选、判断能力，对于网络诈骗等事件的辨别能力不强，极容易上当受骗。

除此之外，城乡未成年人均在平衡上网娱乐与学习之间的关系方面存在

① 卜卫：《论媒介教育的意义、内容和方法》，《现代传播（北京广播学院学报）》1997 年第 1 期。

问题，健康用网自控能力比较弱。未成年人上网的主要目的是休闲娱乐，对互联网的学习功能发掘利用不够，网络暴力、色情暴力等不良信息极容易对未成年人的身心健康造成负面影响，在现实中诱发未成年人犯罪行为，也容易引发未成年人消极、抑郁、焦虑等负面情绪；娱乐至上的互联网使用目的也会影响未成年人的学习与成长，因此，提升城乡未成年人网络素养迫在眉睫。

（五）过度上网危害显现

互联网在给未成年人带来便利的同时，也对未成年人的身心健康造成一定影响。未成年人在网络上进行放松休息的同时，更应该注意网络使用对自己身心健康的不良影响。调查显示，城乡未成年人都表示上网给自己带来了一些不好的变化，比如户外运动时间减少，视力明显下降等。一方面，互联网的使用使得未成年人更愿意宅在家里不出门，户外运动时间明显减少了。这不利于未成年人的身体健康成长。另一方面，很多城乡未成年人认为用手机和电脑太多，导致自己的视力明显下降。2018 年国家卫健委在对全国儿童青少年近视调查工作中发现，2018 年全国儿童青少年总体近视率为 53.6%，超过了一半。[①] 其中，近 1/3 的学生每天户外活动时间不足 1 小时，2/3 以上的学生不足 2 小时。七成多学生课后作业时间过长，加之近距离持续用眼时间过长、不科学使用电子产品等不良用眼行为普遍存在，而且每天睡眠时间不达标，导致我国青少年的近视率居高不下。在中国消费者协会发布的《青少年近视现状与网游消费体验报告》中，在受访青少年看来，对视力危害最大的三个因素是不正确的读写姿势、长时间玩网络游戏和使用电子设备进行休闲娱乐。[②] 这也说明了过度上网是引发未成年人近视的重要原

① 中华人民共和国国家卫生健康委员会：国家卫生健康委员会 2019 年 4 月 29 日例行新闻发布会文字实录，2019 年 4 月，http://www.nhc.gov.cn/xcs/s7847/201904/e9117ea8b6b84f48962e84401d305292.shtml。

② 中国消费者协会：《青少年近视现状与网游消费体验报告》，2019 年 5 月，http://www.cca.org.cn/jmxf/detail/28863.html。

因。近视会影响未成年人的身体健康，高度近视还容易导致失明，近视也会对未成年人造成诸多职业限制；未成年人的心理健康状况也会受到近视的影响，影响学习状态，造成心理问题等。

三　对策建议

针对农村未成年人互联网认知与行为中存在的数字鸿沟问题，需要从顶层设计、部门协调、群团组织、家庭监护、财政投入五个维度构建网络素养教育服务体系。

（一）政府主导农村青少年网络素养培育体系的顶层设计

立足于城乡未成年人数字鸿沟的现实，着眼于提升互联网社会我国国际竞争力以及网络强国发展的战略目标，必须将培育青少年网络素养作为国家战略任务来进行顶层设计，倡导并形成政府主导、企业履责、社会参与、家庭行动、财政投入五位一体的网络素养培育战略格局。对农村青少年网络素养培育的方式方法大胆进行改革和创新，大力推进农村青少年网络素养培育体系建设，同时对农村的网络资源进行优化并合理配置。除此之外，要构建农村青少年监护人的网络素养终身培育体系，为农村青少年的网络素养提供家庭的强力支撑。

（二）依托民政部所设儿童主任、儿童督导员培养“儿童网络素养专员”

民政部为深入学习贯彻习近平新时代中国特色社会主义思想，全面贯彻落实党中央、国务院关于加强农村留守儿童和困境儿童关爱保护工作的部署要求，为进一步健全农村留守儿童和困境儿童关爱服务体系，2019 年会同相关部门出台《关于进一步健全农村留守儿童和困境儿童关爱服务体系的意见》，加强基层儿童工作队伍建设，在村（居）设立“儿童主任”、乡镇人民政府（街道办事处）设置“儿童督导员”①。截至目前，全国范围内建立了4.8万名乡镇（街道）儿童督导员、66.3万名村（居）儿童主任的基层儿童工作队伍，成为关心关爱农村留守儿童和困境儿童的主力军②。提升农村儿童网络素养，弥合城乡儿童数字鸿沟，可以依托民政部的基层儿童工作队伍，加强对儿童督导员、儿童主任的网络信息素养培训，将他们培养成“儿童网络素养专员”，在两个岗位现有职责之外，增加一项“面向农村儿童及监护人的网络信息素养培训”，在强化家庭监护主体责任及家庭教育等工作重点中，面向儿童及监护人进行互联网使用等网络素养相关知识的宣传与教育，提升家庭成员网络信息素养水平，从而更好地引领儿童合理、正确使用互联网。

（三）鼓励培育孵化社会组织，成立“儿童信息之家”

各地民政部门及现有的未成年人保护救助机构可以成为未成年人互联网素养培育的重要依托，以它们为基础积极培育儿童服务类社会工作的服务机构、志愿服务组织以及公益慈善组织，利用各种社团组织的专业化、精准化、精细化为未成年人互联网使用提供针对性服务。同时，还可以借助各地开设的未成年人保护专线，为未成年人及监护人解决互联网使用方面的问题，提供咨询服务。

此外，还可以利用现有的儿童关爱服务场所成立“儿童信息之家”，组织“网络素养下乡活动”，邀请城市儿童网络信息素养专家、学者以及农村“儿童网络信息素养专员”定期对儿童及监护人进行信息素养培训。

（四）构建“家庭－学校－社会”一体化的农村未成年人监管模式

首先，强化农村未成年人监护人的责任意识。农村未成年人群体中大部分人是留守儿童，由于父母不在身边，遇到问题时缺乏与父母的情感交

---

① 中华人民共和国民政部：《关于进一步健全农村留守儿童和困境儿童关爱服务体系的意见》，http：//www.mca.gov.cn/article/gk/wj/201905/20190500017508.shtml，2019年5月2日。

② 李昌禹：《全国已配备66.3万名儿童主任》，《人民日报》2020年6月4日第8版。

流，于是更愿意在网络中寻找精神安慰。农村未成年人父母应认识到父母在孩子心中的重要作用，尽可能地保持与孩子的情感交流，通过电话或网络等形式关心未成年人的情感问题和心理状况。其次，完善学校对农村未成年人的教育工作。在学校中加强网络安全教育、法律教育、德育教育等内容，帮助农村未成年人提高网络辨别能力和安全意识。鉴于农村未成年人群体的特殊性，学校应该在情感和生活上给予未成年人更多的关心和呵护，确保未成年人身心健康成长。最后，政府部门应着力为农村未成年人营造绿色健康的成长环境。加大对于农村教育资源的倾斜力度，优化教育资源配置，通过在线教育等方式提升农村教育质量，引入“网络安全云课堂”等主题教育课，引导未成年人形成正确的网络意识；加大对农村社会环境的整治力度，加快清理学校周边的游戏厅、网吧等场所，严禁未成年人进入。同时也应加强对社会流行文化的引导，对于网络文化内容进行规范，以社会主义核心价值观引导正确社会风气，为农村未成年人营造良好的文化环境。

（五）财政投入倾斜支持农村儿童信息素养服务体系构建

财政投入具有重要的杠杆和指向作用。建议各级财政部门在制定农村儿童关爱服务经费预算中，单列农村儿童信息素养培育资金支出，用于培训“儿童素养专员”，为儿童保护机构提供网络信息素养培训经费，同时用于农村儿童及监护人培训。除此之外，各地财政部门还需要对农村儿童关爱的群团组织提供财政支持。并且建立和完善“儿童信息素养专员”评价与跟踪机制，对那些认真履职，并且工作切实到位、取得了良好效果、工作成绩特别突出的信息专员给予表扬，并将他们纳入评先选优表彰奖励的优先推荐范围，从而鼓励更多优秀的专业资源服务儿童。此外，还应该积极倡导并吸纳互联网企业履行社会责任，加强行业自律，达成行业共识，共建未成年人守护生态。并且可以通过公益捐赠、实施儿童保护专项项目等多种方式，加大对农村儿童信息素养培育服务体系的资金投入。

参考文献

张胜康：《论青少年的社会模仿》，《青年探索》2005 年第 5 期。

付少巍：《音乐社会功能的研究》，《黄河之声》2020 年第 24 期。

朱光潜：《西方美学史》（下卷），人民文学出版社，1964。

〔美〕道格拉斯·凯尔纳著《媒体奇观：当代美国社会文化透视》，史安斌译，清华大学出版社，2003。

林永峰等：《青少年网络使用卷入度与心理动机的关系研究及量表编制》，《中华疾病控制杂志》2014 年第 7 期。

卜卫：《论媒介教育的意义、内容和方法》，《现代传播（北京广播学院学报）》1997 年第 1 期。

杨建华：《新媒体严肃游戏的心理趋向》，《光明日报》2015 年 6 月 15 日。

李方丽、孙晔：《功能游戏：定义、价值探索和发展建议》，《教育传媒研究》2019 年第 1 期。

中华人民共和国国家卫生健康委员会：国家卫生健康委员会 2019 年 4 月 29 日例行新闻发布会文字实录，2019 年 4 月，http：//www. nhc. gov. cn/xcs/s7847/201904/e9117ea8b6b84f48962e84401d305292. shtml。

中华人民共和国教育部：教育部等八部门关于印发《综合防控儿童青少年近视实施方案》的通知，2018 年 8 月，http：//www. mgov. cn/srcsite/A17/moe_ 943/s3285/201808/t20180830_ 346672. htmloe。

中国消费者协会：《青少年近视现状与网游消费体验报告》，2019 年 5 月，http：//www. cca. org. cn/jmxf/detail/28863. html。

中华人民共和国国家互联网信息办公室：《儿童个人信息网络保护规定》，2019 年 8 月，http：//www. cac. gov. cn/2019 -08/23/c_ 1124913903. htm。

中华人民共和国国家互联网信息办公室：《网络信息内容生态治理规定》，2019 年 12 月，http：//www. cac. gov. cn/2019 -12/20/c_ 1578375159509309. htm。

B.4

农村留守儿童互联网运用及网络素养状况

刘朝霞 李沐芸*

摘 要：本报告基于2020年“中国未成年人互联网运用状况调查”的统计数据，同时结合2021年1月至3月在全国多地抽取留守儿童及其监护人、老师开展的深度访谈。对留守儿童的上网情况进行研究发现：自有手机成触网设备首选；触网年龄偏低，沉迷网络时间偏长；上网的载体丰富；上网的监管不足；视频App最受欢迎；网络充值参与普遍。本报告从政府、学校、家庭和社会四个层面针对发现的问题提出建议。

关键词：农村留守儿童 互联网运用 网络素养

按照留守儿童的界定标准，“留守儿童”是指父母双方外出务工或一方外出务工另一方无监护能力，不满16周岁的未成年人，[①] 儿童如果在非住校的情况下长期不和父母一起生活，而是和亲戚包括外公外婆一起生活，在符合年龄条件的情况下，可以被认定为留守儿童。本文还涉及少数16周岁以上留学生。本研究以2020年“中国未成年人互联网运用状况调查”的统计数据为依托，以“目前最多时间和谁一起生活”作为测定指标，筛选出与“外公外婆”和“亲戚”一起生活的儿童作为研究对象，共获得有效样

---

* 刘朝霞，中国社会科学院大学新闻传播学院副教授；李沐芸，中国社会科学院大学新闻传播学院2019级本科生。

① 《国务院关于加强农村留守儿童关爱保护工作的意见》，国发〔2016〕13号，2016年2月4日。

本1988个。同时作者对湖北省恩施土家族苗族自治州、湖南省吉首市周家寨村、黑龙江省牡丹江市东宁市三岔口镇、吉林省长春市榆树市、云南省大理白族自治州下关镇的留守儿童及其监护人、留守儿童的老师共36名访谈对象进行了深度访谈。文章试图了解农村留守儿童互联网运用及网络素养的基本状况，并针对其中存在的问题提出相应的对策建议。

一 农村留守儿童互联网运用状况分析

（一）农村留守儿童互联网使用基本情况

1. 手机成触网设备首选，且多为自有

对“最经常使用的上网设备”这一问题，高达76%的留守儿童选择了手机，选择“电脑”、“iPad/平板电脑”及“其他”的留守儿童仅有24%（见图1）。与之相比，截至2009年底，我国10～19岁的手机网民比例仅为37.9%。[①] 近11年，从不到四成到近八成的比例提升，反映出未成年人上网正在迈入移动互联时代。同时，根据后续的个案访谈情况得知，留守儿童中的大部分拥有自有手机，且年龄跨度从小学至高中，很多小学阶段的留守儿童就已经拥有自己的触屏手机，主要是为了方便与外出打工的父母联系。

2. 触网年龄偏低，沉迷网络时间偏长

调查数据显示，有超过1/3的留守儿童在7岁之前就已经接触互联网，有超过80%的留守儿童10岁之前有过互联网的使用经历（见图2）。留守儿童的互联网使用时间普遍偏长。在“平均而言，您每天大概上网玩多久”的问题中，即便是在课业负担比较大的学习日，也有半数以上的留守儿童每日使用互联网超过半个小时，有接近28%的留守儿童每日上网时间超过1小时（见图3）。

① 中国互联网络信息中心：第25次《中国互联网络发展状况统计报告》，2010年1月。

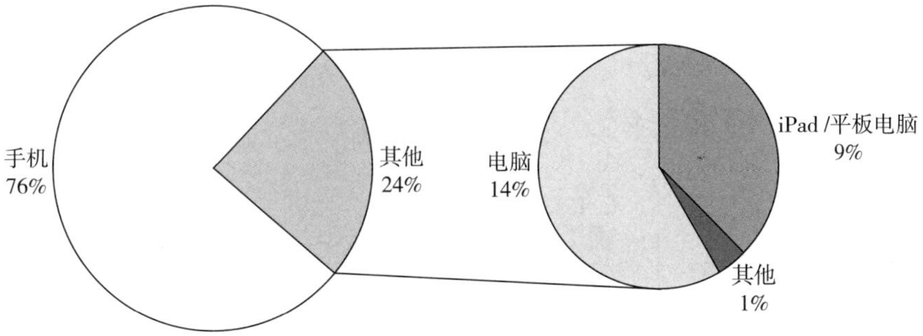

图1　留守儿童接触互联网的主要设备（2020）

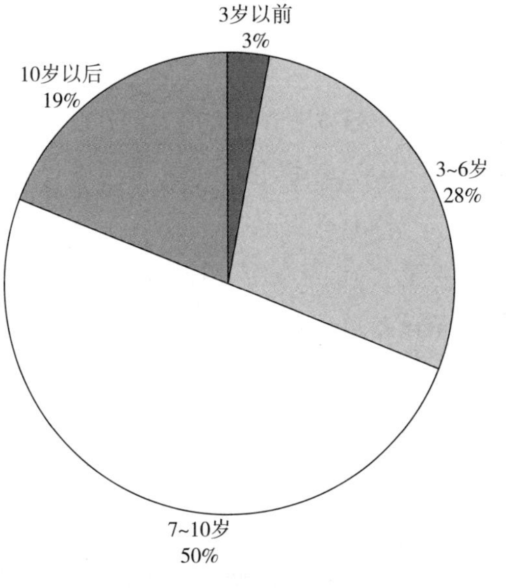

图2　留守儿童触网年龄（2020）

上网时间偏长这一情况在周末就更加突出。调查数据显示，在周末，高达76%的留守儿童平均每日上网时长超过1小时。其中，人数最多的集中在1～2小时，占46%，更有30%的留守儿童平均每日接触互联网的时间超过两小时，其中19%的留守儿童在周末每日上网的时间超过3小时（见图3）。留守儿童处在成长发育的关键时期，长时间沉迷网络、蹲坐在电脑前，对其身体健康和成长发育都是极为不利的。

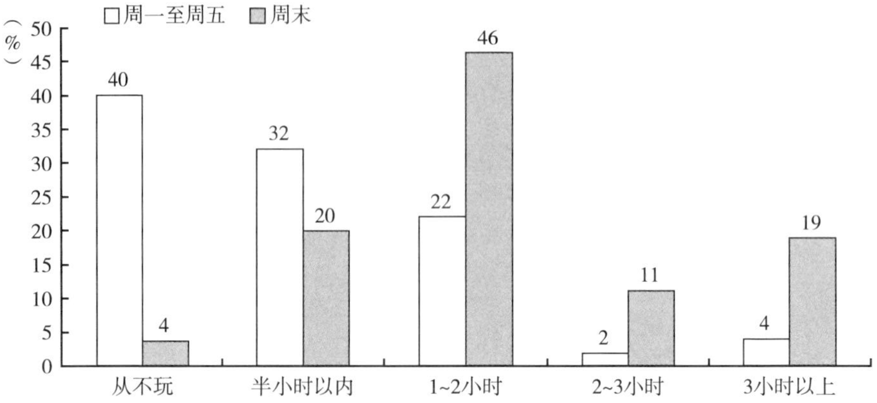

图3　留守儿童每日平均上网时长（2020）

3. 接触互联网的载体丰富

留守儿童接触互联网的载体随着科技的发展和传播技术的进步变得日趋丰富。调查数据显示，留守儿童能够独立使用的上网设备主要是手机（46%），电脑（22%），iPad/平板电脑（16%），智能手表（10%），机器人（小度音箱、天猫精灵、Alpha蛋等）（5%）（见图4）。可以说，几乎所有的留守儿童都有电子设备可以用来接入互联网。技术赋权固然是一件好事，使留守儿童有更多的机会接触互联网，开阔视野。但是当留守儿童能够独立使用的上网设备过多，且监管不到位，就可能会造成网络沉迷等现象。

4. 居家上网是低年龄段留守儿童上网首选

调查数据显示，低年龄段（小学和初中）的留守儿童使用互联网的主要地点是家庭，高中及以上年龄段的留守儿童使用互联网的地点更为多样化，除家庭之外，还有宿舍、其他（如课堂和网吧等）（见图5）。访谈发现，小学和初中阶段，学校对于手机的限制较为严格，很多学校都明令禁止学生将手机带入学校。部分留守儿童所在的学校虽然允许学生将手机带入学校，但是上学期间不允许开机，仅可在放学后作为联系家长的工具使用。这一点，在对部分学校老师的访谈中也得到了证实，很多老师都会对学生在校期间的手机使用情况进行监督。学校对手机的严格限制，可能是留守儿童将家庭作为互联网使用主要地点的一个重要原因。

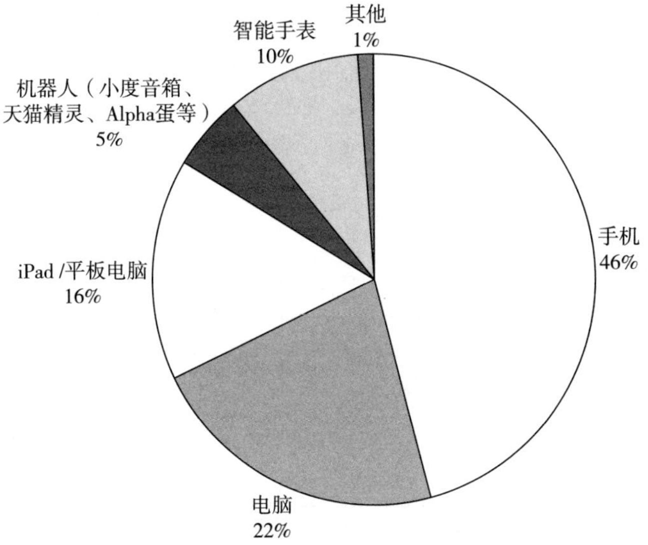

图 4　留守儿童能够独立使用的上网设备（2020）

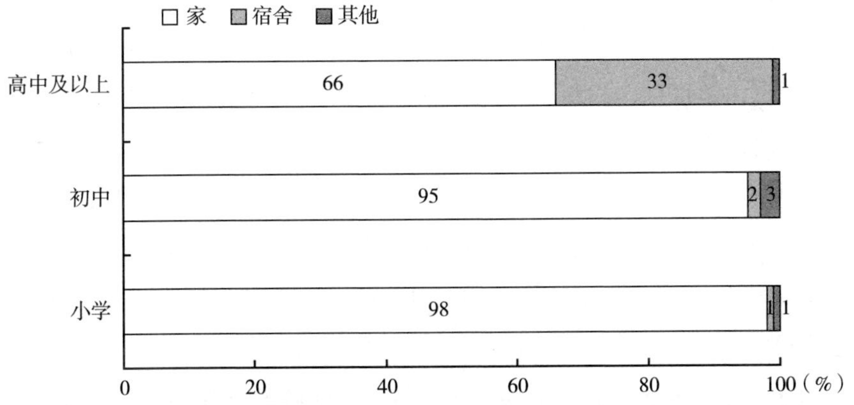

图 5　不同年龄段的留守儿童使用互联网的主要地点（2020）

5. 上网监管不足

对“你平时的上网时间会超过事先限定的时间吗?”，有高达 61% 的留守儿童表示“有时会”，还有 14% 的留守儿童表示“经常会”（见图 6）。一方面，留守儿童由于父母长期不在身边，隔代监护的效果难以保证，经常会出现监管缺位的情况；另一方面，留守儿童年龄较小，自身的自制力薄弱，在互联网使用过程中很容易出现自制力不足的情况，这就更凸显了监管的重要性。

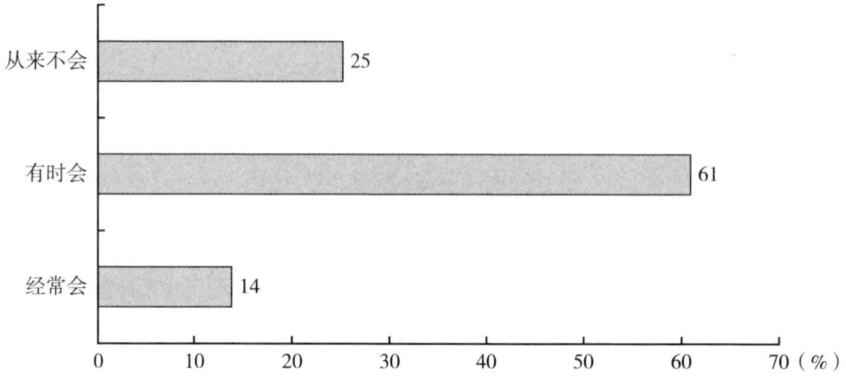

图 6　留守儿童的上网时间是否会超过限定时间（2020）

调查数据显示，在留守儿童使用互联网的过程中，家长的监管情况令人担忧。对“家长会管控你上网吗？”这一问题，只有不到一半的留守儿童家长对孩子上网的时长和浏览内容进行规定，有 32% 的家长虽然意识到要对孩子的上网时间进行限制，却没有关注到孩子在网上浏览的内容是否健康且积极向上的，是否会对其成长产生不利影响。另外，还有 5% 的留守儿童家长虽然对浏览内容进行了规定，但未对孩子的上网时间进行规定，更有 15% 的留守儿童家长对孩子的上网时间和浏览内容都不加以限制和要求（见图 7）。

很多小学生的访谈案例表明，在其使用互联网的过程中，并没有家长在一旁进行监督，这一现象在初中和高中及以上年龄段的留守儿童中更为普遍。同时，由于留守儿童的父母很多都在外务工，平日的监管任务往往会落到年迈的爷爷奶奶头上，受身体（如视力等）和文化水平等条件的限制，老人监督的效果很难保证。如以下案例所示（本文访谈对象姓名均为化名）：

留守儿童飞飞（女，13 岁，初中一年级，父母均外出务工，和爷爷奶

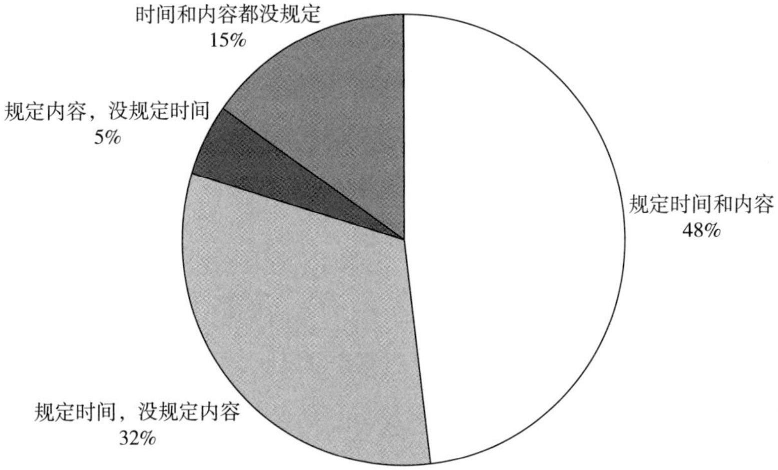

图7　监护人对留守儿童互联网使用的监管情况（2020）

奶生活）：

“有时候也会监督，但是之前有一段时间上网课，当时我爷爷奶奶在辅导弟弟写作业，那时候可能没有看。平常没事的时候会看一下，也会看我浏览的网页，不过他们一般也不太清楚具体内容是什么。算是为了尊重我的隐私吧，他们一般不会去看我和朋友的聊天内容。”

留守儿童前前（男，14岁，初中三年级，父母均外出务工，和爷爷奶奶生活）：

“一般爷爷奶奶是不管我具体用手机做什么的，我上网的时候他们也不会在一旁看着，唯一的要求就是写完作业之后才可以用手机，其他的都是自由的。”

留守少年勇勇（男，17岁，高中二年级，父母均外出务工。住校，每月从学校放假回家，和奶奶住在一起）：

“上学的日子里，学校里的老师会负责手机使用管理。回家后，奶奶对我看手机是不管的。如果赶上父母在家，他们会管。不过一般也不会看我具体的浏览内容，只是上网时间长了，会说我。”

互联网本身对于儿童有极大吸引力，很多儿童的父母不在身边，爷爷奶奶等长辈心有余而力不足，留守儿童受到的监管和约束力不足，种种原因会导致留守儿童使用互联网的时间过长，且浏览内容难以保证。留守儿童尚处于心智发展不完全的阶段，面对网络诱惑的自制力不足是情有可原的。因此，这就更需要监护人承担起监护的职责，从外界进行干预，帮助留守儿童养成健康、科学的上网习惯。

（二）互联网使用目的与功能开发

1. 视频 App 最受欢迎

随着互联网日新月异的发展和城乡融合的加速，留守儿童在互联网使用方面逐渐与城市潮流接轨，视频、直播、二次元、网络文学等各种休闲娱乐类 App 的使用日趋多样化，但视频类 App 格外吸睛。调查数据显示，有 32% 的留守儿童对短视频类 App（如抖音、快手、西瓜视频等）感兴趣，还有 30% 的留守儿童对其他视频网站（如爱奇艺、腾讯视频、优酷、芒果 TV 等）感兴趣。除此之外，有 15% 的留守儿童在休闲娱乐时会选择二次元类 App（如 A 站、B 站、腾讯动漫等）。如果再加上网络直播平台（如斗鱼直播、企鹅直播平台等）的 7%，有 84% 的留守儿童喜欢使用视频类 App。相比而言，网络文学平台类（如起点、晋江等小说阅读 App）和网络论坛类（如微博、贴吧、NGA、虎扑论坛等）受留守儿童的欢迎度分别是 8% 和 6%（见图 8）。应该思考如何推出有趣又有内涵的视频类节目，激发留守儿童的兴趣，寓教于乐。在轻松娱乐之中，向留守儿童传递中华优秀文化。

2. 网络充值现象普遍：充值金额与年龄正相关

随着互联网产业的快速发展，网络充值活动的形式也日渐多样化。调查

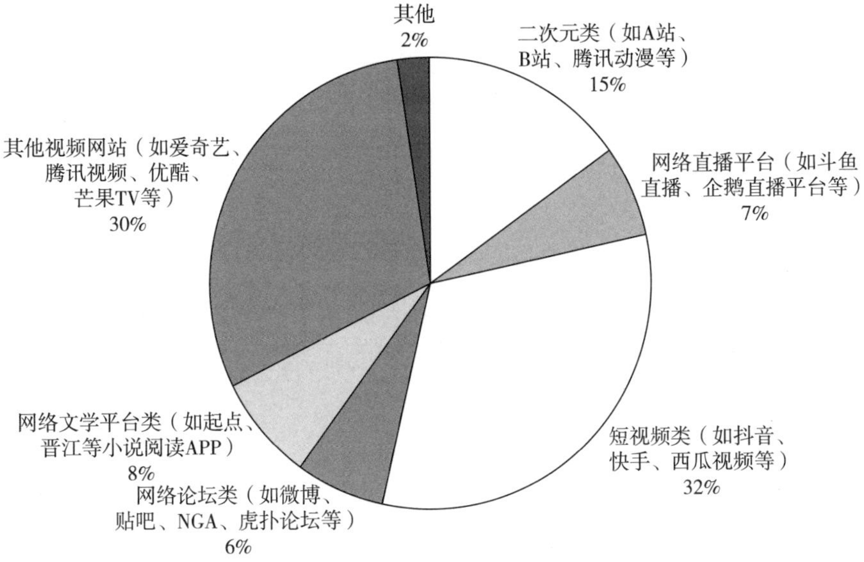

图 8　受留守儿童欢迎的娱乐休闲类 App（2020）

数据显示，有约 1/3 的小学阶段留守儿童在互联网的使用过程中参与过网络充值活动（见图 9），留守儿童使用网络付费充值功能呈现低龄化趋势。

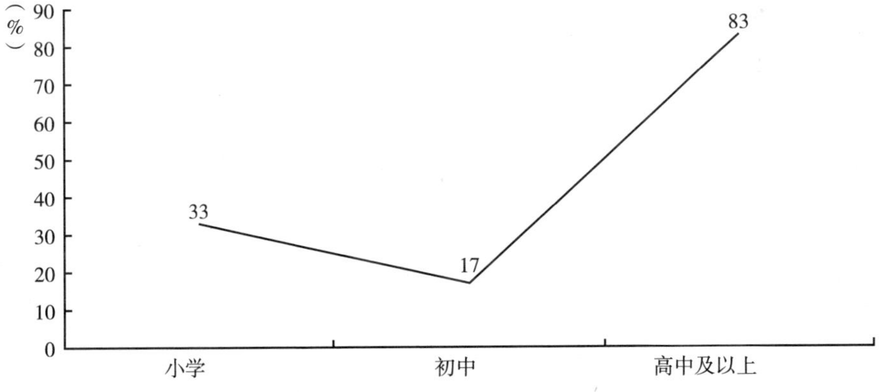

图 9　留守儿童参与网络充值的情况（2020）

同时，在进一步的深度访谈中，笔者发现，各年龄段留守儿童的网络充值主要是游戏充值，其次是视频软件会员充值和直播打赏。很多小学生已经有过游戏充值的经历，不过充值金额较小。高中及以上年龄段的留守少年互联网充值的类别更广，包括但不限于游戏充值、直播打赏、视频软件会员充值，付费小说充值等，且充值金额较大。

比较夸张的一个访谈案例是留守少年胡少（初一辍学，18 岁，现在在发廊打工，父母均外出务工）：

> “每个月充的钱没有记录过，给游戏‘王者荣耀’充值的钱大概七千，不懂事的时候在一个叫“摇钱树”的赌博平台上赌博输了七万。”

虽然胡少的情况属少数个案，但是给网络游戏等进行充值在留守儿童中是十分普遍的。

值得关注的是，近年来，伴随着 5G 技术的落地，直播行业发展火热，在迅速扩张的同时，行业中也出现了许多监管漏洞。我们不时会在一些社会新闻中发现小学生“豪掷千金”打赏某主播的事件。考虑到留守儿童这一群体的特殊性，造成这一现象的主要原因一方面是家庭监管的不到位，另一方面是自有手机拥有率的提升使得在互联网活动参与过程中进行不理智消费的情况在留守儿童这一群体中更容易发生。大多数留守儿童正处于世界观尚未形成的阶段，对于自身欲望的控制力不强。面对网络上灯红酒绿的花花世界，一时间很容易迷失自己，有的短时间内可能会将自己的生活费、学费投入互联网，更有甚者可能会偷偷绑定父母的银行卡，不断进行充值、直播打赏等。

留守儿童亭亭（男，12 岁，小学五年级，父亲外出务工，和母亲一起生活）：

> “我曾经在看直播的时候给主播打赏过。因为看到有些人给主播刷礼物很有趣，就会偶尔在观看抖音直播时给博主刷礼物。充值的频率不确定，礼物也不会刷很多，大概在 5 元上下。最后一次因为刷礼物充了 100 元钱被妈妈说教了，就再也不敢充值了。”

调查显示，初中阶段的留守儿童网络充值活动的参与程度最低。进一步的深度访谈表明，一方面是因为相较于年龄更小的小学生，初中阶段的青少年已经有了初步的理性消费意识，面对网络中的充值活动更加冷静克制；另一方面，相较于在金钱方面拥有更多自由支配权的高中及以上阶段的留守青少年，初中阶段的留守儿童拥有自由支配的金钱额度较小，不足以支撑其进行过多的网络充值活动。

二　互联网使用过程中存在的问题

美国学者麦克·克鲁尔（Mc Clure）于1994年首先使用“网络素养”（network literacy）的概念来描述个人“识别、访问并使用网络中的电子信息的能力”。随着网络的发展，网络用户的数量不断扩大，“网络素养”的内涵和外延也日益丰富。国内学者刘献春提出了网络素养的意识和道德两个非认知因素。蒋宏大提出网络素养是一种能力，主要包括网络认知素养等六个方面。燕荣晖指出网络时代的媒介素养就是网络素养，网络素养的内涵则不限于信息素养、计算机素养、数字素养的基本内容，还远不止这些。[①]

根据已有的研究并结合实际情况，笔者界定了网络素养的五个方面：网络意识、网络知识与技能、网络安全、网络道德以及网络自我认同五个方面。本报告从这五个方面出发，展开对留守儿童网络素养的讨论。

（一）网络意识待提高：休闲娱乐是上网主要目的

网络意识是指个体对网络的敏感度和对网络价值的判断力。留守儿童使用互联网的目标和动机可以反映出他们对于网络价值的判断，可以用作评价其网络意识的主要依据。

如图10所示，留守儿童的互联网使用目的大体可以概括为休闲娱乐，知识/服务获取和人际交往三大类。42%的留守儿童上网的主要目的是休闲

① 燕荣晖：《大学生网络素养教育》，《江汉大学学报》（社会科学版）2004年第1期。

娱乐，完成作业、查资料（18%）、扩大知识量（10%）、了解时事（6%）、网上课堂/上网课（6%），这些知识/服务获取类共占40%，交友交流（12%）、表达自我/晒朋友圈（3%），这些人际交往占比15%。留守儿童对于利用互联网获取各类生活服务资讯和参与网络讨论的兴趣不高，二者的占比都仅为1%。休闲娱乐超越学习高居第一，说明在很多留守儿童眼中，互联网更多的是休闲娱乐的工具，而非获得知识的渠道。

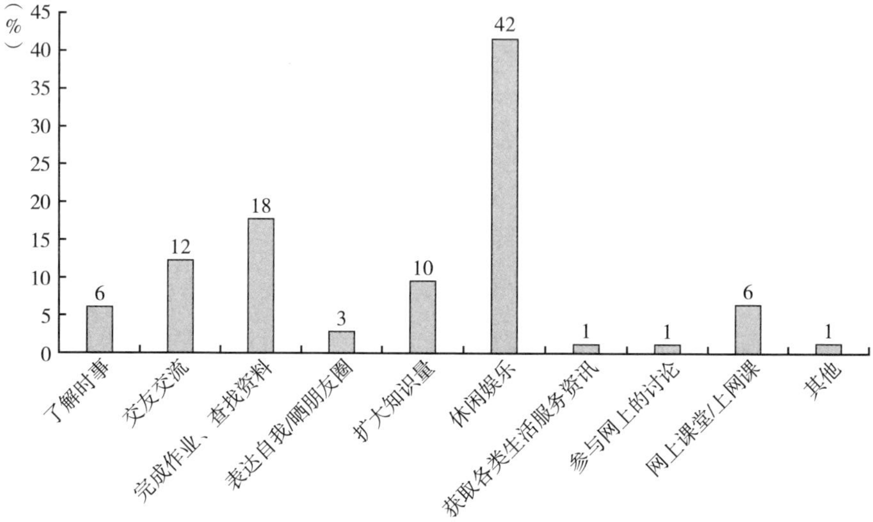

图10　留守儿童上网的主要目的（2020）

同时，“你能平衡上网娱乐和学习的时间关系吗”，有超过半数的高中阶段的留守学生认为自己不能很好地平衡上网娱乐和学习的时间，只有17%的高中生认为自己可以很好地平衡。这一情况在低年龄段的留守儿童中有所好转，有67%的小学阶段的留守儿童和57%的初中阶段的留守学生认为自己“完全可以”平衡上网娱乐和休闲的时间（见图11）。

访谈发现，留守学生对于上网娱乐和学习时间的平衡，往往与外界的约束力有关，如以下案例所示：

留守儿童飞飞（女，13岁，初中一年级，父母均外出务工，和爷爷奶奶生活）：

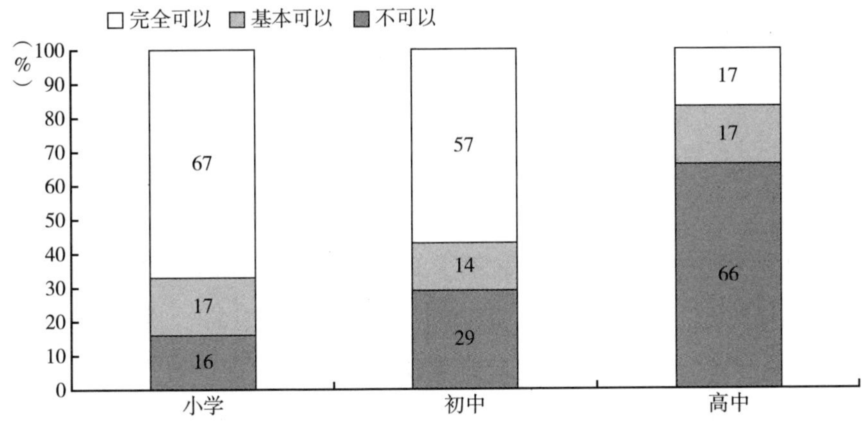

图11　留守少年对于上网娱乐和学习时间的平衡能力（2020）

> 我觉得自己还可以吧，因为学校每周都会发周末计划安排表，只要按照表上内容走就不会失衡。

留守少年勇勇（男，17岁，高中二年级，父母均外出务工。住校，每月学校放假回家，和奶奶住在一起）：

> 有时候我不能很好地平衡网络娱乐和学习的时间，赶上学校放假回家的时候，爸妈也不在家，我就会经常看剧、玩游戏一整天。

调查和访谈情况说明，留守儿童在上网娱乐和学习的时间分配上还存在一些问题，一少部分的留守儿童不能够合理地安排娱乐与学习的时间，过度地沉迷于网络世界，网络意识薄弱。

（二）网络知识与技能培训欠缺：互联网利用能力较弱

网络知识与技能包括网络知识的获取、筛选和运用，留守儿童对于网络知识与技能的掌握情况，很大程度影响他们的网络生活水平和网络参与能力。调查数据显示，对“你经常利用网络搜索解决现实中的某个问题吗?”这一问题，有24.0%的留守儿童回答“几乎没有”，有28.0%的留守儿童回答“较少”。可以说，有半数以上的留守儿童利用互联网的能力较差，对于网络活动的参与程度处在最初级水平。只有33.0%的留守儿童“有时”会借助互联网来解决现实生活中的问题，选择“经常”和“总是”选项的留守儿童占比的总和仅有15.0%（见图12）。总体来看，留守儿童互联网使用能力较弱，有待提高。结合前文，从留守儿童使用互联网的时间长短来看，留守儿童互联网使用的“量”足够，但“质”有待提高，互联网中丰富的资源并没有很好地帮助留守儿童解决现实生活中的困难。

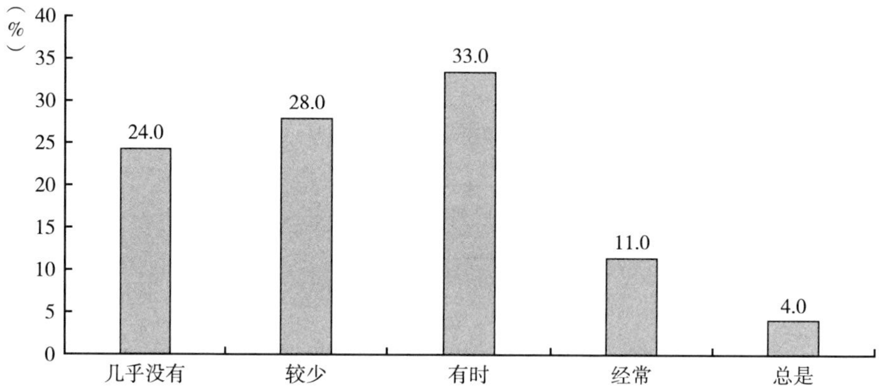

图12　留守儿童利用网络搜索解决现实生活中问题的情况（2020）

由于父母双方或单方不能经常陪伴在留守儿童身边，他们无法及时有效地从家庭教育中获得帮助。此种情况下，学校针对留守儿童开展网络知识与技能培训的重要性格外凸显。

然而，在前期的问卷调查中我们发现，学校在网络素养教育方面仍有很大提升空间。对“你在学校里上过教授网络知识的课程吗?”这一问题，过半数的留守儿童表示学校“现在就有”专门开设的网络知识课程。但同时，我们也不能忽视学校教育在网络知识与技能培训方面的欠缺。数据显示，有17%的留守儿童曾接触专业的网络知识课堂，但是已经结束；更有15%的留守儿童从未在学校接受过专业的网络知识教育。同时，有 13% 的留守儿童选择了“不清楚”这个选项（见图 13），综合来看，还有近半数留守儿童所在学校在网络知识教育方面缺位。后期的个案访谈也进一步证明了这一点，很多留守儿童都表示自己的网络知识主要来自自己在互联网使用过程中的摸索。

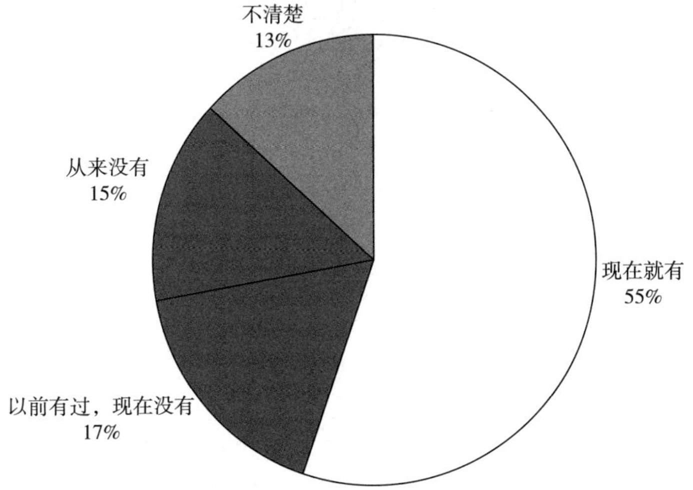

图 13　学校教育中是否有专门开设的网络知识课程（2020）

（三）网络安全素养不高：个人信息保护的法律意识薄弱

互联网为留守儿童获取信息提供了极大的便利。在某种程度上，它成为留守儿童接触外界的窗口。它激发了孩子们的好奇心，拓宽了孩子们的认知维度。但由于留守儿童群体在使用互联网的过程中往往缺乏监管和正确的引导，其网络安全意识较为薄弱。在缺乏网络安全保护的情况下，未成年人上网面临的网络风险远高于成年人，网络色情、网络诈骗和网络欺凌等问题时有发生。

调查发现，18% 的留守儿童认为自己很了解网络安全基本知识，有将近半数的留守儿童对于网络安全基本知识“了解一些”。同时，还有 22% 的留守儿童选择了“一般了解”，有 13% 的留守儿童“不太了解”，更有 5% 的留守儿童认为自己“不了解”网络安全基本知识（见图 14）。

当问及“您上网或安装 App 遇到要填写个人信息时，是否考虑过需要

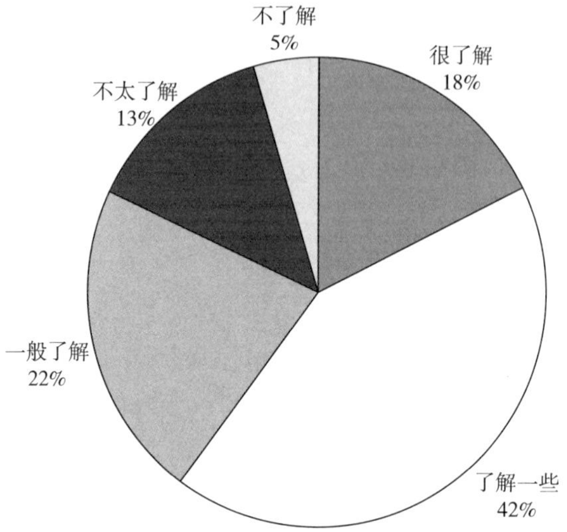

图 14　留守儿童对网络安全基本知识的了解程度（2020）

保护个人隐私？”这个问题时，留守儿童的回答令人担忧。虽然有 50% 的留守儿童“每次都会想到”，有 23% 的留守儿童“经常会想到”，但是，却有 15% 的留守儿童“偶尔会想到”，甚至还有 12% 的留守儿童“从来没想过”（见图 15）。留守儿童在使用互联网的过程中，极易公开个人真实信息。调查数据显示，有高达 30% 的留守儿童会公开自己的真实性别。此外，留守儿童会公开的真实信息依次为年龄、QQ/微信号、姓名，占比依次为 20%，15%、11%。还有 7% 的留守儿童会公开自己的真实照片，甚至有 4% 的留守儿童会留下自己真实的手机号（见图 16），留守儿童作为未成年人，年龄小且社会阅历不足，这些个人信息如果被网上的不法分子利用，后果将非常可怕。可见，留守儿童个人信息保护意识亟待提高。

关于“2019 年 10 月 1 日起正式实施我国首部《儿童个人信息网络保护规定》，你知道这件事吗？”的问题，41% 的留守儿童“没听说/不知道”，43% 的留守儿童仅停留在“听说了/知道了”层面，仅有 16% 的留守儿童表示“知道了，而且还学习了这个法的内容”（见图 17）。由此可见，针对留守儿童的普法教育刻不容缓。

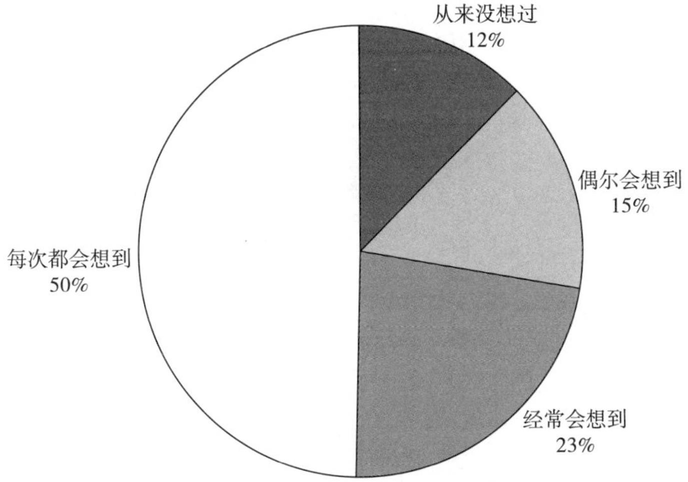

图 15　留守儿童对个人隐私保护的关注度（2020）

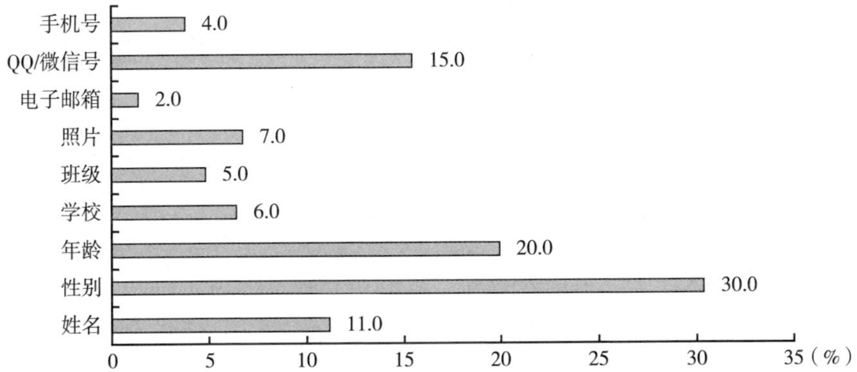

图 16　留守儿童在网络中公开的个人真实信息（2020）

（四）网络道德素养有待提高：低年龄段尤为突出

网络道德的基本原则是诚实、安全、公正、互助。基于此，笔者在访谈提纲中设置了一系列问题，意图考察留守儿童的网络道德素养水平。

对问题“你在网上是否做过明知不应该做的事情?”，只有 68% 的留守儿童表示自己“几乎没有”，有共计 30% 的留守儿童表示自己会“较少”或“有时”做一些明知不应该做的事情（见图 18）。留守儿童心智尚未发

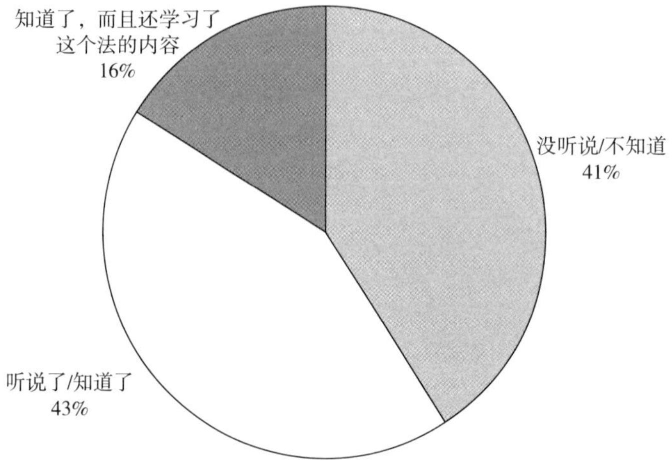

图 17　留守儿童对我国首部《儿童个人信息网络保护规定》的了解程度（2020）

展成熟，判断力缺乏，在互联网使用的过程中可能会暴露出网络道德素养薄弱的问题。

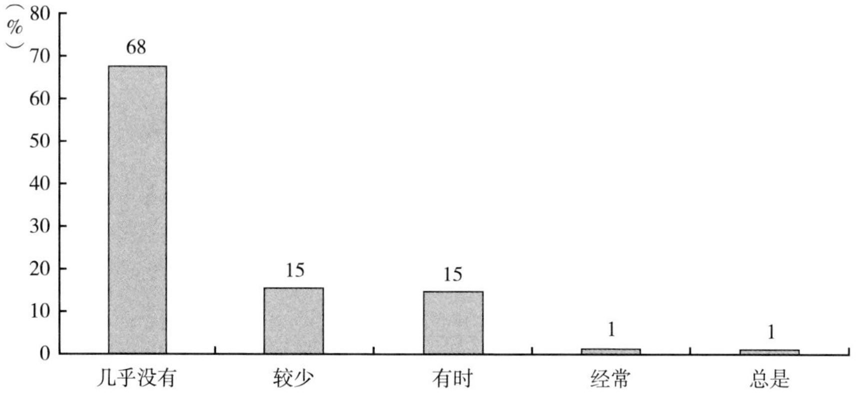

图 18　留守儿童在互联网使用过程中是否做过明知不应该做的事情（2020）

在访谈中，针对这个问题“你怎样看待利用网络进行的作业抄袭等行为？当你遇到不会的题目时，会不会上网查找答案？”，很多留守儿童都有利用网络抄袭作业的经历，其中小学阶段的留守儿童占比最高。

留守儿童莎莎（女，12 岁，小学六年级，父母外出务工，和爷爷奶奶生活）：

> “我觉得这种行为应该是不对，不过我周围的同学很多都这样做，不过也有一部分人不会。因为爷爷奶奶不能辅导我的作业，所以我有时候遇到不会的题目，也会上网找答案。”

留守儿童亭亭（男，12 岁，小学五年级，父亲外出务工，和母亲一起生活）：

> “利用网络抄作业这种事情在我们这里挺普遍的。我觉得这也没有什么，有时候遇到不会的题目，我也会上网找答案。”

但低年龄段的留守儿童中也有很多网络道德素养较为良好的案例，如留守儿童灿灿（男，12 岁，小学六年级，父母外出务工，和姑姑一起生活）：

> “我觉得抄作业这种事情挺不对的。上网查找需要经过家长同意，如果题目姑姑也不会而且同意搜索，会和姑姑一起搜索答案、分析。”

同时，访谈中发现，随着年龄的增长，留守儿童的网络道德素养也有了一定程度的提高。如以下案例所示。

留守儿童璐璐（女，15 岁，初中三年级，父母双方均外出务工，和祖父母生活）：

> “抄袭作业肯定是不对的，要坚决杜绝，必须端正自己的态度。我很少上网搜找答案，大部分会自己独立思考，不会的问题会去学校问老师，问同学。”

留守儿童勇勇（男，13岁，初中一年级，父母双方均外出务工，和爷爷奶奶生活）：

“我认为抄作业是不道德的和不负责任的。但是父母外出务工，周末或者寒暑假在家写作业遇到无法解答的题目时就会用手机搜题。”

留守儿童飞飞（女，13岁，初中一年级，父母均外出务工，和爷爷奶奶生活）：

“我觉得抄作业肯定是不对的。至于在网上搜不会的题，这个主要还是看个人，有些同学他们查询作业答案就是想核对一下，也有的是不愿意动脑思考。我觉得如果合理地运用这个功能，能收获更多，相反就会产生依赖性，不愿意再动脑思考了。”

留守少年勇勇（男，17岁，高中二年级，父母均外出务工。住校，每月学校放假回家，和奶奶住在一起）：

“我觉得抄作业很正常，谁都会有，好学生坏学生都是。但我觉得这都高二了，马上就要高三了，写作业主要是看自觉，老师不会太管，写不写都是无所谓，所以抄就更没必要了，那样还不如不写了。”

在问卷调查中，在回答“如果有人在网上组织集体声讨、人肉搜索这样的活动，你会配合参加吗？”这个问题时，有69%的留守儿童表示“肯定不会”，有12%的留守儿童人为自己“可能不会”，还有17%的留守儿童认为自己“可能会”、2%的留守儿童表示“肯定会”（见图19）。19%的比例虽然相较肯定不会参与的比例不算高。但是，整体而言，接近20%的比例并不算低，说明留守儿童网络道德素养亟待提高。留守儿童正处于心智发展尚未成熟阶段，对于网上参差不齐的信息辨别力不强，容易受人煽动，参与一些有悖于社会公序良俗甚至是违法的事情。基于此，针对留守儿童的网络道德素养教育亟待加强。

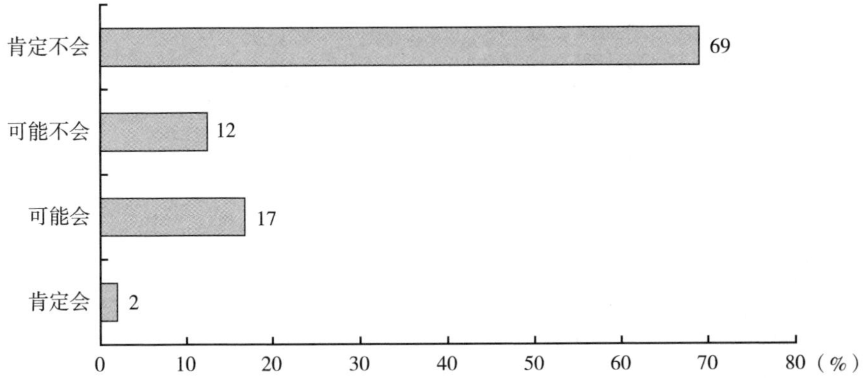

图 19　留守儿童对网络中的集体声讨、人肉搜索的参与意愿（2020）

（五）网络自我认同建构需正确引导：未来理想自我定位喜忧参半

网络环境提供给人们一种虚拟交往的方式，突破时空的局限进行人与人之间的交往，就会产生一种“网我”与“真我”之间的较量。自我认同，又称自我同一性，是指个体对自身稳定而一致的认知，是关于“我是谁”的问题。一个人的成长是一个不断发现和寻找“我是谁”的过程。青少年通过建立自我认同而建立社会认同，从而更好地实现社会化。值得注意的是，儿童和青少年处于自我认同建构的重要时期，网络环境下的虚拟自我认同对他们的影响十分明显。

在利用网络建构自我方面，关于问题“你未来的理想职业是什么?”的回答，结果令人喜忧参半。既有教师、艺术家、军人这样的选项，（排名分别为第 1 名、第 3 名、第 5 名），也有“游戏玩家”“明星”“网红”等选项（排名分别为第 2 名、第 4 名和第 9 名）（见图 20）。伴随着网络游戏、直播产业的飞速发展以及近年网红的迅速崛起，互联网在很大程度上影响了留守儿童的自我构建及对未来的规划。留守儿童对网络的依赖程度越高，就越有可能对现实状况和最初的未来自我规划产生怀疑。互联网将扩大个人与现实之间的距离，也可能使个体自我认同感下降。

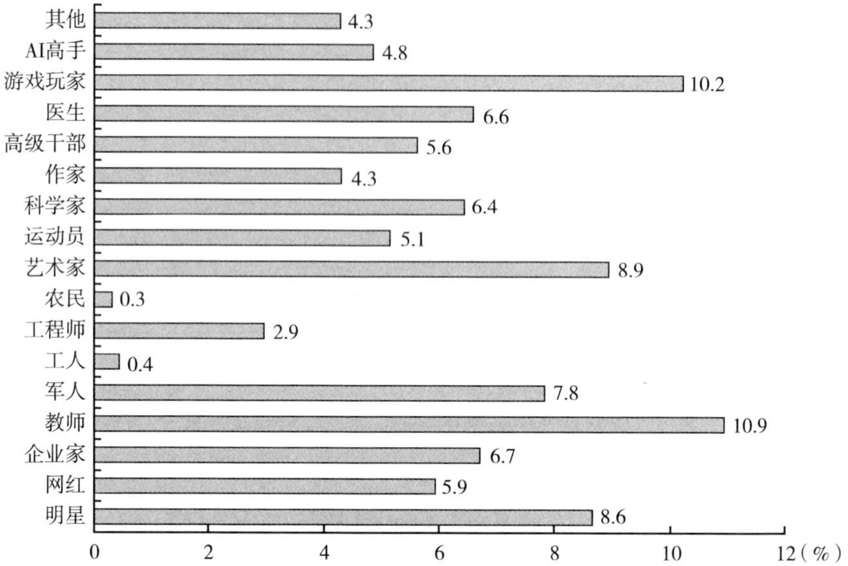

图 20　留守儿童的理想职业（2020）

相较于“工程师”“作家”等知识密集型的工作，留守儿童更愿意成为游戏玩家或网红。留守儿童的自我认同建构呈现出娱乐化和拜金主义倾向，对于未来并没有清晰准确长远的规划。如果青少年儿童的理想追求仅仅停留在游戏玩家、明星、网红，这对其个人未来成长是十分不利的。

三　对策建议

（一）三位一体培养，提升家长、监护人网络素养

家庭是儿童接触互联网的主要场所，父母是儿童网络素养教育的指导者和引路人。留守儿童的网络素养教育要保持一贯性和连续性，离不开家庭和家长的积极配合。考虑到留守儿童这一群体的特殊性，在留守儿童成长的过程中，父母的监管陪伴很多情况下处于一种缺位的状态，很多留守儿童的父

母在访谈中表露出一种“鞭长莫及”的无力感。他们在面对孩子上网问题时不是“不想管”，而是“不知道该怎么管”。此外，这些留守儿童的父母作为网络使用者，自己可能存在沉迷网络、手机不离手的状态，无法正确引领孩子使用网络。因此，父母是家庭的根，子女是家庭之树所结的“果”。若要留守儿童健康、理性上网，必须从根源上入手，父母首先要培养健康、理性的用网习惯。在这方面，可以充分利用留守儿童父母所在的工地、社区、村镇等空间，培养与提升家长的网络素养。

1. 组织“新媒体素养宣讲进工地”活动

外出务工的留守儿童父母，很多集中在经济社会发展水平较高的大中城市，具有得天独厚的信息优势和资源优势。整合这些优势资源为其所用，便能真正惠及留守儿童，或者形成政府、社会和留守儿童父母自身等多方力量新的发力点。

有关部门已经开展一些开创性的尝试。2018 年以来，民政部会同中建集团，组织开展全国农村留守儿童关爱保护“百场宣讲进工地”活动[①]，组织志愿者和专家来到劳动力密集的建筑工地，也就是留守儿童父母较为集中的地方，为工友带来政策法规、家庭美德、亲情沟通、安全知识等专题培训。延续这一思路，民政部会同相关方面，可以组织志愿者和媒介素养专家，走进建筑工地，面向留守儿童父母开展媒介素养专项教育活动和培训。

2. 依托社区开展网络信息素养沙龙或培训

网络信息素养提升，不仅仅是留守儿童父母面临的问题，城市父母同样面临这个问题。新媒体使用已经成为亲子关系矛盾的焦点之一，因手机使用引发亲子冲突甚至青少年自杀的新闻不在少数。社区应该发挥贴近家庭的地理优势，邀请网络信息素养专家或专业的志愿者，举办网络新闻素养沙龙或培训。此类活动应面向社区全部人员开放。在此过程中，进城务工父母不仅可以从专家、志愿者方面学习有价值的信息，更为重要的是可以与城市父母

① 中华人民共和国民政部：《让爱不再“留守”——全国农村留守儿童关爱保护“百场宣讲进工地”活动为亲情“架桥”》，http://www.gov.cn/xinwen/2021-04/19/content_5600589.htm，2021 年 4 月 19 日。

相互交流学习。同时如果能借由此类活动建立城市儿童与留守儿童的联系，从而实现网络信息素养的“同辈教育”，这对于弥合城乡父母、城乡儿童之间的数字鸿沟将大有助益。

3. 充分利用村级文化中心开展留守儿童监护人“信息技术下乡培训”

近年来，政府为从源头上解决儿童留守问题采取了很多切实可行的措施，如“大力推进农民工市民化”和“引导扶持农民工返乡创业就业”[①] 等，让很多留守儿童父母回到家乡。尽管如此，出于种种原因不能留在留守儿童身边的父母还有很多。留守儿童的照看由监护人负责，而这些监护人多为老人。他们的媒介素养更需要重视与提升。否则，留守儿童的上网引导将存在很大漏洞。有留守儿童曾在访谈中表示，自己有时候会因为孤独而选择沉迷于互联网。政府可以借力互联网企业市场下沉的契机，利用各个村级文化中心，与互联网企业合力举办“信息技术下乡培训”活动，将村级文化中心打造成乡村新媒介教育的流动课堂。这既可以把先进的技术带到乡村，又可以将技术的正确使用理念带给这些留守儿童的监护人，从而提升他们的媒介素养水平。

（二）软硬件打造农村学校信息素养培训体系

学校是留守儿童成长的重要场所。父母外出务工使得多数留守儿童处在隔代监护状态，家庭能够为留守儿童提供的网络素养方面的帮助和监管相对缺失。此时，学校的媒介素养教育功能凸显。笔者在访谈中发现，能够接触到留守儿童的一线教师，很多未曾接受过专业的网络素养方面的培训。此外，学校的硬件水平偏低也是阻碍学校进行网络素养教育的一个关键问题。因此，建议从软硬件两方面着手，打造学校信息素养培训体系。

1. 软件方面，组建信息技术应用能力培训团队，开展教师队伍的网络素养培训

提高教师的网络素养，是一个系统工程。基于此，笔者建议，各地区教

---

① 中华人民共和国民政部：《国务院关于加强农村留守儿童关爱保护工作的意见》，http://mzzt.mca.gov.cn/article/nxlsrtbjlxhy/xgwj/201611/20161100887421.shtml，2016年2月14日。

育部门应该组织实施教师信息技术应用能力提升工程，调动资源，组建专有的信息技术应用能力培训团队。培训团队的成员可以是来自各学校的信息技术应用能力突出的一线骨干教师、教育部门的专业技术人员、高校教育技术专家、教研员等。培训团队要深入留守儿童教师所在的学校进行实地考察，因地制宜，制定该校教师的信息技术研修计划。采取线上线下相结合的灵活培训形式，评选出一批优秀教师参与研发精品课程和信息技术融合创新的优秀案例，进行推广学习。只有教师本身具备较高的网络素养，才能改变网络"工具化"的认知，不再简单地将网络视作辅助工具。只有这样他们才能在教学的过程中更好地帮助、引导学生。

2. 硬件方面，整合资源，提高学校的硬件水平，优化信息技术应用环境

应该整合政府、学校、社会多方资源。政府要研究出台倾斜政策，可以设立专项资金等。学校一方面要将现有的设备利用起来，检修维护；若是在技术操作上有困难，也要积极向专业人士寻求帮助，避免出现设备闲置的情况。另一方面，学校可以积极与各种社会公益志愿组织联络，建立起一条规范、合理、透明的爱心资助通道，让社会力量参与到留守儿童的关爱保障当中来。同时，互联网企业也要承担起社会责任，在发展"下沉市场"的同时，为乡村留守儿童学校的发展贡献力量。学校要探索利用各种形式为学生进行网络素养教育，例如多媒体教室、人工智能、翻转课堂、虚拟现实和其他技术，使留守儿童在日常的学习生活中感受到网络的魅力并正确认识技术与人之间的关系。

（三）政府、企业、家庭三方联手构建儿童上网防火墙

留守儿童网络素养的提升，不能只靠家庭和学校给予留守儿童的"内生动力"。留守儿童自我意识的提升固然是很重要的一方面，但是作为未成年人，对于网络中的一些陷阱和安全隐患，很难做到完全的识别和规避。这种情况下，从外部改进、优化留守儿童的上网环境就显得至关重要。政府、企业、家庭三方需要联手构建儿童上网防火墙。

1. 政府监督网络平台利用好"青少年模式"，筑牢网络安全"防火墙"

政府要发挥其公信力和执行力，监督网络游戏、网络直播、网络音视

频、网络社交等网络服务提供者针对未成年人使用其服务设置相应的时间管理、权限管理、消费管理等功能。

目前，为防止未成年人沉迷，很多短视频平台和直播平台都上线了“青少年模式”，对未成年人使用网络的内容和时间予以限制，但该模式仍存在未强制实名认证、内容把关不严、个人信息保护不力等问题。基于此，政府应进一步敦促互联网平台加强技术投入，完善“青少年模式”，如通过复合验证等技术来实名验证青少年身份，控制青少年上网总时长，允许监护人远程控制等。同时，敦促为留守儿童提供服务的互联网企业限制数据、限制算法。具体来说，平台应该在儿童数据隐私保护条款方面更严格，限制对儿童行为数据的收集，禁止针对儿童的营销广告的推荐。政府可以通过行政指导、发布标准、执法检查等手段督促平台履责，设置如罚金之类的惩罚措施，加大惩戒力度，规范和监督网络产品的提供者不得向留守儿童提供诱导其沉迷的产品和服务。政府要积极承担责任，帮助留守儿童规避网络安全风险，为留守儿童能够尽情遨游互联网海洋保驾护航。

2. 护苗计划覆盖互联网企业，互联网企业承担社会教育责任

无论是网络平台企业、互联网公司、网络内容生产商，还是网络硬件生产商，都应当承担其社会责任，成为弥补学校教育滞后和家庭教育缺失的社会教育力量。互联网企业在参与留守儿童网络素养教育的过程中，在提升留守儿童的上网安全性和网络知识与技能水平两个方面，具有非常广阔的实践平台。一方面，针对留守儿童的网络安全素养有待提高这一问题，互联网企业可以利用高科技手段，及时发现并化解留守儿童可能遭遇的网络安全风险，比如现在多数网络平台都推出了经过内容筛选和确保个人隐私安全的儿童模式。另一方面，针对留守儿童网络知识与技能不足的问题，互联网企业还可以深度介入留守儿童网络素养教育中来。比如在全国“扫黄打非”办公室指导下，腾讯“护苗·网络安全进课堂”2019 年在 12 个省份的 50 余个重点乡村地区，为超过 24 万名乡村中小学生普及网络安全知识，形成了未成年人网络安全教育品牌，这也是“科技向善”理念的体现。同时，对

于一些技术设备较为落后的地区，一些互联网企业可以带头发起慈善募捐，为留守儿童接触互联网提供一定的设备支持。

3. 家庭“百日维新计划”守护留守儿童上网

家庭是儿童接触互联网的主要场所，父母是儿童网络素养教育的指导者和引路人。留守儿童的网络素养教育要保持一贯性和连续性，离不开家庭和家长的积极配合。考虑到留守儿童这一群体的特殊性，在其成长过程中，父母的监管陪伴很多情况下处于一种缺位的状态，留守儿童的父母在访谈中表露出一种“鞭长莫及”的无力感。尽管如此，随着信息技术的不断发展，通信手段更加便捷多样，物理距离并不能阻挡父母在孩子成长过程中发挥作用。依托民政部推出的“家庭教育指导计划”及家庭教育指导师，可围绕家庭文明建设，涵盖网络媒介素养培育内容，制订家庭“百日维新计划”，招募农村留守儿童家庭参与试点。试点结束后，调整完善“百日维新计划”的内容与组织，以便未来进一步推广。

参考文献

王倩倩：《留守儿童媒介素养现状调查与提升策略分析》，山东师范大学硕士学位论文，2013。

中华人民共和国民政部：《围绕大局 发挥优势 扎实做好农村留守儿童家庭教育和关爱服务工作》，http：//mzzt. mca. gov. cn/article/nxlsrtbjlxhy/hyjlfy/201611/20161100887438. shtml，2016 年 11 月 9 日。

中华人民共和国中央人民政府：《中华人民共和国未成年人保护法》，http：//www. gov. cn/xinwen/2020 - 10/18/content_ 5552113. htm，2020 年 10 月 18 日。

中华人民共和国中央人民政府：《中华人民共和国未成年人保护法》，http：//www. gov. cn/xinwen/2020 - 10/18/content_ 5552113. htm，2020 年 10 月 18 日。

中华人民共和国民政部：《关于进一步健全农村留守儿童和困境儿童关爱服务体系的意见》，http：//www. mca. gov. cn/article/gk/wj/201905/201905 00017508. shtml，2019 年 5 月 27 日。

热点报告

Hot Spot Reports

B.5

疫情期间未成年人在线学习状况

季为民　颜钰杰*

摘　要：本文对我国未成年人在新冠肺炎疫情发生前后参加在线学习的基本状况、特征及问题进行分析，通过对未成年人在线学习的课程内容、学习方式、学习时长和满意度等现状分析发现，网上学习成为未成年人上网的主要活动；未成年人在线学习的课程种类丰富；疫情期间未成年人参与在线学习的方式多元等。研究发现，未成年人在参加在线学习的过程中面临着学习时间长、在线教育平台内容鱼龙混杂等问题。建议加强对在线教育平台和教学内容的治理；深入推进国家在线教育平台拓展建设，为未成年人创造学习资源丰富、学习环境健康的网络空间；开展未成年人在线学习方面的网络素养教育，增强未成年人健康学习和自

* 季为民，中国社会科学院大学新闻传播学院教授，博士生导师，主要研究方向为马克思主义新闻学、新闻伦理、青少年研究；颜钰杰，中国社会科学院大学新闻传播学院2018级学生。

主学习的意识。

关键词： 未成年人 在线学习 新冠肺炎疫情

一 引言

近年来，随着“互联网＋教育”发展，我国在线教育行业市场逐步扩大，用户参与规模稳步上升。第48次《中国互联网络发展状况统计报告》显示，我国参与在线教育的用户规模从2016年的1.38亿增长至2020年的3.25亿。[①] 随着中国在线教育行业的发展，未成年人参与在线教育成为日益显著的趋势：2016年，面向未成年人的K12学科培训[②]及低幼素质教育[③]的网络课程占中国在线教育市场的6.4%；2020年，K12学科培训及低幼素质教育占中国在线教育市场的42.4%，成为在线教育的主力军。[④]

2020年春季学期，受新冠肺炎疫情影响，我国大中小学生无法如期返校复课。基于此，教育部提出了“停课不停学”的号召，一方面组织学校开展线上授课，保障教学活动有序进行；另一方面鼓励中小学生通过互联网获取在线教育资源，进行自主学习。疫情期间的政策背景下，以国家中小学网络云平台为代表的官方网络学习平台，以中小学为主体开展的在线教学活动，和以教育培训机构为主体开设的在线教育平台迅速发展。多方主体通过发布在线学习资料、进行网络直播、录播授课等形式开展线上教学，为疫情期间未成年人的常态化学习提供了技术支持和内容支撑。疫情

① 中国互联网络信息中心（CNNIC）：第48次《中国互联网络发展状况统计报告》，2021年8月，第55页。

② K12（Kindergarten to 12）：普遍代指基础教育，时间段涵盖幼儿园到高中阶段，内容上包括传统学科教育、素质教育以及兴趣类教育等。

③ 低幼素质教育：针对3～18岁人群的在线启蒙及素质教育培训，包括App内容和课程等。

④ 艾瑞咨询：《2020年中国在线教育行业研究报告》，https：//www.iresearch.com.cn/Detail/report？id＝3724&isfree＝0，2021年1月17日。

期间，随着在线教育在全国各地大范围地开展，中小学生无法线下开学上课的问题得到了有效的解决；未成年人的课程需求得到了充分的保障。同时，在线教育的积极作用和消极影响也随着未成年人的学习参与日益显现。基于此，报告从学校和教育机构两个疫情期间在线教育的开展主体角度出发，综述近年来未成年人在线教育的参与状况以及疫情期间参与在线教育的基本情况，并就在线教育存在的问题提出促进在线教育行业发展的可行性建议和疫情防控常态化背景下在线教育的未来展望。

二　疫情发生前未成年人的在线教育参与状况及特征分析

（一）网上学习成为未成年人上网的主要活动，在线教育未成年人用户规模稳步扩大，在线教育普及程度高

随着“互联网 + 教育”的推广和普及，互联网为未成年人提供了在线学习的技术支撑和学习资源的内容。中国互联网络信息中心（CNNIC）数据显示，截至 2019 年 12 月，网上学习成为未成年人上网最经常从事的活动，占未成年人整体的 89.6%，具体活动包括做作业（45.5%）、复习学过的知识（44.4%）、在线答疑（40.7%）和背单词（39.1%）等；同时，未成年人通过在线教育平台接受在线教育辅导的比例也从 2018 年的 14.4% 增长到了 2019 年的 18.3%（见图 1）。

在线学习具有选择多样、针对性强和操作便捷等特点，有利于未成年人进行自主学习和自我提升。随着在线教育平台的普及和在线教学资源的丰富，农村及偏远山区的未成年人拥有了通过在线学习获得优质教学资源的机会。根据 2020 年“中国未成年人互联网运用状况调查”，83.2% 的城市未成年人和 86.4% 的乡镇未成年人有参加网课的经历（见图 2）。

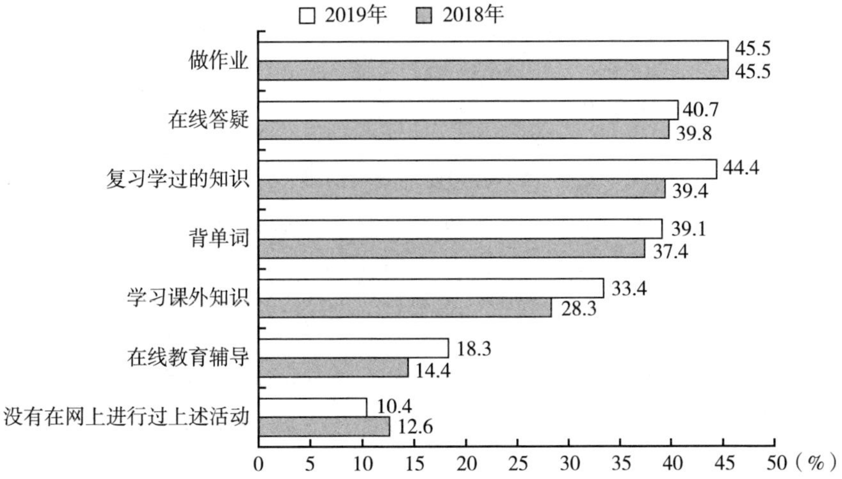

图 1　未成年人在网上从事学习活动的整体情况

数据来源：中国互联网络信息中心（CNNIC）《2019 年全国未成年人互联网使用情况研究报告》。

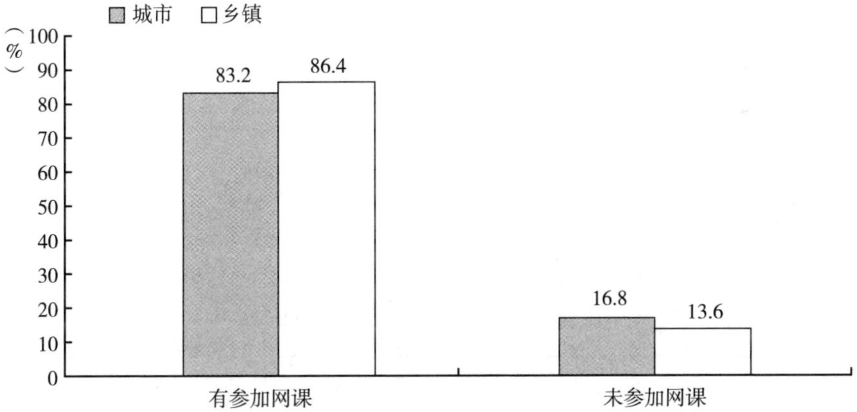

图 2　未成年人参加网课的情况（分地区）

数据来源：2020 年中国未成年人互联网运用状况调查。

（二）在线教育课程以学科辅导为主，艺术及科技类教育兴起，在线教育产品类型多元，为未成年人提供兴趣培养和自我提升的机会，促进乡镇未成年人获得优质教育资源

2020年“中国未成年人互联网运用状况调查”显示，未成年人参加的网课以英语（41.0%）、数学（37.9%）、语文（28.8%）等科目为主。随着社会观念从传统应试教育向现代素质教育转变，未成年人对多元兴趣发展和美育教育的需求日益增加，音乐、绘画等艺术类课程和编程、人工智能等科技类课程也受到了未成年人的关注和青睐。调查发现，乡镇未成年人参加数学、语文、人工智能和艺术类等在线课程的比例高于城市未成年人，没有参加网课的乡镇未成年人比例低于城市未成年人，反映了在线教育在乡镇地区的推广普及为未成年人提供了选择多元、学科丰富的在线学习资源，发挥了在线教育资源规模化、超时空利用的优点。

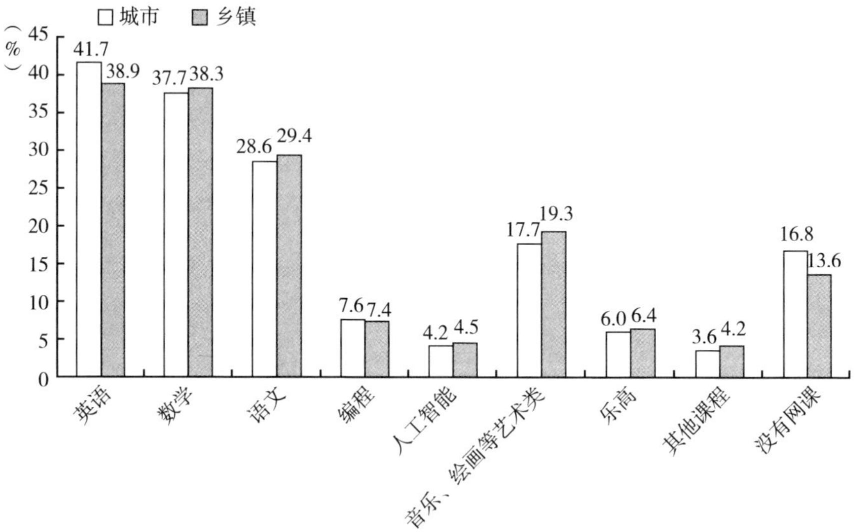

图3　未成年人参与在线学习的学科分布（分地区）

数据来源：2020年中国未成年人互联网运用状况调查。

近年来，为满足各年龄段未成年人的学习需求，各个学科和多元教育模式的在线教育产品布局日益完善，在线教育市场形成了在线早教、综合网校、在线题库和在线教育等多种门类产品协同发展的趋势（见图4）。同时，学科辅导、少儿英语和数理思维等在线教育的细分领域纵深发展，为未成年人满足个性化学习需求提供了选择。

图4　2020年中国在线教育产业图谱*

*艾媒咨询：《2020H1中国在线教育数据调研及典型企业案例研究报告》，https：//mp. weixin. qq. com/s/x6jL9z4retGQab2HL2jG0w，2020年6月16日。

数据来源：艾媒数据中心（data. iimedia. cn）。

（三）疫情发生前，在线教育以学习辅助功能为主，促进未成年人在学习方面取得进步

新冠肺炎疫情发生前，未成年人的学习方式以学校线下授课为主，在线学习时间整体较短。2020年“中国未成年人互联网运用状况调查”显示，在参与网课学习的未成年人中，70%的中小学生每周进行在线学习的时间在2小时以内，且小学生的投入时间整体上少于中学生（见图5）。疫情发生前，在线教育作为对未成年人线下教育的补充，突出了学业辅导、知识拓展和素养教育的功能，对未成年人的学习发挥辅助作用。

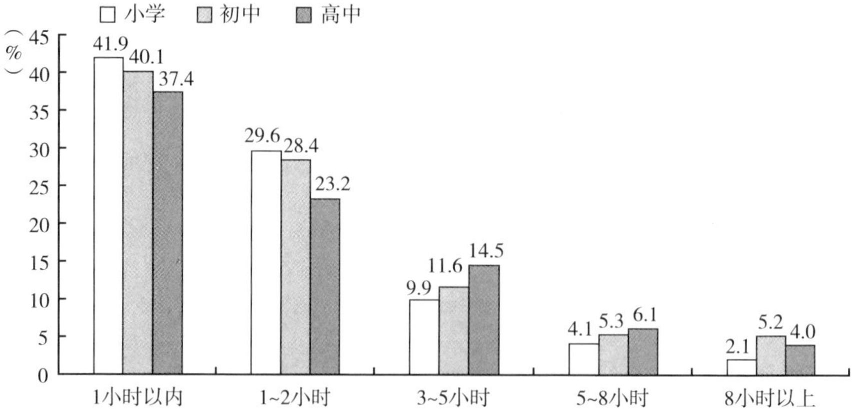

图 5　疫情发生前各学习阶段未成年人参与网课的时间分布情况

数据来源：2020 年中国未成年人互联网运用状况调查。

在线教育为中小学生提供了更加丰富的学习资源和学习机会，促进了中小学生学习成绩的提高。根据 2020 年“中国未成年人互联网运用状况调查”，59.2% 的未成年人认为网课让自己的学习成绩有所提高，7.7% 的未成年人认为通过网课自己的学习成绩得到明显提高（见图 6）。一方面，未成年人通过在线学习获得线下课堂学习以外的学科辅导，有助于加深对所学知识的理解，提升学习效果；另一方面，在线教育为未成年人提供了个性化、精准化的辅导，未成年人可以根据自己的实际情况进行选择和学习，促进了未成年人的学习进步。

三　疫情期间以学校为主体开展的在线教育状况及特征分析

（一）疫情期间未成年人网课参与率与整体满意度较高，在线教育为保障未成年人日常学习生活发挥了重要作用

近年来，国家基础教育信息化建设取得显著成效。2019 年，全国 98.4% 的中小学（含教学点）实现网络接入，90.1% 的中小学已拥有多媒体教室。

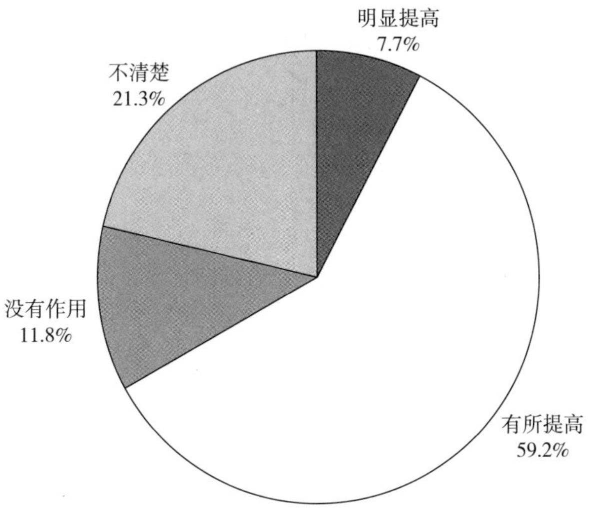

图6　未成年人对网课带来学习成绩进步的认可度分布

数据来源：2020年中国未成年人互联网运用状况调查。

"一师一优课、一课一名师"活动的参与教师达1000万人次。[①] 疫情期间，在线教育的硬件设施建设和优质师资及教学资源配置为全国1.8亿中小学生响应"停课不停学"号召，平稳有序参与线上学习提供了技术和内容支撑。《疫情期间中小学生学习生活情况调查报告》显示，疫情期间总体网课开设率达94.0%，未成年人的网课参与率达99.1%（见图7）。疫情期间，无论是教育部联合工信部、国家广播电视总局开通的国家中小学网络云云平台和中国教育电视台空中课堂，还是各省区市以学校为主体开展的线上教学，抑或在线教育机构推出的网课，都为未成年人进行常态化学习提供了支持和帮助。

根据《浙江省疫情期间中学线上教学情况调查研究》，疫情期间未成年人对网课的整体满意度（比较满意、非常满意）达82.9%（见图8）。一方

① 教育部：《介绍疫情期间大中小学在线教育有关情况和下一步工作考虑》，http：//www.moe.gov.cn/fbh/live/2020/51987/，2020年5月14日。

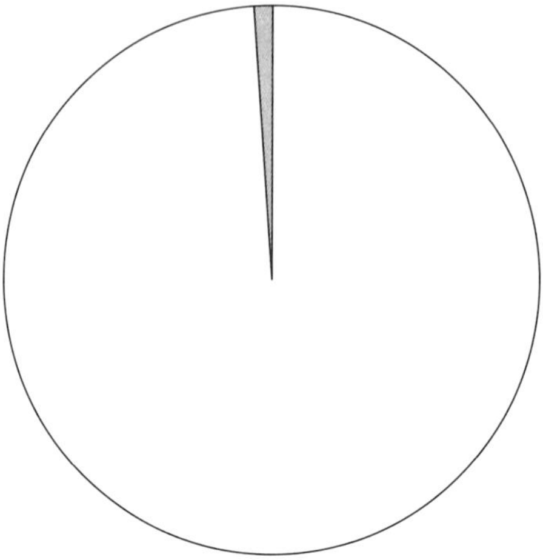

图7　疫情期间未成年人网课参与总体情况

资料来源：西安交通大学公共政策与管理学院“新型城镇化与可持续发展”课题组：《疫情期间中小学生学习生活情况调查报告》。

面，在线学习从原有的辅助功能在疫情期间转化为临时替代功能，更多的未成年人接触到了网课的学习方式，为疫情期间的日常学习提供了帮助；另一方面，在疫情期间全国范围内广泛开展在线教育的背景下，未成年人的在线学习内容和学习情况受到了国家、学校和家长等多方关注，推动了在线教育的规范化，优化了未成年人的在线学习体验。

（二）在线教学平台多元丰富，社交平台成为学校开展在线教育的重要工具

面对线下教学转为线上教学的授课需求，中小学老师需要根据学科特点和学生实际情况选择合适的工具软件开展在线授课。随着在线教育行业的发展，多种平台软件为疫情期间的在线教学提供了技术支持。北京师范大学新媒体传播研究中心调查发现，以微信、QQ 等社交通信工具和钉钉办公平台

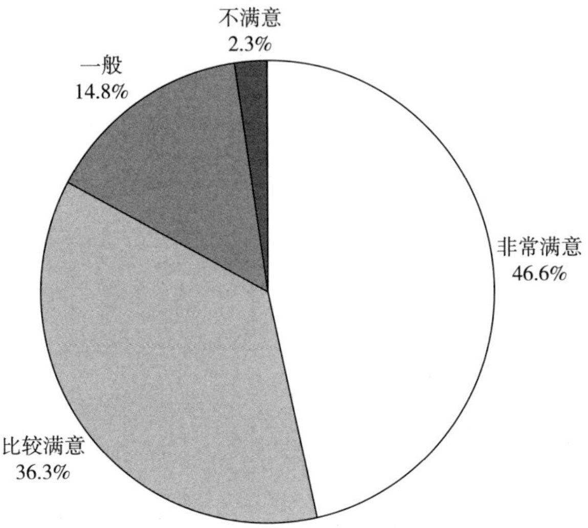

图 8　疫情期间未成年人对线上教学整体满意度

数据来源：王小平、马婷：《浙江省疫情期间中学线上教学情况调查研究》。

为代表的社交工具平台成为学校在疫情期间开展在线教育的重要工具，使用率分别达到 70.9% 和 55.5%（见图 9）。一方面，社交工具软件成熟的通信技术在疫情期间保障了教学信息的及时传达，有利于在线教育工作的平稳开展；另一方面，中小学生参与在线学习对父母及其他监护人的网络设备具有强依赖性，社交工具型平台凭借庞大的用户基础和简单的操作方式，拓宽了在线教学的覆盖面。同时，以国家中小学网络云平台为代表的数字化公共教学资源也在疫情期间的在线教育中发挥了重要作用。

（三）在线教学以直播授课为主，未成年人对“资源包”学习方式认可度高

研究发现，未成年人参与在线教学的主要方式有：参与直播课、观看录播视频课和使用学习资源包等。为了确保中小学生在线教育过程中的学习质量，学校教师主要选择通过直播进行教学，再配以录播视频或资源包等方式辅助授课，以达到全方位教学和满足不同线上学习需求的目的。《浙江省疫

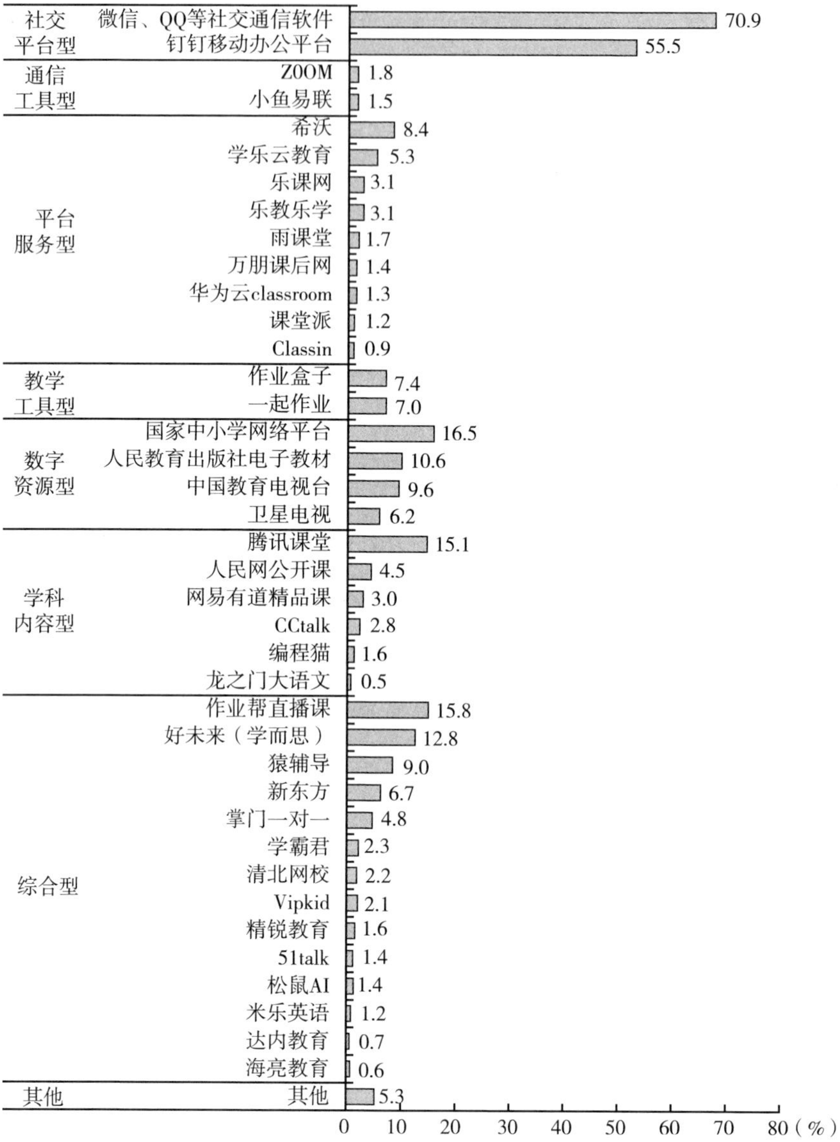

图9　疫情期间各类型平台包含平台及使用覆盖率情况

数据来源：北京师范大学新媒体传播研究中心、《光明日报》教育研究中心《新冠疫情期间中小学在线教育互动研究报告》。

情期间中学线上教学情况调查研究》的数据显示，51.8%的学生通过直播进行线上学习，17.0%的学生通过“直播＋录播＋资源包”组合的方式进行线上学习（见图 10）。调查发现，在学校和教育部门提供的 7 种主要的线上教学方式中，中小学生对通过资源包自主学习的方式满意度最高。资源包为未成年人提供了丰富的学习内容和参考资料，帮助中小学生在学习直播和录播视频之外进行自主安排，提高了学习效率。同时，资源包的在线学习方式避免了直播和录播课程对学习时间和网络条件的严格要求，有助于未成年人以更加灵活自主的方式进行学习。

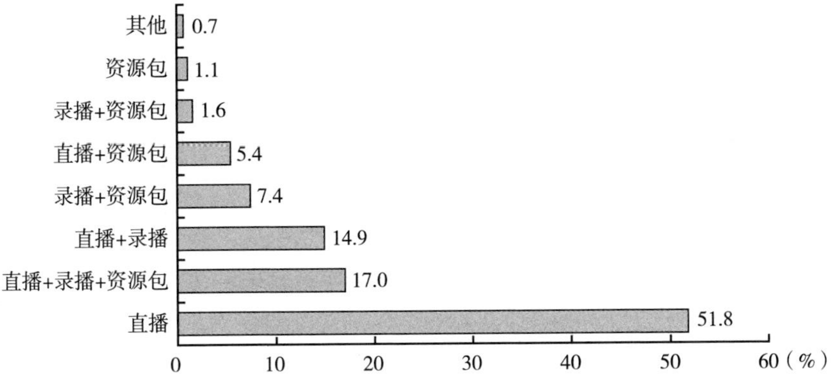

图 10　中小学生参与在线学习的方式类型占比

资料来源：王小平、马婷：《浙江省疫情期间中学线上教学情况调查研究》。

（四）未成年人在线学习课堂互动难度增加，多元课堂互动方式拓展学习效果反馈渠道

在传统的课堂教学中，教师能够通过提问、测试等课堂互动形式得到学生关于学习内容的即时反馈。根据《新冠疫情期间中小学在线教育互动研究》，66.8% 的受访教师认为在教学空间从线下课堂转向网络空间的过程中，在线教学存在互动不够充分的问题（见图 11）。课堂教学的互动是师生的双向行为，教师在线上教学中互动行为的减少意味着学生在参与线上学习过程中的互动行为也随之减少。同时，技术不完善、师生不够适应等问题也增加了中小学生参与课堂互动的难度。网课平台的技术成熟度和学生所处网络环境的差异使得在线教学难以进行高效的师生提问和小组研讨；突破传统

面对面的授课方式而通过麦克风和摄像头进行沟通增加了师生互动的不适感。

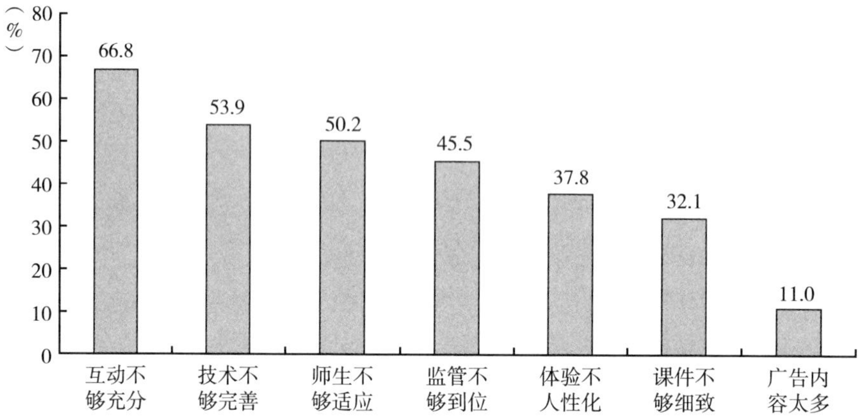

图 11　在线教育存在的主要问题分布情况

数据来源：北京师范大学新媒体传播研究中心、《光明日报》教育研究中心《新冠疫情期间中小学在线教育互动研究报告》。

面对课堂互动不够充分的问题，学校和老师也在积极探索线上教学的互动方式，提高学生课堂参与的积极性。《新冠疫情期间中小学在线教育互动研究》的数据显示，学生在参与在线学习的过程中进行的课堂互动形式以提问语音连麦（58.1%）、提问视频连线（53.8%）和在线测试（47.7%）为主，同时包括通过微信等社交媒体平台的互动和网课平台的弹幕交流等（见图 12）。随着互动方式的丰富，学生能够有更多渠道反馈学习效果和面临的问题，对在线学习缺乏互动的固有不足加以弥补。

（五）疫情期间未成年人在线学习时长增加，身体健康问题引起社会关注

疫情期间，中小学生的线下学习任务转为线上开展，未成年人的在线学习时间显著增加。根据《疫情期间大中小学生状况调研报告》（全国数据），48.4%的小学生平均每天使用电子设备学习的时间多于 4 个小时；72.4%的

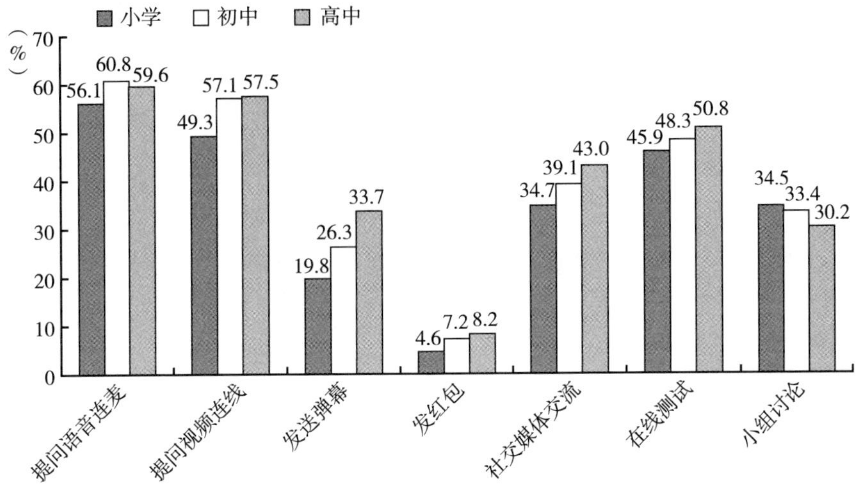

图 12　在线学习过程中未成年参与的课堂互动形式分布

数据来源：北京师范大学新媒体传播研究中心、《光明日报》教育研究中心《新冠疫情期间中小学在线教育互动研究报告》。

初中生运用电子设备的学习时长超 4 小时（见图 13）。同时，学生获取和提交课程作业也依托电子设备完成。整体而言，在线学习增加了未成年人的电子设备接触时间。

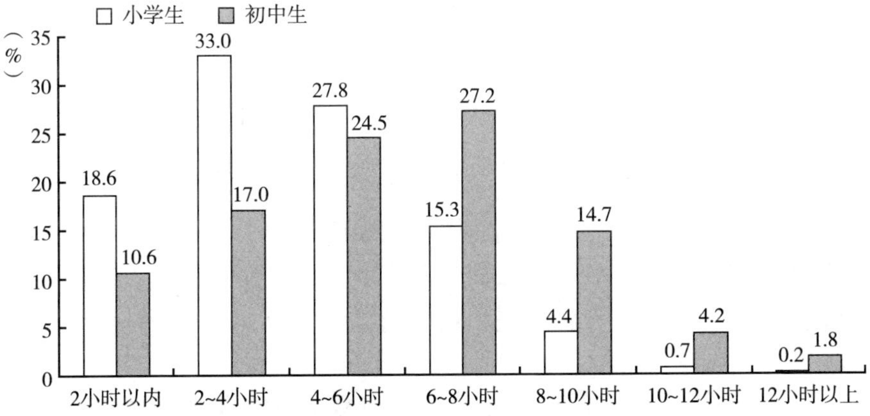

图 13　疫情期间未成年人每天使用电子设备学习时长分布

数据来源：国家统计局上海调查总队《疫情期间大中小学生状况调研报告：小学篇》《疫情期间大中小学生状况调研报告：初中篇》。

在为学习提供便利的同时，在线学习也为未成年人的身体健康带来了一系列潜在问题。教育部 2020 年 6 月的调研数据显示，同 2019 年底相比，学生近视率自 2020 年以来增加了 11.7%。小学生的近视率增长最快，达 15.2%，明显高于初中生（8.2%）和高中生（3.8%）。同时，每天在线学习时间在 4 小时以上的中小学生近视检出率达 76.7%，而现实状况则是疫情期间中小学生每日使用电子设备的时间普遍在 4 小时以上（见图 14）。

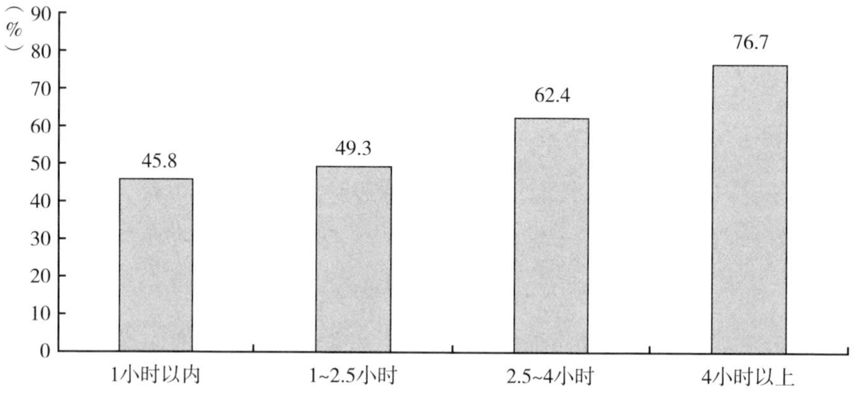

图 14　未成年人每天参加网课时长与未成年人近视检出率关系情况

数据来源：教育部：《2020 年秋季学期学校疫情防控和教育教学工作有关情况》。

未成年人在线上学习过程中出现的身体健康问题并不局限于视力问题。根据《疫情期间大中小学生状况调研报告》，疫情在线学习期间，70.7% 的小学生每天参与体育锻炼的时间少于 30 分钟；81.3% 的初中生每天体育锻炼时间不足 30 分钟；几乎没有体育锻炼的小学生和初中生分别达到 8.3% 和 17.6%。未成年人在线上学习面临着久坐、用眼过度和缺乏锻炼等各种健康问题，需要学校和老师合理把握授课时长、家长予以更多关注和引导。

（六）农村在线教育覆盖率提升，乡镇未成年人参与在线学习的硬件条件和空间环境有待进一步提升

近年来，通过国家信息化教育推进和教育资源的合理有效分配，城市和

乡镇地区的信息化教育水平显著提升。2020 年“中国未成年人互联网运用状况调查”显示，疫情发生前 86.4% 的乡镇未成年人有网课学习经历，高于城市未成年人（82.8%），反映了随着技术发展农村教育接入互联网资源的趋势，越来越多农村未成年人对于城市地区的优势教育资源的可得性有所提高。

根据“疫情期间中小学生学习生活情况调查”，疫情期间城市儿童的网课开设率达 96.9%，而农村儿童的网课开设率为 85.97%，较城市儿童低 10.93 个百分点。数据表明，面对疫情无法线下授课的情况，农村教育的网课开设率不足，从而更依赖于网络资源。同时，网络条件、电脑设备和家庭学习环境对未成年人的在线学习效果也存在影响：64.8% 的城市儿童认为网络条件未对在线学习活动造成影响；而 41.5% 的农村儿童认为网络条件“有时”对在线学习造成限制，认为网络条件限制经常影响在线学习活动的农村儿童达 11%（见图 15）。在线学习的硬件问题同样体现在未成年人所需的电子设备上。数据显示，电脑设备限制“有时”和“经常”影响未成年人参加在线学习情况的比例在城市达 37.1%，而在农村达 49.2%（见图 16）。

随着移动互联网的发展和智能手机的普及，农村乡镇地区通过网络通信设备接触在线学习的未成年人规模正在逐步扩大。疫情发生前，在线教育作为课外辅导工具为农村地区的未成年人提供了优质的学习平台和教育资源。在疫情这场教育信息化的大考之中，农村地区儿童的在线教育需求从拓展学习转变为刚需，在线教育向农村未成年人家庭提出了更高的要求。贫困儿童和留守儿童家庭以及育有多位学龄儿童的家庭，需要学校和家庭合力保障每一位未成年人的学习设备条件。

四　未成年人参与在线教育的问题和影响

（一）网络上的在线教育资源及平台种类多样，教学内容质量难以保障，广告及不良信息易对未成年人产生不良影响

近年来，互联网在线教育行业蓬勃发展，面向未成年人开设的在线教育

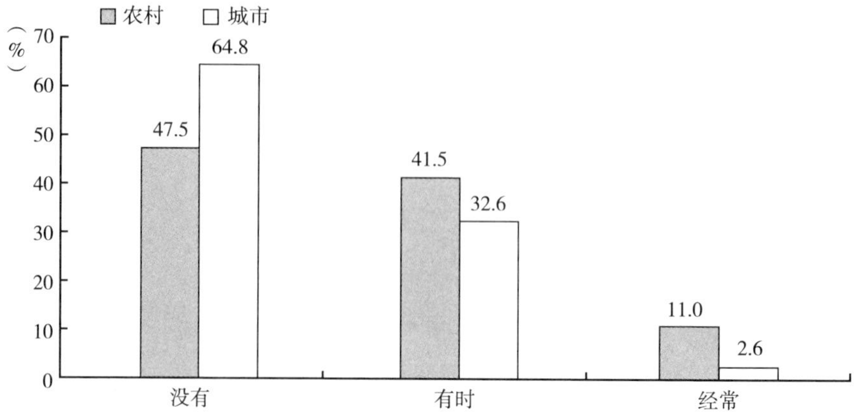

图15　网络条件限制对未成年人参加在线学习的影响程度（分地区）

数据来源：西安交通大学公共政策与管理学院“新型城镇化与可持续发展”课题组：《疫情期间中小学生学习生活情况调查报告》。

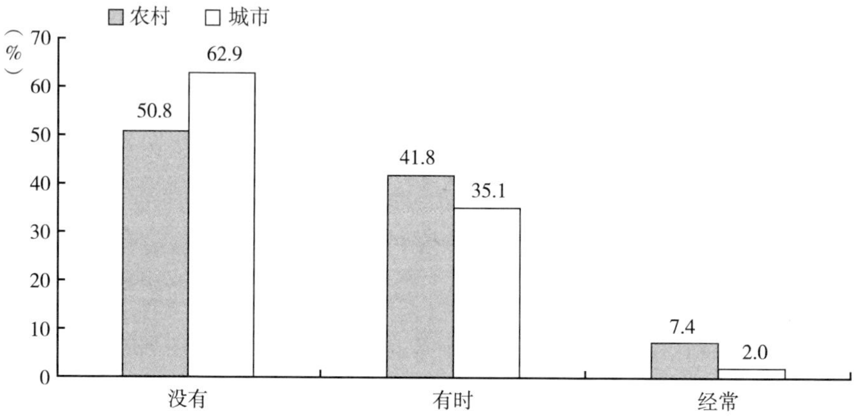

图16　电脑设备限制对未成年人参加在线学习的影响程度（分地区）

数据来源：西安交通大学公共政策与管理学院“新型城镇化与可持续发展”课题组：《疫情期间中小学生学习生活情况调查报告》。

课程日益丰富。从幼儿时期的家庭启蒙，到义务教育阶段的素质教育、语言学习和K12学科培训一应俱全。繁荣的在线教育市场之下，在线教育机构和平台也存在教学内容质量参差不齐、广告和不良信息繁多的问题。

据《经济参考报》报道，“低价课程吸引流量”成为众多在线教育平台的发展策略，而低价课程直击的正是在线教学资源的品质问题。在线教育平台通过低价课程为未成年人提供体量大而讲解粗浅、不成体系的教学内容，进一步引导未成年人购买正价在线课程。[①] 同时，在线教育产品存在广告植入、教师资质不够完善等问题，降低了在线教育品牌的可靠度。

在线教育的课程内容品质以外，广告和不良信息也成为阻碍中小学生参与在线学习的一个因素。根据国家网信办公开信息，7 个在线学习网站平台利用色情、暴力等有害内容引流；3 款学习教育类软件存在不良信息和游戏直播内容；6 家平台 13 款常用工具类应用弹窗过多，甚至推送低俗色情信息。弹窗广告和不良信息严重影响了师生在教学过程中的体验。[②]《新冠疫情期间中小学在线教育互动研究报告》显示，11% 的教师认为教学及师生互动过程中面临的广告内容太多，影响未成年人的学习活动。无论是广告还是不良低俗信息，都敲响了社会对在线教育产品关注的警钟。

疫情加速了中国在线教育行业的发展，在线教育机构在资本注入和迅速成长的过程中容易陷入忽略教育本质而过度追求利益的泥沼。面对丰富的在线教育产品和线上教学产品中的广告和不良信息乱象，教育主管部门和网络信息安全部门要进一步审核与规范，未成年人及家长也要提高辨识能力，选择规范的在线学习产品。

（二）未成年人长时间使用电子设备进行在线学习面临视力下降及身体发育不良等潜在问题

疫情发生前，未成年人将参与在线学习作为线下学习的拓展，在每天的学习时间中占比较低；疫情之中，在线学习成为未成年人每天的主要活动。未成年人在参与在线学习打卡、收看直播课程或录播视频、完

---

① 经济参考报：《资本狂飙突进 在线教育课程质量堪忧》，http：//www. xinhuanet. com/tech/2021 -02/23/c_ 1127127069. htm，2021 年 2 月 23 日。

② 人民网：《国家网信办：查处多家涉未成年人在线学习违法违规行为网站平台》，http：//xiaofei. people. com. cn/n1/2020/0807/c425315 -31814782. html，2020 年 08 月 07 日。

成和提交课程作业的过程中久坐和长时间使用电子设备对身体造成了一定的影响。

根据国家统计局上海调查总队《疫情期间大中小学生状况调研报告》，疫情期间48.4%的小学生平均每天使用电子设备学习的时间多于4个小时，72.4%的初中生运用电子设备学习时长超4小时；54.4%的小学生和82.3%的初中生平均每天作业用时在60分钟以上。需要注意的是，每天学习时间在12小时以上的小学生和初中生分别达到0.2%和1.8%。疫情期间足不出户的在线学习生活减少了未成年人进行户外身体锻炼的时间，而长时间的电子屏幕使用为未成年人带来近视的风险。阿里健康数据显示，2020年暑假（6~8月）通过阿里健康挂号儿童眼科人次同比增长近400%，关于儿童视力的在线问诊量同比增长166%。[①] 据教育部调查，疫情期间未成年人的近视率增加了11.7%。同时，久坐、不正确的坐姿和缺乏身体锻炼等因素也影响未成年人的身体机能，增加了出现脊椎病和身体发育不良等问题的可能性。

（三）部分家长对未成年人参与在线学习的引导和健康上网的监督存在缺位现象

在线学习为未成年人提供了接触和使用电子设备的机会，未成年人如何健康地进行在线学习和网络参与成为一个重要的议题。2020年“中国未成年人互联网运用状况调查”发现，29.2%的家长没有教育未成年人上网的知识或技能。52.3%的家长对未成年人上网的时间和内容都做规定，35.3%的家长规定了“时间”和“内容”中的一项，9.2%的家长完全不规定。可见，部分家长在对未成年人线上学习和使用网络方面的引导和监督存在缺位现象。

首先，部分家长在陪伴孩子学习的过程中存在着消极现象。调查显示，约三成的小学生家长和两成的初中生家长陪伴孩子学习时持消极态度，对子

① 中国青年网：《疫情催生“史上最费眼暑假”？线上视力保健需求涨400%》，http://finance.youth.cn/finance_zqjrgsxw/202009/t20200904_12480597.htm，2020年9月4日。

女感到不满意或厌烦，甚至有打骂的冲动。一方面，家长的消极态度影响未成年人正常的在线学习活动，容易导致未成年人的分心和情绪失落；另一方面，家长无法在未成年人参与线上学习的过程中提供必要的帮助和关心。其次，未成年人在线上学习的过程中存在家长监管脱离的情况。一方面，随着家长复工复产的推进，家长无法全天候陪伴在子女身边，监督子女的日常学习情况；另一方面，未成年人在学习的过程中容易受到手机、电脑等设备中休闲娱乐软件的影响难以专心学习，造成借“网课”之名玩手机的现象。据媒体报道，成都一名五年级学生小波（化名）借使用父亲的手机上“网课”的机会打游戏并充值 1.8 万元；① 四川自贡一名 8 岁的孩子以网课为由，通过奶奶的手机看直播并刷走奶奶账户上的 4 万多块钱；② 深圳一名未成年人以上网课的名义使用手机玩游戏、看直播，并为游戏充值一万多元，为游戏主播打赏十余万元。③ 家长对未成年人在线学习和健康上网的引导和监督缺位，导致了一系列未成年人在网课期间玩游戏并进行大额消费充值的现象。

疫情考验的远不止学校和老师从线下转为线上的教学活动，也考验了未成年人在运用电子设备在线学习过程中的自制力和家长在陪伴未成年人在线学习时的网络素养和教育引导能力。因此，家长对未成年人健康学习和上网的正向引导和主动监督在未成年人参与在线学习的过程中不可缺少。

（四）农村地区在线教育网络环境及硬件设施配备不足，城乡教育均衡发展有待进一步推动

随着国家中小学生网络云平台和多种在线教育平台的建设和开放，城乡未成年人拥有了获得优质学习资源的机会。在农村网络条件日益优化，电子通信设备逐步普及的背景下，农村地区的信息化教育取得了长足的进展。面

① 新华网：《用老爸手机上“网课”小学生打游戏充值 1.8 万元》，http：//www.xinhuanet.com/2020－04/03/c_1125807609.htm，2020 年 4 月 3 日。

② 人民网：《8 岁“熊孩子”看直播打赏 刷走奶奶 4 万多元钱》，http：//sc.people.com.cn/n2/2020/0326/c379469－33906391.html，2020 年 3 月 26 日。

③ 南方周末：《借网课之名看直播，12 岁男孩打赏十几万！爸爸欲拉儿子寻短见》，http：//www.infzm.com/contents/178125，2020 年 3 月 1 日。

对疫情大考，“停课不停学”对农村地区未成年人参加在线学习提出了更高的要求。

在线教学活动开展初期，部分农村未成年人在参加网课的过程中面临着网络条件和电脑设备条件的限制，反映了部分农村偏远地区网络信号不稳定甚至是没有通信网络的状况。据报道，在四川、云南、贵州等偏远山区，存在着山区儿童爬到山顶找信号或找到无线网络区域“蹭网”上课的现象。[①]以在线学习所需要的电子设备为例，偏远山区的未成年人面临着不同的情况：父母外出务工或复工上班，家中缺乏上网设备；家庭中育有多个学龄阶段儿童，所需的在线学习内容不同，家庭持有的电子设备数量不足。同时，疫情期间城市未成年人网课开设率达96.9%，而农村网课开设率为85.97%，反映了农村地区中小学的信息化教育发展程度整体落后于城市的现状，体现了城乡教育发展水平的差异。

五　对策建议及展望

（一）健全在线教育机构和教学内容的管理和审查制度，在线教育行业加强行业自律

面对日益壮大的在线教育市场和频频出现的教学平台乱象，需要多方明确在线教育的目标共识，通力合作打造积极健康的在线教育市场。

自2019年教育部、中央网信办等部门联合发布《关于规范校外线上培训的实施意见》和《关于引导规范教育移动互联网应用有序健康发展的意见》等政策文件以来，互联网在线教育机构进入了有规范可遵循的时期。随着在线教育市场商业化发展，教育平台和软件出现低俗不良信息和广告，部分教师无证上岗的问题频频出现。为了避免这些影响未成年人健康在线学习的问题出现，首先需要作为责任主体的在线教育机构和平台加强自律，杜

① 成都商报：《爬山顶、搭帐篷……疫情下的山村网课：追着信号跑的孩子》，http://news.chengdu.cn/2020/0310/2107233.shtml，2020年3月10日。

绝不良行为。就在线教育平台和软件出现的不良信息和内容而言，需要企业平台推动审核制度流程的建设和完善，通过加强平台内容自我审核，用户内容“机器识别 + 人工筛查”等多种方式对在线教育平台的信息内容进行把关审核，避免低俗、恐怖和色情等不良信息出现在网络平台中。

同时，国家有关部门需要进一步推动在线教育机构和教学内容的管理，在现有的政策基础上加以完善。一方面，加强对不合规的在线教育机构和平台的处理和通报，通过设置合规企业平台清单等方式推动企业自我整改，提高在线教育行业的准入门槛；另一方面，国家及有关部门需要进一步加大在线教育平台和软件的资质审查和内容审核力度，设置多种在线教育问题的反映渠道，主动面对和解决在线教育市场存在的问题。

面对蓬勃发展却问题频出的在线教育市场，国家和平台主体要通过外部管理和自我约束等方式进行规范化改进。作为消费者的未成年人及家长需要增强对在线教育平台和网络课程的甄别意识，寻找正规有保障的在线教育平台帮助未成年人参与在线学习。

（二）推进国家示范在线教育资源平台建设，发挥优质在线教育资源的社会效益，促进在线教育常态化发展

为应对疫情防控政策下的线上教学问题，教育部同工信部于 2020 年 2 月开通了国家中小学网络云平台，整合上传了防疫知识、品德教育、专题教育、课程学习、电子教材和影视教育等教学资源，为中小学生提供了优质、纯净的在线学习环境和平台。

后疫情时代，越来越多的未成年人开始习惯通过网络平台进行自主学习和素质提升。基于此，国家及教育主管部门可以在国家中小学网络云平台的基础上进一步丰富平台的课程资源和门类，将“美育”课程、信息技术课程和课外学习资源纳入其中。同时，推进“人工智能 + 个性化学习”的在线教育平台建设，增加未成年人在参与线上学习过程中的学习体验和学习效果的反馈渠道，达到大数据在线学习和个性化学习资源定制的目标。通过建设国家示范在线教育平台，国家层面的在线教育才能够实现常态化发展，为

中小学生提供日常学习和素质拓展的课程资源平台，推动未成年人自主学习和多元学习。

从国家层面示范建设的在线教育平台有利于充分发挥优质教育资源的社会效益。一方面，将优质课程从线下拓展到线上，有利于未成年人打破时空限制，随时随地进行在线学习。另一方面，国家建设的在线教育平台为农村和偏远山区未成年人提供了享受优质教育的机会，让未成年人免费接受在线教育，提升国家教育水平和未成年人综合素质。

（三）促进农村地区教学资源整合与基础设施提升，为缺乏参加在线学习基础的未成年人及家庭提供帮扶措施

疫情期间，面对农村及偏远山区未成年人在线学习受网络和设备条件限制的情况，国家和社会各界采取了多种措施为未成年人提供网络和设备支持并取得明显成效。随着社会经济和教学技术的发展，线上教育在疫情防控常态化时代将在未成年人教育领域发挥重要作用。

疫情期间，在线教育让社会关注到了农村地区教学资源和硬件基础发展不够充分的问题，引起了社会关于提升农村地区在线教育条件的思考。首先，农村地区的网络条件需要得到进一步优化，扩大无线网络的覆盖面，保障未成年人的学习用网条件。其次，农村及偏远山区学校应当在网络条件优化的基础上积极整合教学资源，主动从线下教育向信息化教育转变，提升教师和学生的用网能力，引导未成年人学会利用互联网进行自主学习和课外学习。再次，通过了解学生的学习情况和家庭条件，当地政府和教育部门可以采取点对点的帮扶措施，为家庭困难和无法上网的未成年人提供网络条件和设备支持。通过政府、学校、社会的多方协作和农村地区教学资源和基础设施的整合优化，未成年人才能拥有优质的在线学习环境和设备条件。

（四）加强对未成年人的网络素养教育，鼓励家长关注引导未成年人的在线学习情况，保障未成年人健康学习

当前，未成年人在参与线上学习的过程中普遍存在上网时间长、缺

乏运动的问题。同时，面对诸如低俗不良内容和电子游戏等网络信息的影响和诱惑，网络素养不足和自制力不强的未成年人常常因此难以进行高效、专注的学习，甚至造成精神伤害和经济损失。可以看出，未成年人在如何健康上网、抵制诱惑和高效学习等方面需要进一步的引导和教育。

为了提高未成年人的用网能力，家长和学校要加强对未成年人的网络素养教育，建议通过开设网络素养课程、普及未成年人网络素养读物和开展健康参与在线学习主题活动等提高未成年人健康上网的意识，鼓励学生在参与线上学习的过程中按时休息、爱眼护眼，进行适当的体育锻炼活动。同时，教育主体需要开设针对网络有害信息和不良诱惑的素养课程，家长和学校可以以案例故事等形式在未成年人在线学习的过程中向未成年人讲授上网活动的行为规范，帮助未成年人自觉抵制诱惑。加强未成年人网络素养教育的同时，家长需要关注和引导未成年人的在线学习，确保学习效果。基于未成年人的在线学习活动集中在家庭中进行的状况，家长需要承担起监督和引导未成年人的责任。一方面，鼓励家长对在线学习平台和教师师资进行前期确认，对未成年人参与的在线课程和学习内容进行了解，明确未成年人的学习目标，及时检验未成年人的学习成果。另一方面，家长需要在未成年人在线学习的过程中根据实际情况进行周期性的关注或伴读，确保未成年人在学习中保持专注和高效。

通过网络素养教育和家长引导和陪伴双管齐下，未成年人才能够在参与在线学习的过程中自觉抵制低俗不良的信息内容，抵制游戏和其他电子休闲娱乐功能的诱惑，将在线学习的时间和强度控制在健康和舒适的区间内。

参考文献

季为民、沈杰主编《中国未成年人互联网运用报告（2020）》，社会科学文献出版社，2020。

市关工委教卫体部：《天津市中小学校抗击疫情期间线上教学情况调研报告》，2020年3月，http：//www. zgggw. gov. cn/gedixinxi/jicengshichuang/12894. html。

付卫东、周洪宇：《新冠肺炎疫情给我国在线教育带来的挑战及应对策略》，《河北师范大学学报》（教育科学版）2020年第2期。

B.6
未成年人网络欺凌现状

刘嘉琪*

摘　要：　虽然网络欺凌发生在虚拟空间，但数字背后隐含着对未成年人真实的伤害。本研究报告描述了当前未成年人网络欺凌的基本现状，梳理了社会对于网络欺凌议题的关注焦点与观点立场，洞察并归纳了网络空间场域下欺凌行动呈现的新动向，提出了一系列关于未成年人网络欺凌防治与引导的对策建议，以期能够为未成年人的健康成长保驾护航。

关键词：　未成年人　网络欺凌　舆情热点

一　前言

2021年，提名奥斯卡最佳国际影片的电影《少年的你》聚焦校园欺凌话题，将校园欺凌带给未成年人的伤害直观呈现，直击人心，引发舆论的广泛关注和深入思考。随着网络技术对社会生活的全面渗透，互联网平台正逐渐成为未成年人卷入欺凌的新场所。CNNIC第48次《中国互联网络发展状况统计报告》显示，截至2021年6月，中国网民规模达10.11亿人，互联网普及率为71.6%[①]，其中6~19岁网民群体分别占网民

* 刘嘉琪，中国社会科学院新闻与传播研究所助理研究员，主要研究方向为数据科学与新媒体传播，网络舆情与国家治理。

① 中国互联网络信息中心（CNNIC）：第48次《中国互联网络发展状况统计报告》，2021年8月，第1页。

整体的 15.7%[①]。网上教学活动的开展推动了孩子们在学习、游戏、社交、通信等方面对网络的接触与依赖。这也为网络欺凌的滋生提供了土壤。

网络欺凌（Cyberbullying）是指任何个体或群体通过网络渠道（如电子邮件、手机短信、论坛、网络日志、社交软件等）反复故意地实施伤害他人的恶意行为[②]，旨在有意对他人进行骚扰、伤害、侮辱。网络欺凌是传统欺凌在网络空间中的延伸，二者在类型上拥有较高的重叠性。从形式上，传统欺凌可被划分为 5 大类：一是言语方面的欺凌，如贬抑、讥讽、侮辱受欺凌者相关的个体特征，传播伪造谣言、污名化言论，施加网络暴力等；二是关系方面的欺凌，如透过操控人际社交关系、冒充的方式伤害受欺凌者，怂恿他人一同排挤、孤立受欺凌者，甚至切断受欺凌者与社会之间的联结等；三是财务方面的欺凌，如强索金钱、物品或损坏财物等；四是性方面的欺凌，如对于受凌者的性与性别相关议题进行嘲弄甚至造成伤害等；五是肢体方面的欺凌，如威胁、恐吓受凌者，甚至对其进行物理攻击等。相较于“看得见摸得着”的传统欺凌，网络欺凌虽然通常不包括实际的面对面直接肢体攻击，但作为掩藏在虚拟世界的一股暗流，也会对受欺凌者造成真切的负面影响，而且对未成年人造成的危害程度已超过传统欺凌。

对于卷入网络欺凌中的未成年人而言，无论是欺凌者、受欺凌者还是旁观者，都会承受一定程度的干扰，尤其是对受欺凌者的危害最为显著。从短期来看，网络欺凌有可能导致未成年人身体和精神上的双重创伤，引发创伤后的应激障碍（如头疼、失眠、幻觉等）、内化的心理问题（如抑郁、自卑等）、外化的行为问题（如逃学、辍学、学业退步、社交退缩、报复、学术不端、自杀行为等）；从长期来看，网络欺凌可能还会导致反社会人格障碍、暴力倾向、行为失调乃至违法犯罪行为等[③]。此外，网络欺凌也会对网络环境和风气造成不良影响，甚至扰乱现实社会秩序。网络的匿名性特点将

① 中国互联网络信息中心（CNNIC）：第 48 次《中国互联网络发展状况统计报告》，2021 年 8 月，第 29 页。

② 李东风：《关于网络欺凌的研究综述》，《江西广播电视大学学报》2020 年第 3 期。

③ 刘程：《中小学校园欺凌行为及其影响因素》，《青年研究》2020 年第 6 期。

欺凌行为的发生范围扩大到了社会的各个角落，网络谣言、诽谤等偏差信息恶化了网络生态，扰乱了网络秩序，阻碍和干扰网络空间正常的观点交流和意见表达。

在此背景下，本文聚焦于这个备受关注的社会问题，通过梳理未成年人世界中的网络欺凌现状，体察社会公众对网络欺凌议题的舆情态度和关注热点，反思和归纳近年来网络欺凌呈现的新特征、新动向，来剖析未成年人网络欺凌背后的深层次问题与风险，并为未成年人网络欺凌提供相应的防治对策。

二 全球范围内未成年人网络欺凌的基本现状

2019 年联合国教科文组织发布涉及 144 个国家调研情况的研究报告《数字背后：结束校园暴力和欺凌》，报告显示该问题的严重程度超乎想象：全球每 3 个学生就有一个曾遭遇欺凌，很多青少年最近一个月至少受到过一次欺凌。校园暴力和欺凌大多由同龄人造成，但在某些案例中，教师和其他学校职员也会参与其中。经常被欺凌的孩子在学校感觉难以融入的概率是其他学生的 3 倍，逃课的可能性则是 2 倍。

（一）海外和我国台湾地区未成年人网络欺凌现状

在全球视野范围内，因网络欺凌受到身心伤害的未成年人越来越多，恶性事件频繁发生。在美国，新冠疫情期间，一名 17 岁的亚裔少年在社交媒体上被咒骂，称他“体内装满该死的蝙蝠，应该自杀”。类似的故事还有很多，一项由美国权益组织 Stop AAPI Hate（停止仇恨亚裔和泛太平洋岛民）下属高中生项目于 2020 年发布的研究报告显示，25% 的受访亚裔年轻人曾遭遇种族欺凌，包括口头骚扰、回避和网络欺凌。在法国，欧盟委员会“更安全的互联网”计划框架中的法国 e – Enfance 协会报告，2020 年针对未成年人的网络暴力增加了 57%，宗旨为在互联网上保护未成年人网络使用的绿色号码“网络倾听”热线接听到与网上暴力相关的电话 4315 个，而

2019 年为 2747 个。主要涉及的欺凌内容包括未经同意的、侮辱性的性讹诈、威胁，以及色情内容传播等，受害人中 15 ~ 17 岁未成年人比例大幅上升。在韩国，手段恶劣、践踏文明底线的“N 号房间”事件一经曝光，瞬间引发全社会的愤怒。犯罪嫌疑人利用即时通信软件 Telegram 开设多个秘密聊天室，共享非法拍摄的网络性欺凌视频和照片，里面流传着大量女性受胁迫被性虐待的视频。观看直播人数达到 26 万，涉及 74 名受害女性，其中包括 16 名未成年人。而在韩国警方抓捕的协助作案的 14 名经营者中大多是 20 多岁的男性，甚至还有未成年人。在日本，文部科学省公布的调查结果显示，2019 年日本中小学发生的校园欺凌共计 61.2496 万起，比上一财年增加 6.8563 万起。其中，在小学发生的欺凌事件占大部分，共计 48.4545 万起，造成重大身心创伤的校园欺凌有 723 起，确认发生欺凌的学校占学校总数的 82.6%。欺凌内容最多的是“嘲讽及说坏话”，占 61.9%。

在我国台湾地区，2020 年一项台湾儿童福利联盟调查显示，47% 的台湾青少年曾经涉入网络欺凌事件，而在 2016 年仅有 22.2%，情况令人担忧。受访者中有 36.3% 曾经被网络欺凌，10% 的人每个月要遭遇 1 次以上的网络欺凌；此外，28.9% 曾经参与网络欺凌。网络欺凌最常见的方式是在互联网留言或向现实生活中认识的人私传批评信息，其次是在手机游戏里攻击、辱骂他人，以及截图贴文或照片传到多人的群组中一起嘲笑他人。网络欺凌最常见的平台是手机游戏，其次为社交网络平台。31.2% 的青少年遭遇网络欺凌时会感到抑郁，23.6% 的人会对人际社交互动感到焦虑和紧张，12.4% 的青少年失眠，还有 10.7% 的人曾出现自杀或自残的念头。在如何面对和解决网络欺凌方面，62.8% 的受访者选择自己想办法解决，62.7% 的人会和同学朋友讨论，只有 28.4% 的人会告诉家长，13.5% 的人会告诉老师。

（二）我国大陆地区未成年人网络欺凌现状

在我国大陆地区，“中国未成年人互联网运用状况调查”作为“中国网脉工程”子项目，自 2006 年启动，持续至今。2020 年 1 月，完成了第十次全国抽样调查。问卷调查对象主要是全国 7 ~ 18 岁的教育部全日制在校学生，包括小学生、初中生和高中生。第十次调查的最新数据显示，当前未成年人涉及网络运用与网络欺凌问题的基本状况与特征如下。

1. 网络信息参差不齐诱发网络欺凌风险，影响未成年人身心健康

作为网络原生代，未成年人热情活跃、好奇心强，具有较高的网络使用比例和信息接触频率。但是，不得不承认，网络空间中存在着大量不良信息，它们不会基于年龄、知识水平和认知能力的差别而区别呈现于网民视野中。而未成年人正处于身心发展的重要阶段，这一阶段是他们人生观、世界观与价值观的重要形成时期。这一时期未成年人辨别是非的认知能力和自我约束能力均较弱，容易受到网络不良内容的侵害。比如，网络上充斥着大量超越言论自由范围和未成年人心理承受限度的侮辱性言语欺凌内容，侵犯着未成年人的名誉和隐私，对其身心造成严重创伤。类似“N 号房间”这样的网络灰色空间也成为给未成年人带来伤害的犯罪行为的温床，包括打着“招童星”“学生兼职”的幌子，以欺骗胁迫未成年人参与“裸聊”、提供“裸体视频”，以“PUA”精神控制等方式进行网络性欺凌、关系欺凌的极端恶劣的违法犯罪行为不断出现，催生伤害未成年人的犯罪行为新形态。还有许多暴力、恐怖信息也会带来潜移默化的精神污染，腐蚀未成年人的精神世界，使那些长期沉溺在网络空间所塑造的符号化世界的未成年人产生互联网是人性解放“乐园”的错觉，对于“好玩、幸灾乐祸”等偏差行径习以为常，“容忍阈值”不断降低，甚至上瘾，诱发更多网络欺凌的出现。并且，调查显示，随着年龄的增长，叛逆思想逐渐萌芽，未成年人受不良信息侵害的概率逐渐增加。在高中生群体中，21.5% 的人曾在网络上被他人辱骂，30% 的人收到过黄色图片或视频，14.6% 的人收到过暴力图片或视频，以及 27.5% 的人曾遇到骗子。在初中生群体中，这些情况均有所减少。在收到黄色图片、视频和暴力图片、视频方面，初中生的比例下降至 17% 和 10.7% 。仅有 15.7% 的初中生曾遇到过骗子，6.4% 被骗钱。但仍有 21% 的初中生在网络上被辱骂。在小学生群体中，遇到不良信息的概率进一步下降，46.7% 的小学生表示没经历过以上不良信息困扰（见图 1）。

此外，从不良信息的接触渠道来看，调查发现广告无疑是为所有年龄层

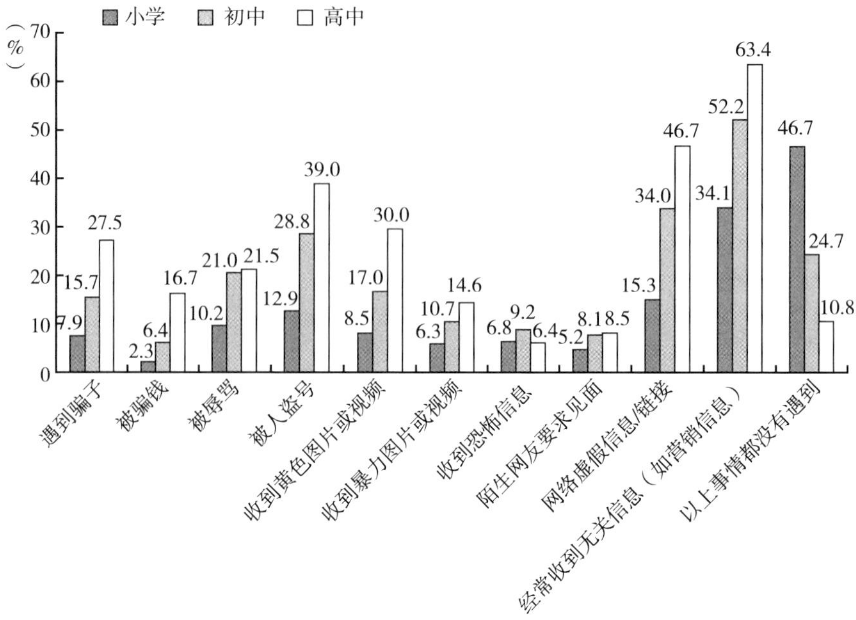

图1　未成年人上网过程中受到不良信息、不良行为困扰的情况（多选题）（2020）

的未成年人带来最大风险的主要来源，占比最高，亟待相关部门制定、实施更加严格的监管机制来帮助广大未成年人在碎片化植入的广告洪流中有效规避不良信息干扰。另外，对于小学生和初中生群体，视频成为第二大不良信息接触渠道，分别有18.7%的小学生和23.6%的初中生在观看视频时曾遇到不良信息的侵害。而在高中生群体中，搜索则为31.5%的人带来了不好的经历体验，成为第二大不良信息接触渠道（见图2）。

2. 对通过参与网络行动助长网络欺凌氛围的态度较为谨慎

网络欺凌虽然发生在虚拟空间中，但本质上是现实人际关系异化的结果。网络空间的出现将现实世界中的人际交往消解为非在场关系，越来越多的人借助互联网打破时空界限、匿名参与讨论、“大胆”表达反对观点和尖锐意见，这也是人们通过集体声讨、人肉搜索等非理智行为对自己不支持、无好感的事物采取极端行动的现象屡见不鲜的原因。这是一种极不平等的交往对话形式，为“居高临下”的欺凌者以排斥、戏弄、伤害、侮辱、欺压

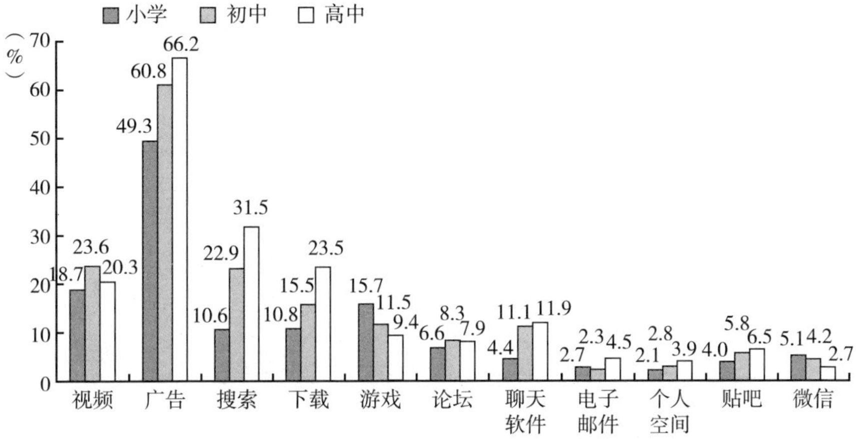

图 2　未成年人接触不良信息的分布状况（2020）

他人为目的致使他人感到痛苦的消极行为提供“武器”，甚至大量网友在围观过程中主动或被动同化为欺凌者。这种氛围犹如一种“病毒”，可能对未成年人的思维方式、价值观念和行为规范带来很大的离散、侵蚀和破坏作用。

目前看来，大多数未成年人普遍表现出较为理性、健康的网络行动参与状态，对于可能助长网络欺凌氛围的态度尚比较谨慎。据调查，针对“如果有人在网上组织集体声讨、快闪活动、人肉搜索，您会配合参加吗?”，72.6%的小学生、64.6%的初中生和66.7%的高中生回答“肯定不会”，9.0%的小学生、15.9%的初中生和18%的高中生表示“可能不会”。但仍有一小部分未成年人在网络行动的参与过程中，表现出偏激态度，1.4%的小学生、1%的初中生和1.8%的高中生表示自己肯定会加入集体声讨、快闪活动和人肉搜索，5.7%的小学生、8.6%的初中生和8.4%的高中生表示自己可能会加入（见图3）。对于这部分群体，如果没有及时在心理上得到很好的调适和引导，极有可能在日后产生对他人过激的网络暴力欺凌和言语攻击，学校、家长、社会组织等必须联手加强正向干预。

3. 大部分未成年人自我控制能力较强，但网络言语欺凌苗头须警惕

自我控制需要人们有意识地约束本能冲动，并且具有抵制自由诱惑的能

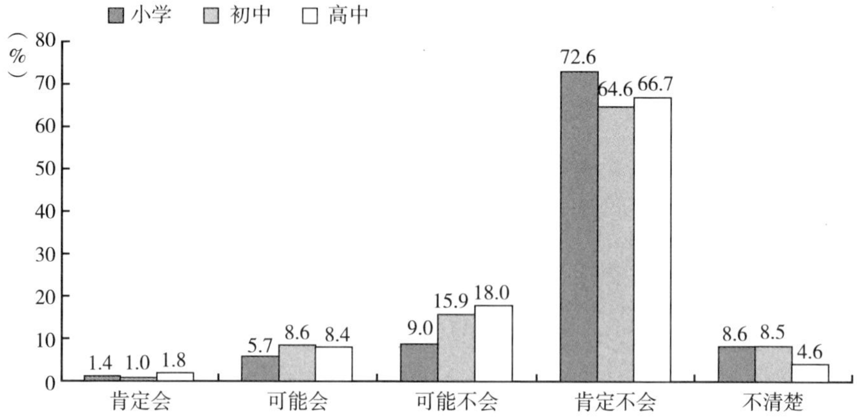

图3　未成年人在网上参与集体声讨、快闪活动、人肉搜索的情况（2020）

力。鉴于自我控制能力越高，造成网络欺凌的可能性越低，未成年人在网络空间中的自我控制能力成为值得关注的问题。调查显示，大部分未成年人的自我控制能力较强，79.9%的小学生、62.3%的中学生和51.0%的高中生表示几乎没有在网上做过明知不应该做的事情（见图4）。和日常生活相比，大部分未成年人不会在网络上更随意地发表言论，甚至46.3%的小学生、37.8%的初中生和33.4%的高中生会比平常更加谨慎地在网络空间发言，不会轻易说脏话（见图5）。但是，需要警惕的是，尽管大部分未成年人自我控制和约束意识较强，仍有0.6%的小学生、1.4%的初中生和2.3%的高中生总是在网上主动辱骂他人，1.1%的小学生、2.0%的初中生和3.5%的高中生经常会在网上主动辱骂他人（见图6）。这很有可能是个体人格特征、生长环境、网络氛围等多方面因素交互影响的结果，迫切需要社会各方的全面参与、配合支持来提升未成年人的自我控制能力和网络素养，强化道德规范，及时遏制网络言语欺凌苗头，避免造成更大范围的、更恶劣影响的网络欺凌。

4. 面对网络欺凌困境，“自我消化”倾向在未成年人内部存在明显“代际”差异

目前，未成年人的“数字化生存”程度日益提升，在享受数字生活带

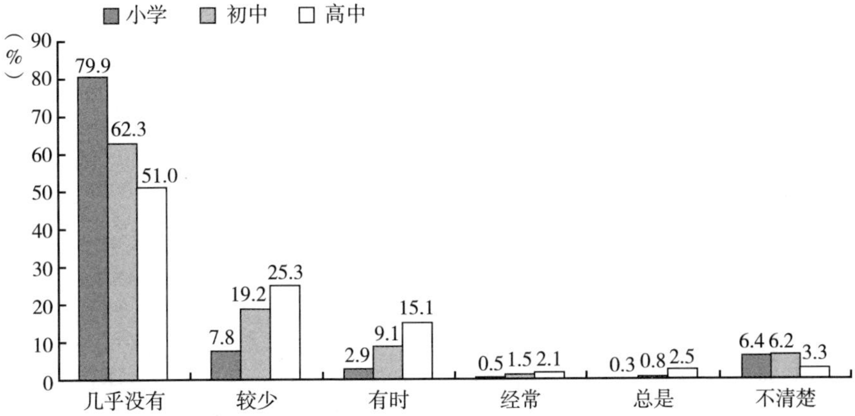

图4　未成年人在网上做过明知不应该做的事情的情况（2020）

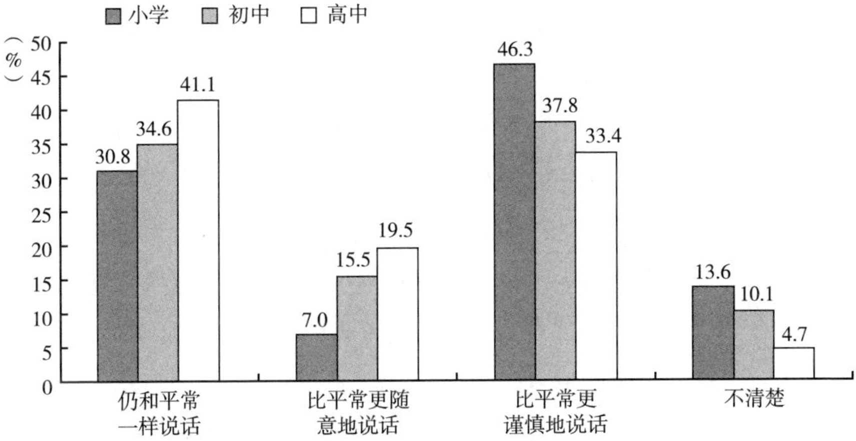

图5　和日常生活相比，未成年人在网络上发表言论（比如说脏话）的情况（2020）

来的乐趣与便利的同时，也要时刻警惕网络欺凌潜在的不确定性风险。及时感知未成年人的不安全体验是抵御网络欺凌风险的重要方面，在此过程中，亲子间的有效沟通、家庭的及时介入和良性引导是至关重要的。

调查显示，针对在面对实际的、潜在的网络欺凌风险时是否会及时寻求父母帮助的问题，未成年人内部存在明显的“代际”差异，“自我消化”倾向随着年龄增长呈现增强趋势。根据皮亚杰的认知发展阶段理论，与儿童相

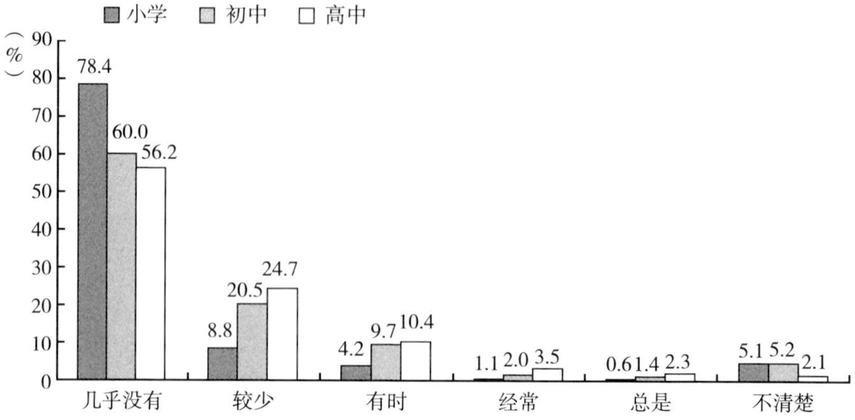

图6　未成年人在网上主动辱骂他人的情况（2020）

比，处于青春期、青年早期的未成年人表现出许多新特点，例如自我意识愈发高涨，形成了日益恒定的自我概念和形象；情绪表现明显极化，呈现逆反心理。初中生和高中生受学校中同龄人的影响越来越大，基于同伴间的关联互动形成青少年特有的次文化。与儿童时期相比，在意识形态、价值观、人生观、世界观、思维模式、行为方式等方方面面都体现出较大的变化，不再像以前那样与父母在情感上、行为上、观点上紧密联系并达成一致。各种因素的相互作用通常会导致其与父母在网络世界的隔阂日渐加深。具体来讲，当在网上被人威胁或收到不良图片/视频时，绝大多数小学生会尽快跟父母沟通（67.4%），只有6.8%的小学生从来没有向父母报告。相较之下，中学生及时向父母求助的情况有所下降。42.3%的初中生表示愿意尽快跟父母说，12%的初中生从来不会和父母沟通；在高中生群体中，仅有31.1%表示愿意尽快求助父母，从不会和父母沟通的比例上升至16.5%（见图7）。当遇到感觉不安全的事情时，68.5%的小学生会及时报告给家长，初中生这一比例下降到39.1%，而在高中生群体中，仅有27.6%会向家长报告（见图8）。可见，随着孩子逐渐长大，主动向父母寻求支持与帮助的比例也逐渐减少，亲子交谈沟通、指导监管明显不足。因此，有必要合理保护和引导青少年，让他们平稳安全地度过这一时期。

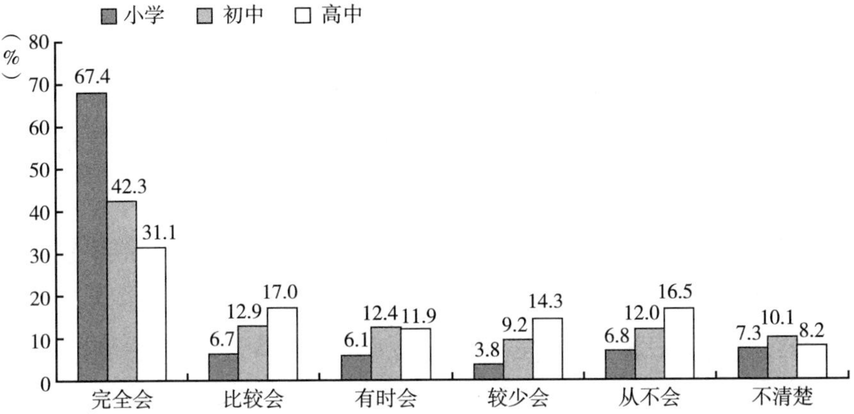

图7　未成年人在网上被人威胁或收到不良图片、视频时尽快跟父母说的情况（2020）

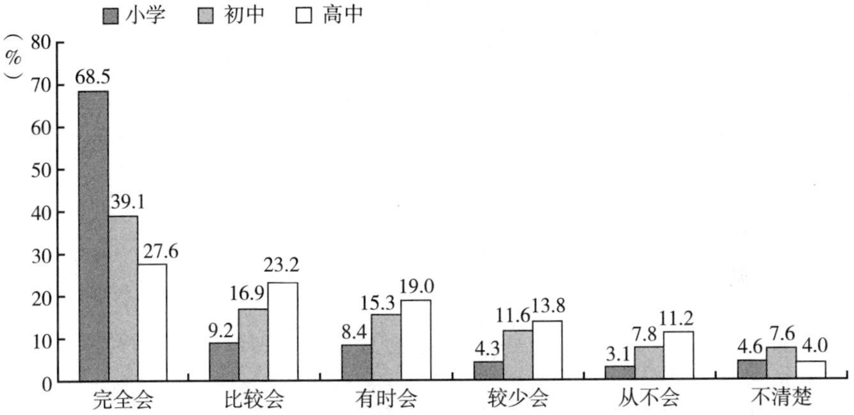

图8　未成年人上网过程中遇到感觉不安全的事情及时向家长报告的情况（2020）

三　未成年人网络欺凌议题中的社会态度与关注焦点

网络欺凌以多种形式侵犯了未成年人的受教育权、健康权和福祉，打击网络欺凌，保护未成年人已经到了刻不容缓的地步，联合国教科文组织于

2020 年 11 月 5 日，设立了全球首个“反对校园暴力和欺凌包括网络欺凌国际日”，并将每年 11 月的第一个星期四定为“反对校园暴力和欺凌包括网络欺凌国际日”，旨在呼吁会员国、联合国伙伴、其他有关国际和区域组织，以及包括非政府组织、个人和其他利益攸关方在内的民间社会加强对于未成年人网络欺凌议题的深度思考。该消息一经发布，引起了全社会的高度关注，触发主流媒体发声和社会大讨论，在全网层面得到了广泛传播。本部分通过网络大数据对以“反对校园暴力和欺凌包括网络欺凌国际日”为主线的舆情热点进行系统梳理，厘清由此反映出的社会态度、关切问题与焦点。

2020 年 11 月 1 日至 2021 年 2 月 24 日，全网关于“反对校园暴力和欺凌包括网络欺凌国际日”的信息共计 23083 条。2020 年 11 月 6 日前后，相关信息量达到监测期内峰值，日均信息量超过 4000 条。此后，相关信息量迅速回落，但一直保持一定热度。2021 年 1 月 27 日，教育部《防范中小学生欺凌专项治理行动工作方案》的发布使信息量小范围回升，不少评论文章的链连发布，让这波舆论关注热度一直持续至 2 月 10 日左右（见图 9）。

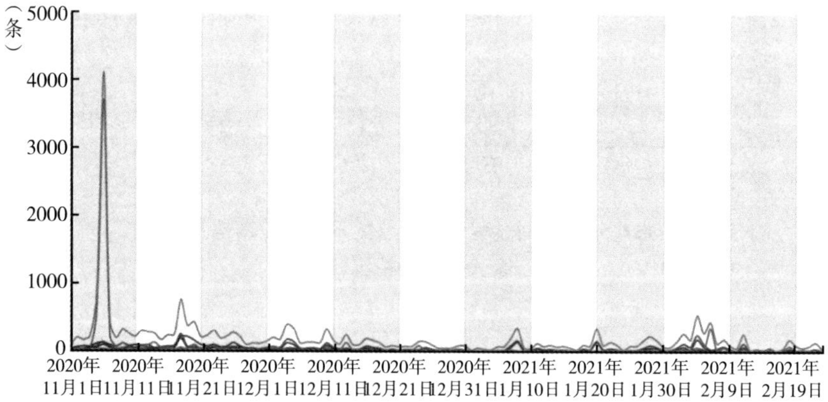

图 9 “反对校园暴力和欺凌包括网络欺凌国际日”话题传播趋势

数据来源：云润舆情大数据决策支撑分析平台。

这期间包括新华社、央视网、《人民日报》、《法制日报》、《中国青年报》等在内的主流媒体纷纷就话题反映的社会问题进行追踪点评，教育部、最高人民检察院、国际在线等组织机构迅速推出包括《防范中小学生欺凌专项治理行动工作方案》、“预防校园欺凌‘守望者’大型公益活动”在内的专项行动举措，扩大了原生话题的影响力，引起涟漪效应（见表1）。

表1　热门新闻top20

序号	标题	媒体	转载量
1	教育部印发《防范中小学生欺凌专项治理行动工作方案》	教育部官网	827
2	教育部部署全面排查中小学欺凌事件	新华社	97
3	全世界每3个学生有一个曾遭欺凌，教科文组织设反对校园暴力日	央视网	91
4	为了孩子，对校园暴力和网络欺凌说“不”！	《人民日报》	75
5	全国人大推动法律层面建立校园欺凌防控机制	《法制日报》	68
6	治不好网络欺凌是文明之殇	《半月谈》	66
7	家庭教育法草案提请审议 明确提出公权力干预制度	《法制日报》	66
8	把校园欺凌拿到阳光下“暴晒”	未来网	35
9	保护少年的你！强制报告公益宣传片《聚光》上线	最高人民检察院	22
10	教育部：春季学期开展学生欺凌专项治理行动	《北京青年报》	16
11	预防校园欺凌“守望者”大型公益活动启动	国际在线	15
12	教育部对校园欺凌再出手！	中国青年网	15
13	“守望者”用爱的力量守护成长	《中国青年报》	10
14	教育部：校园欺凌屡教不改者 必要时依法进专门学校	观察者网	9
15	打击校园暴力和网络欺凌人人有责	《中国妇女报》	7
16	让校园欺凌“人人喊打”	《广州日报》	7
17	守护少年的你，治理校园欺凌再出重拳	正义网	7
18	了解“反对校园暴力和欺凌包括网络欺凌国际日”	环京津网	5
19	网络欺凌：是什么？怎么办？	《中国妇女报》	5
20	健全中小学生欺凌防治体系	《齐鲁晚报》	4

从全网相关话题热词词云分布情况来看，舆论关切热点涉及几个方面：①与网络欺凌密切相关的行为主体，包括低龄群体（如未成年人、孩子、儿童、青少年）、女性群体（如女生、女儿）、社会关系群体（如同学、老

师、家长、父母）等；②网络欺凌行为发生的空间，包括在线媒介（如网络、互联网、媒体、抖音、视频）与现实空间（如校园、培训班、服务中心）；③网络欺凌的治理与引导，包括干预主体（如社会、联合国教科文组织、共青团、研究院、平台）、干预方式（如立法、法治、保护、网络安全、教育）等；④社会公众对网络欺凌的认知印象，如不良行为、暴力、欺凌等（见图10）。

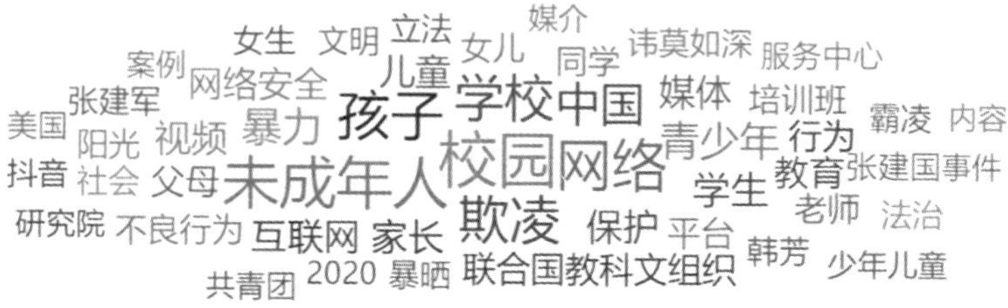

图10　全网相关话题热词词云（2020）

从话题传播平台分布情况来看，“反对校园暴力和欺凌包括网络欺凌国际日”相关信息主要来自微博、微信等新媒体平台。具体来看，新浪微博传播力度最大，占到43.85%；微信文章占比20.34%。网络新闻与手机网站也占一定比例，分别为22.48%和9.10%。其他平台如纸媒、论坛、视频、博客、境外网站等传播力度相对较小（见图11）。

聚焦于传播力度最大的微博平台，社会舆论对此话题关注热度持续一周以上，话题阅读量超4000万。而且，微博上关于未成年人被欺凌的话题经常出现并成为公众热门讨论话题，相关热度始终未减。例如，#全世界每3个学生就有一个曾遭欺凌#话题累计阅读量达2.3亿，讨论量超3.4万；“警方回应15岁少年被围殴致死掩埋”“吉林敦化市中学女生公园遭12人围殴”“广西一小学生遭欺凌衣服被塞鞭炮”等关于校园欺凌的社会事件也频频吸引社会关注讨论；2021年1月底，#教育部部署全面排查中小学欺凌事件#话题登上热搜并吸引1.2亿阅读量；衍生话题#对网络欺凌必须零容忍#、#学生欺凌防治情况纳入校长老师工作考评#等阅读量也均超千万次。

从话题讨论的社会情绪、态度与观点倾向情况来看，微博平台用户的情

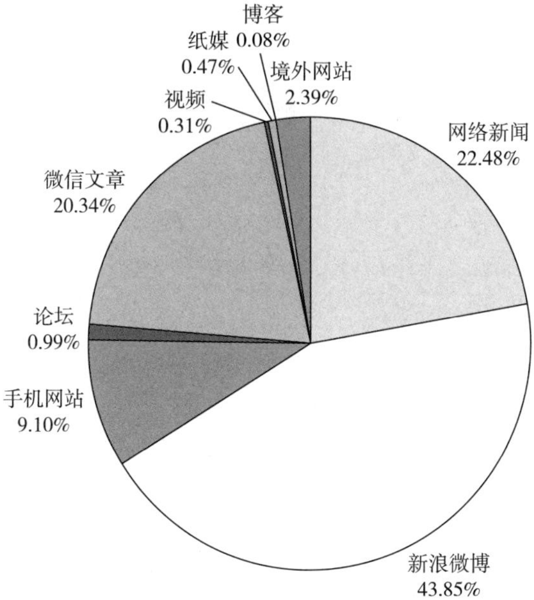

图 11　各平台传播分布情况

绪整体较为中立、客观（见图 12）。其中，大部分社会公众以理智说理为主，帮助大众了解校园暴力的产生原因，科普孩子遇到校园暴力怎么办，以及父母该如何教导；也有部分网民态度较为消极、偏激，用讲述自己亲身经历的方式揭露校园欺凌的可怕之处以及在自己心灵上留下的“隐形”创伤，并对校园暴力与网络欺凌行为予以痛斥和批判；此外，还有许多公众对如何抵制校园暴力与网络欺凌提出建设性意见，期待学校、社会、家庭共同努力，如政府完善落实立法保护、校方加强教育监督、家长密切关注孩子身心健康等，让成千上万的青少年彻底远离网络欺凌和校园暴力的伤害。

四　反思网络欺凌发展的新动向与隐忧

（一）网络自由的边际扩大致使“复合欺凌”悄然出现

随着智能手机等移动通信设备在未成年群体中普及，网络空间与现实空间的边界逐渐弥合，传统欺凌逐步向网络欺凌渗透，“复合欺凌”正在悄然

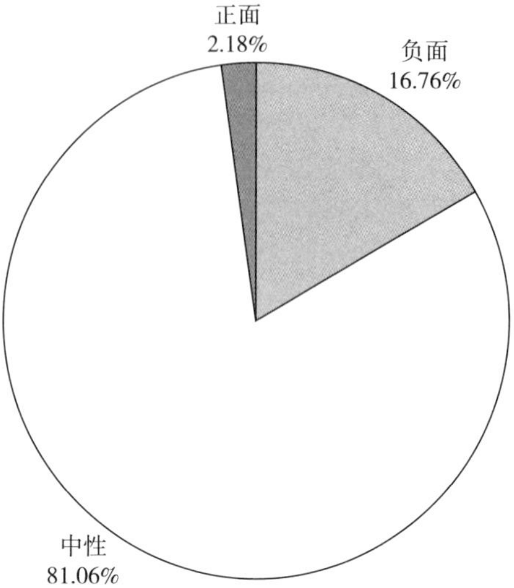

图 12　微博平台情绪分布与观点倾向

出现。传统欺凌一般发生在相对封闭的物理环境中，受时间（如在校时间）、地点（如学校场地）和次数的限制，对受欺凌者的伤害往往是“直接”的。然而，未成年人在家长的允许下携带手机上学的情况极大地增加了欺凌行动的复杂性。欺凌者对凌辱行为拍照并将其上传到微信、抖音等社交平台加以“炫耀”，在所有熟悉或陌生、知情或不知情的人群面前享受着万众瞩目的感觉。这种将线下矛盾与冲突升级为更广泛、深远的线上侮辱与欺凌行为无疑是对被欺凌者的二次伤害。相关欺凌信息可以每天 24 小时持续、反复地被观看，也可以借助网络将各种有关或无关人员卷入进来参与欺凌，导致受欺凌者遭受线上与线下的双重伤害与折磨。

并且，从受欺凌者视阈看，虽然网络欺凌发生在他们自己身上，但是他们却无从得知欺凌者的身份，因为任何人都可能是参与欺凌的人。这种信息不对称会加剧其恐惧感、愤怒感以及其他负面情绪，形成一种被“乱棍抽打”却无法有效举报、阻止的冤屈、绝望和无力感。长期的焦虑困扰可能会不断蔓延，造成被欺凌者负面情绪的堆积，让受欺凌者处于一种习得性无助的心理状态。

（二）技术发展的不确定性导致监管防治难度增加

由于网络欺凌具有匿名性、传播速度快、风险不可控等特征，与传统校园欺凌相比，网络欺凌更加隐蔽、调查取证更难、监管难度更大。

一方面，互联网信息技术的快速迭代发展加大网络活动监控难度，匿名“马甲”下的欺凌者更“无畏”。互联网上的各类社交通信平台是独立于现实世界的虚拟空间，成为匿名联系他人的完美工具。例如，在韩国“N 号房间”事件中的跨平台即时通信软件 Telegram 中，用户被赋予了交换加密与自毁消息的权力，发送所有类型文件（如照片、影片等）时的聊天记录均不会被保留，而且删除账户时所有相关资料也会一并销毁，已拦截的通信内容难以被破解、存证以及取证。类似这些具有极高隐私属性的平台不仅成为犯罪分子的“保护伞”，也“成功”地吸引了大批参与者和围观者。在“面对面”社会监督缺位的虚拟情境下，网络欺凌者的道德感和同理心被极大地削弱，对受害者反复、强烈实施骚扰的心理负担极速降低。

另一方面，随着 5G 网络时代的到来，信息传播速度被极大地加快，这为加害者瞬间向无限用户发送关于受害者的信息提供了途径。而且，由于数字媒体多渠道传播的特性，用户上传到网络平台的欺凌信息，经过各大网站（如微博、微信等）发布、评论、转发后，若非平台公司及时切断服务器，其数字痕迹很难被完全消除，会对受害未成年人带来极大的伤害。国家网信办颁布的“规定”要求网络服务商对未成年人的个人信息提供更全面的保护，这对缓解网络欺凌有一定帮助。不过，在对受欺凌者的保护方面仍有很大的改进空间，网络服务提供商在技术监管、及时阻断偏差信息传播等方面应承担更多责任义务。

（三）“野蛮生长”与“压抑天性”之间的教育惩戒尺度难以把握

网络空间不是教育的化外之地，未成年人也需要为自己的言行负责。学校有责任为学生提供免受骚扰和欺凌的安全的网络教育环境，通过教育惩戒规制因理解认知能力有限和生活经验缺乏而产生的校园网络欺凌，防止学生网络暴力和网络谣言的“野蛮生长”。尤其是在网络道德与规范建构还不够成熟的当下，教育惩戒更应当积极避免网络欺凌被忽略、被重复和常态化后，对现有规则和制度进行腐蚀和破坏。

然而，教育惩戒的使用在减少网络欺凌发生的同时，也可能侵蚀和影响学生的表达自由和其他权益的正当行使。因为自由是网络的天然属性。未成年人在网络空间是可以自由表达和分享观点，能够标新立异、彰显个性的。此外，由于未成年人处于“理性睡眠期”，具有情绪控制力弱、好胜心强、陈述不完整以及认知理解能力有限等特性，因而未成年人本身非常容易出现言辞失真、夸大和冒犯等网络偏差行为。而中小学阶段也是人格发展的重要时期，如果过分强调表达的正确性，用教育惩戒对未成年学生严厉批评和过分责罚，势必会挫伤他们表达的主动性，压抑其自由思想和发表言论的意愿。

（四）心理调适缺位加剧欺凌者与受害者角色重叠的恶性循环

随着未成年人进入中学，身体发展进入快车道，第二性征的出现推动他们在身体上更接近成年人，快速从之前的中性状态过渡到性别分化阶段。在此特殊时期，与生理变化相比，尽管心理状态也在发展，但发育速度相对缓慢，加剧了初中生、高中生身心发展的不和谐冲突，这使他们“难免”遇到一系列心理与社会矛盾。

在网络欺凌行动中，经常发生未成年人既是加害者又是受害者的现象。如果缺乏正确的心理调适，那么曾经遭遇欺凌的个体很有可能在未来为了维护自己的权益或者赢得对自己的地位认可，故意选择报复性地欺凌他人，甚至表现出对威胁、权力的过激反抗。借助破窗理论和文化传递理论能够理解该现象背后的原因。一方面，对个体而言，环境能够形成强烈的暗示性和诱导性氛围。窗户玻璃被人打碎而没有立即修补并惩戒破坏者之后，就会有更多的人受到暗示性纵容去打碎更多的玻璃，并将越轨行为升级[①]。所以当个

① 徐大慰：《国外青少年犯罪预防项目的社会学分析》，《青少年犯罪问题》2012 年第 2 期。

体有被欺凌经历时，若看到实施欺凌的人并没有受到严厉的处罚，这对他会产生一个规则可被破坏的暗示，这将诱导他也实施欺凌。另一方面，文化传递理论主张社会文化能够塑造个体的行为模式，与此同时，个体的行为模式也能够反馈其接受并认同的文化特征。正如欺凌文化一般，在欺凌经历中，受欺凌者把失范的欺凌者当作不良的参照群体，被迫习得了欺凌文化，为未来欺凌他人积累了“实践经验”。

因此，这警示人们在网络示范性信息传播如此迅速的今天，不仅要回归理性，通过强硬手段惩戒欺凌者，避免他们因法律不完善而逃脱惩罚，唤起未成年人的敬畏之心；也要提升对心理调适的重视，及时疏解被欺凌者的心理障碍，降低其在日后成为新的欺凌实施者的可能性。

五　对策建议

（一）营造积极干预的正能量校园文化

网络空间不是教育惩戒的真空地带。由于学校是网络空间的未成年学生群体在现实世界中的实体“映射”，将基于正确规则、价值观和积极互动的关系形成的正能量文化纳入学校德育范畴，对于形成良好校园风气、遏制未成年人网络欺凌的发生具有重要价值。为了让未成年人全方位安全触网、阳光用网，应针对事前事中事后，科学构建防范机制、存证机制以及处理机制，对学生进行更完善的监督与引导，从而营造校园正能量环境来应对欺凌现象。

其一，针对事前防范，教育部门应统筹编写《青少年反网络欺凌指南》并下发到各中小学校，帮助青少年系统认识网络欺凌现状、表征、类型等情况，深化对欺凌伤害的理解；要求学校将反欺凌政策落地执行并纳入学生道德行为考核准则，设计相关教育课程，引导学生不在网上分享私人信息，不参与、不回应、不转发网络欺凌信息；定期发放校园生活普查问卷，及时感知未成年人网络欺凌风险。

其二，针对事中存证，指导未成年人及其家长记录发生网络欺凌事件的时间、地点和频率，并通过截屏、复制、粘贴等途径保留相关数字存证证据。

其三，针对事后处理，制定一系列详细的反欺凌计划，包括发现—受理调查—纪律处分—心理健康服务机制等。具体举措如设立校园反欺凌热线、电子邮箱等，为举报欺凌行为提供绿色途径；充分发挥教育惩戒措施的威慑作用，设立专门部门负责对欺凌者进行严肃批评教育、警示，必要时需采取停学、申请特殊教育等措施，避免因从轻处罚而形成不良示范效应；重视对受害者的心理辅导工作，及时疏解心灵伤害，消解网络欺凌事件恶性循环的怪圈。

（二）重视心理健康教育，培养青少年积极人格特质

依据积极心理学理论，针对青少年群体的认知特点，通过构建丰富多样的教育模式、行动与体验相结合的学习方式，加强对学生的心理健康辅导，有利于从源头上塑造未成年人的积极人格特质，如感恩、宽容、乐观、勇敢、爱等，指引未成年人在自我价值体验中获取向上的力量，不断强化自我心理调适能力。

具体来讲，建议扩大校园心理健康教育范畴，积极开展同伴调解、危机沟通、冲突解决、负面情绪管理、非侵犯性行为训练等主题培训活动；合理设计新颖活动（如短视频创作、剧本杀等），为学生提供探寻自我、体验他人的情境，提升同理心、人际交往能力；通过自我呈现的方式，老师和家长也可以观察学生的心理情绪和认知，从本质上帮助其辨别欺凌行为的对错，并鼓励其思考解决冲突矛盾的正确途径。

（三）加快推进网络欺凌的立法进程

当前，在法规约束层面，虽然我国面向网络欺凌（包括校园欺凌）问题出台了许多部门规章制度，但整体看来，针对网络欺凌发展出的新特征，尚不足以产生强有力的威慑力。因此，应紧密结合我国现状，从下述两方面加强立法，并将其作为网络欺凌惩戒的重要依据推进实施。

一是重视对受害者的心理疏导与保护，加快精神性伤害评价体系构建。

鉴于网络欺凌为受害者带来的情感、心理或精神上的伤害远大于生理上的疼痛，而迄今我国法律尚未视精神性伤害与身体性伤害同等重要，因而，十分需要根据现代医疗能力，合理建设精神性伤害评价体系，补充细化有关严重精神损伤方面的条例，并考虑对处于严重伤害等级的受害者进行强制性心理辅导。

二是完善对受害者的救助程序，如增设举报机制、强制报告程序、确定特殊主体的强制报告义务等。据调研结论，遭到网络欺凌后大多未成年人选择沉默或告诉同龄伙伴。尤其是高中生群体，向家长或成年人求助的比例较低，这导致了成年人对欺凌行为很难及时介入并干预，故而令欺凌者愈发恣意妄为。面对这一问题，现有法律应进一步明确细化举报流程，针对和未成年人有特殊关系的人（如监护人、教师、医生等），若发现未成年人有遭受欺凌的可能性时，应及时向有关部门反馈。另外，充分释放旁观者能效，鼓励其通过匿名/实名举报热线或其他绿色通道积极报告，有助于及时、妥善处理网络欺凌现象。

（四）积极构建全方位社会支持的网络欺凌防治体系

作为常见的社会性议题，解决网络欺凌不单纯是学校教育、家庭环境问题，还需要政府大力支持、加强政策引导。建议以负责青少年工作的专业部门，如共青团、教育部，牵头协调各类社会组织，充分发挥其组织动员优势和专业优势，整合资源，全方位打造未成年人网络欺凌防治体系。

其一，强化网络平台企业社会责任感，充分释放科技优势。牵头组织行业座谈会，确立企业在网络欺凌中的责任，号召企业加强行业自律和行业内部监管，加快施行“通知—删除”机制，不断完善网络欺凌举报、投诉功能。通过技术手段加大监测与管理力度，科学过滤与未成年人网络欺凌相关的危险信息，屏蔽具有伤害性的敏感词汇，清除有害网站网址等。运用大数据对未成年网民网络行为进行智能分析，描摹欺凌倾向型用户风险画像，构建未成年人网络欺凌预警监测体系，及时对偏差越轨行为进行阻断干预。

其二，打造网络欺凌防治专家联盟，全面发挥专业优势。与学校定期合作开展讲座、咨询、心理活动课等活动，邀请青少年教育、青少年犯罪、网络安全等领域的专家学者走进校园，列举欺凌者和被欺凌者的常见特征和迹象，普及上网冲浪技巧、相关法律常识、心理危机应急干预等方面的专业知识，使学校人员和家长能够防患于未然，有效预防网络欺凌。

其三，为家长提供专业知识培训，避免家庭教育缺位。联合妇女儿童群团组织，提升未成年人监护者的网络素养，推动阳光网络家庭行动。由教育部门统筹协调当地各大中小学校，长期招募教育志愿者，利用校园网络设施定期开展监护者网络素养知识培训，鼓励家长主动、科学投入孩子的网络世界中去，培养家长对孩子“触网”的正确监管意识与引导策略，与孩子共同感知、理解和解决网络带来的利与弊。

随着网络空间与现实空间的连接愈发紧密，未成年人的人际交往互动空间跳脱出有边界的教室和学校，进入了更大的世界。从另一个角度来看，这也为孩子们带来了网络欺凌风险，加剧了身心毁灭性伤害的可能性。尽管人们已经共同意识到保护他们是全社会义不容辞的责任，但迄今我国无论是监管制度、引导策略还是实践操作方面均存在诸多有待完善之处。下一步，应该持续通过多路径强化对未成年人的保护、引导、教育，使之远离欺凌，成为健康阳光的“数字公民”。

B.7
未成年人网络主播现状

曾 昕*

摘 要：2019年，“网红”一词的关注热度首次超过“明星”，成为全民关注焦点；目前，网红数量已超百万。媒体的持续曝光助长了网红传播热度，网红传播、网红经济等迅速崛起，未成年人成为网红、被父母或经纪公司塑造为网红、低龄人群中关注网红的人数也日益上升。未成年网红在未成年人隐私安全保护、未成年人价值观塑造等诸多方面都引发了较大的社会争议。本文在简要梳理我国未成年网红概况的基础上，例举当下影响力较大、具有典型性的未成年主播，从而探讨网红主播现象给未成年人带来的正负面影响以及针对未成年网红现象的引导方案。

关键词：未成年人 网红 网红文化 社交平台

近年来，直播行业突飞猛进，成为现象级行业，线上消费市场不断扩张，通信技术的进步为网民发布与观看直播提供了大力支持，降低了准入门槛，越来越多的直播模式开始涌现，造就了大量的网红，甚至未成年人，也在其中扮演了不容小觑的角色。

“网红”一词原是网络红人的简称，意为网络中人气较高的人物或事

---

* 曾昕，英国伯恩茅斯大学多媒体新闻学博士，中国社会科学院新闻与传播研究所助理研究员，中国青少年研究会会员。主要研究方向为青少年与新媒体、媒介素养、青少年网络文化。

物；具体而言，指在网络中因某件事、某种行为、某种言论而被网民熟知，继而走红的个体。网红通常因拥有一些引人注目或被人欣赏的特质，让网友们追随，从而成为网红。快手、抖音中的短视频等新型传播方式，催生了大量草根网红，线上线下网红经济和网红个体的影响力都不断上升。

网红现象并非偶然产生和流行，而是在网络时代的背景中应运而生，由直播、数据推送以及传统型媒体的影响等多方合力造就。越来越多的未成年人也主动或被动地在社交媒体中发布各类直播，成为网红。福布斯《2019年 Youtube 网红收入排行榜》中，第一名 Pyan Kaji（2500 万美元，2300 万粉丝）和第三名（Anastasia 1800 万美元，4270 万粉丝）都是儿童网红。①

“今天我在小桥上唱一首《万爱千恩》，爷爷、奶奶、叔叔、阿姨、哥哥、姐姐们能不能帮我点点小红心，顺便用你们发财的手，帮我点点关注，谢谢你们啦!”（9 月 28 日《北京晚报》）6 岁的小女孩真真（化名）每天晚上在 7：30 ~9：30 固定直播，拥有 70 余万粉丝。镜头中的小女孩有着与年龄不相称的网红 V 脸，还会身穿露脐装对着镜头跳起扭胯舞。②

网红解构了传统的审美与价值观，也对未成年人的认知产生了影响。网红经济的不断扩张，让成名与吸金成为一代未成年人的理想。新华网《“95后”的谜之就业观》调查显示，有接近一半（约 48%）的年轻人不愿工作；超过半数青少年最心仪的工作为网红。一些一线城市曾对低龄学童进行调查，发现 80% 的未成年人的梦想职业为网红。某小学二年级的一个班级，以粉丝数量的多少作为同学们划分班内地位的标准，在选举班长时，粉丝数也成为评选的参照标准，班长凭借过千的粉丝当选。一些家长也受到网红经济的吸引，甚至让孩子参加“网红培训”。

基于未成年网红的现象与影响议题，下文将在梳理网红发展主要阶段和总结当下概况的基础上，聚焦于未成年人群体，探讨网红这一文化现象对于

① 新周刊：《儿童网红，一个成人消费的荒谬童话》，https：//baijiahao. baidu. com/s? id = 1676987567164029784&wfr = spider&for = pc。

② 中国文明网：《警惕网红儿童化》，http：//www. wenming. cn/wmpl_ pd/zmgd/202009/t20200930_ 5806145. shtml。

未成年人的影响，以及针对网红文化负面影响，学校、家庭和政府的引导对策建议。

一　网红主播发展概况

1. 未成年网红的发展历程

网红文化的普及及网红经济的发展，让网红打造成为热门。一般情况下，草根网红走红网络是通过在传播媒介上发布不同的内容，包括自拍照、生活照、旅游照等照片或视频，展示自我，积累粉丝。或因特别的机遇，一些言论得到广大的关注，走红网络。也有部分网红为了迎合受众的娱乐需求，不断塑造雷人形象，吸引眼球，获取粉丝关注。通过网络成名并不能由主播自己决定，大部分的主播都有自己的幕后团队，这些主播的幕后团队引导着网上的舆论方向。一些网红公司通过团队策划、包装营销，实现并扩大网红的经济价值。

网红从人气走红到实现变现主要通过以下几种方式实现：一是流量导入，将粉丝产生的流量直接导到电商平台，卖货变现。二是通过内容变现，包括品牌植入、贴片广告等方式。三是粉丝打赏付费或虚拟礼物。另有通过与直播平台签约（如游戏主播）获得签约费，或者将个人内容 IP 化，甚至直接进军娱乐圈，向艺人方向发展。[①] 当下，未成年网民超过 1.75 亿，[②] 观看网红内容的未成年人数量不断上升；同时，在“成人网红”所从事的各种变现类型中，很多开始有未成年人参与。比如吃播、直播带货等内容，都能找到未成年人甚至低龄幼儿的身影。有些未成年人还未开始认识这个世界，已积累了数量庞大的粉丝，有极高的人气和带货能力。

全球境内未成年网络红人的发展进程可以追溯到 2014 年韩国真人亲子

① 中商产业研究院：《2020 年中国网红经济市场前景及投资研究报告》，https：//baijiahao. baidu. com/s？ id = 1660953783521672101&wfr = spider&for = pc。

② 《未成年网民 1.75 亿 中国网民“新势力”崛起》，www. xinhuanet. com/politics/2020 – 05/18/c_1125997563. htm。

节目《超人回来了》。其中宋民国小朋友凭借可爱且极具表现力的表情开始走红，被做成各种表情包，成为炙手可热的童星，引发多档国产亲子类真人秀节目把明星子女和素人萌娃放在镜头下。尽管亲子节目和各种萌娃秀出现时间更早，但当时并没有引发素人把儿童打造为网络红人的先例。

当直播带货开始大行其道并形成规模性影响力，且电商平台也有挖掘明星童模、展示幼儿产品的需求，在经济诱惑下，许多父母开始朝表演型童模、明星态儿童的方向来培养自己的孩子。《超人回来了》把大众视线和娱乐热点聚焦在孩子身上，引发了萌宝热潮。同时在国内，由于在线上童装售卖店当模特的孩子们被媒体爆出收入不菲，部分家长被带动了，他们相信孩子可以通过成为网红实现个人名气的提升，“不输在起跑线上”，同时实现流量变现。一些萌娃秀家长认为，在网络中发布孩子各种视频，让孩子积累名气可以作为培养孩子的方式以及生财之道。

2. 网红主播的主要平台

短视频社交平台是各类网红自我展现的主要场所和网红价值的释放基地。国内网红常见的活跃平台包括抖音、快手、秒拍等短视频平台，以天涯为代表的一系列社区论坛，此外还包括社区电商。这些平台容易形成滚雪球式的传播效果，给不同领域的人引起关注的机会。①

社交平台爆发导致网红数量的不断攀升，互动性和“养成系”又增加了粉丝黏性。② 易观国际、北京欧立信调研中心、新浪微博数据中心的《2016 年直播行业洞察报告》显示，即使在五年前，11 ~ 16 岁的主播已经超出 10%，还没有计算 11 岁以下的儿童甚至幼儿网红主播。考虑到用户基数，未成年网红的未来发展潜力很大。③

3. 网红主播的主要类别

直播平台目前从大类上可分为娱乐平台、游戏平台和电商平台三类，也

① 姚洁：《网红经济环境下消费者重复购买意愿研究》，东北财经大学硕士学位论文，2017。

② 易观国际、北京欧立信调研中心、新浪微博数据中心：《2016 年直播行业洞察报告》https://data.weibo.com/report/reportDetail?id=328。

③ 倪自放：《无底线追星、饭圈互撕当止》，齐鲁晚报－微报纸，2020 年 7 月 15 日。

图 1

资料来源：易观国际，北京欧立信调研中心。

包括小红书等混合型平台。娱乐直播是当前市场上用户数量最大的一个类别，也是年龄跨度最大的类别。未成年人无论作为受众还是主播，主要涉及的领域都是娱乐类型的直播。娱乐类涉及未成年人的直播主要分为以下几个典型的代表。

A. 美拍类型直播

此类直播粉丝年龄层分布广，年轻用户活跃度相对较高，大城市中收入较高、消费力较强的用户占据主要市场。在未成年网红中，美拍类直播主要包括萌娃秀、“云养娃”儿童，也有稍大龄的儿童、少年的主动型自我展示，如小学生美妆博主等。

B. 才艺类主播

网红展示自己的各种才华技艺，如唱歌、弹琴、绘画、舞蹈等，获得粉丝、积累流量；或者在播出的过程中，有各种粉丝打赏或送礼物的行为，产生收益。

C. 游戏网红主播

游戏网红主播以斗鱼 TV 为典型代表。网络中的大型平台发现在电游领域有直播的需求，便通过签约知名主播、聘请专业游戏人士和爱好者，对游戏进行攻略讲解，吸引了大量游戏玩家成为粉丝。尽管游戏网红中未成年人主播比较罕见，但受众群体包含大量 00 后男粉丝，也是斗鱼网罗美女网红开直播的原因。

D. 吃播

社交媒体诞生初期就有美食主播靠介绍美食或分享厨艺技巧走红网络，

近年来的美食主播中还有一种主播，类似大胃王主播，以直播展示超级饭量引起围观。对于未成年网红而言，许多萌娃靠吃饭时的可爱表情获赞。网络上引起较大争议的是儿童大胃王佩琪，年仅三岁，却被父母用各种食物填充性喂养，体重高达 70 斤，其父母不顾网友们的关心劝阻，还经常宣布："马上突破 100 斤"。

此外，网红主播还有旅游主播、生活主播、购物主播等类别，由于和未成年人产生链接较少，本文不加赘述。

二　典型未成年网红主播及其值得关注的现象

在抖音、快手等短视频平台，遍布着未成年人的身影。有的尚不懂事就在镜头前装扮，如三岁美妆博主米米；有的懵懂无知，却已经习惯长达一两年的吃饭直播，比如佩琪；还有的低龄儿童，以成年人口吻和流俗价值观讲段子。未成年人中逐渐出现颇具争议的网红个体，较有代表性的有以下类别。

1. 个人模仿秀：钟美美

钟美美是一位热爱表演的 13 岁男孩，曾在短视频中模仿老师说话、讲课或批评学生的样子，惟妙惟肖，夸张形似，之后走红，积累了海量粉丝。钟美美在未成年网红中属于沿袭自己的爱好，利用社交媒体进行呈现与分享，并没有不良的记录。成名后，钟美美出席了网红大会，参与了影视剧的拍摄，甚至作为封面人物登上了杂志；甚至由于自己的名气，得到了见到中戏专业表演老师的机会，请教表演方法。

2. 才艺主播：赵小磊、高迪

赵小磊和高迪属于未成年网红中较为励志的类别。前者在语音上有很高天赋，早在直播平台流行之前，赵小磊就在语音界享有较高名望，开启视频直播后，聚集很高人气，成为早一代未成年网红。他年少成名，当今依旧是 YY 直播平台上高人气、高收入的主播。类似的才艺主播还有高迪，他是快手上最有影响力的网红之一。

3. 哗众取宠反差萌："郭乐乐"

快手上走红的"郭乐乐小可爱"，和钟美美有一定的相似性，主动打造自己，吸引眼球。但与前者不同的是，郭乐乐没有发展自己的才艺，而是走哗众取宠、过早成人化的路线，号称"史上最贱小学生"。郭乐乐在电视综艺节目中演唱《小可爱》，用声娇嗔无比，和年龄有强烈反差。郭乐乐认为，红了就有人支持，便可以随心所欲。之后，快手平台封杀了这位小网红。他很快重新注册了微博，并于2021年2月在抖音上又注册了账户，之后被抖音封杀。

4. 少女妈妈：杨清柠

杨清柠出生于1998年，长相清纯，在快手粉丝数达到4500万，每次直播观看人数都达百万。她火爆的原因是与王乐乐（快手平台的另一位主播）秀恩爱，超越年龄尺度。未成年的杨清柠在直播中自曝成为人母，由此甚至引发未成年妈妈的热潮。央视节目记者调查显示，这些未成年网红未婚生子甚至成为一种炫耀资本。央视13套记者调查——《未成年人的网络直播》直接采用题目《孕妈扎堆，未婚生子成荣耀》。3月31日未成年网络直播主题为《平台热捧早孕网红，直播私奔征友》，一些尚处豆蔻年华的未成年少女希望得到关注，一一晒出怀孕日记，诸如"XX岁当妈，我不后悔""我是全村年纪最小的妈妈"等，层出不穷。① 未成年人直播恋爱、孕育过程，让现实中的未成年禁忌在网络上打破了束缚，也产生了负面的社会影响，后被媒体封杀。

三　网红文化对未成年人的影响

1. 未成年人成为"被观看"者和父母的消费品

未成年网红中最大的类别是萌娃直播。由于流量和利益的诱惑，一些家

① 新周刊：《儿童网红，一个成人消费的荒谬童话》，https://baijiahao.baidu.com/s?id=1676987567164029784&wfr=spider&for=pc，2021-05-09。

长将儿女打造成儿童博主吸金。“啃小族”，意指靠年少甚至年幼的孩子在网络走红，从而博取关注、流量以及经济利益的家长。拥有萌娃网红的家庭赚得盆满钵盈，甚至催生了“啃小”这种新兴职业群体。

有网络公司的营销投资人曾指出，儿童是最热门的网红投资项目之一，由于孩子性格简单，和父母交涉好便可进行拍摄；未成年人活泼可爱，自带流量；短视频拍摄没有技术障碍，操作简单，包装儿童网红成本较低。由此，投资人将未成年网红看作一个带货营销新渠道，动员厂商、平台等开启合作。

承载网红的各类平台中，流量与利益直接链接。成功的网红直播在经济方面可以实现盆满钵满，是不争的事实。由此，催生了部分家长为流量和利益让自己的孩子“被迫营业”。3 岁女孩佩琪被父母喂至 70 斤的新闻引发了大量争议。直播中，各种高热量食物接连不断地被喂给孩子，甚至在孩子已表示不想要了之后，还在陆续端送，父母主动发出“食量惊人”“马上突破一百斤”“几秒吃完”“特别好养”等话语，吸引了关注，也有很多网友质疑家长的目的。家长不仅没有停止，还发出“马上突破 100 斤”的新视频，全然不顾佩琪的身体健康。据《中国青年报》报道，一博主给女儿拍摄短剧，才一年多的时间就已月入 15 万元。[①] 类似的未成年人短视频曾暴露家庭地址和孩子活动的场所，带来未成年人隐私过度暴露的问题，埋下安全隐患。

2. 网红文化给未成年人带来扭曲的价值观

网红“儿童化”危害匪浅，在造成儿童身体健康威胁、安全隐患的同时，也给孩子带来心理危害。让未成年人拥有“出名要趁早”等观念，认同“读书无用”，希望能不劳而获，将成为网红看作成功的捷径，把赚钱视为成功的标准。

短视频内容求新、求异、夸张、尖锐的表演最容易吸引粉丝，一些网红儿童在“涨粉”的同时，刻意释放媚俗的内容，扭曲了儿童的价值观。未

---

① 今日焦点透视：《家长打造未成年网红月入 15 万，谁来规范“啃小族”?》，https：//baijiahao. baidu. com/s? id = 1685250877879190662&wfr = spider&for = pc。

成年人处于社会化的关键时期，未成年网红的人生观可能被长期扭曲、以丑为美，他（她）们也可能沉溺于网络世界的名气，反而在真实生活中难以融入现实生活。

此外，未成年网红在享受粉丝追捧的同时，也可能遭遇网络暴力，过早接收到黑粉、恶评、辱骂等攻击。由于未成年网红是一个较新的现象，这些低龄孩子能否有心理承受能力应对这些网络语言暴力，尚不可知。未成年网红在成年人诱导下过早营利，是对未成年人的物化和对其心理的透支。

3. 观看网红直播易让未成年人过早成人化

部分直播间充斥色情暗示内容。特别是夜间时段的直播间，网红主播爆粗口的现象非常常见。如《绝地求生》游戏职业玩家韦神等虎牙的签约主播，每次直播观众在百万级以上，其中有相当数量的未成年人；未成年受众观看网红直播，聆听粗口也成为日常网络消费的一部分。流量当道，带货、接广告，孩子早熟、成人化，甚至传递出庸俗和媚俗的言论。比如小童模网红发言想娶女明星热巴，或者以金钱为衡量人生的唯一标准、谩骂穷人等，成年社会的负面信息过早进入儿童世界。

四　未成年网红的发展趋势

未成年网红已经成为一个全球性的互联网景观。但纵观国内外，未成年网红的内容生产模式、依托的平台、变现机制以及观看人群等方面，存在一些不同。国外未成年博主集中在 Instagram 和“油管”，网红效益很高，“油管”高达 80 亿美元[①]。其中，未成年主播，甚至低龄孩子的比重呈现上升趋势。国内未成年网红主要集中在抖音、快手，此外，微博、B 站等平台也活跃着许多视频直播“小达人”。未成年网红的发展，还有一定的受众需求和媒体扩散空间。

我国《2020 年直播带货行业洞察报告》显示：在技术力量和资本运营

① 陈敏：《移动互联网时代的网红产业管理研究》，长春大学硕士学位论文，2018。

的驱使下，短视频成为受众娱乐休闲甚至日常生活信息获取的最主要渠道，社交平台也开始全方位启动各类直播秀场，而未成年人天真可爱的形象，恰恰符合了当代成年人解压、治愈的心理需求，由于具有价值庞大的受众基数，未成年网红仍有流行的空间。

网红经济在2019年迎来爆发期，我国网红经济的整体市场已逾2500亿元。[①] 中商产业研究院预计，到2022年，网红经济市场规模有望突破5000亿元。未来，网红经济会逐步趋于理性化。[②]

社交媒体也解构了达人爆款定律。草根网红的影响力不容忽视。对于未成年网红而言，依然有大量的空间。另外，网红流水线日益“标准化”，打造网红可能成为一种产业。具备独特技能的人，甚至AI都加入直播，“去网红化”效应初显。[③] 网红正在形成多元化的“新新生态”，未成年网红的现象可能在持续中得到规制。

五　未成年网红现象的引导建议

当下，未成年网红的利弊尚存争议，无法达成明确禁止的共识；部分未成年人有意愿成为网红，其主体性和媒介使用权力需要得到尊重和保护。诚然，不可否认，网红直播也给未成年人展示自己提供了平台，不乏未成年人通过网络传递正向内容，正面展示自己的才华，呈现自己积极进取、乐于分享的人格特征。由此，对未成年网红现象应该分而治之，不能一味禁止，也不宜用有色眼镜过度批判，而要有针对性地从不同方面入手，形成合力。

对于未成年网红这样的新兴行业，要肯定其存在积极的一面，比如鼓励未成年人提前适应新媒体生存与网络表达、积极展现个人才能，因为也不乏有才艺网红少年的正面案例。然而，未成年人往往只关注网红最光鲜的一

---

① 李清沛：《新时期的网红经济可持续发展研究》，《商业经济》2020年第7期。

② 中商产业研究院：《2020年中国网红经济市场前景及投资研究报告》，http：//wk. askci. com/details/a0f1a24536ab46ac9da04fd494686476/。

③ 新传智库：《2020年直播带货行业洞察报告》，https：//www. sohu. com/a/403847596_712171。

面：成名、赚钱轻松，却很少关注其背后付出的努力和自身具备的实力。对于未成年网红的引导与规制不是单方面的，一方面需要对未成年人进行价值观的引导，引导其树立正确的奋斗观；另一方面，需要对家庭、学校等未成年人“社会化”的环境进行具有针对性的规制。未成年网红涉及的不是单一问题，需要社会整体的规制。

家庭是未成年人成长最核心的环境之一。对未成年网红现象的引导，需要从监护人的反思和教育开始。在家庭层面，家长需要具备“数字家长”应有的觉悟。新未成年人保护法指出：儿童在网络中被消费和利用，在追责平台的同时，还需要教育、监督家长、使其履行数字家长的责任和义务。[①]《中华人民共和国家庭教育法（草案）》规定，未成年人的父母或者其他监护人在实施家庭教育过程中，不得胁迫、引诱、教唆、纵容、利用未成年人从事违反法律法规和社会公德的活动。[②] 家长应维护未成年人的基本权力，树立法治意识；刻意以吸引眼球的吸金方式育儿，是自身网络素养和法治观念缺乏的一种表现。社区和学校可提供相应的家长辅导课，提升家长的网络素养，抵制“啃小族”现象。家长自身不应以牟利为目的育儿，榨取未成年人的经济价值；即使面对自己希望成为网红的孩子，也应该与其讨论人生的规划和脚踏实地的价值观。对于家庭中已经出现未成年网红的家长，应注重孩子的隐私保护和心理健康，鼓励孩子在网络展示自我的同时，不耽误现实世界中的学习与人际交往。

社会层面，需要提高网络整体的媒介素养。网络是网红传播的主要载体，扶植正能量网红，对不良网红现象，应在社会中形成规制合力，各界要达成共识。媒体平台应担负责任，强化监管技术手段，遵守法规，落实责任，限制未成年网红超速发展，规范相关市场。此外，主流媒体需要发挥监督的作用。过去的案例表明，未成年网络主播问题的发现，与主流媒体的关

---

① 中国妇女报：《父母如何当好数字家长》，http：//paper. cnwomen. com. cn/html/2021 －02/22/nw. D110000zgfnb_ 20210222_ 1 －5. htm 2021 －04 －19。

② 周韵：《当“儿童网红”成为现象级　父母如何当“数字家长”》，《中国妇女报》2021 年 2 月 22 日。

注、曝光有很大关联。主流媒体不仅可以发现和聚焦这些社会问题，并且有强大的议程设置能力，对解决未成年网红问题有极大的推动作用。比如央视新闻调查节目中曝光的少女母亲等违反伦理道德的行为大行其道，挑战了公众认知。治理直播乱象，保护未成年受众，仅仅依靠舆论监督，尚不足以解决问题。主流媒体要提早发现问题，而不是等到事态扩张再予以报道；报道之后再引发社会争议并进行治理，有可能造成后知后觉。

此外，对于社交平台自身而言，也不可仅仅依靠主流媒体和社会的“外力”监管，平台自身要加强内容审核，对直播建立分级制。国外的经验显示，在规范直播、视频行业的发展上，分级制度起到了很大作用，我国可以从保护未成年人角度出发，对视频内容进行分级，对于不同年龄阶段的少年儿童可以观看、参与和发布哪些内容做出更加明确的说明。

政府层面，需要从政策发布、政府监管、教育规范等多个角度，有效控制青少年群体中的直播。一方面，可以鼓励未成年人的网络应用和合理范围内的网络参与，维护未成年人的网络使用权，支持他们在新媒体中的创造力，同时保障未成年群体的安全和不被平台甚至不被父母剥削利用的合法权益。特别是对可以签约未成年人的童模公司、网红培养公司等，严格加以监督。

全国政协青联界对于网络直播中的未成年人保护问题，在去年就开始重视，建议对未成年人担任网络主播作出禁止规定、完善未成年人注册登记，以及建议设立直播行业协会、引导行业自律。事实上，早在2016年，多家媒体平台巨头曾就网络直播发布《北京网络直播行业自律公约》，表示不可以将主播通路提供给未成年群体。然而，这项规定并没有阻止主播中的未成年事件持续涌现。究其原因，还是因为管理细则没有统一。比如，对于未成年人是否可以成为注册的合法主播，不同地域没有统一规定。有些地域依然依靠行业自律，而有些地域则规定，有监护人许可的情况下可以允许未成年人进行直播。[1] 不同地域的管理制度的差异会令公众感到困惑，也给平台管

① 熊丙奇：《应立法明确禁止未成年人注册网络主播》，《人民日报》2018年4月9日。

理带来了困难，细则问题亟待统一和澄清。

我国近年来对网络问题基本采取的是集中治理；每隔一段时间，或每逢特定的网络事件，进行一次严打，始终没有形成长效机制。缺乏分级导致平台利用制度不足，无限扩大各个年龄段的受众。目前媒体市场鱼龙混杂，网络管理不能寄希望于直播视频平台自我规范，需要在法律政策中细化针对未成年人的网络保护条款，并且有针对性地加以实施。[①]

结　语

网红现象作为一种当下红火的文化现象，由于契合媒体的发展趋势和网民的网络消费偏好，满足部分人的娱乐需求、观看欲望，在短时间内不会衰退。从正面而言，网红的崛起给未成年人做出了普通草根可以通过自己的才艺特长分享实现自我价值的可能性，以及网络表达乃至生活的多种可能。同时，网红的经济效益和传播效果，让网红流行文化助长了未成年人急功近利的浮躁心态，同时，也可能带来未成年人隐私泄露甚至成年人在资本诱惑下利用未成年人营利等问题。

在网红经济爆发期的影响下，有许多类型的网红不断“出圈”。疫情背景下，网红影响力进一步扩大，许多平台都在着力打造网红经济、发展网红产业园、打造未成年网红。但未来，网红经济会逐步理性化，最终落脚点在于受众的实际需求。此外，网红也会逐渐由资本的控制转向法律规制；对于未成年网红，或未成年的网红内容消费者而言，人口基数依然庞大，且依然存在潜在的需求。而要处理好网红“正能量”与“负能量”的关系，还要依靠家庭、学校和社会的合力。

① 熊丙奇：《应立法明确禁止未成年人注册网络主播》，《人民日报》2018 年 4 月 9 日。

B.8

短视频类服务使用与未成年人健康成长

徐菱骏*

摘　要：　本文从未成年人使用短视频服务的时长、内容偏好、影响以及青少年模式设置方面分析了未成年人短视频使用的现状、正面影响和问题。指出不良短视频内容影响未成年人价值观，短视频沉迷导致未成年人学习生活无序以及青少年模式应用问题。在此基础上，提出强化短视频平台教育功能、提高未成年人网络素养、完善青少年模式三点改进建议，倡导“限制”和“赋能”并重，在完善保护框架同时提高未成年人利用短视频的能力，让短视频服务助力未成年人健康成长。

关键词：　短视频　未成年人　网络素养

短视频源于视频相关内容形态的发展和迭代，有学者认为短视频是“依托社交平台传播、能够拉近线上与线下空间、内容越发垂直细分的传播形态”①。关于短视频的定义目前并不统一，我们将播放时长在5分钟以内，以UGC作为内容生产方式，以视频作为主要传播形式，以移动端作为主要播放设备的媒介形态称为短视频类服务。

---

* 徐菱骏，中国传媒大学传播学博士，主要研究方向为互联网治理。

① 黄楚新、任芳言：《我国短视频发展现状、问题及趋势》，《新闻论坛》2017年第5期，第26～31页。

短视频具有强烈的社交性和互动性，是我国未成年人最常进行的网络娱乐活动之一。CNNIC 发布的数据显示，2020 年，我国青少年观看短视频的比例为 49.3%，较 2019 年的 46.2% 和 2018 年的 40.5%①持续走高。从短视频行业向上的发展趋势来看，未成年人观看短视频的比例还将不断提高，这也意味着短视频将在未成年人成长中扮演愈来愈重要的角色。

一 未成年人短视频使用状况

观看短视频是继听音乐和玩游戏之后，排名第三的我国未成年人普遍进行的网络娱乐活动。调查显示，我国初中生和高中生观看短视频的比例最高，且观看时长较长。未成年人观看短视频主要用于缓解压力和增长知识，其中才艺类知识、课堂学习知识以及社会生活知识是未成年人获取最为频繁的信息。由于未成年人相对缺乏自制力，过多观看短视频对未成年人的学习、生活等造成了一定负面影响。

（一）初高年级组未成年人观看短视频的比例较高

相比小学生，初中及以上学生观看短视频的比例较高，均为一半以上，其中中等职业教育的学生观看比例最高，为 67.0%（见图 1）②。从与 2019 年的相关数据对比来看，小学生观看短视频的比例略有增长，增幅较小；初中生和高中生观看短视频的比例同比分别增长了 13.3% 和 14.9③（见图 2），其中，初中生观看短视频的增长幅度较之往年尤为显著（2019 年这一增幅为 5.0%）。值得注意的是，中等职业教育的学生观看比例较 2019 年有所下降，这可能与对短视频内容监管趋严的现状有关。总体而言，短视频观看呈现低龄化趋势，这是未来短视频架构设计与内容建设需要考虑的重要因素之一。

---

① 数据来源于 CNNIC 发布的 2018、2019、2020 年《全国未成年人互联网使用情况研究报告》。

② CNNIC：《2019 年全国未成年人互联网使用情况研究报告》。

③ CNNIC：《2019 年全国未成年人互联网使用情况研究报告》。

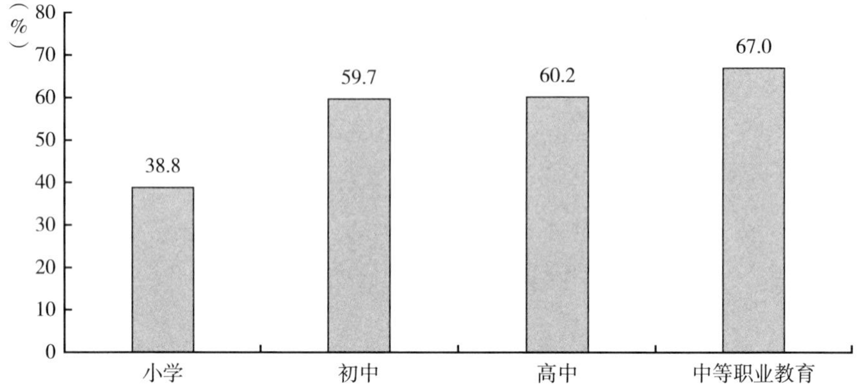

图 1　2020 年不同学历段未成年人观看短视频的占比情况

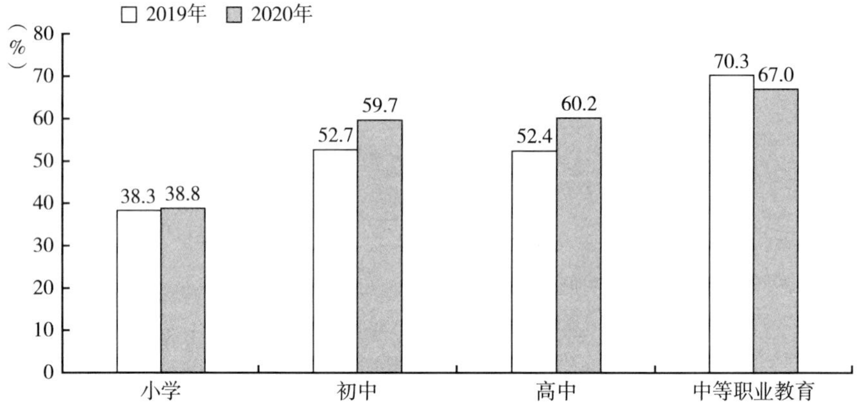

图 2　2019 年、2020 年不同学历段未成年人观看短视频的占比情况

（二）更多的未成年人在观看短视频上花费较长时间

从工作日观看短视频的时长分布看，各区间比例较 2019 年变动较小，均在 1 个百分点内浮动（见图 3），同比来看，工作日观看时长在 2～3 小时的未成年人比例增幅最大，为 12.5%。总体来说，观看时长在 1 小时内的未成年人占比有所下降，超过 1 小时的三个区间的比例均有所上升。这种变化同样体现在节假日的相关数据中。2020 年，节假日观看短视频时长在半小时内的未成年人的比例，同比降低了 15.5%，相反，时长在 1 小时以上的三个区间均有较大增幅（见图 4）。这两组数据说明，更多的未成年人在观看短视频上花费较长时间。

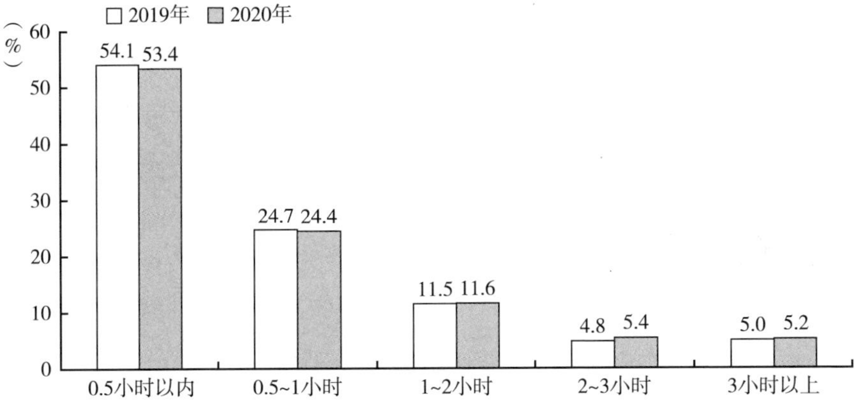

图 3　2019 年、2020 年未成年人工作日观看短视频的时长分布

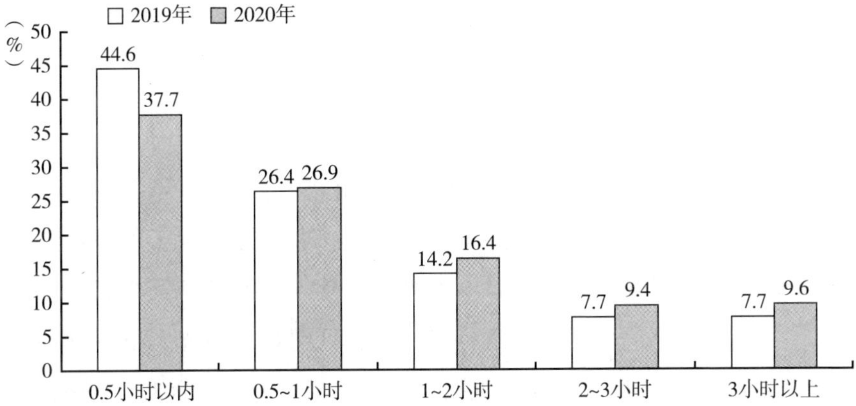

图 4　2019 年、2020 年未成年人节假日观看短视频的时长分布

如果我们将注意力放在观看时长在 2 小时以上的未成年群体，这一特征则更为显著。数据显示，2020 年，在工作日观看短视频超过 2 小时的未成年人比例为10.6%，同比增长8.2%，这一变化表现在节假日则更为突出。2020年，未成年人节假日观看短视频超过两小时的比例为19.0%，同比增长23.4%（见图5）[①]。尽管大多数未成年人观看短视频的时长都能控制在较为合理的范围内，但这一变化表明，更多的未成年人花费较多时间在观看短视频上，观看短视频也成为更多未成年人在节假日投入较多时长的娱乐活动。

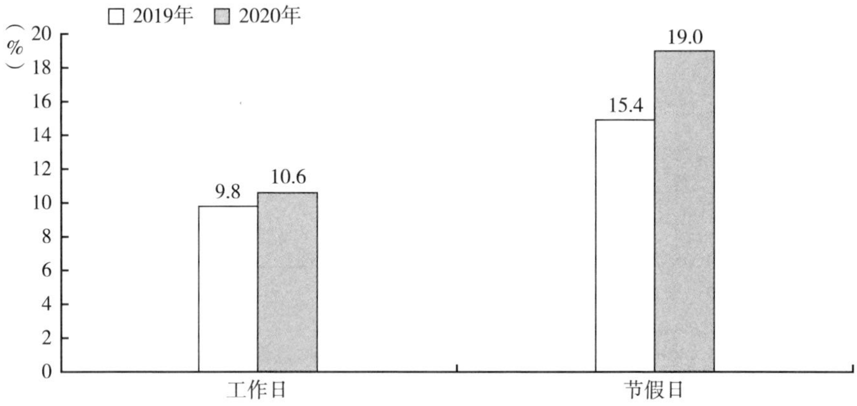

图5　2019年、2020年未成年人观看短视频2小时以上的占比情况

（三）不同群体花费较长时间的占比与年级高低呈正相关

《2019年全国未成年人互联网使用情况研究报告》较为详细地展示了不同学历的青少年每天观看短视频的时长分布情况。报告表明，工作日每天观看短视频时间超过2小时的未成年人主要集中在中高年级组，其中高中生占比13.8%，中等职业教育学生的比例为22.5%（见图6）。在节假日，这一数据则分别提高至22.2%和32.6%（见图7）[②]，与工作日数据相比，增幅较大。整体来看，年龄越大的未成年人，每天花较长时间观看短视频的比例越高。

① 数据来源于CNNIC发布的2019年和2020年《全国未成年人互联网使用情况研究报告》。

② CNNIC：《2019年全国未成年人互联网使用情况研究报告》。

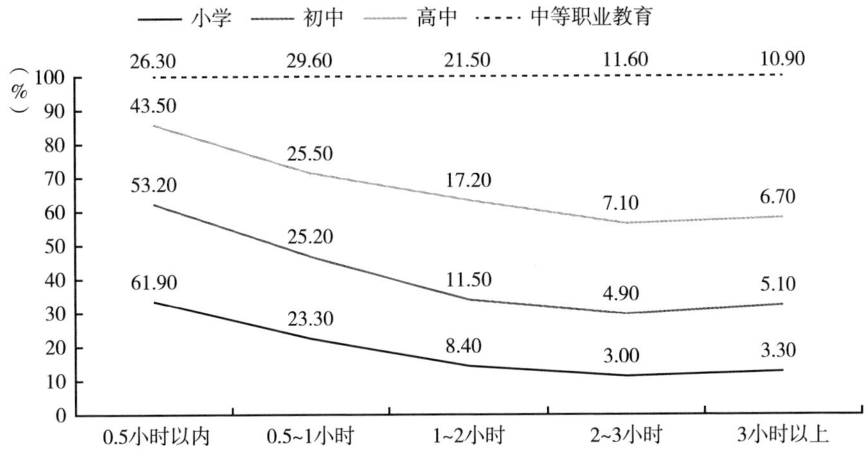

图 6　不同年级未成年人工作日观看短视频的时长占比情况

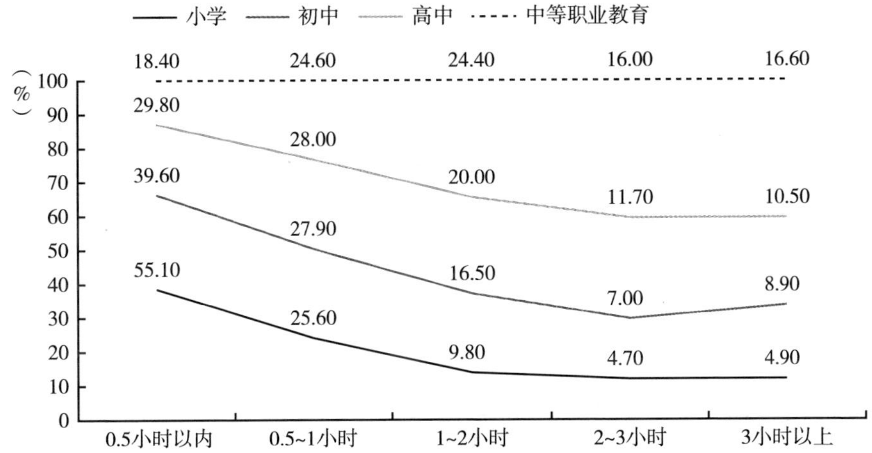

图 7　不同年级未成年人节假日观看短视频的时长占比情况

中高年级未成年人在短视频应用上消耗较多时间，引发了家长及社会对于短视频导致青少年学习生活陷入混乱无序状态的担忧。《第十次中国未成年人互联网运用状况调查（2020）》显示，分别有 36.6%、43.7% 的未成年人认为上网“分走了不少学习时间”，“更愿意待在家里，运动减少了”①，

① 中国社会科学院新闻与传播研究所：《第十次中国未成年人互联网运用状况调查（2020）》。

这一现象提醒我们构建未成年人防沉迷系统以及提高未成年人时间管理能力具有重要意义。

（四）娱乐与知识类短视频最受未成年人喜爱

从内容方面看，轻松有趣的“搞笑类”内容最受青少年喜爱，占比为58.5%，动漫游戏类、知识教育类、日常生活类分列第二到第四名，占比分别为36.8%、32.8%和31.9%（见图8）[①]。

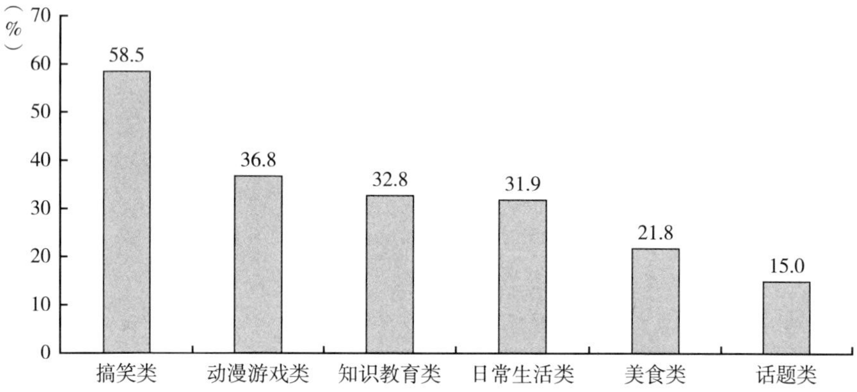

图8　未成年人最喜欢的短视频内容占比情况

这一数据体现了短视频之于青少年的三个重要意义，即娱乐放松、拓展知识、便利生活。就娱乐而言，各参与主体需要依据青少年的身心发展特征进行一定程度的干预；就求知和生活而言，则需要进一步优化、强化短视频的正向功能。

二　短视频服务对未成年人的积极影响

卡茨在使用与满足理论中提到受众使用媒介的五类需求，即认知、情

① 孙宏艳、李佳悦：《未成年人最喜欢搞笑类的短视频》，《中国青年报》2020年11月4日。

感、个人整合、社会整合以及疏解压力的需要[①]，与之类似，《2019 年全国未成年互联网使用情况研究报告》中总结了六点互联网对未成年人的积极意义：认识世界的窗口、日常学习的助手、娱乐放松的途径、便利生活的工具、认识朋友的渠道和自我表达的空间[②]。我们认为，善用短视频服务，用好短视频平台，在帮助青少年提高认知、缓解压力，表达自我、拓展社交等方面有正面意义。

（一）在线学习，促进知识增长

调查显示，有 67.1% 的未成年人通过短视频获取绘画、舞蹈、书画等才艺类知识，同时，通过短视频获取辅导学习类知识以及生活技能类知识的未成年人占比为 64.1% 和 59.3%。[③] 这一数据也较为直观地显示了短视频在促进未成年人全面发展方面的作用和潜力。短视频类服务可以作为在线学习的工具，拓展青少年的认知，拓宽青少年的视野。

有研究机构将短视频平台上教育内容的特征概括为“6S”：简短（short）、故事化（storylike）、丰富（sufficient）、易得性（searchable）、分享（sharing）和社交化（socializing）[④]。首先，短视频内容时长一般在几分钟甚至几十秒内，未成年人更容易利用零碎时间掌握一个个具体细微的知识点。其次，短视频平台汇集了大量教育类内容，为了获取未成年人的注意力，实现更好的传播效果，这些内容在呈现形式上，往往富有创造力，生动有趣；再次，短视频的算法反馈机制，会向未成年人推送其感兴趣的个性化内容，免去了搜索的过程；最后，通过分享、打卡、创作、组建学习群组等方式，未成年在短视频平台收获知识的同时拓展了社交，进一步提高了学习的积极性。

① 张国良：《传播学原理》，复旦大学出版社，2009，第 210 页。

② CNNIC：《2019 年全国未成年人互联网使用情况研究报告》。

③ 孙宏艳、李佳悦：《看短视频到底影响不影响学习》，《中国青年报》2020 年 11 月 4 日。

④ 中国教育电视台、中国传媒大学：《成长的百科全书——短视频社交与青少年教育研究报告》，2019 年 6 月。

短视频还提供了一种为欠发达地区补齐教育短板的机会。短视频为经济、教育等较为落后地区的青少年打开了一扇窗，使得他们更容易触及、了解、学习更丰富、广泛的正面信息和知识，在一定程度上综合了知识鸿沟，推动了教育普惠和公平。

（二）发泄情绪，纾解生活压力

解压是未成年人选择看短视频的最重要的原因，调查显示，有50.4%的未成年人认为看短视频“解压”。同时，调查还指出，“学习负担比较重、有心里话藏在心里、感到孤独、对未来迷惘、人际关系不和谐、感到大人不尊重自己”的中小学生，使用短视频的比例显著高于没有类似情况的同龄人①。这一结果也从反面证明，短视频能够让处在压力中的青少年暂时远离课业、人际等压力，获得精神上的愉悦与放松。

通过线下观察、随机采访，我们了解到，在未成年人中流行的短视频内容以“洗脑神曲”、朗朗上口的段子以及节奏明快的编舞最为常见。不少青少年认为这些内容“很爽”“很痛快”，这种“爽”“痛快”的内容偏好显示了青少年对于日常压力的宣泄与反抗。当代未成年人由于过早地接触互联网，“童年消逝”得更快更明显，而生理发育规律决定未成年人没有足够的心智和理性承担成人世界普遍存在的矛盾、冲突、悖论的冲击。在这种情况下，当代未成年人在享受优渥物质生活同时也面临较大的精神压力，而短视频营造的充满自由与反抗情绪、凸显个性与创新精神、带有显著表演与夸张特点的虚幻场景，为他们纾解压力、发泄情绪提供了合适的渠道。

（三）表达个性，完成自我建构

短视频以UGC为主要内容供应手段，其创作门槛低，对于不以短视频盈利的创作者而言，除了一部移动设备外，不需要其他任何成本；同时，创

---

① 孙宏艳、李佳悦：《未成年人最喜欢搞笑类的短视频》，《中国青年报》2020年11月4日。

作短视频的流程也非常简单，对知识储备和技术能力均没有要求；此外，平台还提供了多样化的场景、滤镜、道具等，帮助创作者实现个性化输出。这些特点决定了短视频平台成为当前青少年获取前沿信息、表达自我的主要空间，也因此，越来越多的青少年成为短视频内容的生产者。

短视频不仅满足了未成年人的表达欲望，其分享机制和高互动性也使得青少年在这一空间中获得了来自他人和社会的认同。当经过精心制作的短视频获得网友的点赞、关注和评论时，这种认同也增强了未成年人继续创作的动力和表达的欲望。

无论是对“爆款”视频的模仿创作，还是展现普通的日常生活，都是未成年人在以艺术化、电子化的方式记录其独特的成长轨迹，完成其个人在网络空间的身份建构，而创作、使用、分享短视频的能力，也越来越作为未成年人基本的交流沟通能力和基本的网络媒介素养。

短视频为青少年提供了一个高度自由的话语表达的平台，赋予他们呈现个性与意志的权力，但是这种权力与未成年人的年龄和心智并不完全匹配，也因此对未成年人的心理和生理带来了一些负面影响。这就要求全社会给予未成年人更多的关注和引导，在进行一定“限制”的同时帮助他们获取使用短视频的“主动权”，搭建起掌控自我的“脚手架”。

三　短视频类服务使用存在的问题

短视频平台信息庞杂，部分内容创作者为追求经济利益，以猎奇、刺激、低俗的内容来抓住用户的注意力，甚至不惜发布一些不符合法律规定的色情暴力信息吸引用户观看。比如对成为明星、网红，一夜暴富的追求，对社会底层民众的“污名化”等，这些脱离了社会主义核心价值观的内容不利于未成年人的心理健康和全面人格的发展。

从形式上看，短视频的浏览机制加剧了未成年人沉迷现象，从而在一定程度上给未成年人的正常生活、学习、社交带来不利影响。针对上述现象推出的“青少年防沉迷系统”尚处于试行和探索阶段，缺乏统一的标准和规范，同时，部分短视频平台由于欠缺有吸引力的正向内容，其青少年模式仍然是以“堵”作为主要规制手段，难以获得未成年人的认同。

（一）不良内容影响未成年人形成健康的价值观

大量短视频呈现的看似生活化的场景，实际是以炒作、营销为目的，带有明显的表演性质，这些内容对于价值观较为成熟的成年人来说，并不会造成严重的影响，但是对于心智尚处于成长期的未成年人而言，则可能造成价值观的扭曲。

其一，拜金主义侵蚀未成年人价值观。短视频中的拜金现象往往是某些机构和个人为了获取流量，刻意打造出的人设，营造出的虚拟场景，尽管不是真实的，但可能会影响未成年人的价值取向，因此是国家和平台打击的重点。但是与显性的违法信息不同，拜金主义的内容往往混杂、渗透在常规视频中，这就导致尽管平台多番努力，也无法做到清晰甄别和彻底清除。未来短视频平台还需加大力度打击此类信息，将其纳入平台常态化整治范畴，不断升级监管机制，做到精细化、精准化识别与治理。

其二，庸俗、低俗、媚俗“三俗”内容导致未成年人过早“成人化”。短视频中包含成人世界的粗俗语言，暴力行为以及软色情内容，比如经过剪辑后的艺术作品等。这些内容处于法律监管的灰色地带，又往往披着娱乐的外衣，难以甄别。出于好奇等心理，未成年人可能会加以模仿，导致其语言与行为的“成人化”，并在潜移默化中影响其心理认知和观念。

其三，劣质广告宣扬精英阶层意识。相对而言，短视频广告门槛低，监管环境宽松，其成本低廉但是商业转化率巨大。部分制作拙劣的短视频广告，充斥着错误且直白的价值观，具有较强的诱导性。比如某些“在线教育”类广告，以“阶层生活差异”为噱头，展示不同阶层父母和儿童在着装、认知、心理和素质方面的差异，使未成年人陷入攀比和歧视心理。

短视频的流行依赖其精准的算法，算法通过用户浏览、标记的内容甄别出其年龄阶段与喜好，从而推荐与之相匹配的内容和广告。这就意味着，如果不对未成年人的浏览偏好加以引导，算法反馈将会加大未成年人接触不良内容的频率，强化错误的价值引导，加剧不良内容的危害性。算法中立，但是搭建算法平台、设计算法规则的人和企业有自己的价值观，短视频服务需要借助先进的算法技术放大、传播平台正确的价值观念。

（二）过度观看导致未成年人生活陷入无序状态

未成年人既是短视频内容创造者，更是短视频信息消费者，二者相比，其消费的时间可能远超创作的时间。中国青少年研究中心 2020 年的调查显示，认同短视频使自己时间管理变差、学习变差的未成年人比例分别为 43.2% 和 37.4% （见图 9）①。尽管报告数据并没有体现观看短视频与学习变差之间的必然联系，但是科学合理的分配时间对于绝大多数未成年人来说，本就是一个难题，短视频的精准推荐以及沉浸式的观看体验进一步削弱了他们的时间管理能力。

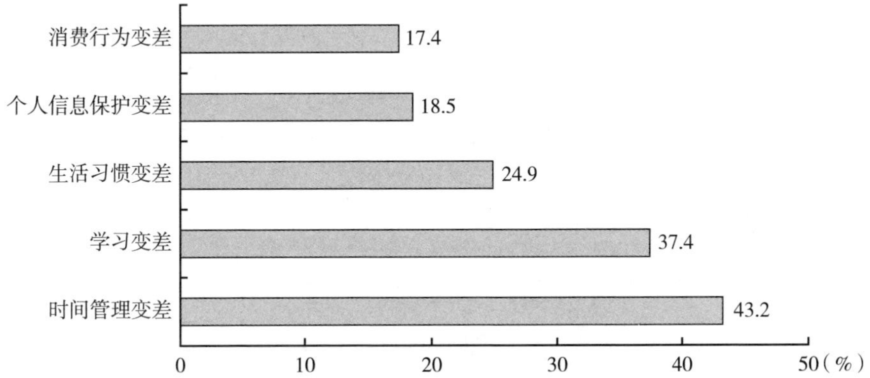

图 9　观看短视频对未成年人的不良影响类别占比

未成年人在浏览短视频内容上消耗越多时间和精力，就意味着投入更少的时间用于学习、运动等其他方面。同时需要注意的是，短视频的反馈机制可能会进一步导致未成年人囿于已有的内容偏好而陷入信息同质化的循环。更需警惕的是，媒介即认知，媒介形式在某种程度上决定我们的思维方式，当声音和影像成为未成年人接收信息的主要方式，当信息越来越短、越来越

① 孙宏艳、李佳悦：《看短视频到底影响不影响学习》，《中国青年报》2020 年 11 月 4 日。

碎、越来越娱乐，我们就更需要帮助未成年人认识到深度思考、理性表达以及逻辑批判的价值。

（三）“青少年模式”缺乏强制性与吸引力

2019 年 3 月，在国家互联网信息办公室的推动下，主流短视频平台上线“青少年防沉迷系统”，也称“青少年模式”。该模式从内容推送、观看时间、软件功能等多方面对应用进行了严格限制，比如推送知识类、教育类为主的内容；规定观看时长不超过 40 分钟，每晚 10 点至次日 6 点不允许使用，关闭直播、充值、打赏、评论等操作。

“青少年模式”是规范未成年人合理使用短视频服务的必要之举，一方面在观看内容、时长上给予必要限制，另一方面也能够有效保障青少年及家人的财产权益。依据对经常从事网上娱乐活动的未成年网民的调查，有 65.6% 的人认为防沉迷系统“有用”。① 在肯定该系统的同时，我们还需关注“青少年模式”存在的两个较突出的问题。

其一，青少年模式并非强制操作，且较为隐蔽。主流短视频应用会在用户当天首次使用该应用时主动提示“是否进入青少年模式”，此后，如需进入该模式，需要家长在后台找到该设置，输入密码，手动选择，而这类按钮往往位置靠下，甚至有的应用会在提示是否开启时将“不开启”的按钮标红放大，引导用户“不开启”。与隐蔽的开启按钮相反，部分短视频应用却将关闭“青少年模式”的按钮，安置在最为显眼的屏幕顶端，这种设置直接造成了“青少年模式”关闭容易打开难的状况。

其二，青少年模式下，应用内容和设置缺乏吸引力。数据显示，仅有 32% 的未成年人在上网时经常和总是主动选择“青少年模式”（见图 10），且这一比例在高中生中最低，仅有 14.9% 的高中生会自觉使用“青少年模式”（见图 11）②。

---

① CNNIC：《2020 年全国未成年人互联网使用情况研究报告》。

② 中国社会科学院新闻与传播研究所：《第十次中国未成年人互联网运用状况调查（2020）》。

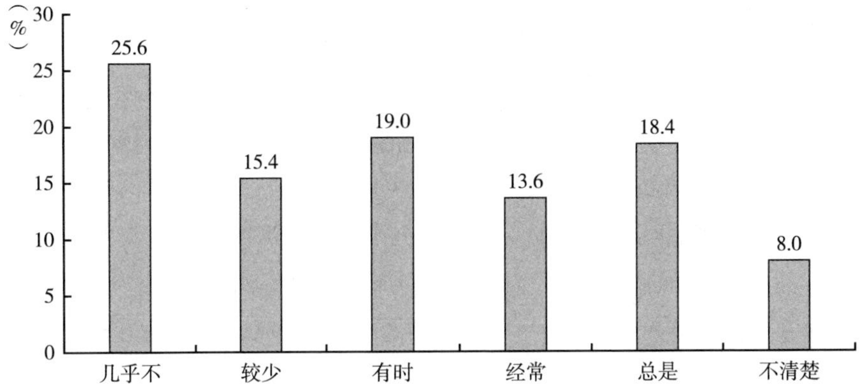

图 10　未成年人是否主动使用儿童模式或青少年模式占比情况

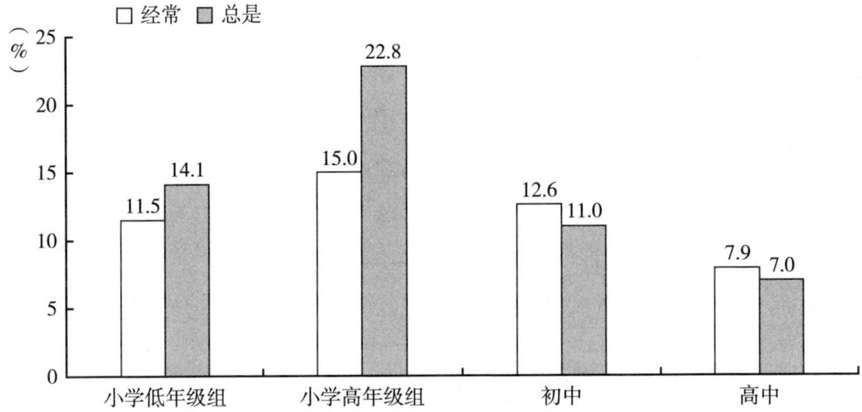

图 11　不同年级未成年人主动使用儿童模式或青少年模式占比情况

我们认为，较大年龄的未成年人较少自主选择“青少年模式”的重要原因在于，在该模式下，短视频服务内容与设置普遍缺乏吸引力。我们统计了 2020 年度短视频类排名前十的应用青少年模式的设置①，发现在处于青

① 排名依据《互联网周刊》、eNet 研究院德本咨询联合发布的报告，统计日期截至 2021 年 3 月 18 日。

少年模式时，使用者仅能浏览内容，不能拍摄、创作、上传个人作品，甚至不被允许对观看内容进行常规的评论、点赞、收藏等操作①。

平台的这种设置，就安全性来说，确实能够保障各年龄段的青少年较少接触不良内容，但是这种几乎完全剥离了短视频内容的创造性和服务互动体验的设置，无疑缺乏足够的吸引力。面对年龄较小的儿童，家长可以对其进行严格限制，强制其选择青少年模式，但是面对初高中等年龄较大、思想更为独立的未成年人，家长很难对其用网体验进行严格限制，如何满足中高年级未成年人的媒介需求、发挥其主动性是“青少年模式”落地的难题。

四　改进短视频服务的建议

作为新技术催生的新的媒介形态，短视频代表了当下以及未来相当一段时间内媒介内容生成、表现形式以及传递方式的变化和趋势，换言之，短视频是当前最流行的媒介，而流行的用户画像往往与最新锐、最活跃、最敏感的社会群体，即未成年人群体相重合。因此，我们不能也不应该将短视频视做洪水猛兽，相反，应当从治理的角度出发，一方面通过多方合力，不断更新、明晰规则，为未成年人提供完善的制度保护框架；另一方面对青少年进行“赋能”，增强未成年人使用短视频的能力和韧性，满足其媒介需求。

（一）发挥长处，强化短视频的综合教育功能

随着义务教育的不断改革，提高未成年人的综合素质教育、培养“德智体美劳”全面发展的人才成为教育的重要关注点。短视频类服务一方面可以利用自身传播优势，弥补课堂教育生动性、易得性方面的不足，另一方面更要积极传播、共享多方面丰富多彩的内容，在促进未成年人德育、体育、美育、劳育方面发挥正面作用。

其一，多方合作，创新短视频教学模式。就与课内教育结合而言，短视

① 仅有两个应用允许用户对内容点赞，一个应用允许用户收藏和转发内容。

频平台可以通过邀请或合作的方式，与传统教育机构、组织共同开发短视频教学模式，探索教学理念和技术的创新。比如将较为晦涩的数学知识点以更形象、易懂的方式进行拆解；以全媒体的形式展现地理风貌，再现历史场景；拓展与课堂内容相关的知识与资源，为未成年人搭建完整的“教学支架”。

其二，兼容并包，丰富短视频“内容池”。就推动全面素质教育而言，短视频平台具有得天独厚的优势。首先，短视频作为移动的“百科全书”，拥有多样化的“内容池”；其次，短视频聚集了大量优秀的内容创作者和专业机构，持续不断地产出生动有趣的百科知识。

其三，信息整合，完善短视频资源共享。短视频平台的教育内容和形式是碎片化的、无意识的，这在很大程度上阻碍了短视频平台教育功能的实现。为进一步提高短视频在促进未成年人素质教育方面的助益，平台还需在两个方面做出努力：首先，优化算法，整合、串联碎片化的知识拼图，形成资源矩阵和链条，以结构化的形式呈现相关联的内容；其次，推动资源共享和辐射，增加优质内容和教育资源的曝光率，使他们能够更好地被推送给引导对象。

目前，短视频平台已经汇聚了较多的教育资源，比如德育方面有教导青少年树立正确价值观、遵纪守法、热爱祖国、奉献社会的正能量内容；体育方面包括健身、跑步、跳远等，帮助青少年增强体质、健全人格；美育方面包括诗词文化、书法美术、音乐戏曲、舞蹈表演等，培养青少年的审美观，提高他们鉴赏美、创造美的能力；此外还有不少内容集中在安全教育、法治教育、网络素质教育。未来短视频平台还需要通过激励用户制作、上传、分享优质内容的方式，加大优质内容的供给。让更多更好的内容，尤其是对未成年人的成长可以持续发挥作用的、充分体现社会主义核心价值观的内容以及大量的知识类信息，陪伴未成年人健康成长的“良师益友”。

（二）赋权赋能，培养未成年人良好的用网习惯

我国未成年人互联网普及率已达到94.7%，82.9%的未成年网民拥有

自己的上网设备[①]，这意味着新一代未成年人是在互联网环境下成长起来的，他们是网络的“原住民”，上网是他们的日常生活。这提醒我们，在保护未成年人的同时还需要提高他们的网络素养，鼓励未成年人开展网络实践，培养他们应对网络威胁、处理网络不良信息的能力。

其一，推动未成年人网络素质教育。将网络素质教育纳入中小学课程体系，尤其要加大力度提高乡镇地区未成年人的网络素质教育水平；根据未成年人的认知水平制定有区分的、系统化的课程内容，并加以推广。网络素质教育不是简单的教会未成年人使用互联网软硬件，而是帮助未成年人形成正确的互联网世界观，帮助他们甄别不良信息，避免掉入网络陷阱。

具体到短视频而言，更需要有针对性地进行课程设计，实时更新对媒介的认知和短视频平台常见的违法犯罪行为的案例。课程要尽可能全面覆盖短视频平台常见的不良行为和手法，提醒未成年人警惕平台上隐晦的“引流行为”、“软色情信息”和“危险社交”；帮助未成年人形成隐私保护的意识，在分享、创作个人视频作品的同时不要暴露包括定位、身体等个人信息；普及互联网法律知识，避免未成年人卷入网络暴力或者线上组织、发起的集体行动之中。

其二，家长以身作则，实时引导干预。短视频内容丰富且充满刺激性，对于刚接触媒体的未成年人来说，很难不被其吸引，这时，家长的态度和行为就显得尤为重要。如果放任不管，很可能加速未成年人“短视频上瘾”，如果合理干预，在时长和内容上予以限制，则可以有效减少短视频的负面影响。调查显示，在“家长对您上网的帮助有多大”[②] 这一问题上，均值为6.3[③]，尤其是小学阶段，家长的帮助更为明显，均值为6.5（见图12）。

除了正确引导以外，家长也需要不断提高自身的素养。一方面要以身作则，多陪伴孩子，和孩子沟通，建立良好的亲子关系，引导未成年人进行自我约束。如果家长自身没有自律能力，沉迷于“刷短视频”，那么低龄的孩

① CNNIC：《2020年全国未成年人互联网使用情况研究报告》。

② 中国社会科学院新闻与传播研究所：《第十次中国未成年人互联网运用状况调查（2020）》。

③ 从1－10帮助力度递增。

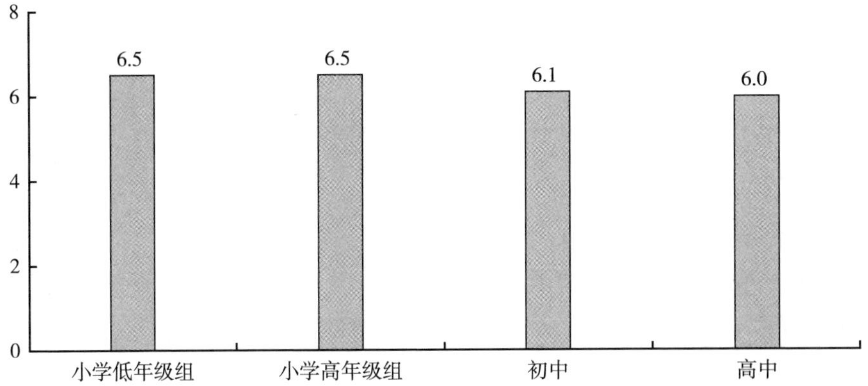

图 12　家长对不同年级未成年人上网帮助值情况

子可能会进行模仿，高年级的孩子则更难接受来自家长的意见。另一方面，家长也需要提高自身网络素养。最新修订的《未成年人保护法》明确要求，“父母或其他监护人应当提高网络素养，规范自身使用网络的行为”。只有自己“用好”互联网，才能帮助孩子分辨平台上的不良信息，进一步形成正确的网络价值观，提高逻辑思辨能力和理性思考能力。从这一点来看，在全社会层面普及并强化网络素养教育，是保障未成年人健康使用短视频类服务的必要环节。

（三）细化标准，推动青少年模式更新迭代

短视频服务企业是保护未成年人免受平台不良内容侵害的核心主体，一方面，平台先进的技术赋予其处理海量信息的能力；另一方面，保障未成年人的权益是平台必须承担的社会责任，也是平台实现长远发展和良性运转的必然要求。

为了进一步保护未成年人，短视频平台推出了“青少年模式”，但该模式缺乏强制执行力，很难发挥规范作用。同时，由于没有具体的标准和行业规范，许多平台仅是将其作为一个机器过筛后的内容池。从青少年页面呈现的内容看，尽管以正面信息为主，但是教育意味和信息同质化都较为严重。

这两点原因制约了“青少年模式”的落地和规范作用的发挥。

就规范而言，完全将启用“青少年模式”的开关键交给家长或者未成年人实质上是责任的变相转移。短视频企业应当真切地负起责任，交叉利用现有的大数据分析、人脸识别等技术综合判断使用者的身份和年龄阶段，自动开启“青少年模式”，同时改变现有的“一键关闭”设置，制定更为周密、严谨的进出规范。

就内容池而言，不是简单的去除部分“少儿不宜”的信息和功能，而是从未成年人的媒介需求出发，重新设计筛查机制和运行规则，在满足未成年人认知需求的同时，全面考虑其表达、社交以及情感等多方面需求。针对未成年人的年龄跨度较大的状况，短视频平台可就内容和操作对“青少年模式”进一步细分，探索性地为不同年龄阶段的未成年人提供相应的内容和服务。比如按照年级划分小学及以下、初中组和高中组，依据不同年级开放不同内容和功能，同时强制保留浏览记录等使用痕迹，便于家长了解孩子浏览行踪等。

总结而言，任何一种改进思路，其根本目的都是最大限度地保障未成年人的合法权益，促进未成年人健康成长。为实现这一根本目的，包括政府、平台、行业、家长在内的短视频参与各方，都需要转变思路，更新理念，以“限制”作为基本保障，以“赋能”作为核心路径，让未成年人会用短视频，用好短视频，让短视频服务于未成年人。

网络社交

Social Networking

B.9

未成年人参与网络社群状况

谢碧霞*

摘　要：网络社群已成为未成年人与社会连接的重要中介，是未成年人自主性社会参与的重要形式，未成年人参与网络社群具有明显的分众化、个性化、多元化、“因人（物）聚群”的特点。同时，未成年人在网络社群中的主体性意识也日益凸显，线上线下联动性增强。但同时必须注意到未成年人参与网络社群存在娱乐化、圈层化、群体极化、非理性消费等问题。对此，本文提出，应积极构建未成年人网络社群参与的政策协同联动机制，履行好平台管理职责、压实互联网企业主体责任，既“入圈”又“出圈”地开展网络素养教育，有序引导未成年人参与网络社群。

* 谢碧霞，广州市穗港澳青少年研究所研究中心副主任、副教授，主要研究方向为青年发展政策、青年发展与共青团工作。

关键词： 互联网 网络社群 未成年人 社会参与

网络社群已成为未成年人与社会连接的重要中介，未成年人通过网络社群展现自我、发展个性、感知社会、延伸社交关系、拓展知识获取渠道，网络社群已发展为未成年人在学习之外的重要生活方式和学校之外截然不同的群体生活体验。

然而，在这种被“兴趣”“爱好”等牵引进入的网络社群生活，尤其是在算法智能推荐的作用下，未成年人可能进入“信息茧房”，降低了其与异质化的人或观点接触的可能性，甚至出现价值观“极化”现象。2020 年，人民网三评“饭圈”，直指“饭圈”中“存在价值导向问题的不良信息和行为，看似局限于一个小圈子，实则既严重污染网络生态，也实质影响社会正常秩序，尤其不利于青少年健康成长”。[①] 未成年人正处于世界观、人生观、价值观形成的关键阶段，网络社群已成为影响未成年人社会化过程的重要因素，了解未成年人参与网络社群的发展现状及其存在的问题，在此基础上提出对策建议，对于正确引导未成年人辩证看待网络社群的作用、全面提升网络素养，具有十分重要的现实意义。

一 发展现状

2020 年，受新冠肺炎疫情影响，尤其是在 2020 年上半年，在“停课不停学”政策的引导和助推下，全国 2.82 亿在校生普遍转向线上教学[②]，客观上增加了未成年人接触互联网的频次。QuestMobile《2020“Z 世代”洞察

---

① 2020 年 7 月 16～28 日，人民网针对“饭圈”乱象连续三天刊发评论文章。认为“饭圈”“频惹众怒，整治刻不容缓”（评论之一）；“尊重个性，不可简单否定”（评论之二）；“幕后黑手，必须坚决斩断”（评论之三）。

② 中国互联网络信息中心：第 47 次《中国互联网络发展状况统计报告》，2021 年 2 月，http：//www.cnnic.net.cn/hlwfzyj/hlwxzbg/hlwtjbg/202102/P020210203334633480104.pdf。

报告》显示，截至2020年11月，Z世代活跃规模和占全网的比例都有较大幅度的提高，其中活跃用户为3.2亿，占全网比例为28.1%[①]。尤其是2020年因应防控新冠肺炎疫情居家学习生活的需要，未成年人的娱乐消遣、社交需求等也出现了从线下向线上大幅度迁移的趋势，在网络社群中的活跃程度有了进一步的提高，未成年人使用各类社交平台进行社会互动逐渐常态化。具体而言，呈现出以下特点。

（一）是自主性社会参与的重要形式

马克思认为，人的本质是一切社会关系的总和，人的本质存在于社会关系之中，人之所以成为人，都是在关系意义上被建构而成。未成年人社会化的重要过程就是通过社会参与，习得社会规范，在社会关系中找准自身的定位、价值和意义，从而成长为社会中的积极参与者。随着近几年儿童早期教育的日益普及、素质教育的全面推广，尤其是当前未成年人的父母也充分浸润在互联网中，因此，对待网络的态度相对而言更加开明，对未成年人参与网络也大多持有较为积极的态度，未成年人在互联网的社会性参与更加自主、广泛。根据腾讯应用宝、半月谈、易观千帆联合所做的《2019年移动App洞察报告》，在校外行为时长占比中，虽然课外辅导、特长班等父母主导的行为仍占据较大比例，其中“00后”课外辅导班的时长占比要高于“α世代”（即“10后”），但在家长主导的特长班的时长占比中，“α世代”要高于“00后”；而在“00后”“10后”独立选择的兴趣班、社团和娱乐中，则“10后”时长占比全面高于“00后”[②]。这意味着未成年人虽然课业压力依然繁重，但在移动App的使用上，未成年人特长、兴趣的发展呈现出不断提升的趋势，而且未成年人在互联网中社会参与的自主选择性在不断增强。

---

① “Z世代”指的是“95后”和“00后”，本报告关注的是25岁及以下的移动互联网网民。来源：QuestMobile：《2020“Z世代”洞察报告》，2021年1月，https：//www.questmobile.com.cn/research/report－new/140。

② 腾讯应用宝、半月谈、易观千帆：《2019移动App洞察报告》，2020年1月，https：//www.donews.com/news/detail/4/3077920.html。

未成年人的网络社会参与更多的是体现为一种社群式的参与，即更倾向于选择与个人兴趣“同好”、发展“同向”、“三观”一致的社群平台，而这种网络社群的重要媒介平台就是迅猛发展的App。根据第48次《中国互联网络发展状况统计报告》，截至2021年6月，我国国内市场上监测到的App数量为302万款，移动应用规模排在前四类的为游戏、日常工具、电子商务、社交通讯类。其中游戏类App数量就高达72.9万款，占全部App比重为24.1%[①]。此外，第46次《中国互联网络发展状况统计报告》显示，15~19岁为各年龄段中网民人均手机App数量最多的年龄群，人均高达83个App，而10~14岁、10岁以下的也分别有44个和28个[②]。QuestMobile《2020中国移动直播行业“战疫”专题报告》显示，典型平台的直播用户都以年轻用户为主，其中，抖音和快手直播用户中18岁以下未成年人占比均约为10%，而B站（即bilibili网站平台）24岁以下的年轻用户高达81.5%，直播用户中18岁以下的未成年人占比超1/4，为25.1%[③]。这些统计数据均显示出未成年人已深度地拥抱互联网的各类网络社群，通过各类App关注社会热点事件、分享个人对社会事件的看法，并寻找发展需求、兴趣偏好、价值观一致的同道人，成为未成年人自主性社会参与的重要组成。

（二）呈现明显的分众化、个性化、多元化、“因人（物）聚群”特点

在商业运作逻辑的驱动下，为了更好地满足不同群体的差异化追求，提高用户黏性，从而提升网络平台的商业转化率，实现精准营销，网络社群平台呈现出明显的分众化特点，人群被定向引流到更加专业化、个性化的社群

① 中国互联网络信息中心（CNNIC）：第48次《中国互联网络发展状况统计报告》，2021年8月，第16页。

② 因第48次《中国互联网络发展状况统计报告》中未有分年龄层统计人均App的数据，故此处使用2020年9月发布的第46次《中国互联网络发展状况统计报告》，http://www.cnnic.net.cn/hlwfzyj/hlwxzbg/hlwtjbg/202009/P020210205509651950014.pdf。

③ QuestMobile：《2020中国移动直播行业“战疫”专题报告》，2020年3月，https://www.questmobile.com.cn/research/report-new/85。

中。这主要体现在综合性平台日益细分类别，增加垂直类社区。根据微博公开资料整理，微博现有2.8万娱乐明星及粉丝团，粉丝规模大于2万或月阅读量大于10万的头部作者多达78万人，并分为运动、旅行、汽车、美食、体育、动漫、综艺、互联网、艺术、喜剧、萌宠、时尚、明星等64个垂直领域[①]；以“Z世代”为主要受众人群的B站，则在持续深耕二次元文化内容的同时，也进一步扩展知识、内容、时尚、娱乐、美食、数码等多个领域，成为包括未成年人在内的中国年轻世代高度聚集的综合性视频社区。各类专业性的社区平台更加聚焦细分人群，形成多元化的社群，如产品型社群（如苹果手机爱好者社群）、兴趣型社群（如豆瓣兴趣小组）、品牌型社群（如小米社区）、知识型社群（如知乎）、娱乐性社群（如抖音、快手、微博超话）。以豆瓣网为例，其汇聚了一批文学、影视、音乐及其他小众兴趣的爱好者，科学松鼠会为来自各地的科学爱好者提供个性化的互动空间，下厨房、蚂蜂窝、字幕组等各类细分的兴趣圈子也成为年轻一代所追捧的文化时尚。在2020年新冠肺炎疫情期间，在抖音短视频上国家博物馆推出的云旅游，观看者中18岁以下的未成年人占比就超过了10%，为12.7%；参与TAXX SHANGHAI（云蹦迪）的未成年人占比也达到了12.6%[②]。对于未成年人而言，多元化的社群为未成年人的个性发展、兴趣发展提供了广阔的空间，也为未成年人在沉重课业压力之外找到了舒缓的渠道。

从未成年人活跃的主要社群平台来看，“因人（物）聚群”的特点明显。研究者认为，青少年偶像崇拜是特定心理阶段心理发展的“附属品”，具有突出的年龄特征和过渡性特征，青少年从自我迷茫状态中走出来，需要通过对一些成年或同龄人中偶像人物的认同来确认自我的价值，即个人在其认知、情感和个性发展上欣赏、接受一个人的价值观、行为模式及外表形象

① AdMaster、微博社会化营销研究院：《粉丝经济4.0时代白皮书》，2020年1月，https://tui.weibo.com/insight/detail?id=298&sudaref=www.baidu.com。

② QuestMobile：《2020中国移动直播行业“战疫”专题报告》，2020年3月，https://www.questmobile.com.cn/research/report-new/85。

等，并加以崇拜和模仿①。在互联网时代，偶像崇拜简约化为“粉”，未成年人的偶像崇拜也从对英雄人物的崇拜转化为“万物可粉”，即“粉”的对象可以是明星、有趣的“路人”（即素人，相对于明星而言）、品牌甚至宠物等，未成年人除了对“粉”的对象进行行为上的模仿和追随外，同时也进行心理的投射，获取情感满足。根据 QuestMobile 新媒体数据库 2020 年 5 月公布的“各平台头部 KOL 活跃用户年龄分布”，18 岁及以下的活跃用户占比与其他年龄层相比并不算突出，在全平台上，18 岁及以下的占比为 9.1%，19～24 岁为 17.1%，25～30 岁为 22.9%。在抖音短视频、微信公众号、快手等平台上，头部 KOL 活跃用户中未成年人也分别占到了 12.8%、7.5%、15.8%，不是活跃用户最主要的组成。但在小红书、微博中，未成年人的占比则较为显著，跃升至第二位，仅次于 19～24 岁的年龄群体（见图 1）②，显示出通过短视频、图文等方式记录生活点滴、分享生活方式，并基于兴趣形成互动社群的小红书与微博是未成年人“因人（物）聚群”的重要平台。

具体到未成年人参与网络社群的内容类型，可以发现，萌宠类 KOL 的受众中，“Z 世代”的占比远高于其他年龄层，例如在抖音平台上，用户名为“白棕先生”（主要记录宠物猫的日常生活）的受众中，17 岁及以下未成年人的占比（16.5%）仅次于 18～24 岁（69.9%）的人群占比，高于 25～30 岁（10.7%）、31～35 岁（2.3%）；同样，抖音平台用户名为“你的陈比方”（主要记录宠物狗的日常生活）的受众中，17 岁及以下的未成年人占比（15.4%）也是仅次于 18～24 岁（69.9%）③。萌宠具有“治愈”的功效，未成年人“粉宠”，并参与“粉宠”社群的互动更多的是为了寻找

---

① 岳晓东、严飞：《青少年偶像崇拜系列综述（之一）——偶像崇拜的年龄差异》，《青年研究》2007 年第 3 期。

② “头部 KOL”是指粉丝数 1000 万以上的 KOL（关键意见领袖），“全平台”是指所统计范围为指定 KOL 在各平台中的去重总粉丝数量。数据来源：QuestMobile：《2020 跨平台 KOL 生态研究报告》，2020 年 7 月，https://www.questmobile.com.cn/research/report-new/117。

③ 艾瑞咨询：《中国移动互联网流量月度分析报告：数说 Z 世代》，2020 年 7 月，http://report.iresearch.cn/report_pdf.aspx?id=3642。

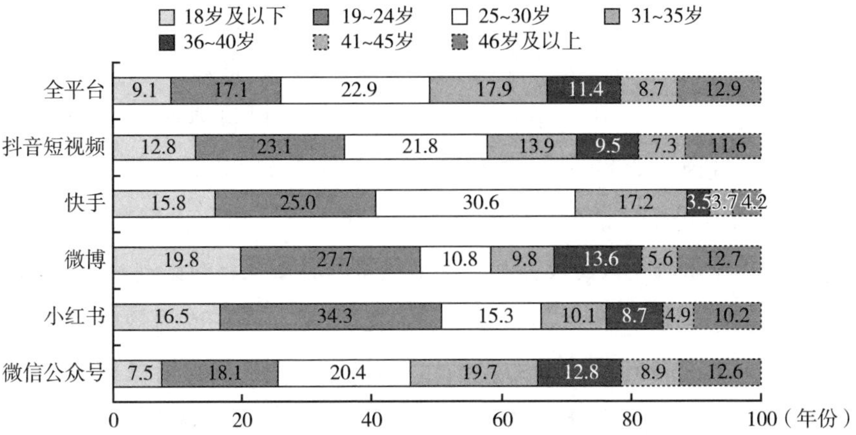

图1　各平台头部 KOL 活跃用户年龄分布

注："头部 KOL"指粉丝数1000万以上的 KOL，其中"全平台"所统计范围为指定 KOL 在各平台中的去重总粉丝数，各目标平台所统计范围为 KOL 在该平台中的粉丝数。

资料来源：OuestMobile 新媒体数据库，2020年5月。

情感的陪伴和减缓精神压力，这也是未成年人参与网络社群的主要动机之一。

（三）主体性日趋凸显

未成年人在微博等社群平台上建立个人主页，常态化地更新个人生活、心情动态，转发娱乐、时事新闻信息现在已经相当普遍和平常，这是未成年人在线上拓展个人社交群落的一种尝试。此外，除了在豆瓣、知乎等社群中积极地参与相关话题的讨论外，未成年人自主创建讨论话题也日益频繁。其中，成为短视频主角甚至担当网络主播，拍摄直播视频"吸粉"更是未成年人深度涉足网络社群的重要体现。新浪微博数据中心发布的《2016年直播行业洞察报告》显示，截至报告发布时，全国共产生了200家直播平台，11～16岁的网络主播占到总数的12%[①]。2017年，新华网发布《"95后"的迷之就业观，你看懂了吗?》显示，"95后"

① 新华网：《未成年人做主播，应有明确的年龄限制》，2019年8月26日，http://www.xinhuanet.com/2019-08/26/c_1124919916.htm。

最向往的新兴职业中，选择主播、网红占比达到了惊人的54%[①]。根据第48次《中国互联网络发展状况统计报告》，截止到2021年6月，我国网络视频（含短视频）用户规模达9.44亿，占网民整体的93.4%，其中短视频用户规模为8.88亿，占网民整体的87.8%，网络直播用户规模达6.17亿，占网民整体的62.4%[②]。《2019年全国未成年人网络使用报告》显示，2019年未成年人网民在互联网上经常收看短视频的比例达到46.2%，上网观看直播的比例也达到了19.8%[③]。未成年人正在成为短视频等网络社群平台新增用户流量的主力之一。在成为短视频收看者的同时，未成年人也正在逐步从网络社群的"入群者"成为"造群者"，即从单纯地作为受众观看短视频、直播，逐步转化为网络社群的"中心"。其中，既有在家长或其他成年人的主导和支持下，成为短视频、直播的主角，一些短视频平台上的"小网红""萌娃"吸粉能力十足，拥有百万级、千万级粉丝量的儿童博主不断涌出；同时，也有越来越多的未成年人主动拍摄短视频，成为网络主播，在社群平台上表达自我。如2020年走红网络的"钟美美"，一名某中学初二在读的学生，在某平台上，注册了"乌拉旮旯钟美美"账号，发布大量模仿老师的视频，吸引了众多的网友围观，短短三天之内，粉丝从10万飙升至100万，成为全网现象级人物。在接受媒体访谈时，"钟美美"坦言，他学会了"流量""变现""热度"等新词，并指出"短视频和影视剧不同，短视频要有笑点、看点、肢体动作得大、表情得夸张……（如果过于平淡），就不好看、不刺激，他们就会觉得没有意思"。"钟美美"等"小网红"已经逐步掌握了网络社群成功建立的要素，并进行有意识的模仿。可见，在当今互联网环境下，

---

① 新华网：《95后的迷之就业观，你看懂了吗?》，2017年5月22日，http://www.xinhuanet.com/video/sjxw/2017－05/22/c_ 129612932.htm。

② 中国互联网络信息中心：第48次《中国互联网络发展状况统计报告》，2021年8月，第43页。

③ 共青团中央维护青少年权益部、中国互联网络信息中心：《2019年全国未成年人互联网使用情况研究报告》，2020年5月，http://www.cnnic.net.cn/hlwfzyj/hlwxzbg/qsnbg/202005/P020200513370410784435.pdf。

网络社群的构建主体已日益低龄化，未成年人在网络社群中的主体意识强化以及作为建构社群网络主体的诉求和现实实践不能忽视，也不应忽视。

（四）线上线下联动性增强

一方面，未成年人通过网络社群强化现实生活中的学缘关系，例如通过QQ群、微信朋友圈，甚至抖音等加强与教师、同学、朋友、亲人的互动，塑造个人形象；另一方面，未成年人通过网络社区拓展延伸趣缘关系网络，例如在B站等二次元平台上找到“志同道合者”。而B站等网络社群平台为了有效增加用户黏性，也在通过活动联结线上线下，增加用户触点。例如线下举办 bilibili world、bilibili macro link 等漫展、Live 演出等活动，为各地用户提供线下的动漫活动选择，这为未成年人进一步扩展现实生活中的社群网络提供了渠道和途径。

除了在个人层面上，未成年人网络社群“变现”增强外，在集体层面，网络社群在现实生活中的“群体性”影响也在不断增强。这主要表现在两个方面，一是网络社群对现实问题的关照显著强化。2019 年 8 月，在香港修例风波发酵两个多月后，以青少年为主体的“饭圈”女孩和“帝吧”网友在互联网上掀起爱国援港活动，接近 4 万人通过互联网平台统一行动，于 8 月 17 日晚 7 点“出征”Instagram、Facebook 等海外网站，只为一个目标：挺香港，反暴力，接连攻陷“港独”话题，使得境外社交平台变成一片中国红，该事件引发了国内诸多媒体的关注。《人民日报》、新华社、共青团中央接连发文表达了对参与活动的爱国爱港青年的赞赏。2020 年，在新冠肺炎疫情期间下，未成年人也高度参与到网络社群相关话题的讨论中。2020 年 1 月 27 日，中央广播电视总台“央视频”App 客户端“疫情 24 小时”专题页面呈现了武汉火神山和雷神山两家抗疫临时医院建设现场的慢直播，数千万网友纷纷打卡执行“云监工”任务，根据“央视频”大数据抓取了带有年龄数据的留言后发现，“00 后”的“云监工”占比为 53%，“90 后”为 34%，“80 后”

为 10%，"70 后" 为3%[①]，反映出 "00 后" 不仅积极观看直播，并且是网络社群中的 "活跃分子"。二是网络社群的组织化发展催生了线下的集体行动。其中最为典型的例子就是未成年人在 "饭圈" 中的实践。现在头部艺人的粉丝后援会早已不是单兵作战、体系混乱的小作坊阶段，而是进入了精细化运营时代，建立了具有官方后援会、粉丝个站和其他大大小小的资源博、数据博、打投组等分支的组织化运作体系，行动效率不亚于专业的公司团队。为了彰显其明星的社会价值，建立其良好的公益形象，粉丝群体筹资修桥铺路建图书馆，设立 "爱豆" 粉丝公益基金，操作一系列公益项目、成立 "公益应援个站"，等等。2020 年在新冠肺炎疫情下，"饭圈" 线上的强大组织力迅速地转化为现实的行动力。在武汉新冠肺炎疫情形势最为严峻时，粉丝群体行动能力最快速。据 FUNJI 对微公益一起捐 "抗疫肺炎、驰援捐助" 榜单中截至 2020 年 2 月 5 日前 100 名和捐款总额大于 100 元的全部一起捐项目进行分析整理发现，在这次抗击肺炎的捐款活动中，有 66% 的一起捐发起者都是饭圈组织及个人，这些 "饭圈" 女孩发起的一起捐活动筹得善款总额占全部一起捐捐款总额的 88%[②]。《南方人物周刊》评论 "饭圈的优势在此时展露：粉丝团人数巨大，因某位明星聚集成群，认同感强烈，彼此信任。粉丝团管理架构中，内部分工明确，具有强大的协同能力。对于组织线上能力游刃有余的粉丝团管理者而言，此次抗击疫情更像是平日活动的一次复刻"[③]。在粉丝团当中，"00 后" 是主力群体之一，通过网络社群，"00 后" 积极地参与到抗疫行动当中，获得了在成长道路上重要的组织化集体生活体验。

---

① 《武汉火雷神山医院 "云监工" 直播：车车 "叉酱" 人气最高》，2020 年 2 月 4 日，https：//www. ithome. com/0/471/514. htm。

② 《疫情下的社交平台与饭圈女孩》，2020 年 2 月 10 日，https：//36kr. com/p/1725 083500545。

③ 张明萌：《当饭圈遭遇疫情：做就是全部，公益无攀比》，《南方人物周刊》2020 年 1 月 28 日，https：//mp. weixin. qq. com/s/WXvKDeeL5kyqvR9csV8img。

二 存在的问题

（一）娱乐化倾向明显

网络社群的分众化、个性化发展为未成年人参与网络社群提供了多元化的选择。然而，从网络社群的类型来看，未成年人参与网络社群却出现了较为明显的趋同化迹象，最为突出的表现就是娱乐化的网络社群成为未成年人网络参与的主体类型。AdMaster联合微博社会化营销研究院发布的《粉丝经济4.0时代白皮书》对各年龄层所关注的前250个大V账号的数据进行分析后发现，截至2019年8月19日，粉丝的账号关注类型映射出明显的代际特征。与“80后”“90后”相比，“00后”更加关注明星账号，占比为63%，而“90后”和“80后”仅分别为“47%”和“39%”；在所关注的KOL账号类型上，“00后”更加关注休闲娱乐类的KOL，如漫画、体育、搞笑；而通过权威资讯媒体对各年龄层的影响分析也发现，“80后”更为关注权威的新闻资讯类账号，“90后”更为注重有效的信息价值，偏好关注垂直类媒体账号，“00后”则娱乐化迹象最为明显①。此外，新浪微博、豆瓣网、知乎网、抖音App、兴趣部落App以及偶像明星社区社交App如Onwhat Family、超级新饭团、爱豆IDOL App、微博超话等偏娱乐信息类社群、偶像明星类社群更是吸引了大批未成年人的参与。根据QuestMobile《2020“Z世代”洞察报告》，“Z世代”用户兴趣偏好活跃度最高的就是社交，在2020年11月，“Z世代”在典型偶像明星类社区社交App Onwhat Family和超级星饭团中的总体用户就分别占到了94.4%和93.3%②。根据半月谈杂志社在2020年对全国2万多名12～

① AdMaster、微博社会化营销研究院：《粉丝经济4.0时代白皮书》，2020年1月，https://tui.weibo.com/insight/detail?id=298&sudaref=www.baidu.com。

② QuestMobile：《2020“Z世代”洞察报告》，2021年1月，https://www.questmobile.com.cn/research/report-new/140。

18岁中学生开展的“青少年追星调查”，追星群体出现了明显的“低龄化”，42.2%的中学生自小学就开始了追星生活，有52%的中学生追星时间在3年以上[①]。QuestMobile《2020圈层经济洞察报告》对2020年6月娱乐类圈层新增用户画像活跃度占比进行了分析，发现18岁以下的TGI高达118，远超19～24岁人群，仅次于41～45岁人群，为新增用户年龄群占比第二大的人群[②]。这些数据已清晰地表明未成年人在网络社群参与中以典型明星偶像类社区为主要类型，并且其规模和体量还在不断扩大，成为娱乐类社群中新增人群中的主力，未成年人参与网络社群的娱乐化倾向已经相当明显。

通过网络社群发展学习之外的兴趣爱好，减缓沉重的学习压力，树立崇拜对象、寻得情感依附、增添生活中奋斗的动力无可厚非，同时也是未成年人这一成长阶段的特殊需要所决定的。但娱乐化的网络社群多呈现为简单的感官刺激，或是过于夸张搞怪，或是过度“审美”，甚至扭曲为“审丑”，未成年人过度沉迷于娱乐化的网络社群，容易陷入满足于图像化的感官享受，逐步丧失了深度思考的思辨能力，也会影响未成年人正确世界观、人生观、价值观甚至审美观的形成。同时网络社群参与的娱乐化倾向也会进一步溢出，影响到其对其他领域关键性问题的看法。在上述半月谈所做调查中，在“国家面前无偶像”的判断选项里，认为“毫无问题”的仅占39.8%，而在另外一个关于“中国饭圈女孩为韩国军人应援”的观点统计中，认为“能理解”者占61.9%，接近2/3这是一个非常危险的信号，对于未成年人而言，其正处于是非观形成的关键时期，过度沉溺于娱乐化的网络社群，极容易产生是非标

① 半月谈：《青少年追星调查：警惕饭圈思维侵蚀主流价值观》，2020年6月28日，http：//www.banyuetan.org/jrt/detail/20200628/1000200033134991593329569702351058_1.html。

② TGI是Target Group Index的缩写，TGI =［目标群体中具有某一特征的群体所占比例/总体中具有相同特征的群体所占比例］×标准数100。TGI指数等于100表示平均水平，高于100表示该类用户对某类特征的关注度高于整体水平，是互联网平台中用户画像的重要指标。数据来源：QuestMobile：《2020圈层经济洞察报告》，2020年8月，https：//www.questmobile.com.cn/research/report-new/120。

准的扭曲，甚至“娱乐至死”，对于未成年人健康积极发展存在很大的隐患。

（二）网络社群圈层式发展容易使未成年人“画地为牢”，主流话语“入圈”艰难

随着网络社群的日益分层分类发展，各分众领域网络社群内部的同质性得到了强化，并逐渐形成了社群内部专属的群规、语言符号、约定俗成的礼仪，等等，如二次元社区中带有明显 ACG（英文 Animation、Comic、Game 的缩写，是动画、漫画、游戏的总称）风格的台词，“爷青回（即爷的青春回来了）”“skr（网络用语，多指厉害，但实际语义较为复杂，根据具体场景表达不同的意思）”“ssfd（即瑟瑟发抖）”“xswl（即笑死我了）”“zqsg（即真情实感）”等缩写暗语，形成了社群中独特的语言风格，他们以此构筑起区隔于其他网络社群、其他年龄世代的“圈”，推动了网络社群的圈层式发展，形成“兴趣情感的圈际化、交流表达的小众化、圈内圈外的分离化”[①] 的特征。在这些网络圈层中“圈层壁”最为显著的就是二次元文化圈和饭圈，而未成年人就是其中重要的参与主体。

未成年人在圈层中往往只追捧、关注自己圈内的热点，使用“圈内”专属语言风格，导致“圈里人”与“圈外人”经常无法相互理解，打破“次元壁”“圈层壁”不易。在未成年社会化过程中必不可少的阶段就是社会教化和个人对社会规范、主流价值观念、行为方式的内化。未成年人参与网络社群实际上是一种借助网络平台进行的社会参与实践，在网络社群无所不在、无处不有的互联网环境下，网络实际上承担着正规教育之外的社会教化功能，是未成年人价值观念、道德规范和行为方式习得的重要场域。但在网络社群圈层式发展的情况下，造成了“话不投机半句多”“不想说，说了你也不懂”的圈层区隔样态，一方面意味着看似内容丰富多元的网络世界为未成年提供了多样化的选择，但实际上处于圈层中的未成年人注意力长期被严重同质性

① 项久雨：《透视青年“圈层化”现象：表征、缘由及引导》，《人民论坛》2020 年第 1 期。

的内容和信息占据，容易将自己禁锢于“信息茧房”，未成年人与“圈外人”沟通交流的通道实际上被缩窄了。另一方面网络社群中的“圈层式”思维也极易影响学校、家庭正规教育的正常开展，为教师、家长找到与未成年人话语体系一致的兴趣契合点增加了难度。例如 2020 年 5 月，B 站联合央视新闻、光明日报等多家主流媒体，邀请国家一级演员何冰以青年宣言《后浪》为词，认可、赞美与寄语年轻一代，但这则“正能量”满满的宣言视频在青少年群体中并未收获其预期效果，相反，B 站上某些博主仿照《后浪》的恶搞视频受到了青少年的热捧，显示出主流价值引导要成功“入圈”面临的艰难。

此外，在网络社群发展中一个值得注意的趋势就是部分圈层内部组织化程度的提高，尤以“饭圈”最为显著。不同于传统的粉丝社群，“饭圈”形成了具有明确正式制度和严格管理体制的网络组织，甚至被外界称为“粉丝天团”“粉丝帝国”“无组织的组织”，饭圈内部功能明晰，站子内部通常由站长、摄影、修图、美工、文案、各地应援负责人、画手（通常为外援）组成。如鹿晗粉丝在互联网中的站子 Moonlight 就有六个分工部门：产品部、影音部、市场部、翻译部、媒拓部和公关部，具体工作均由站内粉丝承担。根据粉丝的劳动贡献大小、掌握资源信息的程度、传播技能差异等，粉丝也被等级化。未成年人由于自身占有资源相对有限，通常处于“饭圈”的底层，扮演着“粉圈小白”的角色，但为了获得“粉圈”的身份认同，不被歧视为“白嫖粉”，未成年人需要完成签到、投票、打榜、发帖等资源、能力要求较低的任务，经常被沦为“抡博女工”（指在微博中通过转发、评论，增加明星数据的工作），为明星造流量、造数据，这不仅需要耗费大量的时间，挤占未成年人的学业时间，同时也在输出着一种畸形的组织逻辑，它“可能会造成粉丝的情感困惑，使情感更加从属于社群而不是粉丝的个体，使社群粉丝逐渐失去与自己真实情感的对话能力，沦为网络社群中进行标准化生产的情感产品”①。尤其对于未成年人而言，其情感是稚嫩、单纯

① 王艺璇：《网络粉丝社群中情感劳动的形成及其控制——以 Moonlight 站子为例》，《学习与实践》2020 年第 10 期。

而脆弱的，在这种模式化、工厂式的饭圈组织化体系以及集体社群认同压力下，未成年人可能会呈现自我矛盾，产生难以调和的心理压力，给其身心发展以及人际关系处理等带来消极、负面的影响，甚至粉丝直言“饭圈就是一场大型的 PUA”。

（三）网络社群的深度发展增大了未成年人群体极化的风险

网络社群是典型的因共同兴趣的参与者之间进行互动、分享的丛聚领域，网络社群的凝聚力通常基于情感的认知。在网络社群中，“沉默的螺旋”效应被放大，网络社群的成员在表达自己想法和观点时，如果看到自己赞同的观点受到广泛欢迎，就会积极参与进来，这类观点就会越发大胆地发表和扩散，相反，如果某一观点无人或很少人理会就会保持沉默。网络平台运营商为了聚拢流量，更是刻意扶持 KOL（关键意见领袖）、“网红”、“流量明星”，在算法数据的精准推送下，点赞次数和评论次数等都会增加该观点在平台上的显示度，如微博热搜榜、超话社区等网络社群都在无形中推动着社群内部观点的趋同化发展，在强化社群内部黏性、提高凝聚力的同时，也在加剧社群的极化发展。

对于未成年人而言，他们“涉世未深”，辨别能力相对较弱，在认知上具有将复杂的社会实践简化为弱者和强者、善与恶对立的特点，思想观念极易被“带节奏”，在网络社群中“群体盲从意识会淹没个体的理性，个人一旦将自己归入该群体，原本独立的理性就会被群体的无知疯狂所掩埋”①，甚至出现“党同伐异”的行为逻辑。不同明星的粉丝为了“争番位”相互攻击，互撕对骂成为“饭圈”常态，网络社群中“匿名”特点也容易将戾气放大。2020 年 2 月，某明星决定起诉 3 名使用污言秽语对其进行人身攻击的微博用户，但在起诉时发现其中一名用户为未成年人，且家里非常贫困。近年来，分属不同明星的粉丝经常性地通过抹黑对方来提升自己的偶像形像，如造黄谣骂脏话、诅咒对方，甚至 P 遗照等，大量案件起诉之后，

① 〔法〕古斯塔夫·勒庞：《乌合之众》，亦言译，广东人民出版社，2020。

发现侵害方大多为不到20岁的学生。半月谈杂志社对全国2万多名12～18岁中学生的调查问卷显示，粉丝群体中18.9%的人声称自己曾遭遇网络暴力，但同时，他们中又有48.7%的人同意“对‘为非作歹’的粉丝，教训他们一下是必要的”[①]。再如2020年发生的A03事件（或“227大团结”），某明星粉丝圈与同人文化圈进行“大决斗”，范围之广、影响之大、人员之多，堪称网络社群现象之最。随着网络社群的深度发展，粉丝文化已呈现了“转向”的迹象，具有了潜在的“攻击性”，这种侵略一方面是“守卫”自己的理想人物，另一方面通过偏激行动强化自我意义上的认同[②]。

除了线上行为极化外，由于网络社群的形成具有天然的情感强化的特点，未成年人当中一些贪图刺激、消极、悲观甚至厌世、反社会的情绪在现实社会当中属于少数，但网络社群的特点让这些少数人得以聚集起来，这种不良的情绪会被放大至极致，并增大了激发线下恶性行为的可能性。例如“蓝鲸死亡游戏”主要针对的就是10～14岁的未成年人，在国外已导致了上百名青少年因此自杀。虽然“蓝鲸死亡游戏”“死亡窒息”“心跳文学社”等诱导青少年自残自杀的板块、群组、圈子已被国家列入明确网络环境专项整治行动中，但这些社群往往改头换脸为“心理咨询”或“游戏玩家”，潜藏在QQ群、微信群中，更加具有隐秘性，其危害性不容忽视。

（四）网络社群平台的逐利性诱导未成年人非理性消费行为

2005年《超级女声》开启了中国全民选秀的时代，拉近了明星偶像与粉丝之间的距离，“短信投票”的模式也使“爱TA就要给TA花钱”观念深入人心。粉丝的动员力、号召力和购买力被敏锐的互联网平台捕捉，运营变现为商业运作模式，偶像塑造的商业属性越发明显，一个个以偶像明星为中心建构起来的网络社群充斥在未成年人的互联网世界中，偶像的颜值、曝光率、

---

① 半月谈：《青少年追星调查：警惕饭圈思维侵蚀主流价值观》，2020年6月28日，http://www.banyuetan.org/jrt/detail/20200628/1000200033134991593329569702351058_1.html。

② 胡良益、杨风云：《2020亚文化十大事件》，2020年1月5日，载于新媒介与青年微信公众号，https://mp.weixin.qq.com/s/1i8gWsOXHfr4KWaSwez6mA。

话题度、吸粉力、流量等都在网络社群运作的商业模式下成为可炒作、可消费、可变现的商品要素。“只有给偶像花钱，才有资格称自己为粉丝”，为偶像花钱已成为饭圈的“入圈门票”。根据《2019 年未成年人互联网使用情况研究报告》，未成年网民上网经常从事各类活动中，粉丝应援就占了 7.3%，在初中生、高中生网民中，更是超过了 10%①。尤其是近几年来，“养成系”偶像大行其道，通过引导青少年付费购买定制卡、购买赞助商产品等方式“送偶像出道”成为商家的“生财之道”。2020 年，在新冠肺炎疫情背景下，在经济发展受到较大压力、全民消费下行的情况下，粉丝“氪金”热度依然不减。根据微博博主@SNH48－饺子榜统计，《青春有你 2》的集资总额就超 8900 万元，仅刘雨昕一人的粉丝集资总额就超 1498 万元，也是唯一破千万的练习生；其中，刘雨昕粉丝后援会也在 6 月 16 日公开了后援会完整的打投及财务明细。明细显示，在刘雨昕比赛期间，后援会为了选手打榜应援募集到的总收入高达 15019159.24 元、总支出为 15303141.02 元，真金白银送爱豆出道。调查显示，69.04%的追星族都曾为偶像花钱，4.67%的追星族平均每月为偶像花费超过 5000 元②。年纪越小，曾经为偶像花钱的比例越高，刚成年或尚未成年的“00 后”有近六成都曾为偶像消费，14.89%的“00 后”甚至每月为追星花费 5000 元以上，超过三成（30.56%）认为那些从不花钱的粉丝根本不是真爱，不配叫粉丝③。除了饭圈这种结构严密、组织化程度较高的网络社群外，其他较为松散型的网络社群也被资本全面渗透，各类产品周边、会员制付费、直播打赏、软性广告等多种商业运行模式，让未成年人在参与网络社群交流互动时处于“无处不在、无时不有、无孔不入”商业模式包围中。据《2019 腾讯“00 后”研究报告》分析发现，超六成“00 后”会关注网络广

① 共青团中央维护青少年权益部、中国互联网络信息中心：《2019 年全国未成年人互联网使用情况研究报告》，2020 年 5 月，http://www.cnnic.net.cn/hlwfzyj/hlwxzbg/qsnbg/202005/P020200513370410784435.pdf。

② 迟雨落：《分析完 977 个明星粉丝后援会，我们发现了真实的内娱饭圈》，2020 年 7 月 20 日，载于 Bilibili 专栏，https://www.bilibili.com/read/cv6841731/。

③ 《我国粉丝经济行业现状及未来发展趋势》，2019 年 4 月 17 日，载于搜狐网，https://www.sohu.com/a/308489418_100021845。

告，其中社交软件、短视频平台和游戏等渠道是“00 后”关注线上广告的主要渠道，43%的“00 后”愿意为自己的兴趣投入很多时间和金钱①。网络社群已发展成为商家竞相加入的“掘金地”。

除此之外，在流量直接变现为收益的互联网时代下，网红主播一举成名、名利双收对于未成年人而言具有极大的诱惑力。《福布斯》公布的 2020 年收入最高的 YouTube 网红收入榜中，9 岁男孩 RyanKaji 以年收入 2950 万美元的成绩第三次登上榜首。直播、短视频平台上的未成年人主播日渐增多，通过卖萌、表演段子、晒绝技等吸引眼球，甚至成为父母的赚钱工具，而更多未成年人的偶像正从歌星、明星转变为游戏主播、网红，部分未成年人甚至将“网红”“网络主播”作为职业规划方向。

一方面，网络社群正在通过大数据下的商业精准营销将消费主义的理念深度地植入未成年人中，推动未成年人以消费来构建社群身份和作为个人价值、兴趣的体现。另一方面，网络社群中流量与收益的紧密关联也进一步颠覆了未成年关于“经济收入、享受生活、劳动、付出、努力”之间逻辑关系的认知，各种流量变相的“快钱”“热钱”极易腐蚀未成年的价值观、劳动观，使对未成年人的金钱观教育、劳动教育越发艰难。

三 对策建议

互联网时代下网络社群的蓬勃发展是一个不可逆转的趋势，未成年人通过网络社群获得了打破空间和时间壁垒，自由探索自己的兴趣，结交更多志同道合的朋友，分享观点、表达自我的可能。网络社群丰富了未成年人社会化的渠道，其“扁平化”的社群结构也使未成年人能够体验着不一样的集体生活模式，使得“很多人在童年，就进入了不惑之年，不惑于自己喜欢什么，不喜欢什么”，为探索未来更多的可能、明确自身的发展方向提供了

① 《2019 年腾讯“00 后”研究报告》，2019 年 11 月，https：//cdc. tencent. com/2019/11/01/2019 腾讯 00 后研究报告/。

契机。但在互联网算法技术的过度使用以及市场经济资本狂热下，未成年人作为崛起中的消费人群，是网络社群中的“增量”主力，正成为资本市场竞相追逐、“围攻”“狙击”的消费群体之一。然而未成年人因经验不足，理性判断能力有限，在网络社群娱乐化、圈层化、群体性极化、消费主义等多重因素裹挟下，极容易被卷入其中难以自拔，同时网络社群的“沉浸式”体验也给家庭、学校、社会开展未成年人教育的形式、效果带来很大的挑战，在这场与网络社群之间开展的未成年人“注意力”竞争中处于更加有利的局面，做好引导、推动未成年有序参与网络社群刻不容缓。

（一）构建未成年人网络社群参与的政策协同联动机制

学者埃瑟·戴森认为，“网络像任何一个家一样，它有自己的规矩，但也有一定的规则。网络给我们提供了一个掌握自身命运、在地方社区和全球社会中重新定义公民身份的机会。它也把自我治理、自主思考、教育后代、诚实经商以及同其他公民一起设计我们身份中所应遵循的规则的责任交给了我们”①。要发挥网络社群在推动未成年人社会化过程中的积极正向作用，趋利避害，就必须从政策制度设计层面加强谋划，针对网络社群“广覆盖”“跨地域”“全天候”等特点以及未成年人学习、身心成长发展的特殊阶段性特征进行全方位、立体式的政策铺设，增强政策的协同联动性。

一是加强政策体系结构内容的内部联动。要从推动未成年人更全面、更高质量、更健康发展的理念构筑未成年人网络社群参与的政策体系，并将推动未成年人有序参与网络社群的政策内容有效整合进网络强国建设规划、未成年保护条例、义务教育法、中长期青年发展规划等政策架构中，加强不同类别政策体系之间的有机联动，形成互补共促的政策体系格局。此外，在政策内容方向上，要注重“整治”与“疏导”相结合，既充分保障未成年人参与丰富网络社群生活的权益，又避免不良网络社群的侵扰；要注重“常态机制”与“重点攻坚”相结合，既要保持政策监管力度不放松，又要重点针对

① 〔美〕埃瑟·戴森：《2.0 版数字化时代的生活设计》，海南出版社，1998，第 18 页。

寒暑假、夜间等未成年人使用网络社群的特点开展集中性的整治行动。

二是加强国家顶层设计与地方政策规定的纵向联动。国家发挥理念指引、面上统筹的重要功能，明确未成年人参与网络社群的“边界”和基本规则，地方要发挥属地精细化管理的特点，与国家顶层设计进行充分配合联动，并创新性地出台规范性措施，尤其是互联网企业较为聚集的省市，如广东、浙江、江苏等地要主动加强属地监管职能，制定措施具体、针对性强的政策规定。

三是加强政府政策规范与企业行业自律的横向联动。充分发挥网络文化协会、中国网络视频节目服务协会、互联网协会等专业性行业协会的桥梁作用，加强政府与企业之间的沟通交流，尤其是在政策制定上要加强互动，推动行业制定自律公约，并在政企之间建立起常态化的沟通机制，利用青年发展规划联席会议制度等渠道，针对未成年人参与网络中出现的新情况新问题及时研判讨论，加快针对性措施的出台。

四是建立政策体系的动态调整机制。目前，国家、地方纷纷出台互联网直播管理的相关规定，大多对未成年人参与直播做出了年龄的限制，但通过年龄门槛试图直接将未成年人“拒之门外”并非“良策”。而且未成年人群体中也有一定的年龄跨度，不同年龄层级的未成年人的认知能力和理性判断水平也不相一致，与此同时，网络社群的发展动态日新月异，“一刀切”的管理方式也难以真正符合未成年人发展的权益，因此，网络社群的管理措施应该根据网络社群生态环境的发展变化以及网络平台保护措施的落实情况动态调整门槛“年龄”。

（二）履行好平台管理职责，压实互联网企业主体责任

习近平总书记在2018年全国网络安全和信息化工作会议上明确指出，“要压实互联网企业的主体责任，决不能让互联网成为传播有害信息、造谣生事的平台”①，明确了互联网企业的角色定位。从“社会责任”到“主体

---

① 新华社：《习近平：敏锐抓住信息化发展历史机遇 自主创新推进网络强国建设》，人民网，2018年4月21日，http://politics.people.com.cn/n1/2018/0421/c1024-29941345.html。

责任”，意味着营造风清气正、有利于未成年人身心成长的互联网环境不再只是互联网企业的自我道德约束，而是承担着有责必履、失责必究的主体责任。

一是互联网企业应加强对网络社群信息传播的监控，建立严格的内容审查机制，社群平台自查自纠工作要常态化，尤其是对于未成年人较为聚集的网络社群平台，要严格排查后台“实名”认证制度，密切关注各类群、组和论坛社区动态，建立起预警机制和防沉迷措施，严防危害未成年人身心健康的有害信息蔓延。

二是互联网企业应加强对网络社群监管人员选拔、技术培训和网络法律法规的培训，提高网络社群监管人员在处理涉未成年人事件时的敏锐性。

三是互联网企业应优化大数据算法推荐规则，在现有的根据搜索记录、兴趣标签、日常浏览社群情况等用户“兴趣取向”数据进行精准推送外，要综合考虑用户的年龄群体，实现兼顾“兴趣取向”与“年龄特性”的优化推送，即当网络平台自动识别用户的年龄后，重点针对不同年龄段的未成年人如小学、初中、高中等阶段，建立以“年龄＋兴趣”为主的推送原则，增加符合不同发展阶段的未成年人认知特点的多元优质内容，扩展其兴趣领域。

四是主管职能部门要落实有责必究的惩戒机制，重点针对未成年人经常使用的各类娱乐社交平台、明星应援 App 等，对于诱导未成年人打赏、购买装备以及违法集资应援等行为要予以严厉打击，及时整治、及时曝光违法违规典型案例，并加大涉未成年人案例的惩处力度。

五是加强行业涉未成年人保护工作的交流。一些综合性、大规模的互联网企业已形成了较为成熟的未成年人保护体系，如腾讯事前有成长守护平台，事中有腾讯健康系统，事后有少年灯塔，是全链条式的互联网保护体系，并于 2018 年在行业内首创未成年人高额消费提醒服务，形成了发现、识别、告知和互动的工作机制，并由专门的团队进行针对性的处理，在探索发展游戏产业和网络社群的同时兼顾对未成年的保护，并形成了一定的经验，这些重要的尝试和探索都值得鼓励，并应在行业内进行推广。

（三）加强网络素养教育，既要“入圈”也要“出圈”

网络社群作为网络空间的新兴组织形式，已成为未成年人成长中密不可分的一部分，参与网络社群不仅是作为“网络原住民”的未成年人的一种基本技能，更是网络时代下未成年人社会参与的重要组成。既要享受网络社群带来的拓展知识面、探索兴趣爱好的“红利”，又要避免网络社群的“副作用”，加强网络素养教育是关键。

一是网络素养教育要真正“入圈”。早在 2013 年，广州就发布了全国首套同时面向家长、老师和学生的“三合一”媒介素养教材，涵盖了如何引导儿童更好地利用互联网媒介的教育议题。近几年来，随着网络的迅猛发展，网络素养教育已日益受到各界的重视，有些地方已经将网络素养教育纳入义务教育课程体系中，关于网络素养教育的相关教材也日益增多，形成了全社会关注网络素养教育的氛围。但从目前网络社群事件频发的状况而言，现有网络素养教育的实际效果仍然备受争议。当然，这不仅与网络社群发展日新月异，对网络素养教育的及时更新、有效衔接提出了很高的要求有关，还与网络素养教育局限于传统思维，而未真正“入圈”相关。新时代下的网络素养教育应该改变“居高临下”的教育逻辑，树立网络素养教育的“互联网思维”，以平等的姿态进入未成年人的网络聚集地，了解未成年人进入网络社群的真正需求。首先，要善于学习“圈内语言符号”，这是提高网络素养教育在未成年人当中的“渗透率”和“转化率”的“入门钥匙”，要用未成年人的语言开展对未成年人的教育。其次，网络素养教育的主阵地应重点开设在网络社群中，例如主动进驻广受到未成年人欢迎的 B 站、知乎等平台，主动“建群”，为未成年人构筑网络空间里清朗的精神家园。再次，在网络素养教育的内容和形式上，要充分借鉴短视频、直播等方式，围绕“被网络暴力怎么办”“怎样在网络社群中获得他人的认同”“在网络上遇到不同的意见怎么办”“被人肉曝光了怎么办”“感觉被社群 PUA 了如何处理”等问题，以二次元动漫、5 分钟左右短视频，或是邀请优质“网红”“KOL”

直播等形式，用网络社群的办法解决网络社群出现的问题。最后，还要强化“圈内”明星、红人、“KOL”、“粉头”的社会责任意识，互联网管理部门要积极主动地与这些圈内关键群体做好沟通、交流，要积极引导圈内关键群体树立积极向上的形象，一些地方将优质偶像或是“网红”积极吸纳进青联、人大代表等，对于引导青少年通过规范化的渠道参与社会治理具有重要的榜样示范意义。

二是网络素养教育要善于“出圈”。这里有多重含义，首先是积极引导未成年人“出圈”。在学校教育中，要尊重未成年人的主体意识，充分发挥未成年人的主体性作用，改变过去传统的课堂讲授式教学，通过历奇、辩论、社群热门话题小组讨论的方式，让未成年人主动地进行“出圈式”的探究，提高未成年人“出圈”思考的理性思维能力。其次是为未成年人“出圈”参与营造更好的家庭环境。随着未成年人上网的地点已从“网吧”转移到家里后，家庭已成为未成年人网络素养教育的重要阵地，家长的言传身教尤为重要。但这一代未成年人的家长也大多成长在互联网技术全面普及化的时代，家长同样也是网络社群参与的主力人群，家庭成员“各拿一部手机，各自沉浸在互联网世界中”的情形并不少见，甚至同住一家，也是通过微信群等方式进行沟通。因此，要解决未成年人沉迷网络的问题，家长必须首先严格做好自律，减少对手机的依赖，并且加强网络社群的共同参与，在共同参与中平等讨论、积极引导；此外，家长也要为未成年人提供更多“张眼看世界”的渠道，例如与未成年人一起参加“打卡”展览馆、博物馆，访寻文化古迹等有意义的线下活动，让未成年的课余生活更加丰富。最后，要建立“出圈”的思维，跳出网络社群本身来思考网络社群对未成年人所造成的影响，避免“头痛医头，脚痛医脚”。未成年人在参与网络社群中与明星、群友建立“拟亲密态关系”，很大程度上是未成年人心理依赖、对群体生活向往、满足其“爱与归属需求”所引起的，其沉迷病态的出现也多与其现实生活中难以得到充足的情感补偿有关，因此网络素养教育必须配合心理咨询、社会工作联动开展，多方介入，形成有效的工作合力。

B.10
互联网对青少年社会化的影响

杨苏丽　李永健*

摘　要： 本文梳理了中外青少年社会化研究的脉络，借助中国社会科学院新闻与传播研究所发布的《中国未成年人互联网运用报告》中2010~2020年的相关数据，分析了互联网对我国青少年社会化在认知、行为及情感影响方面的基本情况、趋势特征，并阐释其中存在的问题和对策建议。分析发现：父母对青少年上网的态度更加包容、青少年上网行为具有娱乐游戏占据主流、网络流行语渗透日常生活、“熟人社交”、“观察式”社会参与和自我表达的特征，上网为青少年带来更便捷的需求获取的同时，也面临着其他社会活动的时间被大量挤占的问题。互联网已全面渗透青少年群体，青少年网络行为有较好的自我认知和管理，但互联网广告泛滥、法律意识淡薄、“青少年模式”使用率不高、上网时间长和身体素质降低等现象对青少年社会化可能造成负面影响。监护人、学校、社会应多方联合，为青少年社会化提供净朗的网络空间。

关键词： 互联网　青少年　社会化

* 杨苏丽，中国社会科学院大学新闻传播学院传播学专业硕士研究生；李永健，中国社会科学院大学新闻传播学院教授、硕士研究生导师，主要研究方向为传播社会学、传播心理学、传媒与青少年。

社会化是指个体在与社会互动的过程中，通过学习和内化社会的信仰、规范与角色，由生物人变成社会人的过程。社会化是个体适应社会发展的必经之路，贯穿人的整个生存过程，青少年时期是人的社会化过程中最基本、最重要的阶段。在传统媒体时代，个体社会化的途径主要有两个：一是现实途径，即现实生活层面的学校、家人、朋友对个体社会化所施加的影响，现实途径对个体社会化的影响，通常是真实的、可预测和可把控的；二是虚拟途径，即经报纸、广播、电视等媒体筛选后所呈现的信息对个体的影响。传统媒体所构筑的“拟态环境”，一方面将个体社会化情境置于虚拟的、精心搭建的世界，另一方面这种社会化过程中的信息传播是单向的。随着互联网技术的纵深发展，各类社交媒体深入人们的生活，直接冲击和解构了原有的社会化模式和渠道。青少年作为在互联网中最活跃的群体，他们活动的空间向虚拟世界转移，接收信息的途径更加复杂多元，参与社会互动的方式和途径进一步增加，使其社会化过程和影响因素也发生了直接变化。

一　媒介与青少年社会化研究

美国社会心理学家 L. 费斯廷格早在 1954 年就提出了社会比较理论，认为个体在缺乏客观参照和评价体系的情况下，会利用他人作为比较的尺度，社会比较的过程可以提高个体的自信心，并成为合理自我完善的基础。1977 年，美国心理学家阿尔伯特·班杜拉提出社会学习理论，他注意到观察学习和自我调节在引发人的行为中的作用，同时不能忽视社会变量对人的行为的制约和影响。

1986 年，Gina 等人的研究考察了大众传播媒介对青少年政治社会化的影响。[①] 霍华德·史蒂文森在 1994 年的一项针对非洲裔美国青少年种族社会化的研究中发现，精神和宗教对策、家庭关怀、文化自豪感和种族意识教

① Gina M. Garramone，Charles K. Atkin. “Mass Communication and Political Socialization：Specifying the Effects［J］. *The Public Opinion Quarterly*，1986，50（1）.

育深刻影响非裔美国青少年种族社会化规模。① 此外，部分学者考察了电视节目、同辈群体、家庭关系与父母价值观、榜样角色、消费观念等对青少年社会化的影响。Jochen Peter 的研究介绍了青少年的性自我的两个特征——性不确定性和对性探索的态度，呼吁人们更多地关注互联网色情内容与青少年性社会化的问题。② 韩国学者尹成义以 2008 年韩国烛光抗议活动为例，探讨了信息时代青少年政治社会化的环境和特征，认为互联网已成为青少年收集政治信息和用来组织与动员的渠道的重要工具，新媒体能够革新年轻人的政治社会化模式。此外，青少年政治社会化存在性别差异，女性表现得更加积极。③ Juana RUBIO – ROMERO 等人探讨了虚拟社交网络在青少年社会化中的作用和主要的社会实践，认为虚拟社交活动为青少年提供了与同龄人交往的无限可能，并强调了网络社交实践在提高青少年社交技巧和获得他人认可方面的重要性。④

我国对于互联网与青少年社会化的研究，从内容方面大致可以分为三类。

一是互联网与青少年政治社会化。近十年，我国学者着重于研究社交媒体环境下青少年政治社会化的模式转换、网络政治信息对青少年政治社会化的影响及调控策略、流行文化对于青少年政治社会化的影响等。

二是青少年对社交媒体的认知和使用在其社会交往和社会认知方面的影响。主要论题包括：社交媒体对于青少年同伴关系的影响、社交媒体对于青少年民族认同感的影响、青少年社交媒体使用动机、青少年社交媒体使用与

---

① Howard C. Stevenson. “Validation of the Scale of Racial Socialization for African American Adolescents: Steps toward Multidimensionality” [J]. *Journal of Black Psychology*, 1994, 20 (4).

② Jochen Peter. “Adolescents' Exposure to Sexually Explicit Internet Material, Sexual Uncertainty, and Attitudes Toward Uncommitted Sexual Exploration” [J]. *Communication Research*, 2008, 35 (5).

③ Yun Seongyi. “Political Participation of Teenagers in the Information Era” [J]. *Social Science Computer Review*, 2011, 29 (2).

④ Juana RUBIO-ROMERO, José-M. JIMÉNEZ, Gemma BARÓN-DULCE. “Las Redes Sociales Digitales Como Espacios de Sociabilidad de los Adolescentes. El Caso del Colegio Escolapios de Aluche/ Digital Social Networks as Spaces for Sociability Among Adolescents. Case study: Escolapios School in Aluche” [J]. *Revista Mediterránea de Comunicación*, 2019, 10 (2).

亚文化传播、青少年社交媒体婚恋交往的伦理规范、社交媒体使用对青少年主观幸福感的影响、社交媒体信息对青少年的影响、残障青少年对于社交媒体的使用与社会融入等。

三是互联网时代青少年社会化的风险及应对。网络社会的崛起直接导致了青少年社会化时间、空间的转型，由此推动青少年社会化模式的转变。总体来看，互联网对于青少年社会化的“风险”，主要存在于网络社会中青少年的越轨行为、互联网与青少年犯罪、互联网对于城乡青少年的差异化影响、青少年在线同伴交往的“双面效应”等。

从中外已有的相关研究可以发现，目前学界对于青少年社会化的研究，主要存在以下特点：一是学者们大多从宏观层面观察青少年社会化现象、特征；二是习惯于通过社会热点事件讨论青少年社会化；三是相关研究中对于青少年社会化内涵、要素没有具体界定，而是沿用社会学领域社会化的宏观概念。在社会学中，社会化的标准定义为一个人获得自己的人格和学会参与社会或群体的方法的社会互动过程。人格指的是特殊的思想、感觉和自我模式，它们构成了特殊个体的一系列鲜明的品质特征。人格可以分为几个主要部分：认知（思想、知识水平、知觉和记忆）、行为（技能、天赋和能力水平）及情感（感觉与感情）。[①] 根据共青团中央维护青少年权益部、中国互联网络信息中心（CNNIC）联合发布的《2020 年全国未成年人互联网使用情况研究报告》，2020 年我国未成年网民规模为 1.83 亿，未成年人互联网普及率达到 94.9%[②]。在青少年群体中，互联网已如穿衣吃饭一样平常普遍。为了解全国青少年互联网具体使用状况，中国社会科学院未成年人互联网运用课题组联合有关机构近 15 年在全国范围内开展问卷调查并发布《中国未成年人互联网运用报告》，问卷及报告内容通常涉及受访者个人基本材料、互联网运用状况、对互联网的认知及态度、网络社交和自我表达、网络素养和网络保护，且问卷涵盖范围不断发展完善，倾向于透过数据观察现

① 汪青云、陈靓：《手机媒体对青少年社会化的影响》，《新闻知识》2012 年第 7 期。

② 共青团中央维护青少年权益部、中国互联网络信息中心：《2020 年全国未成年人互联网使用情况研究报告》，2021 年 7 月，第 1 页。

象，通过微观透视全局，因而与已有学术研究中的青少年社会化存在一定差异。考虑到已有的数据内容、特征，本文将在社会学社会化标准定义的指导下，结合中国社会科学院未成年人互联网运用课题组每年发布的《中国未成年人互联网运用报告》中2010～2020年的相关调查数据为主要依据展开分析，探究互联网在认知、行为、情感层面对我国青少年社会化产生影响的主要趋势、特征、存在的问题以及原因。

二　互联网对青少年社会化影响的基本情况

1. 父母态度：趋向合理引导与理解包容

在2010年的调查中，39.3%的受调查者认为父母对其上网“不太支持”或“严格禁止”。在2020年的调查中，73.9%的受调查者认为自己“很少”或者“从未”因为上网问题与父母发生争执，87.3%的受调查者表示父母会在自己上网时规定“上网时间、上网内容”或在二者中规定其一，仅有9.2%的受调查者表示父母不会做任何干涉。此外，63.0%的受调查者表示“家长教过一些上网的知识或技能”。如果说当下青少年是生长于互联网时代的“原住民”，大部分家长对于青少年上网的态度，则经历了从质疑反对到支持理解的转变。项仲平在2014年的一项研究中指出：父母对青少年网络生活的健康程度具有重要影响。父母的干涉程度与青少年网络识读能力呈显著正相关，同时，如果家长对青少年上网持有积极的分享和支持的态度，这一正面态度能够帮助青少年更好地使用网络。① 互联网的兴起为青少年带来了广阔的生活学习空间，已经成为青少年接触的最主要的媒介，青少年既是网络的主要使用群体，也是受益群体，更是推动互联网快速发展的强大力量。在家庭层面，更多的是要有效引导，帮助青少年掌握网络技术，利用强大的互联网功能助力其成长，在了解接触网络社会的过程中增强他们的社会责任感和社会活动参与意识，促进他们良好适应信息化社会，健康成长。

① 项仲平：《家庭对青少年网络生活的影响力透析》，《浙江传媒学院学报》2014年第3期。

2. 上网目的：娱乐游戏仍占主流

根据2010年、2020年的调查数据，青少年上网的目的，仍以“放松休息、娱乐游戏”为主，其次是“完成作业、上网课”，“了解时事、扩大知识量”（见图1）。

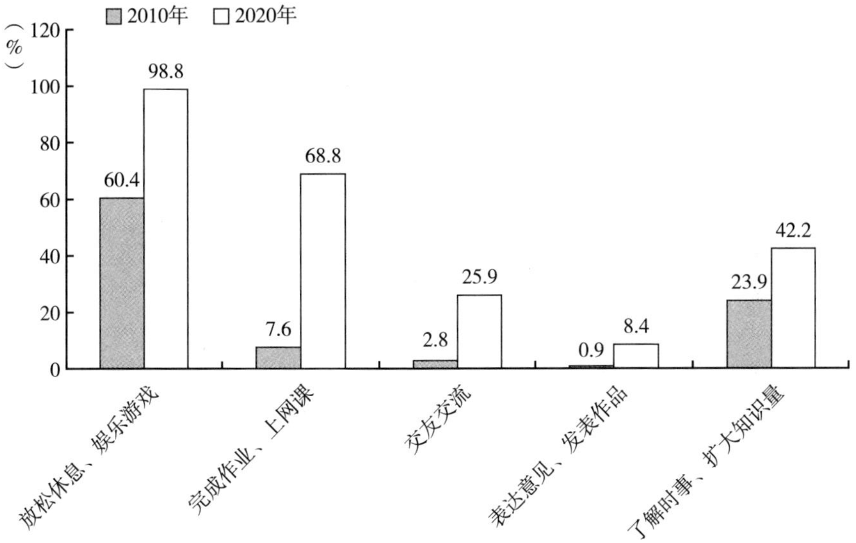

图1　青少年最主要的上网目的

近年来，互联网与手机、IPad等移动终端高度融合，开发出大量游戏、短视频、音乐、社交软件，这些功能使得青少年休闲娱乐的选择更加丰富、获得途径更加便捷。在2020年的调查中，青少年最常使用的上网功能分别为“音乐”（45.7%）、“游戏”（41.8%）、“在线学习”（40%）、“微信”（32.5%）、“视频”（26.2%）等。值得注意的是，青少年利用互联网进行“放松休息、娱乐游戏”，并不是沉浸于个人世界、独立进行的，而是一个与外部世界、与他人产生联结的过程，会对青少年社会化产生影响。例如，大部分手机游戏都具备“邀请好友”“在线好友”“语音连线”功能，2020年关于“你主要通过什么方式在网上认识新朋友”的调查中，“一起玩游戏”占比33%，仅次于“一起聊天”（占比39.5%），进一步印证了这一可能性。此外，相较于2010年，青少年利用互联网“查阅资料、上网课”的比重大幅提升，可见互联网在青少年学习中的积极作用日益显现，尤其是在2020年，由于疫情影响，学校教学活动大规模从线下转移到线上。在传统的社会化途径中，学校是青少年社会化的重要场所，当学校教育在青少年成长过程中的方式和占据时间发生改变，也必然影响和更新青少年社会化的途径和结果。

3. 网络流行语日渐融入现实生活

相较于2010年，在2020年的调查中，受调查者表示自己在日常生活中“会使用”网络流行语的比例上升了12.7个百分点，表示“不会使用”的比例降低了10个百分点，网络流行语在青少年日常生活中的融入程度不断增强（见图2）。

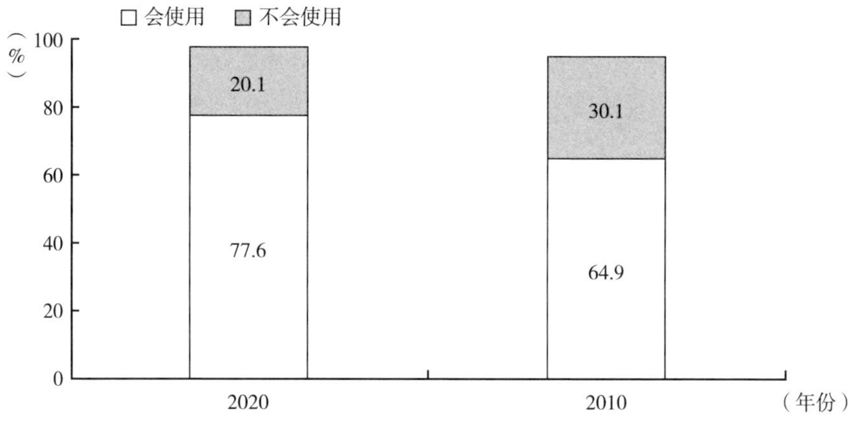

图2　青少年日常生活中网络流行语使用情况

注：因两次调查中选项内容变化，笔者按选项性质进行了归类划分。

作为新型的语言类型，网络流行语通常幽默简洁，充满生动戏谑色彩，且产生于社会现实，能够很好地满足网民的诉求心理，也给青少年人际传播带来了很大影响。青少年群体本身充满活力、对新鲜事物具有很强的感知和应用能力，网络流行语进一步丰富了青少年人际沟通中的语言词汇，拉近了青少年与同伴、社会之间的关系，而青少年对网络社会的参与、极强的创造力又不断丰富着网络流行语的内容和形式。例如，“你品，你细品”“肝论文/肝游戏”“内卷”等词语句式结构简洁透彻，同时带有诙谐自嘲的意味，能够很好地补充当代青少年在“宅文化”影响下在人际沟通方面的不足。与此同时，网络流行语作为一种生活和技术相互作用的产物，与个人生活和社会发展密不可分，但其本身属于网络亚文化，与主流文化存在显著差异，一些网络流行语充斥着粗俗、不健康成分，层出不穷、不断扩充的网络流行语还会加重代际理解差异和沟通障碍。例如，“yyds”“kswl”“skr”等是在“00后”群体中大受欢迎的字母缩写，因为语义模糊难懂，被称为网络“黑话”，也因此引发了一些网民的反感，加深了青少年与社会其他群体之间人际沟通的矛盾。

4. “熟人社交”“观察式”社会参与和自我表达

在2013年、2020年的调查中，分别设置了题目“网上交流的好友主要是哪些人”，通过调查数据可知，“现实生活中认识的人”一直是青少年网络社交的主要人群（见图3）。

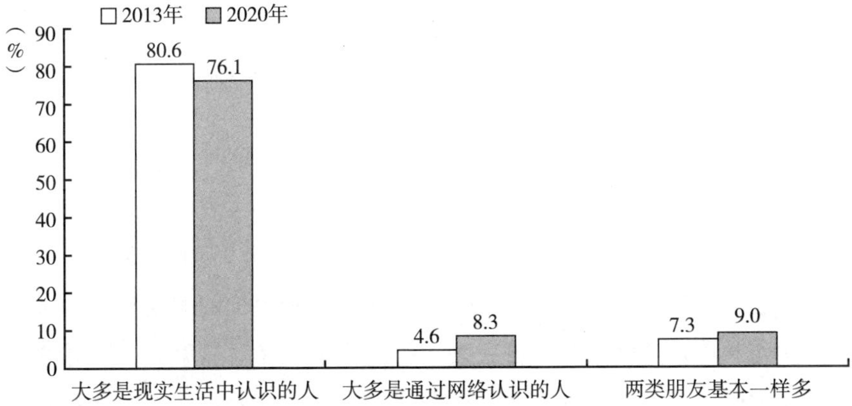

图3 青少年在网上交流的好友构成

在2010年的调查中，青少年最常利用手机通话的人，分别是父母（47%）、同学（22.9%）、朋友（21.9%）。可见，虽然互联网提供了更加多样的社交方式，但现实社会中的“熟人”仍是青少年社交的主要群体。

此外，比对2020年和2013年的数据可知，青少年网络社交日渐成熟、开放，“通过网络认识的人”比重逐渐上升，但增幅较小。在2020年的调查中，针对网络中大家关注的热点事件，大部分受调查者表示“只是随便看看相关信息”（36.0%）、“浏览大家的评论”（33.1%）、“从不关心”（27.0%）（见图4）。

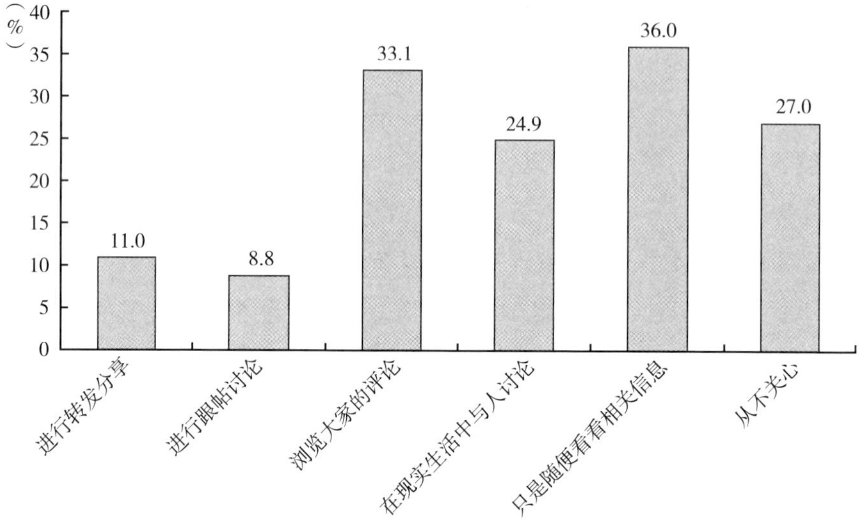

图4　青少年对网上热点事件的态度（2020年）

当面对有人在网上组织帖子转发、集体讨论或顶帖时，仅有17.8%的受调查者表示自己“肯定会/可能会”配合参加。针对行动性、情感倾向更偏激的网上集体声讨、快闪活动、人肉搜索等行为，仅有7.9%的受调查者表示自己“肯定会/可能会”配合参加。这种对互联网某些方面的“观察式”参与特征在青少年利用社交网络开展自我表达的过程中也相对显著。在针对青少年上网类型的调查中（2020年），43.9%的受调查者表示自己“只关注别人，不发自己的状态”，30.5%的受调查者表示自己“几天更新一次状态”，仅有10.9%的受调查者表示“每天更新很多/每天更新一次”自己的状态。互联网的发展在开拓、丰富青少年社会交往范围和内容的同时，对现实社交关系也有补充和巩固作用，例如，网络游戏受到越来越多青少年的青睐，但青少年在玩游戏时，倾向于和好朋友或者固定的玩伴组队。青少年参与网络活动以及在网上自我表达的行为，也不是无所顾忌、毫无保留的，更像是在“观察”整个网络社会以及某些个体行为，从而感知整个社会环境和个体特性，这有助于加强青少年自身主体意识的觉醒和培养，推进青少年社会化进程。但一些负面的网络热点事件和个体行为，如暴力、色情、虚假、欺骗等，不利于青少年良好心理素质的培养和主流意识形态认同的塑造。

5. 上网的影响：更便捷的需求获取与被挤占的时间

在2020年的调查中，受调查者认为“上网带来的好的变化”主要有“获得知识变得更容易了”（44.6%）、“与人交往变得更方便了”（33.5%）、“有了很多新的游戏和娱乐方式”（32.4%）、“学习方便了”（31.4%）、“通过网络学习了很多新技能”（26.4%）。与此同时，大量受调查者表示上网后“比以前更爱待在家里，运动减少了”（43.7%）、“用电脑和手机太多、视力下降很快”（42.1%）、“分走了不少学习时间”（36.6%）、“自己更懒了，更加依赖网络，懒得自己想问题”（28.5%）。在传统的社会化过程中，青少年在学校、日常生活中与同伴的现实相处能结成良好的社会关系和社会支持系统，能够帮助其获取同伴支持、不断健全人格、提升自我感知能力、促进问题消解等，对青少年从心理和情感上适应社会具有诸多的积极影响。互联网及各类娱乐社交软件的普及，虽然为青少年成长提供了全新的环境，但也改变了青少年日常生活和社会化的方式和渠道。一方面，开放便捷的互联网环境让青少年现实同伴关系能够进一步得到巩固和发展，同时，网络应用的多样性、匿名化使得青少年有可能跳脱现实情境的多种束缚，通过线上互动、更新个人状态、发表个人观点，实现更加积极真实的社会交往和自我呈现。另一方面，网络游戏、短视频、微信、微博等为青少年带来更加丰富、便捷地获得体验的同时，过度沉溺其中也会导致青少年与现实社会的疏离，并极大地影响个人情绪，如产生孤独感、嫉妒情绪等。已有研究指出，频繁的孤独感体验会降低个体的生活满意度，甚至可能导致抑郁和自杀行为。[①] 与此同时，当青少年无法严格管理、把控互联

① 孙晓军：《科学引导青少年的网结生活和网结社交》，《人民教育》2020年第24期。

网的使用时间、用途时，不仅会侵占学习、活动时间，还有可能产生互联网强迫性使用心理，当互联网使用欲望无法及时得到满足时，会产生沮丧不安的情绪，以及长期注视电子屏幕、缺乏体育活动导致视力、免疫力下降等。长时间待在室内，沉溺于个人世界，必然占据青少年与现实社会接触的时间，压缩青少年现实社会化的途径和机会。

6. 青少年网络行为有较好的自我认知和管理

虽然互联网几乎已经成为青少年日常生活的一部分，但青少年的网络行为并未随着网络接触和使用程度的加深而更加开放，在行为和动机上都有较强的“自控性”。这表现在青少年网络社交的主要对象为在现实社会中就认识的“熟人”以及“观察式”的自我表达。2020 年在关于青少年网络行为的调查中，73.5% 的受调查者表示自己几乎没有“在网上做过明知不应该做的事”，仅有 1.5% 的受调查者表示自己经常/总是“在网上做过明知不应该做的事”。64% 的受调查者表示自己没有“在网上浏览过新奇刺激的内容”，60% 的受调查者表示不会“使用音频、视频等进行网上创作或发布消息（如发布朋友圈、微博、制作微信公众号、抖音短视频等）”。可见，青少年互联网使用的内容和方式虽然更加多样化，但个人对网络行为都有较为谨慎的认知和良好的自我管理。

7. 网络与现实“交相辉映”

网络社会与现实世界对青少年的影响并不是相互割裂的，互联网虽然带有明显的虚拟性、匿名化特征，但青少年在网络世界的行为，往往带着现实生活的烙印。网络社交虽日渐风靡，但青少年并不会因此利用互联网的便利，轻易地在社交软件中与陌生人结为好友，他们的微信/QQ 好友中，“在现实社会中认识的人”仍占据绝大多数。可以认为，青少年的网络社交，一定程度上是现实社交状态向网络社会的转移。此外，网络流行语、追星、亚文化等这些近年来广受青少年喜爱和追捧的话题，它们的衍生、发展与青少年息息相关，这些话题广泛活跃于网络，也是现实情境中青少年同伴交流的热点，为青少年融入现实生活、获得良好的人际交流体验创造了更多可能。

8. 从“他律”到“自律”，不再被技术操控的青少年

互联网的迅速发展和普及带来了技术红利，同时也产生了一系列社会问题和担忧。互联网在我国发展和普及初期，对青少年群体就有强大影响力，处于青春期的青少年好奇心强，同时又缺乏必要的是非观念和自控能力，沉迷网络游戏、因为网络与家人产生矛盾的社会事件层出不穷。近年来，这一趋势逐渐发生了转变，青少年在互联网面前，不再是毫无“招架之力”，在互联网使用过程中，其娱乐休闲功能下降，辅助学习、开阔视野的功能逐渐彰显，即使没有家长监督，大部分青少年也能够自觉控制自己使用手机的时间和浏览的内容，使用手机与家长发生矛盾的概率不断下降。可见，互联网已经成为青少年生活成长的背景，青少年对互联网的使用，也有了自我规避和控制机制。

三　互联网时代青少年社会化

（一）互联网广告过度泛滥

与庞大的互联网市场相伴而生的是花样百出的互联网广告。这其中最具代表性的便是弹窗广告，一打开电脑、网页，这些广告便像“狗皮膏药”般反复弹出且难以关闭，不仅极影响用户体验，而且经常包含虚假、色情、赌博内容，甚至病毒链接。此外，弹窗广告通常运用大数据为客户量身定制，实施精准定位、精准推送。上海市消保委发布的评价报告显示，有58%的App含有广告，其中有66.7%的广告没有设置关闭键。① 不加规范、不受控制的互联网广告堪称互联网“毒瘤”，令用户“苦不堪言”。弹窗广告多年来投机取巧、屡禁不绝，显示出我国在网络空间治理上的明显缺位。我国《广告法》第44条规定：“利用互联网发布、发送广告，不得影响用户正常使用网络。在互联网页面以弹出等形式发布的广告，应当显著标明关

① 转引自周世虹《尽快修改广告法44条根治弹窗广告》，《人民政协报》2021年3月1日。

闭标志，确保一键关闭。”该法条看似对网络用户进行保护，实则是为弹窗广告发布者留了空子，为用户增加了点击关闭义务。大部分弹窗广告虽设置了关闭按钮，但位置隐蔽，很难找到，一些广告的关闭按钮甚至为其他网页链接，更多的是多次点击才能关闭，随之反复弹出。此外，相关监管人员专业性不强、监管部门设置烦琐、职能交叉，互相推诿，都为弹窗广告的大量滋生提供了便利。

广告虽小，但事关重大。在近十年的调查中，受访者认为自己上网时遇到的不良信息首先来源于“广告”，其比重居高不下，其次为视频、游戏（见图5）。在2013年的调查中，广告推销、不雅图片、骚扰信息是青少年在互联网使用中最常见的不良信息形式。调查数据明显透露青少年深受弹窗广告侵扰，这背后是色情、暴力诈骗等可能对青少年身心健康造成严重危害的内容，对于尚未形成完整自我保护意识的青少年而言，这些网络广告危害极大。

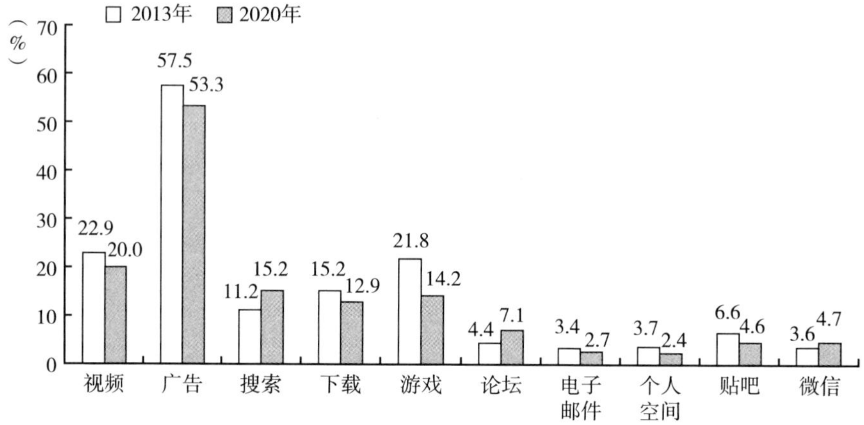

图5　不良信息的主要来源

（二）青少年模式“形同虚设”

为促进青少年健康合理使用互联网，国家互联网信息办公室等七部门联合发布的《关于加强网络直播规范管理工作的指导意见》明确指出："重点规范网络打赏行为，推进主播账号分级分类管理……应当向青少年提供'青少年模式'。"近几年来，虽然在手机研发、App 下载使用时，屏幕会弹出是否使用青少年模式的询问和提醒，但是更多时候，青少年模式形同虚设。在 2020 年的调查中，在上网和使用各类 App 时，表示"经常""总是"主动使用儿童模式或青少年模式的受访者仅占 31.5%，足可见青少年模式在现实中的接受使用程度较低。

在青少年模式中，网页和各类 App 会自动屏蔽不适合青少年浏览的内容，对网络使用时间、范围、功能具有明确的规范，并限制青少年在游戏、视频、聊天时进行打赏、充值，能够在很大程度上降低青少年接触不良信息的可能性，为确保青少年在虚拟社会空间的健康社会化提供了可能。但由于相关教育和了解的缺失，青少年在实际使用互联网时，青少年模式极容易被忽视。青少年模式可能影响开发者盈利规模，很多平台虽然上线了青少年模式，但时常"睁一只眼闭一只眼"，并不会强制使用，甚至诱导青少年使用父母手机进行打赏、购买商品。此外，由于使用频率相对较少，平台在青少年模式开发过程中缺乏考虑、投入较低，致使该模式本身在功能、使用体验方面存在巨大技术漏洞。这些都导致了青少年模式实际应用效力的削弱。

作为保护青少年合理上网的必要举措，青少年模式不该是可有可无的选项。伴随着青少年网民的不断增长和互联网对现实生活的浸入，青少年模式应该不但要用，而且要用好，才能从根本上为青少年塑造和谐健康的网络环境。

（三）网络使用及信息传播法律意识淡薄

2019 年 10 月 1 日，我国首部《儿童个人信息网络保护规定》正式实施。该规定正式对我国境内通过网络收集、存储、使用、转移、披露不满 14 周岁的儿童个人信息进行规范，明确了儿童个人信息网络保护的正当必要、知情同意、目的明确、安全保障、依法利用五大原则，涉及网络运营者对于儿童信息的保护，投诉、举报的方式和渠道，存储儿童个人信息时要确保信息安全等。但在 2020 年的调查中，41.9% 的受访者表示“听说了”“知道了”该规定，仅有 18.1% 的受访者表示“知道了，而且还学习了这个法的内容”。

法律不仅意味着对于个人行为的约束，同时也对个体具有保护效力。从已有数据来看，我国青少年对于网络使用过程中的自我约束和自我保护意识都很薄弱，导致在遭到威胁、侵害时不能及时拿起法律武器保护自己。

（四）网络素养教育缺失

在 2010 年的调查中，89.6% 的受访者表示自己“上过学校的互联网课程”，并有 65.8% 的受访者认为“学校的互联网课程对自己有帮助”，在 2020 年的调查中，仅有 28% 的受访者表示自己“上过”专门的网络素养课程。在互联网发展初期，为了使学生能够更好地掌握信息技术，教师通过主题教学，让学生掌握以电脑为主的信息技术操作技能。在这一时期，互联网课程集中于教会学生使用电脑和互联网。随着互联网的纵深发展，作为互联网“原住民”们的青少年往往“无师自通”，掌握了像“穿衣吃饭”一般稀松平常的互联网技术。当对世界充满好奇的青少年被数字技术所包围，对虚拟世界的过度依赖、价值观引导和塑造困难等问题也一一浮现，在这种情境下，网络课程教育被赋予了新的使命和内涵，如何提升青少年的网络素养，成为家庭、学校、社会必须面对和思考的课题。

显然，针对青少年的网络素养教育目前并没有引起足够的重视。在信息技术课程无法适应青少年之后，大部分学校并未结合时代新趋势对课程进行改革，这实则为青少年塑造良好成长环境过程中的一大短板。

（五）青少年上网时间过长影响身体素质

在 2010 年的调查中，受访者认为“学生上网最严重的问题”集中于“耽误学习”“玩游戏/聊天上瘾”（见图 6）。而在 2020 年的调查中，受访者认为“上网带来的不好的变化”主要是“比以前更爱待在家里，运动减少了”“用电脑和手机太多，视力下降很快”，其次是“分走了不少学习时间”“更懒了，更加依赖网络，懒得自己思考问题”（见图7）。可见，使用网络对青少年的影响，由最初的在互联网使用时间、使用技术上缺乏自控能

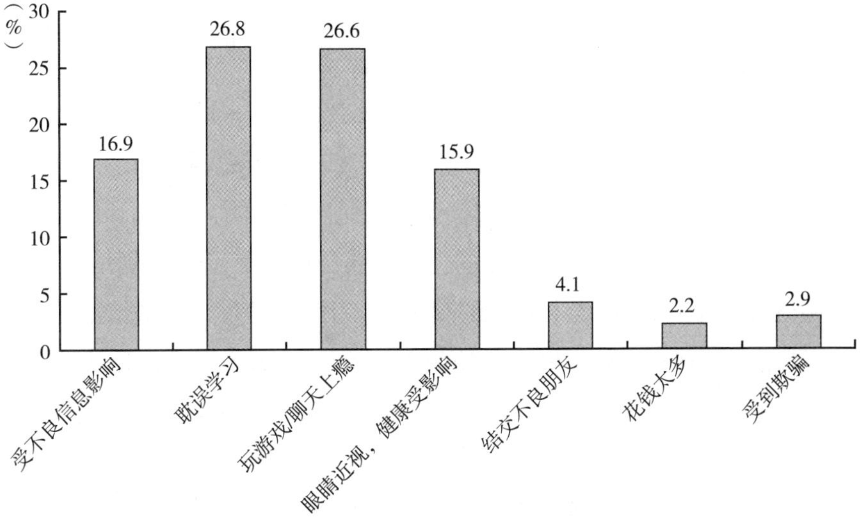

图6　学生上网最严重的问题（2010）

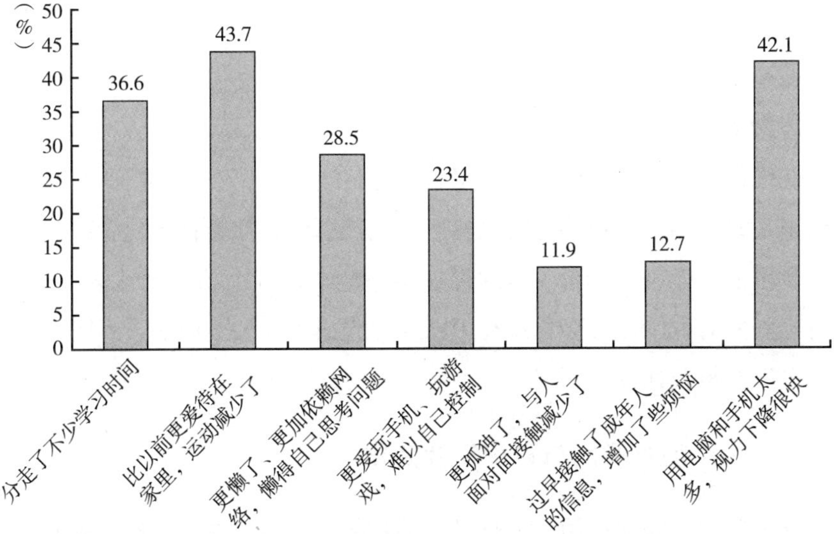

图7　上网带来哪些不好的变化（2020）

力，导致过度沉溺网络、耗费学习时间，发展到了在互联网社会全面到来之后，青少年使用互联网的条件更加成熟、时间更加自由，但户外运动时间被大量挤占、长时间注视手机屏幕导致视力下降。多样化的互联网娱乐、生活方式压缩了青少年感知、体验现实社会的机会和时间，社会化空间也从“室外”转移到“室内”。这其中，隐藏着虚拟社会化过程中可能导致的青少年上网时间过度消耗和身体素质降低的风险。作为一种与现实社会化并存的社会化机制，与传统社会化过程中经常接受家庭、同辈群体、学校以及传统媒介的影响，从而实现个人的社会化不同，虚拟社会化作为一种新的社会化途径，具有施化者的虚拟性、社会化过程的双向性和社会化结果与现实社会脱节等特征。虚拟社会化使得青少年只需一部联网设备，就可以实现在相对封闭的空间与外界接触，长时间在室内独处、注视电子屏幕可能致使青少年在上网过程中过度消耗时间、运动量缺失带来身体素质下降、现实人际沟通障碍、心理认知易出现偏差、角色认同困难、道德偏离等多种负面影响。在互联网社会，如何避免青少年过度虚拟社会化，实现现实社会化与虚拟社会化的平衡，塑造良好、完整的人格形态，是新的社会问题，也是需要社会各界共同面对和解决的难题。

四 对策及建议

网络以其前所未有的信息容量和信息传递方式，宣告了新的互联网社会的到来，青少年社会化的范式也发生了变迁，作为社会化施化者的不确定性进一步增强，作为受化者主体的青少年在整个过程中的被动性进一步减弱。面对互联网对青少年社会化过程中已经引起或可能发生的一系列问题，笔者提出以下对策及建议。

（一）正视互联网与青少年社会化

青少年与互联网使用，一直以来都是备受社会关注和讨论的议题。一方面，任何人、任何社会都无法摆脱互联网的强大影响。另一方面，互联网开拓了青少年社会化新途径。在青少年使用互联网日渐常态化的情境下，保证青少年在互联网时代的健康社会化，需要社会制度、学校、监护人等的干涉与引导，但不必过度悲观消极。

1. 互联网构筑青少年求知新途径

在近十年的调查中，青少年借助互联网开展线上学习的比重不断提升。尤其在疫情期间，网课成为学校开展教学活动、青少年汲取知识的最优选择。此外，调查数据显示，青少年利用互联网学习的自律能力不断提高。在2020年的调查中，61.8%的青少年认为上网课对自己的学习成绩“明显提高”“有所提高”，在学习过程中遇到不懂的问题时，34.4%的受访者表示自己会通过网络搜索或学习类App求得问题解决，74.4%的受访者表示自己在学习的时候，在“所有情况”“多数情况”下都能控制好自己不去上网玩。可以看出，在特殊的社会历史时期，互联网不仅确保了教育的可持续性，同时也为青少年求知提供了新途径。尤其是在当前社会，父母作为青少年的监护人，通常背负着较重的工作压力和生活压力，难以在青少年学习过程中给予全面及时的指导。不仅如此，互联网海量便捷的信息搜索、浏览功能，也为青少年打开了一扇全新的了解世界的“窗口”。从这一方面来说，互联网为青少年构筑了全新的求知途径，也是青少年感知社会、促进青少年社会化的窗口和补充。

2. 互联网有助于培养青少年时代观念和时代使命

在传统的教育模式中，教室、教师和学生构建了主要的受教育空间和教育主体，在这种教育背景下，虽然青少年接受教育的环境更加单纯，受到外界声音影响的可能性更小，但传统老套的教育内容和教育模式，容易导致青少年视野狭窄，观念落后，跟不上时代的脚步。在互联网时代，学生受教育的场所和知识来源早已不局限于教室内部和教师传授。互联网搭建的平台让青少年能够及时了解发生在学校之外的事件，并通过媒体引导、网友评论把握事件风向，使得青少年在接受学校教育的同时，体察社会热点，开阔视野，促成青少年时代观念和时代使命的及时更新。

3. 开阔社交面，缔造自我实现的新空间

互联网一方面将青少年的现实好友转移到了网上，开辟了其与现实好友沟通交流的新路径，另一方面，网络为青少年与现实之外的同辈群体沟通交流提供了技术支持和可能。青少年可以通过互联网了解在现实世界中没有交集的同辈群体的生活经验，这些经历能够极大地丰富青少年的人生阅历。此外，青少年可借助网络空间展现个人生活状态、发表言论、参与一些社会活动，进行自我表达，实现自我价值。

（二）多方联合，净化青少年社会化网络空间

互联网对青少年社会化可能产生的影响无法回避，只能通过净化网络空间为青少年在虚拟层面的社会化创造一个良好的环境。

1. 监护人：熟识法规，加强引导

家庭作为青少年成长的摇篮、第一场所，监护人正确、合理、合法履责对青少年健康成长十分重要。监护人不仅要为青少年成长创造和谐友爱的家庭环境，还要知悉相关法律规定并做好对青少年的法律知识熏陶教育，增强青少年法律素养、自我保护意识和能力。以我国首部《儿童个人信息网络保护规定》为例，该规定中，部分内容涉及互联网运用过程中网络运营商与监护人、青少年之间关系处理和责任分配，青少年及其监护人知悉相关内容，不仅有助于监护人在必要时刻合理合法保护青少年权益，也能使青少年做好自我保护。此外，监护人要做好对青少年使用互联网的监督和引导工作，引导青少年在互联网使用过程中使用青少年模式，控制互联网使用时间和浏览内容。

2. 学校：重视和开展网络素养教育

作为学龄青少年接受教育的主要场所，学校在做好常规教育教学工作的同时，对于青少年的网络素养教育也不能掉队。目前来看，学校在青少年网络素养教育方面主要存在以下问题：一是教育理念落后。一些网络素养教育课程仍沿用互联网在我国发展初期的教育理念和教育模式，旨在让学生掌握基本的互联网应运技术，在青少年运用互联网日渐娴熟、无师自通的今天，这种教育理念已经落后，面临淘汰。二是教育时间集中，教学模式单一。青少年网络素养教育不应该只集中于某一节课或者某一个学科，而应该发挥社会大课堂的作用，贯穿于各个学科的教育中，教师结合社会热点、新闻时事

等开展课程教育，不仅能增强课堂的趣味性，在教学内容吸收和网络素养教育方面，也能起到事半功倍的效果。

3. 社会：加强监督与规制

互联网时代青少年的健康成长一直是国家、社会层面关心和重视的问题，为此也出台了一系列法规政策。目前来看，仍存在相关部门执法监督不严、法律义务和法律责任不明确、多方合力治理未落到实处、相关企业趁机钻空子的问题。以“弹窗广告”为例，这类广告之所以屡禁不止，甚至包含病毒链接、色情信息，与法律漏洞、相关部门履职不严、问责不到位息息相关。创建净朗的网络空间，相关部门不能缺位。

B.11
应对互联网风险的未成年人社会心理建设

郭 思*

摘 要： 2020年是极不平凡的一年，互联网的发展在新冠肺炎疫情期间为未成年人的学习和娱乐提供了更多元、更开放的方式。同时，由于未成年人特殊的身心成长特点，他们在使用互联网的同时面临着诸如网络安全、网络依赖、数字鸿沟等多方面挑战。可以通过增加未成年人心理健康的应对策略研究、引导未成年人形成正确的价值观、激发未成年人应对风险的内在潜能、加强社会心理服务体系建设、加强网络安全防护、缩小数字鸿沟等方式加强未成年人的社会心理建设，从而帮助未成年人积极应对互联网风险。

关键词： 未成年人 互联网风险 社会心理建设

进入 21 世纪，互联网的发展使我们的日常生活进入了过去无法想象的世界。一部智能手机，几乎可以满足人们的所有日常需求。然而，互联网在为我们提供便捷的同时，也带来了网络隐私泄露、网络诈骗等消极影响。在全方位迅速发展的互联网时代，由于未成年人还未建立起成熟的价值观、独立的人格，这种消极影响在未成年人身上表现得尤其明显。

---

* 郭思，中国社会科学院大学社会学院博士研究生，主要研究方向为社会心理、青年心理。

截至2021年6月，我国的网民规模达到10.11亿，互联网普及率达到71.6%。其中，10岁以下网民占比为3.3%，10～19岁网民占比为12.3%。[①] 作为我国网民的重要组成群体，未成年人在互联网时代背景下生活、成长、成才，互联网技术融入了未成年人生活的方方面面。然而，互联网在为未成年人提供学习工具、沟通桥梁和娱乐平台的同时，也使得未成年人面临着前所未有的互联网风险。面对前所未有的互联网风险，未成年人的社会心理建设显得尤为重要。

一　当今未成年人面临的互联网风险

随着网络信息技术的发展，数字社会随之而来，未成年人的陆续"触网"，使得未成年人成为我国网民的重要组成群体。未成年人使用网络主要集中在网络学习、网络休闲娱乐（包括听音乐、玩游戏、看视频等）、网络沟通交往等方面。多维度分析未成年人的网络使用行为，可以总结出未成年人当今面临的互联网风险主要有如下方面。

（一）网络安全防护风险

未成年人在使用互联网使用过程中面临的网络安全防护风险主要体现在隐私泄露、网络欺凌、网络诈骗、遭遇不良信息等方面。

1. 隐私泄露风险普遍存在

进入互联网时代，随着电脑和网络信息共享的大规模发生，网络隐私泄露成为人们的担忧。未成年人的网络隐私包括了个人可识别信息和网页访问行为等个人不可识别信息。未成年人由于缺乏个人网络信息的保护意识、警惕性不够，在使用互联网的过程中可能将个人可识别信息（如家庭住址、姓名、年龄等）泄露给陌生人。调查显示，有20.8%的未成年网民不具备

① 数据来源：中国互联网络信息中心发布的第48次《中国互联网络发展状况统计报告》，2021年8月，第28页。

任何隐私保护意识。[①] 另外，随着信息技术的快速发展，未成年人的网页访问行为等不可识别信息也面临泄露风险。

2. 网络欺凌影响身心健康

由于网络的低门槛和匿名性，互联网开始取代校园，成为一些未成年人欺凌和被欺凌的场所。网络欺凌是互联网时代的新兴产物，指的是通过互联网进行的欺凌和暴力事件。个人或群体通过社交媒体、即时通信平台、游戏平台等数字技术对他人进行恶意攻击，造成他人在身体或精神方面受到伤害的行为，构成了网络欺凌事件。网络欺凌会在不同程度上对未成年人造成心理上、情感上、生理上等多方面的、持续的伤害，甚至会影响未成年人人格特质的形成。遭遇到网络欺凌时，未成年人在心理上容易产生挫败感、自卑感、羞耻感、无助感、焦虑、抑郁等负面认知和情绪，甚至还会造成疲倦、睡眠障碍、饮食不振等躯体反应。同时，参与网络欺凌的未成年人，往往存在情感、行为过激等问题，也会深感自责、后悔、负有罪恶感，导致注意力无法集中。此外，由于受到社会环境、生活经历等多方面的影响，未成年人容易把生活中的不满转化为网络欺凌的动力，把自己的不满和愤怒发泄到无辜的陌生人身上，导致人肉搜索、网络恐吓等事件的发生。伴随互联网的发展，一些未成年人正在陷入遭遇网络欺凌和参与网络欺凌的双重身份中。

3. 网络诈骗成为重大隐患

调查显示，2020 年我国未成年人网民中，有 10.0% 遭遇了网络诈骗事件。[②] 作为特殊的弱势群体，未成年人很容易成为网络诈骗分子的潜在目标。通信技术的发展使得网络诈骗技术和手段不断更新，骗子通过微信、网络游戏、短信息和邮件等方式向未成年人发送链接，由于未成年人缺乏正确的判断能力，辨识能力差，很容易成为被骗对象，通过点击相关链接或者填

---

① 数据来源：中国互联网络信息中心发布的《2019 年全国未成年人互联网使用情况研究报告》，http：//cnnic. cn/hlwfzyj/hlwxzbg/qsnbg/202005/P020200513370410784435. pdf。

② 数据来源：中国互联网络信息中心发布的《2020 年全国未成年人互联网使用情况研究报告》，http：//cnnic. cn/hlwfzyj/hlwxzbg/qsnbg/202107/P020210720571098696248. pdf。

写验证码、发送个人信息等方式导致未成年人家长的个人信息和银行卡余额被盗取等情况发生。

4. 不良信息充斥网络平台

由于网络监管不力，相当一部分未成年人在使用互联网的过程中遭遇过各类不良信息，如儿童色情视频、血腥暴力视频和赌博、造假等各类违反道德和法律、破坏信息安全的内容。大量不良信息充斥网络平台，容易对未成年人的身心健康、学习、生活等多方面产生负面影响，不利于未成年人树立积极健康的价值观。遭遇不良信息可能使未成年人思想混乱、价值观扭曲、意志低沉，严重阻碍了未成年人的身心健康发展。

（二）网络依赖风险

未成年人过度依赖网络容易导致网络成瘾，网络成瘾近年来成为人们关注的重要社会问题。网络成瘾亦作不当网络使用或病态网络使用，指的是使用者由于过度使用互联网而使其日常生活受到影响的症状。研究表明，未成年人相比于其他年龄群体，上网更加普遍，与此同时也有更大成瘾的风险。① 网络成瘾问题随着互联网的普及而产生，对于未成年人的身心健康影响深远，长时间的网络成瘾可能增高未成年人的抑郁风险，打乱未成年人正常的学习、工作和生活节奏，导致未成年人身体素质下降，甚至会影响未成年人的师生关系及家庭和谐氛围。

（三）数字鸿沟风险

疫情期间，网络在线课堂成为大中小学生的主要上课方式。网络在线课堂的大力推广突破了受疫情影响的物理空间的隔离，不仅节省了教育成本，使学校教育发展出适合互联网时代的教育方式和教育理念，未成年人在上网

① Anderson, E. L., Steen, E., & Stavropoulos, V., "Internet Use and Problematic Internet Use: A Systematic Review of Longitudinal Research Trends in Adolescence and Emergent Adulthood." *International Journal of Adolescence and Youth*. 2017, 4 (22), 430 - 454. doi: 10.1080/02673843.2016.1227716.

课的过程中，其自主学习的意识和能力也得到了提高。不过，“停课不停学”的背后，“数字鸿沟”的现实问题也逐渐凸显出来。2020 年 3 月，河南省邓州市一位初中生因没有智能手机不能按时上网课而试图自杀，这意味着“数字鸿沟”仍然是当今未成年人面临的重要问题。根据《2019 年全国未成年人互联网使用情况研究报告》，虽然未成年人在城乡之间的数字差距了进一步缩小，但是在经济条件较为落后农村地区的未成年人与生活在城市的未成年人相比，在互联网使用机会和使用能力等方面仍然存在很大的差距。而这种差距的存在，表明不同阶层的未成年人之间存在“数字鸿沟”。

二　未成年人互联网运用的风险认知问题及其原因分析

未成年人正处于个体从不成熟走向成熟的特殊时期，其生理成熟水平显著提高的同时，社会心理特征也发生了较大的变化。当前未成年人所面临的互联网风险，与其特有的心理特征紧密相关，掌握未成年人的心理特征，分析影响未成年人在互联网风险面前的社会心理特征，才能更好地了解和应对未成年人所面临的互联网风险。

（一）辩证思维发展滞后导致未成年人辨识能力较差

辩证思维是能够反映事物的辩证关系、辩证地去思考问题的思维方式，是理性认识的高级阶段。未成年时期，未成年人的抽象思维发展相对成熟，与此同时，辩证思维开始发展。先前的阶段性知识学习和积累为未成年人辩证思维的发展奠定了基础，但相比抽象思维的发展具有一定的滞后性。辩证思维发展的不足，导致未成年人看问题时缺乏全面性、容易陷入片面性，甚至带有盲目性，这也不利于他们形成正确的世界观、人生观和价值观。未成年人对于什么是正确的幸福观、友谊观和价值观，还处在并未明晰的状态。所以，在使用互联网的过程中，面对满目琳琅的网络世界，他们不能正确判断信息的真伪和善恶，无法辨别出对自己有害的不良信息，这导致未成年人容易轻信网络信息和陌生人，从而无意中泄露自己和家长的隐私，甚至造成被骗取钱财、被欺负和被勒索等情况的发生。

（二）思维品质的矛盾表现导致未成年人的认知片面

思维品质的矛盾表现是未成年人的突出特点之一。随着年龄的增长，自我意识得到进一步发展，未成年人开始追求独立思考，其思维方式呈现出独立性和批判性的特点。思维品质的矛盾，常常体现在未成年人看待问题和解决问题的方式上。他们看待问题常常停留在表面，不能透过现象抓住问题的本质，在解决问题时容易片面化。现实中，未成年人的片面性与表面性的表现是多种多样的：有时表现为怀疑一切，坚持己见但是又常常论据不足；有时表现为孤立、偏执地看问题；有时好走极端，容易肯定一切或否定一切等。这些思维品质的矛盾表现，使得未成年人在面临互联网风险时不能做到全面考虑，采取行动时没有充分考虑后果，网络欺凌、人肉搜索等网络安全事件的发生即与此特征有关。

（三）社会急剧转型导致当今未成年人承受压力越来越大

青少年时期是人进行社会化的重要时期，此时既是未成年人人生观开始形成的时期，也是容易发生两极分化的时期。从总体上看，未成年人的品德虽然具备了伦理道德的特征，但仍旧是不成熟的，未成年人的品德发展是动态变化的。作为社会化的结果，未成年人逐渐形成自我风格，其独立性显著增强，但随着现代化程度的不断提高，未成年人在面对生活世界的现实问题和价值冲突时，他们辨别是非和解决问题的能力还有待提高，不能脱离未成年人身份独立地去适应成人社会。这种矛盾和品德的动态变化性，使得未成年人面对其所处的生活世界时承受着一定的心理压力和选择焦虑，经常会因遭遇挫折而动摇信念，怀疑自己的能力。当这种焦虑影响到未成年人的情绪时，他们可能选择通过网络来躲避现实生活世界的烦恼，以获得暂时的安宁。这导致了未成年人容易出现痴迷网络游戏、沉溺网络等现象。

（四）未成年人尚未形成成熟稳定的价值观，依赖意识较强

随着互联网技术的逐渐成熟，未成年人上网普遍存在年龄小、网龄长的特点。处于青春期的未成年人，他们的心智发育尚未成熟，依赖意识较强，自制力和鉴别力较差。随着上网设备的便捷化，未成年人的上网机会增加，随时随地上网使得他们的上网时间也显著增长，但是由于自控能力相对较差，未成年人往往不能合理地安排使用互联网的时间，花费大量的时间和精力使用互联网。长时期的上网使得未成年人的网络依赖感逐渐增强，会导致未成年人沉迷网络的不良后果，潜藏着巨大的风险。

（五）发展机会鸿沟扩大导致数字鸿沟

罗伯特·帕特南在《我们的孩子》一书中提出，经济不平等导致下层阶级家庭与上层阶级家庭存在经济鸿沟，从而使得不同家庭的孩子在受教育方式、社会经济地位等方面存在差异，种种差异带来的直接后果是来自不同社会经济背景的青少年并不能获得大致相等的人生机会。[①] 也就是说，不同社会阶层之间的经济不平等，导致了不同阶层未成年人的受教育方式不同，而这直接导致了未成年人之间存在机会鸿沟。

现如今，我国未成年人在触网机会和上网渠道之间的差距较过去大为缩减。虽然城乡未成年人在上网机会方面的差距越来越小，但他们使用互联网的方式和从网上获利的差距仍然不可忽视。上层家庭的未成年人往往掌握了更先进、更复杂的数字技术和数字使用技术，他们往往能获得更多的机会去施展其掌握的信息处理技巧。也就是说，上层家庭的未成年人在运用互联网时，能够在当下数字化经济和社会中获得更多的红利。而相对处于下层家庭的未成年人来说，虽然有相同的上网渠道，但是他们可能缺乏良好的数字教育和数字思维（由于经济差异、受教育方式等造成），无法利用互联网来增

① 〔美〕罗伯特·帕特南：《我们的孩子》，田雷、宋昕译，中国政法大学出版社，2017，第36～239页。

加他们的人生机会。这意味着，在当前的社会经济发展背景和技术条件下，未成年人在互联网使用中存在的数字鸿沟，是经济社会层面上发展机会鸿沟扩大的一种结果表现。

（六）家长在未成年人数字素养监管中缺位

家庭是青少年上网最主要的场所。未成年人由于尚未形成成熟的价值观和独立的人格，其上网行为很容易受到家庭环境和家长的影响。部分家长在使用互联网或智能设备终端时没有起到积极的榜样和监管作用，他们沉迷于短视频、网络游戏、网络赌博等不良上网行为中，导致未成年人在使用互联网时受其影响，缺乏有效的监管和约束。家长如果自己沉迷手机，没有做好榜样，容易出现孩子也沉迷手机、不听家长管教的现象。这种情况下，未成年人容易质疑父母的管教、产生叛逆心理，严重的还会和父母对着干，一意孤行。因此，家长营造良好的家庭上网环境极为重要，对于有效监督和约束未成年人健康上网意义重大，有利于未成年人养成合理使用互联网的良好习惯。

三　应对互联网风险的未成年人社会心理建设

未成年人是祖国的未来，有效地对未成年人的网络生活进行引导和干预，可以充分发挥互联网对未成年人发展的积极作用；如果置之不顾，则可能影响未成年人的健康成长。面对前所未有的互联网风险，启动未成年人社会心理建设具有重要意义。社会心理建设是社会建设的重要内容，指的是通过全社会的努力使得社会心态环境不断改善、个人和社会的心理更加健康、社会关系更加和谐、社会逐渐形成共享的价值观念，具有更高的社会和国家认同、社会凝聚力更高、社会不断发展进步的社会实践，是一种追求和建设“好社会”的社会实践。[①] 有效的社会心理建设有助于未成年人积极正确地

---

① 王俊秀：《从社会心态培育到社会心理建设》，《北京工业大学学报》（社会科学版）2015年第4期。

应对互联网使用风险，提高未成年人的辩证思维能力、自控力和约束力等各方面综合能力，能够帮助未成年人形成科学的世界观、价值观和人生观。

未成年人的社会心理发展是一个动态的、长期的、多主体参与的过程，因而未成年人社会心理建设也需要多方主体介入。对未成年人进行社会心理建设，一方面，要围绕未成年人特有的社会心理特征和需求，把握未成年人群体心理的形成规律，关注和聚焦未成年人的普遍问题；另一方面，要适应社会治理和未成年人的发展需要，实施积极的干预政策，对未成年人进行积极教育和引导，联合家庭、学校和社会，建立起有效的常态化机制。

（一）关注未成年人心理健康，注重应对策略研究

由于个体的社会心理特征主要包括价值观念和人格品性，未成年人在成长过程中形成不同的人格特质和健康状况，面临不同的心理健康问题。未成年人的心理建设是社会心理建设的重要内容，在未来的社会心理建设中，可以通过制定国家心理建设规划和未成年人心理建设规划，为未成年人的身心健康提供全面支持。

此外，未成年人的社会心理建设要围绕社会和未成年人发展需求，聚焦互联网时代的未成年人重大心理问题。不同经济发展阶段，不同的未成年人群体和个体的需求不同，并且会不断发生变化，因此，社会心理建设应符合社会客观现实的基本需求，发现社会发展和互联网使用过程中与未成年人心理相关的重大问题，开展相关研究。通过对未成年人网络行为的观察和分析，探知其社会心理产生和发展的规律，能够更好地把握未成年人使用互联网过程中面对的风险及其规律特点。通过加强针对互联网风险的应对策略研究，对未成年人互联网使用行为积极引导、改变和强化，帮助未成年人塑造健康的社会心理。

（二）引导未成年人形成正确的价值观，建设强大的自我定向机制

正确的价值观对于未成年人的健康成长起着至关重要的作用，积极引导未成年人形成正确的价值观，能够帮助未成年人全面、客观地处理问题，从

而更好地应对互联网风险和生活中的种种问题。引导未成年人树立正确的价值观，要求我们把社会主义核心价值观同未成年人的社会心理发展特点相结合，以帮助未成年人树立积极向上的、科学的价值观和世界观。通过多种形式的社会主义核心价值观教育，使未成年人在其心理层面建立从认知、服从、同化到内化的心理机制，将社会主义核心价值观转化为未成年人的自主追求，形成强大的自我定向机制。这有助于未成年人在使用互联网时能够提高辩证思维和辨别能力，对于网络上的诈骗信息、不良信息等做出正确的判断，更加健康地使用互联网。

首先，尊重未成年人的主体性和能动性，加强社会支持系统的构建。未成年人在追求独立的同时还存在很强的依赖心理，外部的支持环境会在认知、情绪、行为方式等多方面不同程度地影响未成年人。未成年人的外部支持环境不仅仅是学校、家庭、同伴群体这些微观系统，同时也受到父母的工作场所、亲人的同伴网络、社区、社会文化环境等中间系统和宏观系统的影响，这就需要我们尊重未成年人的主体性，从家庭、社区、学校、社会等不同层面加强对未成年人的社会支持系统建设，激发未成年人树立社会主义核心价值观的内在需要。

其次，发挥微信、微博、抖音短视频等新媒体的优势，丰富社会主义核心价值观的宣传方式和内容，使未成年人在学习、社交、娱乐的过程中受到社会主义核心价值观的熏陶和感染，使得未成年人对于社会主义核心价值观的认同感不断提高；加强理论宣传，发挥榜样的先锋示范作用，鼓励未成年人亲身践行社会主义核心价值观。

（三）激发未成年人的内在潜能，提高风险应对能力

外部环境系统影响着未成年人的认知和行为，而其内在的个人自身资源和潜力也不可忽视。面临错综复杂的互联网环境，未成年人自身的辨别力、适应力、意志力和应对风险的能力，对于未成年人应对互联网风险极其重要。

激发未成年人的内在潜能，需要从多方面挖掘个体的自身资源。第一，

不断提高未成年人的自我调适能力，帮助其积极应对环境影响和变化。加强理想信念教育，增强未成年人战胜外部环境的信念系统；增强未成年人的法律和道德意识，帮助未成年人形成抵制不良信息的自律性；注重培养未成年人的理性思维和逻辑思维能力，增强未成年人在面对现实社会环境时的思考力和辨别力；提高未成年人的责任意识，增强其独立应对生活的能力。

第二，强化未成年人的意志力和独立意识，降低网络依赖程度，帮助其建设抵抗沉溺网络的心理防线。一方面，通过丰富的理论教育和实践活动帮助未成年人提高意志力，帮助其提高自主克服困难、通过有效行动实现预期目标的能力；另一方面，要建立网络防沉溺机制，不仅要对教育类学习平台和 App 严加监管，也要对未成年人使用频率较高的网站和 App 加强监控力度，对网络游戏施行实名认证，对短视频、微博等内容产品进行合理限制和过滤，坚决打击损害未成年人合法权益和身心健康的网络行为，从源头上为未成年人设立防止沉溺网络的心理防线。

第三，提高未成年人的综合素质和技能，增强其应对生活风险的能力。从家庭、学校、社区等不同主体出发，注重对未成年人综合素质和生活技能的培养，关注未成年人的全方位发展，防止未成年人通过消极的网络消遣方式逃避现实生活中的挫折等现象的发生。

（四）加强社会心理服务体系建设

党的十九大报告中指出要加强社会心理服务体系建设，培育自尊自信、理性平和、积极向上的社会心态。加强社会心理服务体系建设，能够有效服务于未成年人的社会心理建设。

未成年人的社会心理服务体系涉及调查、监测、评价、干预和导向等不同层面。首先，要建立未成年人社会心理调查系统，关注未成年人的社会态度和社会情绪，开展未成年人互联网使用的专题调查，及时发现未成年人网络使用中出现的社会心理问题，进行正面引导，帮助未成年人疏导其消极的社会心态，排解负面情绪。

其次，对于未成年人社会心理的调查和测量结果，及时进行社会心理疏导和心理危机干预。及时掌握未成年人的社会认知、社会心态和社会行为等相关动态，了解未成年人的社会心理和现实问题，建立健全与未成年人心理健康教育、心理服务和心理治疗等心理援助体系。对于农村留守儿童、城市流动儿童等弱势群体，要特别倾听他们的心声，掌握弱势未成年人群体的心理特点和现实动态，帮助他们建立全方位的社会心理支持系统。

最后，建立未成年人社会行为评价和监督系统。为促进未成年人更好地成长、更快地发展，要长期关注追踪未成年人的社会心理和社会行为，并建立常态化监督机制，循序渐进地推进社会心理建设的常态化、规范化和制度化建设，建设有中国特色的未成年人社会心理服务体系，切实为未成年人的健康和幸福服务。

（五）加强网络安全防护，塑造安全健康的网络环境

1. 进一步健全未成年人网络权利与保护的法律法规和政策制度

法律法规和政策制度是未成年人健康使用互联网的前提和保障，建立健全与未成年人网络使用相关的法律法规和政策制度意义重大。进入数字时代，未成年人网络权利和保护也要顺应新时代的发展趋势，立法要切实维护未成年人的合法权益，关注未成年人关心的核心问题，从制度层面为未成年人提供健康的互联网环境，帮助未成年人在使用互联网过程中自我保护和积极发展。

2. 逐渐地扩大学校未成年人数字素养教育的覆盖面和可及性

扩大未成年人数字素养教育的覆盖面和可及性，需要从学校教育入手。处于不同受教育阶段的未成年人社会心理特点不同，针对不同教育阶段，相应地设置适合该阶段的数字素养教育课程，帮助未成年人掌握科学使用互联网的技巧，培养其合理上网的能力。此外，针对教育资源和水平相对落后的地区，可以通过一对一帮扶等政策将教育发达地区的数字素养课程进行远程直播和推广，让落后地区的未成年人享受到发达地区的先进教育资源。

3. 家庭应不断提升在未成年人网络运用监护体系中的作用

家庭是未成年人成长生活的主要场景，家庭的监护作用在未成年人的网

络保护体系中占据重要位置，父母对子女的数字教育和监管影响深远。一方面，家长应密切关注未成年人的网络使用行为习惯和文化生活，充分了解孩子的网络生活现状，对未成年人在使用互联网过程中遇到的技术问题、价值问题等困惑进行及时解答。另一方面，家长要积极与未成年人进行有效沟通，引导未成年人正确辨别网络风险，传授相关的互联网风险应对方法，帮助未成年人在使用互联网的过程中更好地实现权利保护和自我发展。此外，家长应积极发挥榜样作用，提高自身的数字素养，形成良好的家风，通过身体力行和言传身教为未成年人创造良好的互联网使用环境。为此，可充分借助家校联动、居委会和村委会等基层自治组织、网络平台的渠道，开展家庭数字素养教育活动，帮助家长提升数字素养。

4. 互联网平台应充分发挥对未成年人数字成长的赋能作用

互联网企业平台在为未成年人提供健康安全的网络环境中起着重要作用。互联网企业应全面了解未成年人的成长特点和互联网使用需求，积极承担社会责任，进行严格的内容审查，剔除不健康和危险、落后的内容，提供符合未成年人需求的互联网产品和服务。同时，互联网平台可以利用先进的信息与通信技术为留守儿童等弱势未成年人群体提供更多的互联网红利，让数字技术真正助力下一代发展、为青少年所用。

（六）努力缩小城乡、阶层差距，削减数字鸿沟

数字鸿沟是机会不平等导致的机会鸿沟的一种特殊表现形式，闭合数字鸿沟，需要从根本上闭合机会鸿沟，减少经济不平等，坚定不移地走共同富裕道路。当前，缩小城乡差距和阶层差距仍然是我国社会面临的重要问题，发展差距的缩小对于闭合数字鸿沟意义重大。

首先，持续推动高质量发展，缩小收入差距特别是城乡收入差距，扩大中等收入群体规模，在保证高质量发展的同时，不断满足人民对于美好生活的需求，改善收入和财富分配，扎实推动共同富裕。这就要求我们必须把高质量发展摆在更加突出的位置上，着力提高生产发展质量和效益。缩小城乡、阶层发展差距，使落后地区和处于较低收入阶层家庭的未成年人更好地

享受改革发展成果，享有更加充分的数字权利。

其次，大力推广数字乡村建设，通过多方努力共同缩小数字鸿沟。数字鸿沟是前所未有的困难和挑战，需要从观念、政策和社会资源投入等多方面共同做出努力。通过增加普惠型数字技术的发展，可以适当弥合数字鸿沟。鼓励互联网企业和技术社群承担更多的数字责任，针对处于数字鸿沟另一端的弱势未成年人群体开发相应的数字产品和服务。数字鸿沟的出现，是人类数字化转型时期出现的普遍现象，新技术和新应用层出不穷、更新换代迅速，所有的人和组织都可能面临落后和被淘汰的情况，因此，注重未成年人群体的能力建设，加强学习型社会的建设尤为重要，政府和社会应为未成年人群体提供更多教育和培训资源，鼓励数字时代的未成年人自主跨越数字鸿沟。

参考文献

林崇德、李庆安：《青少年期身心发展特点》，《北京师范大学学报》（社会科学版）2005 年第 1 期。

俞国良：《社会转型：社会心理服务与社会心理建设》，《心理与行为研究》2017 年第 4 期。

左春雨：《关于新时代加强社会心理服务体系建设的思考》，天津市社会科学界联合会、天津市社会科学界第十四届学术年会优秀论文集：《加快构建中国特色哲学社会科学 推进“五个现代化天津”建设》（中），天津市社会科学界联合会，2018。

刘艳、董玉红：《新媒体时代社会心理建设的新探索》，《石家庄学院学报》2019 年第 6 期。

郑建君：《大数据背景下的社会心理建设》，《哈尔滨工业大学学报》（社会科学版）2019 年第 4 期。

许燕：《后疫情时代的社会心理应对》，《心理与行为研究》2020 年第 6 期。

蒋俏蕾、童淑婷、陈宗海：《青少年互联网依赖与风险应对》，《青年探索》2020 年第 6 期。

马姗姗：《面对网络风险，青少年媒介素养如何提升》，《光明日报》2020 年 9 月 18 日。

B.12

未成年人个人信息网络保护状况

王　颖*

摘　要： 2020年,立法、司法、行政、互联网平台协同发力，未成年人个人信息保护进展显著，法律法规建设稳步推进，相关专项治理效果显著，个人维权意识提高。App 侵权、违规收集信息、违规使用信息、强制索取信息等问题得到重视。同时，短视频平台的个人信息隐患、人脸识别的信息威胁等问题冲击着现行法律法规。针对现存的问题与挑战，本文从立法、司法、行政、社会等角度提出完善未成年人个人信息保护的建议。

关键词： 未成年人　个人信息保护　个人信息侵权　个人信息治理

互联网已深刻嵌入未成年人的学习、生活、社交。一方面是互联网为未成年人建立崭新的空间，另一方面是因互联网使用不当造成不良后果的新闻屡有发生。其中，未成年人的个人信息保护是最突出的几大问题之一。近年来，我国在个人信息保护领域深耕细作，进展显著。未成年人的个人信息保护是重中之重。未成年人个人信息保护的立法、管理工作逐步展开，发挥政府、社会、家校、企业的合力，共同保障未成年人权利，引导未成年人正确使用网络。

---

* 王颖，中国社会科学院新闻与传播研究所助理研究员，主要研究方向为传播法、青少年法律保障。

一　未成年人个人信息网络保护现状

（一）政策环境：强化未成年人个人信息保护立法

2019 年，国家互联网信息办公室发布了我国首部关于儿童个人信息网络保护的专门立法——《儿童个人信息网络保护规定》（以下简称《规定》）。该《规定》基于《网络安全法》中信息网络安全的一般要求，梳理整合《App 违法违规认定方法》《未成年人网络保护条例》《未成年人节目管理规定》等相关法规的儿童信息保护规定，进一步细化完善相关情形，比一般个人信息保护规定更加严格。如，对儿童的年龄进行划分；强化对儿童及监护人的赋权保护；明确企业义务，操作更加具有执行性；明确由网信部门主要负责监督。作为专门的部门规章，该《规定》对未成年人个人信息保护的法律体系构建具有重要意义。

2020 年 3 月，我国实行了《网络信息内容生态治理规定》。该法规对网络生态治理的综合性治理意义重大，网络信息内容生产者和内容服务平台需采取有效措施，防止未成年人获得违法和不良信息。

2020 年，《民法典》增设隐私权和个人信息保护的专章，成为我国公民个人信息安全民法保护的基础制度框架，是未成年人个人信息保护的民法基础。它为未成年人个人信息保护建构法律体系，为追究侵犯儿童隐私权和个人信息权利的违法犯罪行为的法律责任提供了依据。

2020 年，我国第三次修订《中华人民共和国未成年人保护法》，回应互联网时代的治理需求。专门设置“网络保护”一章，而个人信息保护是其五大主题之一。网络环境下未成年人需要特殊保护，具体表现为，信息处理者处理不满十四周岁未成年个人信息时，应当征得其父母或监护人同意；对于未成年人私密信息，网络服务提供者应当及时提示并采取必要的保护措施；信息处理者应当遵循合法、正当和必要原则，处理、使用未成年人个人信息；未成年人及其监护人享有个人信息的更正、删除权。

（二）行政治理：严肃未成年人个人信息保护治理

2020 年 8 ~12 月，公安机关开展了“中小学网课网络环境专项整治”行动。此次专项行动针对教育类 App 和网课平台，排查范围达 4900 余款。其中，行政处罚 423 款，责令整改 1058 款，下架 636 款。教育类 App 和网课平台中存在大量过度收集个人信息和超范围索取信息的问题。

“净网 2020”专项行动针对公民个人信息犯罪案件，全力打击个人信息领域的违法犯罪行为。截至 2020 年 12 月，公安机关侦破 3100 余起侵犯公民个人信息刑事案件，尤其是侵犯涉疫公民个人信息犯罪，侵犯未成年人、老年人公民个人信息，暗网侵犯公民个人信息，买卖人脸识别数据案件等。其中，破获窃取贩卖未成年人和老年人个人信息案件 50 起①。

工信部持续多年开展 App 专项治理行动。根据工信部通报，多款侵害用户权益的教育类 App 上榜。智慧树、ClassIn、TutorABC、纳米盒、乐学高考等 20 款教育类 App 被点名通报②。擅自收集个人信息、超范围收集个人信息、超越索取权限等行为是这些教育类 App 共同存在的问题。

教育学习类 App 的监管进入从严时期。针对其中的个人信息泄露、过度收集个人信息等问题，教育部门纷纷出台监管政策。2018 年教育部出台《关于严禁有害 App 进入中小学校园的通知》；2019 年 5 月，广东教育委员会出台《广东省面向中小学生校园学习类 App 管理暂行办法》；2019 年 9 月，教育部等八部门出台《关于引导规范教育移动互联网应用有序健康发展的意见》，覆盖各学段和各类教育 App 的规范。

2020 年 1 月以来，浙江省检察院开展未成年人网络保护专项监督工作。通过对各地上报的 565 件涉未成年人违法犯罪案件的梳理发现，其中与未成年人信息安全相关案件占比较高。同时，检察机关发现相关网络运营商、互

① 《公安部：“净网 2020”专项行动侦办网络犯罪案件 5.6 万起》，https：//baijiahao.baidu.com/s？id = 1693674548145146496&wfr = spider&for = pc，2021 年 3 月 8 日。

② 《关于侵害用户权益行为的 App 通报（2020 年第二批）》，中华人民共和国工业和信息化部官网，http：//www.gov.cn/xinwen/2020 -07/05/content_ 5524298.htm，2020 年 7 月 5 日。

联网企业存在疏于保护或违法获取使用未成年人个人信息问题，未充分履行企业的社会责任①。

（三）典型案例：未成年人个人信息保护的司法实践

1. 浙江省检察院诉某短视频公司侵犯儿童个人信息民事公益诉讼案

2020 年 3 月，浙江省杭州市余杭区检察院提起对国内某知名短视频公司的诉讼。根据发生在浙江余杭区几起违法犯罪案件，检察机关发现，某短视频公司在开发运营公司 App 时，没有以显著、清晰的方式告知并征得儿童监护人有效的、明示的同意就注册儿童账户，收集、存储儿童个人信息，并在此基础上向用户直接推送含有儿童个人信息的短视频，且没有专门技术手段保护儿童。因此，提起侵犯儿童个人信息的民事公益诉讼。

此次诉讼的重要意义在于，第一，推动了该公司一系列技术规则的改进。“这些技术的创新和应用，对于其他互联网企业也具有较好的示范和指导作用，这对落实法律法规对未成年人特别是儿童个人信息保护的要求具有重要意义②。”第二，该案是《民法典》实施以及《未成年人保护法》修订后首次针对未成年人保护的民事公益诉讼。此案例中，不仅落实了“网络运营商收集、使用、转移、披露儿童个人信息的，应当以显著、清晰的方式告知儿童监护人，并应当征得儿童监护人的同意”的规定，并且进一步细化落实了处理儿童个人信息应当征得监护人同意的规定。第三，该案例是开展未成年人网络保护民事公益诉讼的尝试，有助于促进互联网平台源头性治理。

2. 北京互联网法院判决路人拍摄小女孩被父母教育的视频构成侵权

2020 年，一路人偶遇一对父母教育小孩，未经对方允许，拍摄了视频并上传网络，引发社会热议。后者以侵权为由诉诸法院。北京互联网法院经

---

① 《全国首例未成年人网络保护民事公益诉讼案：短视频 App 收集存储儿童个人信息》，新浪网：http：//k. sina. com. cn/article_ 6105713761_ 16bedcc6102000vmbb. html，2021 年 3 月 17 日。

② 《强化儿童个人信息保护！全国首例未成年人网络保护民事公益诉讼案办结》，光明网：https：//m. gmw. cn/baijia/2021 -03/17/1302170669. html，2021 年 3 月 17 日。

审理，认为，虽然被告出于监督之善良目的，但其行为未获得小女孩监护人同意。因此，通过微博平台发布的博文侵犯了对方的肖像权、隐私权，理应承担相应责任。同时，由于被告当天及时将涉案博文删除，不存在微博平台接到通知采取必要措施的适用空间，微博平台无须承担连带责任①。此判决的社会意义在于，提示广大网民行使保护未成年人权利的同时，应注意权利行使方式，谨慎使用权利；网络服务提供者应不断完善网络平台审核制度，审慎审核涉及未成年人的内容，正确理解、履行“通知－删除”义务。

（四）行业环境：网络平台的未成年人个人信息保护

2016 年以来，短视频行业发展迅速，成为仅次于即时通信的第二大应用类型。短视频传播中未成年人个人信息泄露现象愈演愈烈，各大平台不断升级保护措施。2021 年 4 月，抖音 App 宣布保护升级，包括 14 岁以下实名用户将直接进入青少年模式；14～18 岁实名认证用户将获得更多保护等举措。具体措施于 6 月实施。快手 App 采取措施提升未成年人信息保护的规范化、系统化。例如，平台推出“儿童实名认证通知监护人”新功能，即未成年人用户实名认证时需增加监护人授权环节；对已完成实名认证的未成年人账户，平台通过隔绝与陌生人的私信互动、阻断来自通讯录等渠道的互动，其他用户无法在同城“在线状态”中看到未成年用户等具体措施，降低个人信息泄露的广度和强度。

二　未成年人网络信息隐私保护存在的问题

（一）新技术、新业态对未成年人个人信息保护提出挑战

1. 短视频类应用

短视频类应用自 2011 年兴起以来发展迅速，已成为未成年人上网使用

---

① 《小女孩被父母绑树上教育，路人拍视频上传网络被判侵权》，https://baijiahao.baidu.com/s?id=1686406549728874400&wfr=spider&for=pc，2020 年 12 月 18 日。

的最主要功能之一。2020 年中国青少年研究中心的报告显示，近七成被调查的未成年人使用过短视频[①]。人们通过快手、抖音等短视频平台记录、上传个人及周遭的生活场景，图片、视频类传播方式更加便捷地存储、传播人们的外表、年龄、性别、住址、社交活动等信息。试想，这些未成年人将来成年后，意识到幼时的视频影响其声誉、侵犯其隐私时，是否有权主张网络服务商删除呢？是否有诉讼时效限制？因此，目前海量的图片类、视频类个人信息的使用、传播、处理制度亟须关注。

2. 人脸识别技术

近年来，校内外的教育机构在校园管理中使用人脸识别系统，引发争议。运用人脸识别技术收集、使用学生个人信息的行为存疑：第一，校园管理的边界如何界定？使用学生面部信息等个人敏感信息，是否有悖《网络安全法》规定的正当、必要原则，以及《个人信息安全规范》的最小必要原则；第二，校方与技术供应方对个人敏感信息的收集与使用是否获得学生或监护人的授权同意；第三，学校对系统供应商的数据安全能力是否尽到审核义务。

2020 年 6 月，腾讯游戏宣布将正式升级未成年人保护举措，针对孩子冒用家长身份绕过监管的问题，将扩大人脸识别技术的应用范围，实现对疑似未成年人用户的甄别。此类措施确实有助于遏制青少年沉迷游戏。但是，存在争议之处包括未成年人个人敏感信息数据如何妥善收集、处理，以及如何平衡用户隐私、信息安全与未成年人识别需求。

3. 在线教育类 App

以教育、学习为主要应用场景的移动互联网应用（App）发展快速，尤其是 2020 年新冠肺炎疫情期间，在线教育大规模应用，凸显了互联网在青少年学习和生活中的作用。在提高教学水平、满足学生个性化学习需求的同时，教育类 App 存在过度索取权限、不给权限不让用、私自收集个人信息、

① 《中小学生短视频使用特点及其保护》，https：//baijiahao. baidu. com/s？ id = 1682414629310490404&wfr = spider&for = pc，2020 年 11 月 4 日。

超范围收集个人信息、私自共享给第三方、强制用户使用定向推送功能、频繁申请权限、未向用户明示申请的全部隐私权限、账号注销难等9类侵害用户权益行为①。

学习类App还存在一些潜在信息风险。部分学习培训平台会对教学视频录制、存储，以便家长查看课堂情况。目前对于这些视频资料的保存、处理均无明确规定。不少教育机构鼓励家长在朋友圈推广传播，且使用的宣传图片普遍是自己孩子的照片。家长是否可以使用孩子肖像、个人信息进行网络传播有待探讨。

（二）不当披露的未成年人个人信息滋生违法犯罪

未成年人隐私信息的泄露会对其身心发展造成不良影响，一些不法犯罪分子利用互联网信息诈骗、诱拐、威胁未成年人的案件屡有发生。例如，2016年汉中张某通过QQ“附近的人”功能添加网名为“情人”的被害人杨某（女，15岁）为自己的好友，诱骗杨某拍摄不雅照片并以此威胁杨某与其发生关系。最后，张某因涉嫌强奸罪被提起公诉。

（三）未成年人的个人信息保护意识有待加强

依据2020年“第十次中国未成年人互联网运用状况调查”的数据，未成年人对互联网交往的主观认知较清晰，线上交往时个人信息保护意识较强。网络空间中，未成年人的交往对象大多源于现实生活的熟人，未成年人的个人信息保护意识较强。调查显示，对于涉及个人隐私、对个人安全有潜在危险的信息，未成年人保持较高警惕性。对个人安全不会直接构成危险的信息，如性别，52.3%的未成年人选择真实公布，但姓名披露明显减少，学校、照片、班级、手机号、电子邮箱等内容披露率更低。这表明在网络交往时，未成年人具备一定的个人信息保护意识（见图1）。

---

①《20款教育类App泄露个人信息，孩子的隐私安全谁来守护?》，https://xw.qq.com/cmsid/20200713A03ZSG00，2020年7月13日。

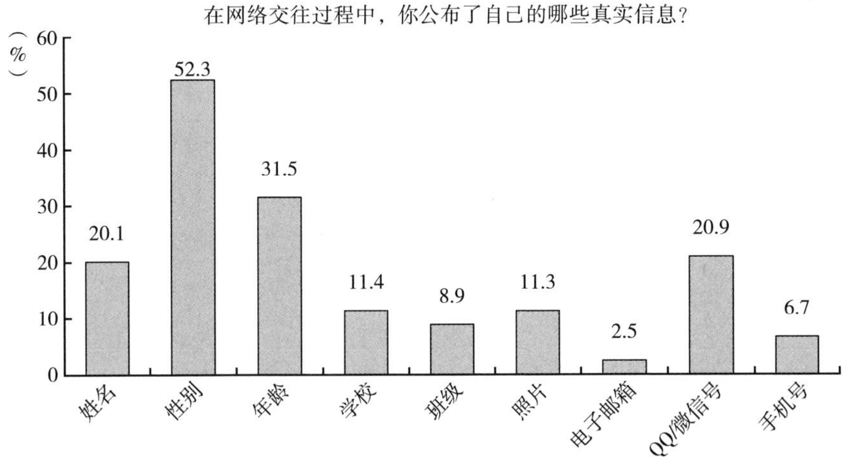

图 1　未成年人在网络交往过程中公布真实信息的情况（2020）

调查显示，在上网或安装 App 需要填写个人信息时，53.5% 的未成年人表示“每次都会想到”需要保护个人隐私的问题，21.2% 的未成年人表示“经常会想到”需要保护个人隐私的问题。可见，七成以上的未成年人具备积极主动地保护个人隐私的意愿，隐私意识较强[①]（见图 2）。

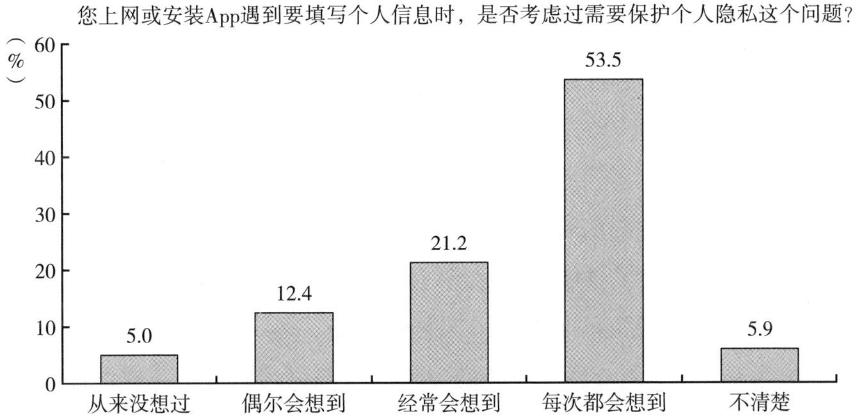

图 2　未成年人保护个人隐私信息的认知与态度（2020）

① 王颖、季为民：《未成年人网络素养与网络保护》，载《中国未成年人互联网运用报告（2020）》，社会科学文献出版社，2020，第 140 页。

三　未成年人个人信息保护的建议

互联网信息技术迭代更新、突飞猛进，未成年人个人信息保护问题日益突出。未成年人个人信息安全关乎其人格权益，以及身心安全，需要立法机构、政府部门、社会团体、学校、家庭和普通公众的广泛参与，维护未成年人合法权益势在必行。

（一）政府：细化针对未成年人保护的法律法规

1. 积极应对未成年人个人信息侵权的新议题

媒介技术日新月异，新技术、新业态不断带来新挑战，现行法律法规难免捉襟见肘。近年来，我国已开展在未成年人网络保护领域专项立法的实践探索，切实有效地维护未成年人个人信息安全。但是，需要落地细则与指导，未来的法律规则需要更加具体化、细致化，并具针对性。

目前，我国针对未成年人个人信息保护的法律法规，散见于《民法典》《刑法》《网络安全法》《未成年人保护法》《儿童个人信息网络保护规定》等。因此，建议制定专门的个人信息保护法或未成年人个人信息保护条例，保障未成年人个人信息权利。

2. 关注借鉴国际法治实践

未成年人个人信息问题是全球性议题，各国均有所探索。1998 年，美国制定通过的《儿童网络隐私保护法》对互联网平台收集 13 岁以下儿童的个人信息的行为进行了具体的规制与约束。2012 年 12 月，美国联邦贸易委员会发布《儿童网络隐私保护法》的修订规则，创制了父母注意和知情要求，补充了平台需承担的义务和责任。要求互联网运营和服务提供者必须考虑运用可获得的科技手段尽力为 13 岁以下用户的监护人提供直接通知，以获取关于用户个人信息的收集、使用或公开的权利[①]。

---

① 卢家银：《未成年人网络活动保护的法律比较分析》，载《中国未成年人互联网运用报告（2019）》，社会科学文献出版社，2019，第 51 ~52 页。

目前，人脸识别、指纹、声音等生物识别信息技术应用普遍。对于人脸识别技术带来的侵权事件，法律应当有所回应。以瑞典为例，2019 年 8 月，瑞典数据保护机构根据欧盟通用数据保护条例（GDPR）对本国一所学校利用人脸识别系统收集学生面部识别特征等个人信息的行为处以 200000 瑞典克朗的罚款，成为瑞典历史上的第一个 GDPR 处罚案例。尽管此事件为域外执法案例，但对于国内类似事件有可借鉴之处。

3. 大力宣传法律法规

加大相关法律法规、政策措施的宣传，提高未成年人与监护人的媒介素养与法律意识。在生活中，普遍存在父母“晒娃”现象，看似普通的行为，实则存在泄露未成年人信息的风险。因此，有效的个人信息保护宣传，可提升家长对未成年人个人信息的保护意识，提高网络媒介素养，从而避免侵权行为或犯罪行为的发生。

（二）行政：加强平台监管指导，严肃打击侵权行为

1. 出台未成年人个人信息保护的管理规范与具体实施细则

互联网平台作为直接获益者，应承担相应的内容监管责任。关于未成年人个人信息保护的管理规范和实施细则，应明确相关平台的监管责任，确定具体的标准指导平台的个人信息保护工作。例如，使用较为广泛的学习类 App 可规定广告推送类别，禁止某类广告出现等。

2. 运用行政公益诉讼保障未成年人个人信息

行政执法机关通过公益诉讼打击侵害未成年人信息行为、提升个人信息保护力度需要有效的举措。鉴于个人信息侵权的特殊性，公益诉讼是保障未成年人个人信息的重要方式。杭州市余杭区检察院诉某短视频公司侵犯儿童个人信息公益诉讼案就是落实法律关于未成年人网络保护的有益探索。2021 年，全国共有 24 个省级人大常委会通过支持检察公益诉讼的决定或决议，授权检察机关办理个人信息保护、大数据安全、互联网侵害等领域公益诉讼案件。

（三）平台：优化个人信息保护机制，以“制度 + 技术”保障安全

“三分管理，七分技术”是互联网平台方在个人信息保护上的宗旨。互

联网平台应结合《网络安全法》《互联网个人信息安全保护指南》《儿童个人信息网络保护规定》《个人信息安全规范》《未成年人保护法》等法律法规以及配套国家标准，对以儿童为主要对象的产品或服务，设计高标准的个人信息收集、使用授权同意机制。例如，充分告知收集处理规则；获取儿童监护人的明示授权同意，识别监护关系和监护人授权同意的有效性，并通过技术手段实现逐一告知。面向儿童的产品与服务，应采取内容过滤预防有害内容，采用网络使用时长控制等方式。面向全年龄段用户的产品与服务，应积极完善儿童模式，并将儿童个人信息独立存储。

（四）社会：提高未成年人个人信息问题关注度，推进个人信息保护

未成年人的个人信息保护问题是一个公众话题，关系每个人的切身利益，深刻渗透到日常生活和生产活动等。广大用户既是自身信息的产生者、使用者，又与他人信息接触、交叉，每个个体无不以数字化形式生存于数字化社会中。在这种环境下，社会对未成年人个人信息保护的广泛讨论具有重要意义。经过代表性案例的展示、专家和媒体的解读，个人信息保护意识得以提升，同时又以社会关注推动未成年人个人信息问题的解决。

参考文献

季为民、沈杰主编《中国未成年人互联网运用报告（2020）》，社会科学文献出版社，2020。

季为民、沈杰主编《中国未成年人互联网运用报告（2019）》，社会科学文献出版社，2019。

傅宏宇：《我国未成年人个人信息保护制度构建问题与解决对策》，《苏州大学学报》（哲学社会科学版）2018 年第 3 期。

网络素养

Internet Literacy

B.13

未成年人互联网使用与科学素养

杜智涛　肖语奇*

摘　要：未成年人的科学素养既与性别、年龄、区域差异、父母教育程度有关，也与互联网使用有着密切关联。互联网的使用程度、使用时间、上网环境、信息获取渠道、信息获取偏好等因素直接影响着未成年人科学素养的形成。同时，未成年人的网络媒介素养也对其科学素养产生重要影响。针对当前未成年人科学素养水平总体不高、发展不平衡、通识教育与网络媒介素养教育缺位、互联网“浅阅读”与“快餐文化”、网络“信息迷航”等问题，应当通过多种方式、多方互动来解决，如家校联动打造科学素养培育环境、优化学校科学教育模式、创新科学传播方式、缩小科学教育基础差距等。

* 杜智涛，中国社会科学院大学新闻传播学院教授，主要研究方向为网络传播与新媒体；肖语奇，中国社会科学院大学新闻传播学院硕士研究生，主要研究方向为网络传播。

关键词： 未成年人 互联网使用 科学素养

科学素养是自20世纪50年代后期以来用于描述公众对科学理解的术语，最早由美国学者赫德于1958年提出。全球科技发展与人类科学素养的提升密切相关，科学素养既是当今社会对人才的基本要求，也是未成年人应对未来挑战的必备素养之一。科技素养的培养应从未成年人入手。未成年人的科学素养决定着一个国家未来的科技创新能力，是一个国家科技竞争力的关键因素。因此，对未成年人科学素养的培育受到越来越多国家的重视，并逐渐反映在国民基础教育中。当前，互联网高度嵌入未成年人的日常生活，网络已经成为未成年人获取信息的主要渠道，未成年人的科学素养也与其网络接触的关系越发密切。了解未成年人网络使用对其科学素养的影响，对发挥互联网在未成年人科学素养培育上的积极作用具有重要意义。本研究通过问卷调查对未成年人互联网使用和科学素养的现状、问题及提升策略进行分析。

一 未成年人科学素养的基本状况与主要特征

美国学者米勒将科学素养定义为："科学知识、科学方法和科学对社会的作用，具体是指，具有足够的可以阅读各种不同科学观点的词汇量和理解科学技术术语的能力，理解科学探究过程的能力，关于科学技术对人类生活和工作所产生的影响的认识能力"，① 具体包括以下三个层面：（1）科学概念及科学知识；（2）科学世界观和方法论；（3）科学能力和技术能力。我国《全民科学素质行动规划纲要（2021～2035年）》对公民科学素质进行了最新定义："科学素质是公民素质的重要组成部分，是社会文明进步的基础。公民

① 张喆、韩斌、徐畅：《大学生科学素养与通识教育关系的实证分析》，《复旦学报》（自然科学版）2012年第4期。

具备科学素质是指崇尚科学精神，树立科学思想，掌握基本的科学方法，了解必要科技知识，并具有应用分析判断事物和解决实际问题的能力。”

结合上述定义，本研究从科学知识、科学方法和科学态度三个维度测量未成年人的科学素养。科学知识的测量首先是从“中国公民科学素养题库”中兼顾各学科分布选取50道题，然后由12位专家对这50道题的“重要性”和“可测量性”进行评判，运用灰色统计法筛选出13道题。科学方法主要考察未成年人运用科学方法解决问题、用科学思维理解问题的情况，由5道题构成。科学态度主要考察未成年人对科学与社会的关系、科学对社会的作用等方面的认知，由5道题构成。科学知识、科学方法、科学态度三个维度的分值之和为每个被调查者的“科学素养指数”；此外，每百人中科学素养指数达到合格水平的比例为该群体的“科学素养水平”①。

本研究对北京、湖北省、四川省、陕西省的年龄为7～18岁的未成年人进行了调查，共发放问卷2045份，回收有效问卷1970份，男女比例分别为54.4%、45.6%，样本同时兼顾了学习阶段、地域等分布，具有一定的代表性。此外，本研究还对部分被调查者进行了访谈。通过调查，了解到未成年人互联网使用与科学素养的情况如下。

（一）未成年人科学素养的现状与特征

1. 未成年人科学素养水平总体不高，呈现出性别、年龄和区域差异

据调查，未成年人“科学素养水平”为44.5%，即仅有超过四成的被调查者的科学素养达到合格水平，说明未成年人科学素养的总体水平还有待于提升②。其中，科学知识方面有66.1%的被调查者达到合格水平；科学方法方面有45.0%的被调查者达到合格水平；科学态度方面有48.9%的被调查者

① 科学素养由科学知识、科学方法和科学态度三个分量构成，其中，科学知识总分13分（9分合格），科学方法总分5分（4分合格），科学态度总分5分（4分合格）。“科学素养水平”是指每百人中科学素养指数达到合格水平的比例，即科学素养指数达到及格分17分的人数占总人数的比值。“科学素养指数”指每个样本科学素养三个分量的和，“科学素养指数”总分为23分，合格分为17分。

② 张超、任磊、何薇：《创建中国公民科学素养指数》，《科普研究》2008年第3期。

达到合格水平。总体来看，未成年人对科学知识的掌握比较好，但是对科学方法和科学态度的认知还有待进一步提升。

未成年人科学素养呈现一定的性别、区域、年龄差异：（1）男生的科学素养水平（0.48）高于女生（0.40）。这可能与男生更喜欢数学、科学类课程，而女生更喜欢语文、英语、艺术类课程有关，如图1所示。（2）不同年龄段和不同学业阶段的未成年人，其科学素养水平不同，小学、初中、高中学生的科学素养水平分别为0.34、0.37、0.56。高中生的科学素养水平较高，其原因主要是高中生对科学知识的掌握程度更好，拉高了其科学素养的水平。（3）未成年人科学素养呈现出明显的地域差异，特别是具有较显著的城乡差异，城市和农村（含乡镇）学生的科学素养水平分别为0.47、0.28，可见城市学生的科学素养水平明显高于农村（含乡镇）学生。

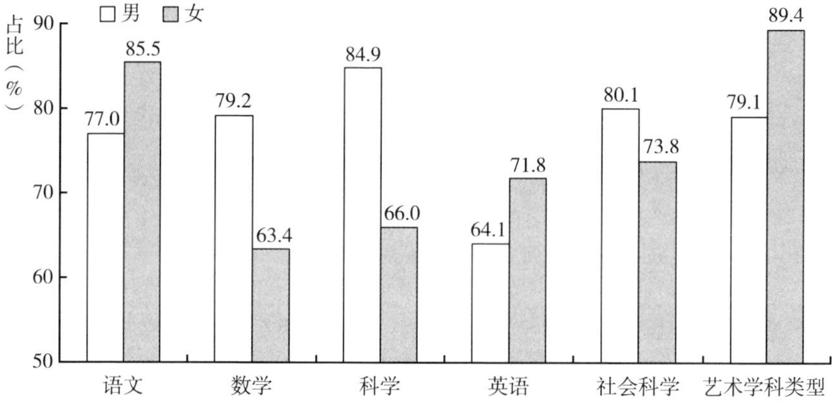

图1　未成年人感兴趣的学科类型

注：科学包括物理、化学、生物等；社会科学包括政治、历史、地理等。

2. 父母受教育程度对子女的科学素养水平有显著影响

父母的受教育程度对子女的科学素养水平有重要的影响，这体现了人力资本代际流动（Intergenerational Mobility）或代际传递（Intergenerational Transfer）现象，反映出家庭作为未成年人的“第一课堂”对孩子成长的作用。总体来看，父母的受教育水平在大专以下时，父母的受教育程度越高，子女的科学素养水平越高，如图 2 所示。但当父母的受教育水平更高时（父亲在研究生及以上、母亲在本科及以上），反而子女的科学素养水平较低。其原因可能是：父母学历高，则其职业角色更重，在工作中承担的责任更大，照料家庭生活的精力降低，从而导致其陪伴子女的时间减少，因此对子女科学素养的培养缺乏。

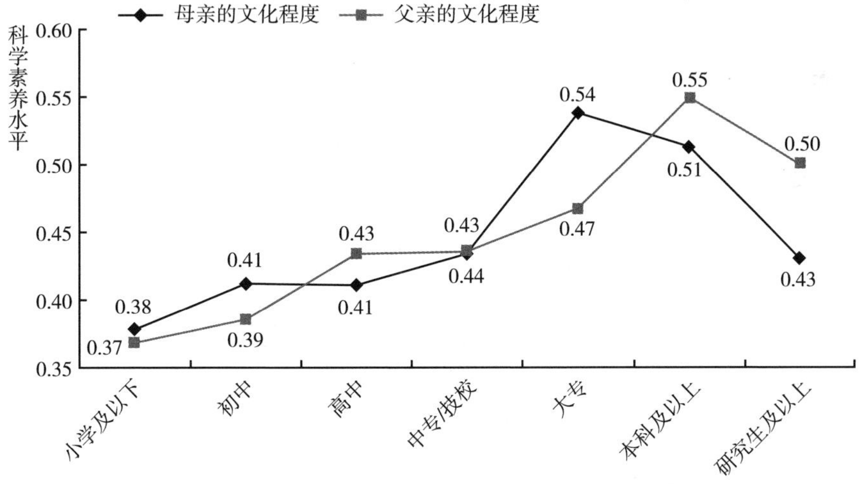

图 2　父母文化程度对未成年人科学素养的影响

此外，父母间受教育水平的差距对未成年人科学素养水平也产生显著影响，如图 3 所示，父亲受教育程度低于母亲的家庭中，子女的科学素养水平最低；父亲受教育程度高于母亲的家庭中，子女的科学素养水平最高。这可以揭示出家庭内部结构和分工中父母对子女的影响。周世军等学者基于 CGSS 调查数据对父母学历和子女教育进行了分析①，指出中国自古以来有“男主外、女主内”的家庭分工观念，并且婚配中学历一般呈现男高女低特征，操持家务的责任更多由母亲承担。如果这个模式被打破，则可能会由于经济状况、心理落差、社会规范与社会认同等因素，对家庭结构的

① 周世军、李清瑶、崔立志：《父母学历与子女教育——基于 CGSS 微观数据的实证考察》，《教育与经济》2018 年第 3 期。

稳定及子女教育和成长带来影响。如果母亲学历高于父亲，则可能母亲在职业角色、社会关系中承担着更多的责任，而疏忽对子女的教育，导致子女的学习状况下降，同样，这也会影响到子女科学素养的形成。

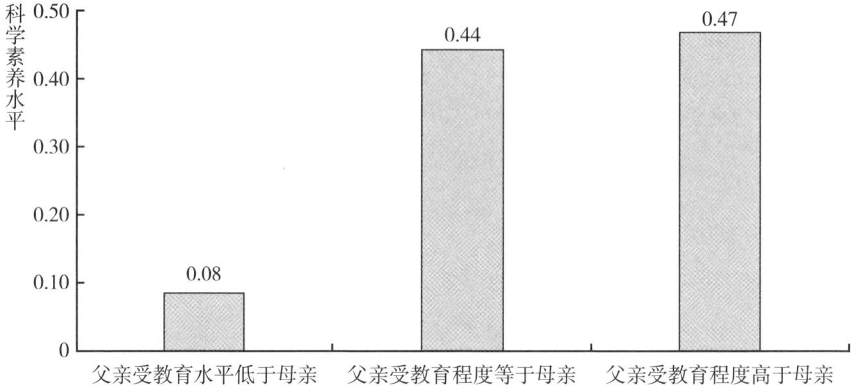

图 3　父母受教育水平的差距对子女科学素养的影响

3. 未成年人的学习成绩与其科学素养之间存在正向关系

调查发现，未成年人的学习成绩与其科学素养水平呈正向关系，即未成年人的成绩与其科学素养水平互相促进。同时，在科学素养的三个维度中，学习成绩排名与科学知识、科学方法和科学态度三维度的关系也呈现出显著正相关。由此可以看出，学习成绩越好的学生，其学习能力也越强，综合素养也越高，其科学素养一般来讲也较高。教育是提升科学素养的重要手段，未成年人在学校中认真学习、学习成绩提升的同时，其科学知识水平也得到提升，进而科学素养也在一定程度上得到培育发展。由此可见，未成年人科学素养的培育离不开学校教育，学校教育水平越高，科学知识的掌握程度越好，科学素养总体来讲也会越高。

（二）未成年人互联网使用影响其科学素养的形成

据调查，智能手机已经是青少年上网的主要方式。未成年人中，经常使用电脑（包括台式电脑、手提电脑或平板电脑）的占 14.3%，而经常使用智能手机的占到52.5%。可见，未成年人的移动网络接触比例很高。与此同时，互联网使用群体在不断“下沉”，越来越多的未成年人在较小的年纪便成为互联网的使用者。据调查，小学生学龄前使用互联网比例高达41.15%。互联网的使用对未成年人学习以及科学素养的形成产生重要影响。

1. 互联网使用影响未成年人科学素养的形成

根据调查数据分析，未成年人互联网使用程度与科学素养呈倒“U”形关系，在其互联网使用程度的正常范围内（如每日互联网非学习的使用时间在2小时以内），未成年人互联网使用与科学素养呈现正向关系；然而，互联网使用程度超过正常使用的边界，则会对科学素养的形成产生负面影响。这一现象可以从两个方面来解释。

一方面，互联网丰富的内容能够涉及学校教育所未涵盖的领域。较多使用互联网的未成年人能够利用互联网获得大量课外知识，从而充实自身的知识体系，无论是在获取资讯和知识的渠道上，还是在获取信息的及时性上，都优于不经常使用互联网者。因此，随着时间的推移，两者之间的视野和知识面会出现差异，他们之间的科学素养也会呈现出一定的差距。

另一方面，互联网使用从某种程度上也反映了信息技术、信息设备的接入条件，相较于较少使用互联网的未成年人，经常使用互联网的未成年人一般拥有较为丰富的信息资源，其家庭环境也相对较好。成长环境的不同所形成的“知识沟”便体现在这些未成年人身上，成长环境越优越、成长条件越好的未成年人，其信息资源和知识资源越丰富，则其获取科学知识、掌握科学方法、形成科学思维和科学态度的可能性越强。

当互联网使用超过一定的限度，则反映出未成年人上网有一定的无节制性，甚至有一定的网瘾，这不但会影响科学素养的形成，甚至会对未成年人的学习以及身心健康产生负面影响。

2. 未成年人互联网使用与科学素养存在地域差异

受信息资源与教育资源配置的区域性特征影响，地域差异所带来的未成年人互联网使用差异、科学素养差异也不容忽视。据调查分析与农村、乡镇相比，城市未成年人互联网使用程度和科学素养均相对更高。这从某种程度上反映出教育资源分布与信息技术区域发展不平衡、社会阶层相对分化等问题。受制于经济发展不平衡，信息技术条件呈现出不平衡的状态，教育资源也往往更集中于规模较大的城市。这些结构性的不平等在信息资源接入这一环节便已拉开城乡差距，农村、乡镇的未成年人互联网使用能力不及城市未成年人，其所享有的教育资源相对受限，进而在科学素养上也存在难以弥合的城乡差距。

同时，这也反映了农村未成年人成长面临的一些社会问题。当前，农村未成年人成长过程中的家庭教化作用与城市未成年人相比变得较为薄弱。特别是农村“空巢家庭”占有较高比重，农村未成年人成长过程中与父母的情感交流缺失、家长文化程度较低等问题都给农村未成年人的成长带来一定负面作用。互联网虽然弥合了城乡的“信息沟”，但与此同时带来的“知识沟”是难以弥补的。

3. 上网时间与上网环境影响着未成年人科学素养的形成

未成年人科学素养的培养受到多方面因素的影响，在当前互联网高度嵌入社会生活的环境下，未成年人的上网时间与上网环境对其科学素养也产生了深远的影响。未成年人在学校期间，上网时长与科学素养水平呈反向关系（见图4）。这说明在学校期间，教师的课堂教学是学生获取科学知识、提升科学素养的主要方式。学生在学校的上网活动会挤占学习的时间，影响学生对科学知识、科学方法等的学习。

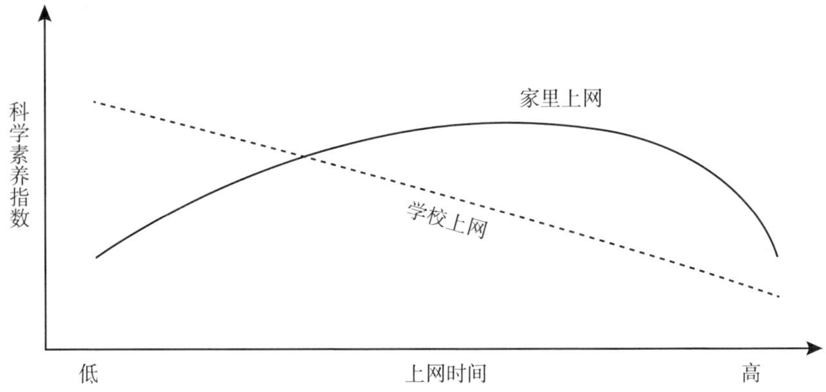

图4　未成年人上网时间与其科学素养之间的关系

而在家上网与在学校上网的情况不同，在正常上网时间内，在家的上网时间与科学素养呈正向关系。互联网丰富的信息能够涉及学校教育所未涵盖的领域，未成年人从互联网上获得大量的课外知识，拓宽知识面，促进其科学素养的形成。然而，当上网时间超过一定的边界，则会对学习和生活产生较大的负面影响。

由此说明，充分利用好未成年人在家上网的时间，对于增强其科学素养具有重要作用。科学素养由科学知识、科学方法与科学态度等多个维度构成，体现了未成年人的“综合素养”。这种“综合素养”需要通过营造良好的生活、学习环境来培育。因此，应当同时发挥学校、家庭的不同功能，通过为未成年人构建良好的成长生态，促进未成年人科学素养的养成。

4. 媒介接触影响着未成年人科学素养的形成

科学素养的提升除了依赖于系统的学校正规知识教育外，也依赖于未成年人在日常生活中的信息探寻。未成年人平时喜欢从哪里获得信息、喜欢看哪种类型的节目，都会对其科学素养的构建产生潜移默化的影响。因此，未成年人的媒介接触是科学素养形成的关键因素。

未成年人信息的获取渠道主要依赖互联网。在被调查者中，16.9%通过报纸、杂志获取信息；7.4%通过广播获取信息，44.3%通过电视获取信息。除了电视略有用户基础之外，广播、报刊等传统媒体已经被互联网逐渐取代。可见，传统媒体对未成年人科学素养的影响有限。

如图5所示，经常通过科技（科普）网站获取信息的未成年人，其自身科学素养水平较高。这类网站由于自身的专业性较强，愿意访问此类网站的未成年人总体来讲对科学相关内容较为感兴趣，其科学素养也较高。

除此之外，经常从网络论坛社区、音频网站获取信息的未成年人，其科学素养也较高。特别是音频网站对未成年人的科学素养提升起到了重要作用，这与近年来知识付费的兴起有直接关系。知识付费的火热催生了一批知识生产者通过喜马拉雅等音频平台开设课程，“听节目”成为当前一种主流的知识获取方式。

互联网的平台化发展和社交媒体的普及，使更多人将社交媒体作为信息获取的渠道。据调查，未成年人中有 72.7% 的人使用微信获取信息，74% 使用 QQ 获取信息，微信和 QQ 的功能已经远远超越即时通信的功能，成为兼具社交属性和媒体属性的泛在化平台。它们对未成年人科学素养的构建也起到重要的作用。

随着短视频的兴起，这种即刷即走、短小精悍、内容有趣、社交黏度高、娱乐性强的新型视频传播形态，正在抢占人们的注意力，也成为人们获取知识的方式。据调查，一些家长会关注英语学习、科普的短视频账号，与孩子一起学习。短视频时间短、节奏快，不会挤占过多的正式学习时间，适合碎片化学习需要。

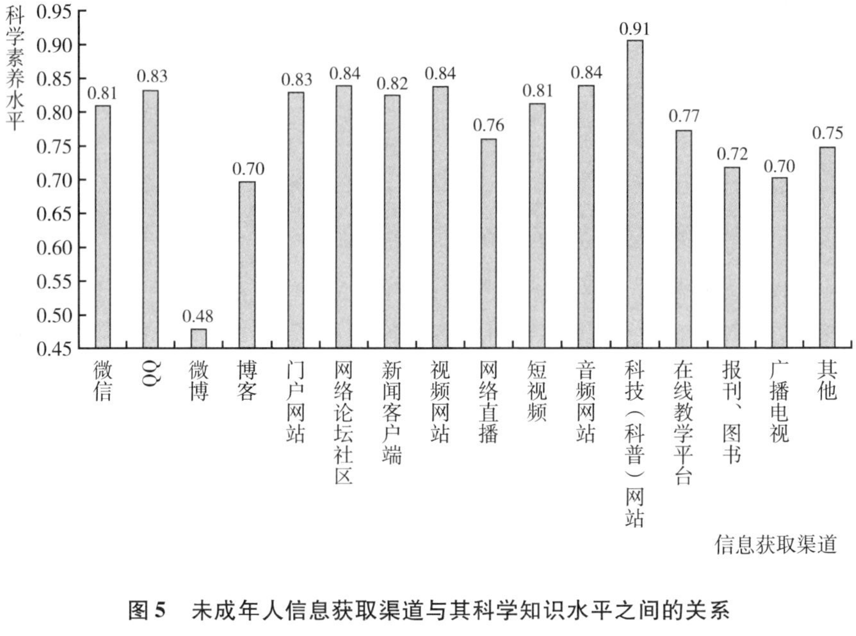

图 5　未成年人信息获取渠道与其科学知识水平之间的关系

除了信息获取渠道偏好在一定程度上影响未成年人的科学素养外，在内容层面，不同的内容类型也会对未成年人科学素养产生影响。如图 6 所示，偏爱科教类节目和新闻节目的未成年人，相较于对偏爱综艺娱乐节目，电视剧、电影类节目的未成年人，具有更高的科学素养。这主要是因为科教类节目、新闻节目涉及的科学知识内容较多，倾向于收看这两类节目的未成年人有机会接触更多的科学知识，相应地，也有利于科学素养的养成。

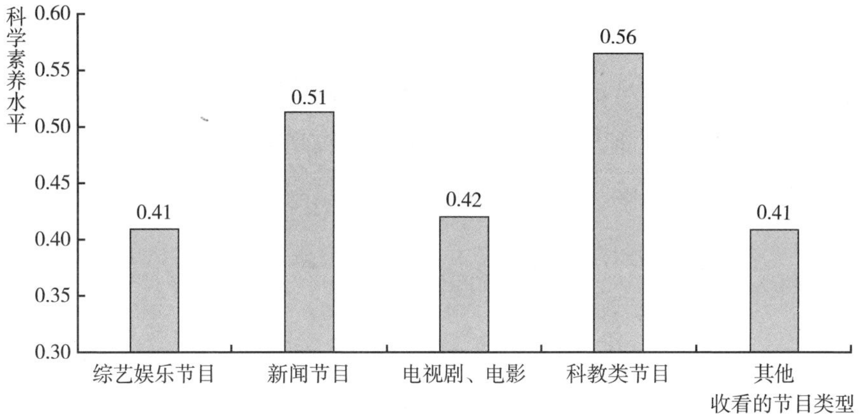

图 6　未成年人收看节目的类型偏好与其科学素养之间的关系

（三）未成年人的网络媒介素养影响其科学素养的形成

科学素养的提升离不开媒介。媒介作为现代社会传播信息的重要载体，也是科学传播的重要载体。在上述分析中我们已得知不同的信息获取渠道会对科学素养产生影响，而无论是中国科普研究所近年来发布的中国公民科学素养报告，还是本次调查结果，均可以发现，互联网已成为公众获取科技资讯的重要渠道，这意味着，能否熟练有效地使用互联网，成为影响科学素养的重要因素。

网络媒介素养正是反映个体在纷繁复杂的网络空间中识别出有效有用、正确的信息，并加以利用的能力。美国网络媒介素养研究中心于 1992 年对网络媒介素养做出定义：人们面对各种媒介信息时的选择能力、理解能力、质疑能力、评估能力、创造和生产能力以及思辨的反应能力。人们的网络媒介素养与其科学素养相辅相成，网络媒介素养的培养需要遵循一定的科学方法，网络媒介素养高的人获取科学资讯的能力也越强，对于知识的利用能力也越强。因此，在培养未成年人科学素养的过程中，网络媒介素养相关教育起到至关重要的作用。

1. 网络信息识别能力是未成年人科学素养形成的前提

本研究根据网络媒介素养的特点，将其分为三个维度进行考察：网络信息获取能力、网络信息识别能力和网络参与能力。研究发现，这三种能力与未成年人的科学素养呈正相关，即未成年人的网络信息获取能力、网络信息识别能力和网络参与能力较强，其科学素养也较高，如图 7 所示。但是三种能力对科学素养的影响程度略有不同，网络信息的识别能力对科学素养的影响更强。

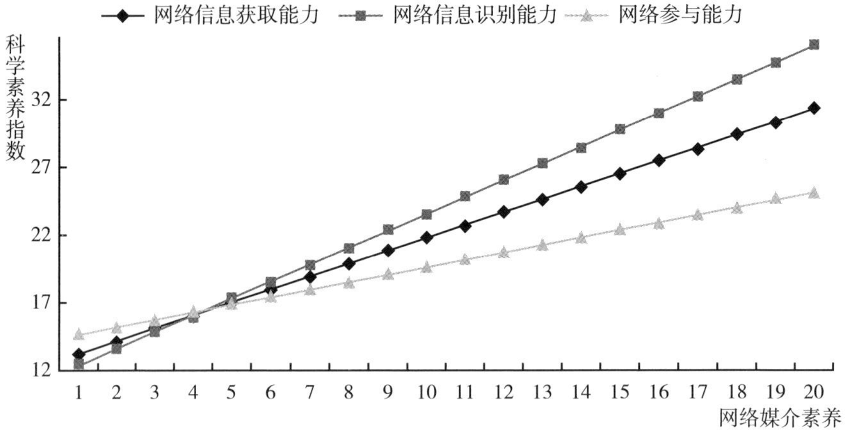

图 7　青少年网络媒介素养与科学素养的关系*

* 分别以网络媒介素养三个分项（网络信息获取能力、网络信息识别能力、网络参与能力）为自变量，以科学素养指数为因变量，建立回归模型。

互联网环境中信息获取更加便捷，网络中的参与行为诸如互动、发帖、评论也非常便捷，但如何对网络信息进行评估，如何从海量信息中高效识别出有价值的信息则面临着巨大的考验。建立对网络中纷繁复杂的信息进行识别的能力，需要使用者具备一定的知识储备。信息识别能力越强的人，其所能获取有效科学知识的能力越强，越懂得使用科学方法解决问题，因此其总体科学素养水平越高。可见，加强未成年人信息识别能力的培育，是提升其科学素养的前提。因而，在对未成年人网络媒介素养的相关教育中，应当把网络信息识别能力的培养放在首位。

2. 网络信息获取能力是训练未成年人科学方法的“抓手”

通过对调查数据的分析，本研究发现网络媒介素养的三种能力（网络信息获取能力、网络识别能力和网络参与能力）对科学素养的三个维度（科学知识、科学方法和科学态度）会产生不同的影响。

关于网络信息获取能力对未成年人科学知识、科学方法和科学态度的促进作用。从短期来看，对其科学态度的形成促进更大；但从长期来看，对其科学方法的培养起到更大的作用，如图 8 所示。从海量网络信息中高效地检索到所需信息，并对这些信息进行归纳与分类，是未成年人需要培育的重要能力。这些能力能够让未成年人直观地感受到科学技术对生活、学习的重要价值，同时，信息的检索、归纳与分析等信息获取能力本身就是一种科学方法，因此，培养未成年人的网络信息获取能力对于训练其科学方法具有重要作用。

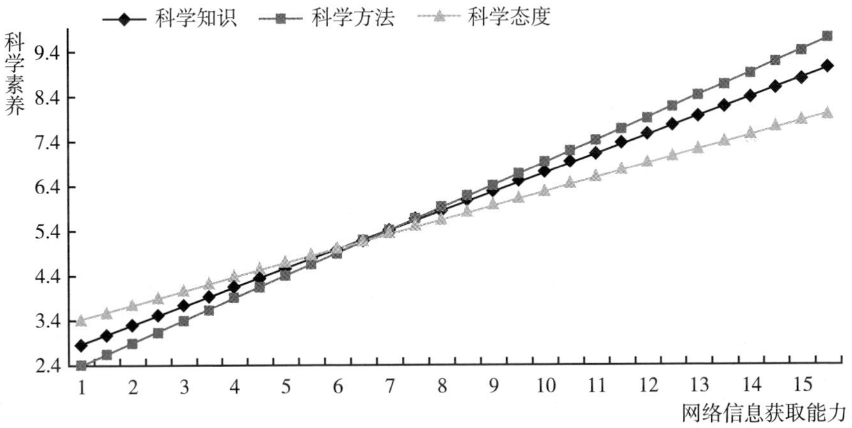

图 8　网络信息获取能力对科学知识、科学方法、科学态度的影响*

＊以网络信息获取能力为自变量，以科学素养的三个分量（科学知识、科学方法、科学态度）为因变量，建立回归模型；同时，为了比对的需要，对科学知识、科学方法、科学态度的值进行了标准化处理。图 9、图 10 相同。

3. 网络信息识别能力是培育未成年人科学知识与科学方法的前提

网络信息识别能力对未成年人科学知识的学习和科学方法的培养均起到重要作用，如图 9 所示。互联网中的海量信息参差不齐，对这些信息进行识别、判断、筛选，使他们能够判断信息真伪，洞察信息发布者和传播者的意图，既是保证未成年人获得科学知识的前提，也是培养未成年人掌握科学方法的重要方式。

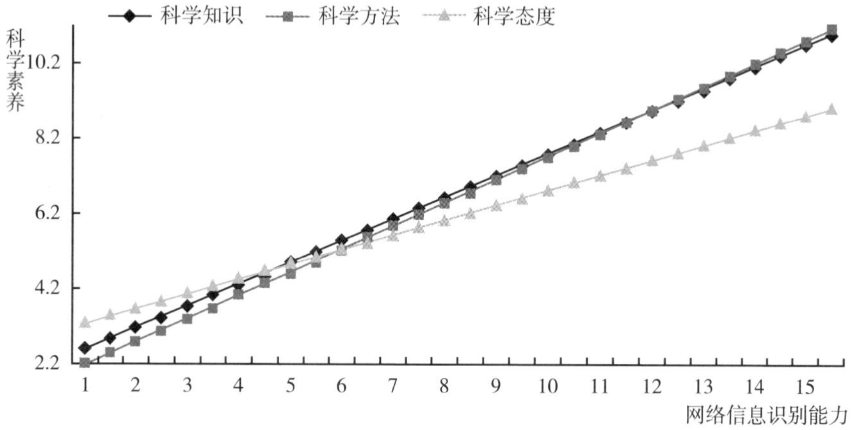

图 9　网络信息识别能力对科学知识、科学方法、科学态度的影响

4. 网络参与能力是促进未成年人主动学习科学知识的关键

网络参与能力对未成年人科学知识的提升作用相比其对科学方法与科学态度的作用更为重要，如图 10 所示。在网络中创作内容、分享内容、传播知识、发表评论等网络参与行为，是未成年人通过网络媒体主动介入社会、与他人沟通交流的重要方式。这种行为体现了“参与性”和“主动性”，反映出未成年人主动学习或参与式学习的能力。这种主动学习或参与式学习对未成年人的知识获取起到了非常积极的作用。

美国学者艾德加·戴尔曾提出“学习金字塔”理论，指出主动学习或参与式学习的知识留存率要远远大于被动式学习，即“用耳朵听讲授、用眼阅读等被动学习的方式，知识保留不会超过 15%；而通过教授别人知识、

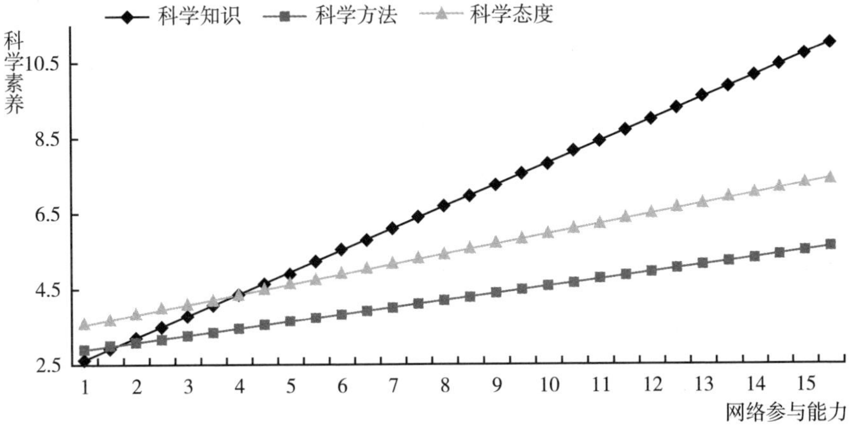

图 10 网络参与能力对科学知识、科学方法和科学态度的影响

参与知识传播，知识的保留会达到90%”。因此，网络参与能够最大化地提升未成年人的科学知识水平。

二 存在的问题及原因分析

（一）未成年人科学素养水平总体不高，发展不平衡

从调查数据看，未成年人的总体科学素养水平不高，同时，科学素养发展不平衡。表现在两个方面。

一方面，未成年人科学知识、科学方法与科学态度三者之间的发展存在不平衡。科学素养的三个维度中，除了科学知识有超过六成的人数达到合格水平外，科学方法和科学态度这两个指标的合格人数均未过半。这一现象与我国未成年人科学素养的培育方式密切相关。目前，我国未成年人科学素养的培育主要依托学校，而学校对学生的科学教育往往主要是科学知识的讲授，对科学知识背后所蕴含的科学思维、科学方法、科学伦理、科学对社会的影响以及科学认知等方面涉及较少。加之，学生在校期间能进行自主探索、创新与实践的机会有限，这导致未成年人虽然对抽象的科学知识有一定

掌握，但是对科学知识的具体应用场景、科学思维和科学方法体系的建构、科学与社会的关系等缺乏想象和认知。这也使他们在进入高等教育阶段，往往显得有些无所适从，缺乏问题意识和创造力。

另一方面，未成年人科学素养存在较大的城乡差异。城乡互联网使用、教育水平的差异，导致了未成年人“信息沟”“知识沟”的形成，这对未成年人科学素养的构建产生了重要影响。首先，身处乡镇的未成年人，其父母文化水平以及家庭的经济条件与城市家庭相比，存在一定的差距。父母文化水平与子女的科学素养水平呈正相关，身处农村、乡镇地区的父母由于文化水平相对较低，家里难以形成有效的学习氛围，父母教育引导缺位，在一定程度上限制了未成年人知识的获取与学习。此外，互联网接入需要一定的硬件设备，这对不少农村、乡镇家庭来说是较大开销，比如2020年新冠肺炎疫情期间学校大多开设在线网课，一些农村学生由于互联网接入问题而使得上课受到影响，就使这个问题跃然纸上。其次，城乡之间的教育资源不平等，城市未成年人享有更优质的师资，在同等学习时长中获取更多、更新的科学知识；同时，由于其从小就有更多互联网的接触机会，拥有更高的信息技术水平，从互联网中获取知识的能力也比农村、乡镇未成年人更高。此外，城市的科技场馆、课外兴趣辅导的资源也更多。这些都加剧了未成年人科学素养的地域差异。

（二）通识教育与网络媒介素养教育缺位，制约未成年人科学素养的培育

教育是提升未成年人科学素养的最为直接和有效的方式，但目前我国基础教育在未成年人科学素养的培育上仍然存在一定的缺位。

通识教育的缺位制约未成年人科学素养的形成。有学者曾利用公民科学素养调查数据和结构方程（SEM）方法对中美两国公民科学素养进行了实证研究，发现中国教育水平对科学素养的贡献路径系数仅为0.56，而美国为0.69，作者将这种差异归结于我国教育体系中过早的文理分科以及高等

教育阶段缺乏必要的通识教育[①]。文理分科是特定历史阶段的一种功利性的教育模式，其目的是在一个人的成长早期就进入专业科目的学习，实现人才分流，以便快速“成才”。但这种功利性学习会让学生只关注应试，而对书本外的内容漠不关心。实际上，这种功利性学习从小升初阶段便开始体现。只接受功利思维训练、方法训练的未成年人，很难形成系统的科学思维、全面的科学方法和理性的科学态度，不利于科学素养的形成。本次调查中体现出来的未成年人“科学知识掌握情况尚可，但科学方法、科学态度欠佳”的问题，便是这种功利性教育结果的体现。通识教育关注知识的系统性、全面性，其目的是培养学生独立思考，并能将不同知识融会贯通的能力，最终目的是培养出具有综合素质的人才。这与科学素养所强调的三个维度不谋而合。通识教育在我国基础教育不同阶段的缺位影响了我国未成年人科学素养的形成。因此，加强通识教育对于提升未成年人的科学素养具有重要意义。

本次调查显示出未成年人的网络媒介素养与科学素养呈显著正相关，网络媒介素养教育缺位制约着未成年人科学素养的形成。调查中还发现，多数学校未开设网络媒介素养的相关课程，未成年人对网络信息的获取、识别能力以及他们参与网络传播与社交活动的能力，都是来自同辈的模仿和自身探索。这种缺乏规范教育的摸索使用很容易被外界环境影响，导致未成年人缺乏自我保护意识和价值判断能力，很容易被网络中的不良信息所诱导，从而影响他们的知识吸收和健康成长。因此，亟须在我国正规教育体系中纳入网络媒介素养教育，用规范的理论和方法来提升未成年人用网、识网的能力，从而发挥互联网在提升未成年人科学素养中的作用。

（三）互联网“浅阅读”影响未成年人科学素养的形成

互联网中海量的信息纷至沓来，使人们的阅读方式由“深度阅读”向

① 任磊、张超、何薇：《中国公民科学素养及其影响因素模型的构建与分析》，《科学学研究》2013 年第 7 期。

“浅阅读”转向，知识的获取方式变得更加碎片化和“快餐化”。但是，科学知识的学习、科学思维和科学方法的培育、科学态度的形成，都需要长时间专注、集中精力、深度思考。

互联网的实时性使人们获取信息和处理信息的节奏越来越快，媒介的同步性也使得人们在不同社会应用场景中的身份切换越来越快，于是人们越来越对那些需要深度思考、理解的“长内容”缺乏兴趣。互联网为了迎合用户这种快节奏的使用体验，内容的生产周期、阅读时间、传播速度变得越来越快，内容呈现从5分钟、3分钟到如今短短的几十秒。短短数秒的内容难以呈现出科学知识的全貌，却提升了人们知识获取的自我效能感，让人们有一种无所不知、无所不能、无所不及的错觉，于是人们也变得越发浮躁，不愿意探求知识的全貌，不求甚解成为常态。这些都对未成年人的科学素养产生巨大的负面影响。

互联网的发展使得媒介形态不断演进，特别是5G技术的快速发展，使得信息图像化、内容视频化成为未来媒介的主要形式，媒介形式的变化也会对人们的认知产生影响。正如麦克卢汉指出“媒介即信息”，媒介形式本身具有重要性，媒介形式的改变必然带来人们思考方式、生活方式的转变。当前，视频内容逐渐取代传统纸质媒介，成为人们获取知识的主要途径，传统阅读依赖的载体乃至呈现形式都发生着巨大的改变。传统媒体时代，文字阅读可以让人们有足够的时间在脑海中完成知识的构想与搭建，这是一个“输入+输出”的过程，即个体对知识进行吸收内化并产出的过程。文字阅读更能够体现个体编码、解码的能动性，给个体的想象力发挥提供更大空间，更大可能激发人们的创造力。而互联网内容多以富媒体形态呈现，将图像、画面直接呈现在读者面前。这种“浅阅读+视频化”的内容呈现方式会使受众知识内化的过程被缩减，自我理解消化的时间被缩短。思考过程的简化意味着自身主体性的降低，使人们更容易成为被动的信息接受者，在一定程度上阻碍了受众对知识的吸收，限制他们的想象力与创造力，这也是影响未成年人科学素养培育的主要问题。

（四）网络“信息迷航”成为未成年人科学素养形成的“干扰项”

互联网是一把“双刃剑”，既使人们提高了信息获取的效率，同时由于互联网中的海量信息参差不齐，也增加了人们信息识别的成本，使人们产生“信息迷航”和选择焦虑的问题。此外，互联网中的各种富媒体内容和令人高度卷入的应用服务，也极易让人沉迷和上瘾。由于未成年人的自控性不强、认识体系不完善，这些问题对未成年人的负面影响尤为巨大。

互联网中参差不齐的海量信息增加了未成年人信息识别成本，放大了未成年人成长中的不确定性，增加了教育风险。未成年人尚处于成长阶段，其认识体系、批判思维、理性意识都还未形成，他们对是非、真假、美丑、善恶的定义还是模糊的、不稳定的。外部信息是其价值观、人生观、世界观形成的来源，外部信息对他们“投喂”什么，他们就会接受什么、反馈什么。以往父母、家长、同学是他们的主要信息来源，而现在这种信息环境正在被解构。特别是互联网所建构的后喻文化，使未成年人信息使用的自我效能感被放大，父母、家长的知识权威被打破。这种多元化的信息渠道和权威知识系统的解构，使未成年人往往无法正确地锚定方向。互联网上大量未经考证的信息以及为了博得关注而耸人听闻的结论，往往会对未成年人造成知识错觉和认知混乱，消解了学校老师和家长对其建构的知识体系，这对未成年人科学素养的构建造成巨大干扰。

网络沉迷使未成年人极易迷失自我。网络游戏、短视频、直播等网络应用，通过对用户心理、行为的激励、诱导和干预，建立起让用户成瘾的反馈机制，使用户沉迷其中，欲罢不能。这种网络成瘾机制对未成年人的伤害更大。未成年人的自律性较弱，时间管理能力不强，往往更容易受网络成瘾机制的影响，沉迷于网络中而不能自拔，不仅挤占了未成年人正常学习和生活的时间，还会对他们的健康带来巨大风险。本次调查显示，有接近15%的未成年人每天上网时长在4小时以上，他们的学习成绩、科学素养均较低。

三　对策建议

（一）家校联动，打造多管齐下的科学素养培育环境

本次调查发现，在校与在家的上网时间与未成年人科学素养均存在一定关系。因此，要充分发挥学校与家庭的优势，共同协作，形成家校联动的有效机制，为培养未成年人科学素养的提升创造良好的环境。

要充分加强校园网络文化阵地建设，加强对学生的在校管理，加强对学生使用智能手机、移动电脑、iPad 等移动终端的管理，监督学生上网时间和上网内容，培养师生科学上网的意识，让学生专注于学校的学习生活。学校应积极推进网络媒介素养教育，开设网络媒介素养的相关课程，引导未成年人树立正确的网络时间观念，提升未成年人通过互联网高效获取信息和知识的能力、准确识别有价值信息的能力、理性参与网络传播与网络社交活动的能力，采取多种途径引导未成年人正确审视和利用网络资源。

与此同时，家长要履行监护职责，发挥家庭对于未成年人教育的应有责任。家长要提升对未成年人进行素质教育的意识，关注孩子全方位的发展，而不仅仅是学习成绩单一维度。家长对孩子的上网行为，不应是简单粗暴的管控、限制，而应有意识地引导孩子用好、用对、用实网络资源，充分发挥网络对学校教学内容的补充作用，在生活中培养孩子关注科学、关注社会的意识。同时，家长要以身作则，不沉迷网络，主动提升自己的网络媒介素养和科学素养，为孩子树立榜样。此外，街道、社区等基层组织应通过开展各类活动，加强公民对网络媒介素养、科学素养的培养，有意识地提升父母的网络媒介素养、科学素养，为未成年人科学素养的提升创造良好的环境。

（二）优化科学教育，培育未成年人科学思维、科学方法及正确的科学态度

我国目前的教育体系中，有关科学素养的课程与教学内容还处于缺位的

状态。因此，教育部门应当从课程内容、培养目标和教学方案上，建立起未成年人科学素养的培养机制，制定相应科学的研判体系，把未成年人的科学素养水平纳入对学校、教师的考核指标中。

教育部门应当加强科学素养相关系列教材的编写，针对不同年龄阶段的未成年人，邀请不同学科的科学家和专家进行教材的编写，丰富课堂教学中科学素养培养的内容。学校在日常教学过程中，要注重学生全面发展，摒弃功利性思维，增加通识教育和科学教育在学生日常学习中的比例，着力于加强对未成年人的科学素养培育，鼓励教师在讲授科学知识的同时，加大科学方法、科学思维、科学伦理、科学与社会关系等方面内容的讲授，使学生不仅仅理解科学知识是什么，还能够了解科学知识是如何创造出来的、如何利用科学技术知识为社会服务。

此外，学校还可以与科研院所、大学、科技馆等机构合作，开发科学教育的相关课程，采用“走出去”和“请进来”的形式，丰富科学教育的教学体系和师资体系。一方面，可以组织学生走出学校，进入科技场馆、科技企业，从与大自然和社会的接触过程中学习科学知识、科学方法，培养科学思维和科学态度；另一方面，学校可以聘请相关领域的科学家、专家作为科学导师进入课堂，丰富科学教育的师资。总之，学校的科学教育要实现科学、文化、社会的联动，创新未成年人科学教育的方式方法，提升未成年人的科学素养。

（三）充分发挥互联网优势，创新科学传播方式

应充分利用互联网丰富多彩的内容表现形式、快速的信息传播形式、高效的内容生产机制，拓展和优化科学传播的方式方法，提升对未成年人的科普教育能力。

进一步拓展科学传播形态。科学知识相对晦涩，在快餐化、碎片化的互联网环境中，应当丰富内容的表现形式，提升知识的趣味性、易懂性。可以充分利用音视频、动漫、H5、AR、VR 等富媒体形式制作知识内容，并优化科学知识的叙事方式，降低知识的接受门槛，使广大公众既喜欢看这些科

普内容，也喜欢传播这些科普内容。特别是要针对未成年人，进一步丰富科普知识的创作形式，优化科普内容的传播形式。比如上海推出的四维特效电影《重返二叠纪》、《剑齿王朝》和《启思》系列科普动画片，起到了非常好的科普效果。

鼓励科学家和各领域的专家为未成年人创作优质的科普内容。科普是科学家的一项重要的社会责任，可以尝试通过与职称考评挂钩、知识付费等激励机制，鼓励科学家和各领域的专家走出书斋，走向公众，承担起科学普及的社会责任，在力所能及的范围内为我国科普事业贡献力量。同时，邀请科学家和各领域专家对科普内容进行专业把关，提升科普内容的质量。比如“丁香医生”在每篇科普文章中都注明负责审核的领域专家的名字。通过这种方式，让科普内容既能够有趣、易懂，也具有科学性、严谨性。

加强科学传播渠道的建设。推进网络科技馆、网络博物馆等线上科普网站的建设。同时，也应当可以在微信公众号、微博、短视频等网络平台中开设科普账号，扩展科普渠道。比如丁香医生、科普中国、知识分子等优质的科普媒体，已经开始利用网络平台向公众输送优质的科学资讯。这些方式都能够为未成年人的科学素养培育营造良好的土壤。科协应当将各地、各级组织、学校以及非官方科普机构的科普经验进行汇总，并组织各地科普机构交流经验，提升科普文化创意能力与创造动力。

（四）依托网络信息技术，缩小未成年人科学教育基础的差距

目前，影响未成年人科学素养提升的一个重要因素是教育资源、信息资源分配的不均衡。因此，打破这种不均衡是提升未成年人科学素养的关键。要加强信息资源的投入，依托网络信息技术，实现优质教学资源共享，来弥补地区间的教育差异，减少教育资源、信息资源所带来的区域差异。比如，成都七中的网课视频资源在全国200多所贫困山区学校同步直播，优质教学资源向落后地区输入，帮助一部分乡村贫困山区孩子获得和城市一样的教育资源。这一措施应该进一步得到鼓励并推行。我国在“十三五”期间推进了覆盖城乡、重在乡村的教育信息化建设，取得了一定的成效；在“十四

五”期间，应当进一步加大乡村教育信息化建设投入，特别是加大向生源背景薄弱的乡村学校的教育信息资源投入的倾斜，配备相应的设施设备，提升设备的利用率，从而在技术硬件上达到公平性，缩小城乡间优质教育信息资源的差距。同时，也应当建立起一套完善的教育信息化评估体系。

此外，要通过进修、培训等形式，提升乡镇教师信息化技术的使用能力，将信息化教学的应用能力纳入教师培训必修学时，开展利用信息技术教学的方法培训，提升教师利用信息技术开展个性化教学的能力。建立起促进乡镇教师使用信息技术进行教学模式创新的激励机制，鼓励教师自觉地利用信息技术建立“线上自学＋线下研讨”有机结合的泛在学习（U-Learning）模式，让信息技术切实融入课堂教育、素质教育、科学教育，为未成年人科学素养的提升打下坚实基础。

参考文献

共青团中央维护青少年权益部、中国互联网络信息中心（CNNIC）：《2019 年全国未成年人互联网使用情况研究报告》，2020 年 5 月，http：//www. 199it. com/archives/1048155. html。

Bloom BS，Hastings JT，Madaus GF.，*Handbook on Formative and Summative Evaluation of Student Learning.*（McGraw-Hill；New York：1971）.

陈小普：《大学生网络媒介素养：量表初步编制及特征分析》，《中国健康心理学杂志》2017 年第 4 期。

任福君主编《中国公民科学素质报告》第二辑，科学普及出版社，2011。

何薇、张超、任磊、黄乐乐：《中国公民的科学素质及对科学技术的态度——2018 年中国公民科学素质抽样调查报告》，《科普研究》2018 年第 6 期。

王斌：《新时期我国公民科学素养的构建路径》，《科学管理研究》2014 年第 5 期。

郅庭瑾、陈纯槿：《互联网使用时间对中学生学科素养的影响研究——基于互联网使用动机的视角》，《华东师范大学学报》（教育科学版）2019 年第 6 期。

B.14
数字公民教育的国际发展状况

党生翠*

摘　要：　本文运用制度分析法、比较研究法等，基于青少年视角对数字公民教育产生的技术－伦理－社会三维背景进行了分析，运用赋权理论内剖式审视了数字公民教育的基本原则，同时也探究了美国对于数字公民教育发展的动力与协同机制，最后基于我国数字公民的教育发展现状提出了相关建议。

关键词：　数字公民　教育　国际

随着数字社会的到来，人类正在拥有双重“公民”身份。第一重身份为传统社区的实体公民，第二重身份为数字世界的数字公民。依据美国国际教育技术协会（ISTE）的定义，“数字公民”是指“能够践行安全地、合法地、符合道德规范地使用数字化信息和工具”的人。迈克·瑞布被称作“数字公民教育之父”，他首先提出了数字公民教育的“尊重－教育－保护”模型。欧美国家经过数十年对数字公民教育的推进，已经完成了从保护主义取向到能动主义取向、从赋能到赋权的基本转向。青少年在信息素养指向的保证数字接入等数字使用权的基础上，开拓了自我表达的新场域，培养了批判主义精神，为打造数字空间新公民奠定了人才基础。

---

* 党生翠，北京师范大学中国社会管理研究院/社会学院副教授，主要研究方向为网络舆论与信息公开。

一　数字公民教育兴起的背景

数字公民的提出是伴随着技术生活方式为青少年带来的影响而出现的，主要体现在技术影响、伦理观照及社会问题三个维度。

（一）从用户数量看，青少年已成为数字社会的行动主体之一

世界互联网普及率不断提高。2021 年 1 月，全球使用互联网的人数达到了 46.6 亿，互联网普及率为 59.5%。[①] 其中，未成年互联网用户总数已超过 1/3。从中国的互联网普及率来看，截至 2021 年 6 月，我国网民规模达 10.11 亿，网民总体规模已占全球网民的 1/5 左右，互联网普及率达 71.6%，高于全球平均水平。[②] 从网民的年龄来看，低龄化趋势日趋明显。《青少年蓝皮书：中国未成年人互联网运用报告（2020）》指出，未成年人的互联网普及率已达 99.2%，未成年人首次触网年龄不断降低，10 岁及以下开始接触互联网的人数比例达到 78%。[③] 其中，处于学龄的青少年群体已经成为网民中比较庞大的群体之一。截至 2020 年 12 月，我国已有 1.6 亿 20 岁以下网民。

可见，青少年既是互联网用户的重要用户，同时也是未完全社会化的主体。尤其是在互联网新空间，其数字技能、价值观、态度等尚未成熟，从发展社会化角度提出的数字公民教育满足了个体、群体及社会的需求。

（二）青少年演变为互联网世界的弱势群体

尽管青少年网络使用规模巨大，但其使用指向却更多集中于私人领域而非

---

① We Are Social, Digital 2021: Global Overview Report, http://www.199it.com/archives/1199399.html.

② CNNIC：第 48 次《中国互联网络发展状况统计报告》。

③ 季为民、沈杰主编《青少年蓝皮书：中国未成年人互联网运用报告（2020）》，社会科学文献出版社，2020。

公共领域。近年来，娱乐和游戏是未成年互联网用户的主要用途。截至2020年12月，我国网络游戏用户规模达5.18亿，占网民整体的52.4%；手机网络游戏用户规模达5.16亿，占手机网民的52.4%。青少年占了很大比例。①

这就使得网络沉迷成为未成年人互联网使用中面临的重要风险。中国是世界上第一个把网络成瘾列为精神疾病的国家。我国青少年网瘾发病率近10%，高于世界均值6%。《中国青少年网瘾数据报告》显示，我国网瘾青少年约占青少年网民的13.2%；在非网瘾群体中约13%的网民有网瘾倾向。其中12~17岁的青少年网民中网瘾比例高达17.1%，中学生网瘾比例高达23.2%。

同时，青少年也成为网络诈骗的重要对象。《新冠疫情期间网络诈骗趋势研究报告》② 显示，疫情期间，与游戏相关的网络诈骗主要集中于游戏币交易、游戏账号交易、游戏装备交易、游戏代练等场景，而诈骗的主要来源是社交平台广告和游戏内喊话广告。腾讯发布的《金融消费者电信网络诈骗防范情况报告》显示，"90后"为金融诈骗的"易感人群"，受害者占比超过总数的一半。

此外，在我国，未成年人不仅是网络侵害的对象，也是网络犯罪的主体之一。未成年人犯罪在网络领域的比例逐年提高，且犯罪领域较为集中。《2018年未成年人涉网刑事案件大数据分析报告》显示，与网络相关的未成年人刑事案件占到总数的一成左右，案件数量呈逐年上升趋势；未成年人涉网刑事案件涉案类型主要为侵财、涉毒等案件。③ 这就需要教育青少年增强网络空间的自我保护。

（三）青少年是互联网空间的未来主体

联合国一直将推动青少年融入未来空间、增强未来竞争力纳入重要工作

---

① CNNIC：第47次《中国互联网络发展状况统计报告》，CNNIC官网，http：//www. cac. gov. cn/2021-02/03/c_ 1613923423079314. htm。

② 360公司：《新冠疫情期间网络诈骗趋势研究报告》，https：//zt. 360. cn/1101061855. php?dtid=1101062366&did=610471560。

③ 中国司法大数据研究院：《2018年未成年人涉网刑事案件大数据分析报告》，https：//www. 163. com/dy/article/DJA8820905129QAF. html。

议程。2019 年，它们在《世界青年报告》中提出，“青年人是推动落实 2030 年可持续发展议程的重要参与者，我们需要倾听他们的声音。让儿童青少年更广泛从数字技术中获益的同时，确保他们免受网络伤害并学会在使用网络时如何保护自己，二者同等重要。”①

二 国外数字公民教育的基本原则：基于内涵的分析

（一）认知视角：从保护对象到平等主体

欧美国家数字公民教育的一大转向就是在认知视角上，从赋能到赋权转变，也伴随着对网络使用者，尤其是青少年的从保护性视角到主体性视角的转变。保障儿童平等享有数字媒体和信息通信技术的权利是儿童数字权利的基础，保护儿童不因生理、心理发育的不成熟而在使用数字产品时受到伤害是儿童数字权利的核心。② 一方面，充分重视儿童在数字世界面临的风险，致力于为儿童创建更为安全的数字世界。在此过程中，尤为重视的是厘清数字世界的不平等现状，注重针对弱势儿童的权益保护。联合国教科文组织在此领域发挥了关键作用。

另一方面，各方主体也逐渐从单一的挑战和威胁视角向“机遇与挑战并存”的双重视角转换，不仅将儿童视作被保护对象，更尊重他们在数字世界的权利与基本需求，以及他们作为“数字土著”在数字世界的天然优势与话语权力。加拿大学者大卫·帕金翰（David Buckingham）指出，在网络世界中，应让儿童参与实践对话与研究。为此，不仅要培养儿童的数字技能，更要注重培养其收集与鉴别信息、数字交往、数字参与等能力。

青少年不再单纯地定位为心智不成熟的主体，而是要正视他们在网络时代的“数字土著”优势，同时要重视网络社会对于生存主体的新要求。青

① 联合国经济和社会事务部：《世界青年报告：青年人与 2030 年可持续发展议程》，http://www.xinhuanet.com/world/2019－02/21/c_1124146344.htm。

② 陆诗雨：《浅论儿童数字权利》，《少年儿童研究》2019 年第 12 期。

少年的主体性被进一步重视，逐步实现了从单纯的被保护对象到网络平等使用主体的转变。具体而言，首先，重视数字社会人格平等。瑞布提出，数字公民教育的首要内容便是尊重原则。基于数字人格平等原则，既要求作为网络用户的青少年尊重数字社会其他主体的价值和尊严，不侵犯他人权利，同时也要保障网络使用主体的人格平等。其次，强调数字社会的机会平等。既包括网络接入的客观机会平等，也包括网络使用资源的机会平等。政府在为青少年创造去色情、去高风险的清朗网络空间的同时，也要保证青少年尽可能多地接触开放的网络资源。鼓励他们认识网络世界的正面资源，认同数字空间信息、知识和多样化资产的价值，敏锐关注网络世界的发展趋势，不因保护主义而被数字世界隔绝。最后，实现网络空间的权利平等。青少年在法律面前同等地承担义务和享受权利，保证青少年的网络言论自由与表达自由。从保护对象到平等主体的转变为实现人格平等、机会平等和权利平等的统一提供了可能。

（二）教育路径：从赋能到赋权

“赋能”是心理学中的词语，旨在通过言行、态度、环境的改变给予他人正能量，以最大限度地发挥个人才智和潜能。本文中指的是“赋予技能”。在从信息素养到数字素养、数字公民的转化过程中，前期更多强调网络使用技能的习得，如如何上网、如何使用安全软件、如何登录社区等。

“赋权”的概念最早是由美国巴巴拉·索罗门（Barbara Solomon）教授基于社工理论提出的。为了接受并扮演重要的身份与角色，人们需要必要的个体性资源与经济资源。在数字公民教育中，从前期的基于信息素养的技能培养到近期基于权利指向和批判表达的转向，正是教育青少年在掌握网络使用技能的基础上发挥网络使用者的主体性，在数字空间进行客观表达的转变。

赋权包括自我效能感的提高、知识与批判性意识的提升以及帮助实现个人目标的资源和策略的发展三个元素。在数字公民教育中，美国教育未成年人重视自我在数字空间的个人发展需求、个人权力感和自我效能感，重新定位数字空间主体权利。人际的赋权是鼓励家庭、学校、社区及社会组织共同协作提升青少年使用网络的安全性和在网络空间表达的主体性优势。最高层面是在政治层面的赋权。强调教育青少年学习知识技能去认识和影响政治进程，实现社会行动和社会改变的目标。其中，最重要的行动载体便是数字社区。

（三）教育内容：从使用网络到全面发展社会化

在数字教育内容的定位上，实现了从网络技能习得到数字世界的发展社会化的全面迭代。事实上，网络世界作为新的行动场域，尤其是对于数字原住民，需要全面的社会化。对于成年人而言，则需要发展社会化。社会化的内容不仅包含技能，还包括规则、价值观以及角色扮演等。因此，美国的数字公民教育既包括教育等上网技能的习得，也涵盖了“尊重”等价值观，既包括作为网络资源消费者的数字资源应用技术，也包括数字交往中的礼仪、数字内容创造中的基本规则等。从技能到规则、价值观及角色规范的延伸，体现了数字公民发展社会化的全面视角的转变。

三　数字公民教育的具体做法及特点

（一）协同体系：数字公民教育的国家－社会联动

协同作为一种高效的合作路径，在从网络素养教育到数字公民教育的转化过程中一直被强调。在网络素养时代，许多国家就意识到了协同的重要性。加拿大教育专家约翰·彭金特就注意到网络素养内在要素的多样性与相关主体合作的多元性。美国、澳洲等国家在学校、家庭、专业机构与社会力量的支持下，形成了较好的数字公民素养协同培育体系。包括欧盟在内许多国家地区联合公共图书馆、高校研究机构、计算机互联网企业以及社会组织的力量不断推动数字素养概念建构与普及。

数字公民教育作为全球关注的重要议题之一以及各国家发展的战略之

一，既有联合国经合组织、国际图书馆联盟等国际组织在推动数字素养框架的国际化和标准化，也有各国政府通过专门成立部门来负责国家政策的制定、发布和实施，还涵盖了社会层面，如行业协会、大学、社会组织等的大力推动。如美国国际技术教育协会、美国信息产业协会、美国媒介素养研究中心、美国教育考试服务中心、美国非营利教育机构常识教育组织等发挥社会主体的灵活性，以推动相关标准的出台和相关项目的不断深入。

理解国家－社会等多元主体之间如何产生新的理念、通过何种机制实现有效协作、各种机制之间如何嵌入式运行，也对我国数字素养战略的形成具有重要意义。美国中小学生数字公民教育在政府、学校、家庭、社会力量的支持下，形成了良好的数字公民教育协同体系。基础教育与高等教育相结合，辅之以社会组织。其行动主体主要分为四类。

第一类是国际组织。联合国教科文组织倡导的数字素养框架：美国国际教育技术协会（ISTE）早在 2007 年就开始提倡数字公民的重要性，并在此后投身于相关理念的倡导与标准的制定与更新。首先，它通过定期与不定期会议、学术工作坊等形式，集中该领域专业人士，及时交流专业信息，共同探讨现存问题与可能对策。数字道德、数字伦理等都是该协会重点讨论的议题。实际上，它不仅发挥在线教育数字技术方面的优势开发了数字资源与平台，同时也开创了一系列针对不同人群（管理者、学生、教师等）的专业课程，通过基础培训来推广和促进美国数字公民教育。此外，联合国教科文组织、国际道德教育组织等在数字公民推广方面也比较活跃，在不同层面发挥了重要作用（见表 1）。

表 1　国际组织的行动策略

国际组织	行动路径	主要领域	影响
联合国教科文组织	制定规范、发展战略、国际标准	全球公民教育、青少年参与和赋权、可持续性教育	全球范围

续表

国际组织	行动路径	主要领域	影响
美国国际教育技术协会	定期召开国际研讨会、不定期开展工作坊	制定《ISTE 数字公民教育学生标准》，明确数字公民素养教育的目标与内容，推动学校采纳标准，成为该领域课程开发的依据	影响世界其他国家和地区
国际道德教育组织	2015 年起“数字公民素养峰会”正式创办，每年举办一次	数字公民教育研究和倡导	集中于美国
国际图书馆联盟	个人价值体系中突出尊重他人劳动的道德观教育	开展数字版权保护教育	集中于美国

第二类是政府机构。在美国，数字公民教育的实施和研究并非个人行为，而是国家举措。首先，美国政府将数字公民教育视作国家竞争力与数字政府建设的重要基础，认为数字公民建设与数字政府建设是一体两翼，二者互相促进。美国政府克林顿时期曾把消除数字鸿沟作为消除社会两极分化的重要组成部分。其次，美国政府将数字基础设施建设与数字公民制度建设等同视之，并倡导高科技公司参与消弭数字鸿沟等社会问题。此外，美国政府，尤其是联邦教育部，不仅为学校开展数字公民教育提供资金支持，还通过制定标准、提供培训等为数字公民推广保驾护航。

第三类是社会组织。美国的数字教育社会组织起步较早，同时也担负了多元化的社会功能。主要包括数字公民教育研究、标准制定、课程开发、评估定级、教师培训等。同时，不同社会组织的分工也有所不同，形成了优势互补的局面。该领域社会组织之间也互动频繁，发挥了协同发展的合力。其中，非营利教育机构常识教育组织发展较为完善，在数字公民教育课程开发方面发挥了先行者的作用，提供了从学前班到 12 年级的数字公民教育大纲，并建立了从课堂设计、课堂教学到课堂评估的全流程教学资源。这些机构和组织的研究成果，成为美国数字公民教育发展的强劲推动力。

第四类是图书馆、博物馆等专业机构。图书馆等专业机构在美国公众素养提升中发挥了重要作用，该特征在数字公民教育中也一以贯之。同时，该类专业机构还具有灵活性、机动性较强等特点，在公共危机等特殊时期通过数字渠道进行公共传播、提供资金和信息支持。如在新冠肺炎疫情中，通过投入与数字公民培养相关的专项资金援助博物馆帮助其度过经济危机。此外，家庭、社区、企业等也发挥了系统性补充作用。

（二）行动导向：教育者作为主体

教师作为教育的主体之一，在实施数字公民教育过程中，培养数字化教师成为欧美在该领域行动的重中之重。欧盟制定了教育工作者数字素养框架，包括六个领域及四个发展阶段模型。加拿大于 2015 年发布的“数字素养教育框架”，提出了教师在实施数字公民教育中理解、使用和创造的三个层次及伦理与同情、隐私与安全等七大能力。美国将数字公民列为教师未来承担的七个角色之一。2016 年发布的《美国国家教育技术标准》中，将“数字公民”列为一项单独标准，确立了教师在学生在线学习、在线行动中的引领角色，并倡导建立数字化学习文化，将知识产权保护融于数字公民教育的各个环节之中。

同时，各类学校成为推进数字公民教育的重要参与主体，既包括了小学等基础教育阶段，也包括大学等科研机构。其中，密歇根大学便是率先推出数字公民项目的高校机构。它主要通过总结学生在不同阶段的数字发展特征，制定富有特色的各类数字活动，吸引学生参与到指定行为准则的过程之中，以建立安全而适当的在线学习方式，最终提升学生的数字公民素养。2020 年，哈佛大学伯克曼克莱恩互联网及社会研究中心发布了一项名为《青年和数字公民（增强版）：理解数字世界的技能》的报告，明确指出，在全球范围内，“培养数字公民”可以更好地帮助青年适应网络社会并充分利用数字时代的各类资源，包括政府、国际组织、政府组织、学术界等利益相关者都在通过开发相关项目帮助青年抓住数字时代的发展机遇。同时，大学作为研究机构也通过实证研究为丰富数字公民教育的内容提供了新的证据，如学者提出敏感性培训等在数字公民教育中不可或缺。①

（三）量化倾向：评估测评路径的实施

评估通过对组织行为结果的量化测评，以直观的形式呈现出结果，为优化决策、激发潜能提供了客观依据和智力支持。在欧美等国家，通过制定数字素养测评框架并定期更新评估指标，对学校数字公民教育提供了第三方的专业意见。首先，体现在针对不同目标的数字素养框架。国际社会多种数字素养评估工具，目标包括数字素养认证、数字素养评估及数字素养评估研究等。其次，制定了针对不同人群的数字素养测评框架。如旨在为学生和求职者提供在需要使用计算机和互联网的环境中获得成功所需的知识基础的数字能力评估（Digital Competence Assessment，DCA）框架，国际公认的反映学术和商业环境中最需要的相关技能数字素养标准［互联网和计算核心认证（The Internet and Computing Core Certification，IC3］，专门为教授和学者这类高级知识分子制定的数字时代生存技能概念框架及专门为教师设定的教师 ICT 执照等。最后，设置了针对不同功能的评估工具。安德烈斯·M. 卡雷特罗等人在 2016 年对国际上的两种评估工具进行了全面审查，并将其分为绩效评估、知识评估、自我评估、二次数据收集与分析四类。不同类别、功能的数字公民及数字素养评估工具以实证研究为基础，以数据为决策依据，使得该领域的相关政策的出台更加具有针对性和指导性。

四　国际数字公民教育对我国的启发及政策建议

网络时代设备接入权是编制权的前提和基础，编制权是接入权的必要发

① Ceren Karaatmaca et al.，“Fostering Digital Citizens：Perceptions of Sensitivity Training ”［J］. *The International Journal of Information and Learning Technology*，2020，38（1）.

展趋势。而掌握编制权，行使好网权，必须从青少年抓起。树立数字公民意识，了解网络世界的基本知识，掌握网络使用基本技能，内化网络公民价值观，扮演好数字公民的角色，实现在数字世界的全面社会化进程。而这一切既有赖于政府的顶层设计，也仰仗于社会力量的有效参与。鉴于此，特提出如下建议。

（一）发挥后发优势，实现从网络素养到数字公民教育的转向

后发优势理论是指利用较后启动或是相对落后的状态，吸取他国发展的经验和教训为我所用。当前，欧美等发达国家对青少年互联网应用的国家认同和民间认知及社会驱动已经大大领先我国。相较于上述国家已经基本完成信息素养－网络素养－数字素养的“三步走”路径，我国依然停留在信息素养和网络素养阶段。对此领域的认知也主要集中于互联网空间的自我保护与安全使用，强调遵守秩序多于释放活力。

这就要求我们必须放眼世界，科学对标，着眼于未来青少年作为网络空间竞争的主体，将数字公民教育纳入基础教育体系。发挥我国强大的国家主导和集体动员能力，实现数字公民教育的跨越式发展。具体做法是，在制定和完善信息发展战略时，写入“青少年数字公民教育”的提法，并在明确适合我国国情数字公民教育体系及数字素养内容的基础上，有计划地推进能够适应未来国际竞争的数字公民教育。

（二）建立国家－社会的数字公民教育协同体系

在数字公民教育推进中，既要重视国家自觉运用行政工具的顶层设计作用，也要充分利用社会组织、学校、互联网企业等社会的自发力量。国家要帮助青少年更加深刻地认识数字主权与数字安全，同时培养他们在互联网空间的未来主人翁意识和责任感，鼓励他们积极参与互联网建设。互联网企业具有丰富的数字资源和数字规则制定经验，要激发他们的社会责任，不仅要保护青少年远离“黄赌黑”，更要为青少年创造互联网学习和运用的绿色通道。建立互联网资源建设的青少年教育基地，为数字公民教育提供情境式、浸入式学习的机会。

社会组织作为第三方组织，既可以立足国际视野对数字公民素养的发展提供客观的研究和评估，也可以通过活动设计实现家校合作与社企合作。当前，我国的社会组织过于同质化，缺乏专注互联网领域的专业组织，可以通过组织转型来实现社会组织在互联网数字公民教育领域的专业化发展。学校作为数字公民教育的主体，既是系统培训、定期知识更新的对象，又是针对青少年公民教育的直接主体。因此，教师认知及教育水平显得格外重要。国家要针对不同数字公民教育资源分布的实际及普遍需求的基础，分层次、分类别、分步骤地制定不同地区、不同民族数字公民教育发展战略及工作计划。既要坚持教师群体培训的系统化、标准化，又要重视和激发教师群体的个性化和主观能动性。

（三）制定适合我国国情的数字素养框架

目前，尽管提法各有不同，但欧美、澳洲及亚洲等国家都制定了适合本国国情的数字素养框架，为我国在本领域的推进提供了可借鉴的经验。当前的数字素养框架内容相对比较复杂，不利于普及推广。应组织相关领域的专家制定适合我国国情的数字素养框架，强调简洁性与易操作性。最重要的是，尊重学生在互联网空间社会化过程中的实际需求，发挥青少年主观能动性，树立在互联网空间的自我尊严，提升自我表达能力，激发其创造力。数字素养框架的制定也不能另起炉灶，要注重盘活已有资源，总结北京、上海、深圳等地的发展经验及其共性并在全国推广。

（四）利用媒体宣传，提升数字公民认知普及水平

数字公民教育尽管在国际领域已有一定的发展经验，但对于我国，尤其是公众而言，还是一个较新的概念，应利用专家、媒体等多种渠道，推动数字公民认知。在此过程中，要运用传播学理念，利用互联网中意见领袖的作用，通过游戏等形式，加速创新的扩散。同时，要组织专家力量，发展“数字社会学”等相关学科，通过理论发展赶超欧美国家，同时为青少年数字公民教育提供具有系统性、学理性的知识支持。对于数字公民教育的经验，要及时总结、推广，形成数字公民教育的良好社会氛围。

参考文献

钱松岭：《国际数字公民教育研究发展概况初探》，《中国信息技术教育》2020 年第 Z4 期。

郑云翔、钟金萍、黄柳慧、杨浩：《数字公民素养的理论基础与培养体系》，《中国电化教育》2020 年第 5 期。

郭一弓：《欧盟数字素养框架 DigComp 2.1：分析与启示》，《数字教育》2017 年第 5 期。

孙旭欣、罗跃、李胜涛：《全球化时代的数字素养：内涵与测评》，《世界教育信息》2020 年第 8 期。

俞思瑾、郑云翔、杨浩、黄星云、钟金萍：《国际数字公民教育研究的现状、热点及前沿》，《开放教育研究》2018 年第 6 期。

张丽霞、吴玉娟：《论青少年学生的数字公民责任》，《教育发展研究》2013 年第 4 期。

张立新、张小艳：《论数字原住民向数字公民转化》，《中国电化教育》2015 年第 10 期。

张路路、孔成果、叶新友：《国外高校图书馆用户数字素养研究现状及启示》，《数字图书馆论坛》2020 年第 1 期。

张娟：《美国数字素养教育现状及启示》，《图书情报工作》2018 年第 11 期。

郭府宁、宛平、王佑镁：《培养数字化教师：欧盟教育工作者数字素养框架解读与启示》，《世界教育信息》2020 年第 8 期。

Beth A. Buchholz, Jason DeHart, Gary Moorman. "Digital Citizenship During a Global Pandemic: Moving Beyond Digital Literacy". *Journal of Adolescent & Adult Literacy*, 2020, pp. 11 – 17.

Mustafa Jwaifell, Buad Alkhales. "The Proper Use of Technologies as a Digital Citizenship Indicator: A Comparative Study of Two Universities in the Middle East". *Journal of Studies in Education*, 2019, pp. 1 – 16.

B.15

青少年在线编程教育状况

孙 萍 季芳芳 王晓艳*

摘　要： 青少年编程教育成为当下青少年网络使用和在线教育的重要发展领域，潜在目标受众多于2亿人次。调查发现，目前我国青少年的编程教育状况存在较大性别差异和城乡差异。对于参加少儿编程课程，家长更加关注孩子的思维、能力和兴趣培养，同时，随着近些年网络教育的不断推进，青少年人群接触编程的年龄呈现逐步走低趋势。当下青少年编程领域存在师资人才参差不齐、内容建设无统一规范标准、城乡编程教育差距过大等问题。需要加强编程平台内容建设、规范数据管理、保障网络安全，在规范层面落实主体责任，协力推进青少年网络编程教育。

关键词： 少儿编程　未成年人　网络教育

一　青少年网络编程教育的发展现状

青少年在线编程，又称少儿编程，主要指面向3～18岁青少年开发的零基础编程类培训课程。少儿编程主要分为校内教育和校外培训两部分。一方

* 孙萍，中国社会科学院新闻与传播研究所助理研究员，主要研究方向为数字媒体和平台经济；季芳芳，中国社会科学院新闻与传播研究所副研究员，主要研究方向为新媒体与社会，跨文化传播；王晓艳，四川师范大学四川文化教育高等研究院助理研究员，主要研究方向为儿童媒介素养教育、在线教育。

面，随着政策的推进和倡导，我国不少省市开始将未成年人编程教育设置为正式的校内课程；另一方面，校外培训市场研发了不少针对青少年的编程课程。无论是校内教育还是校外培训，当下我国的少儿编程以互联网移动终端为主，因此，少儿编程是青少年网络使用的重要组成部分。

少儿编程的兴起与我国近些年推行的基础教育信息化密不可分。2017年7月，国务院发布《新一代人工智能发展规划》，明确提出要“在中小学设置人工智能相关课程，逐步推广编程教育”，这为编程教育进入学校系统奠定了基础。回顾我国人工智能进学校的历程，不难发现，编程教育是人工智能进学校的重要途径和载体。2001年，中国科学技术协会在广州南沙科技馆举办了第一届全国青少年机器人竞赛；2003年，教育部确定在部分省市试行将机器人教育作为高中选修课，如“通用技术”选修模块的简易机器人制作和“信息技术”选修模块的人工智能初步供学生学习；[①] 2004年，教育部和中央电化教育馆也把“电脑机器人”作为竞赛项目列入全国中小学电脑作品制作活动中。

随着人工智能升至国家战略高度，少儿编程在中小学的普及度也逐渐提升，加之“80后”“90后”父母对素质教育的关注，编程教育开始进入更多的家庭，成为孩子学习内容之一。根据中国互联网络信息中心（CNNIC）发布的第48次《中国互联网络发展状况统计报告》，截至2021年6月，我国在线教育用户规模达3.25亿。[②] 新冠肺炎疫情的出现也加剧了少儿编程教育的普及，居家上网课促使许多家长选择让孩子接触编程教育。

在数字时代，计算思维成为个体认识世界、解决问题的基本思维方式之一，而编程是培养儿童计算思维的重要方式之一。联合国教科文组织开发了《数字素养全球框架》（A Global Framework of Reference on Digital Literacy Skills for Indicator4.4.2）（2018）。框架建议将数字素养或数字能力（Digital Competence，Dig Comp）分为5个领域，其中第3个领域为创造数字内容素

---

① 黄蔚：《人工智能教育如何进校园》，《中国教育报》2018年5月19日。

② 中国互联网络信息中心：第48次《中国互联网络发展状况统计报告》，2021年8月，第6页。

养（开发、整合并重新阐述数字内容；版权和许可证；编程）；第5个领域为问题解决素养（解决技术问题；发现需求和技术响应；创造性地使用数据技术；辨识数字素养鸿沟）。后来，在此基础上发展了 Dig Comp 2.1 版。2.1 版指出，创造数字内容的素养也包括编程，以创造出更有效的信息传播及其互动过程。同时，学习过程通常被看作发现问题、解决问题的过程。那些以学生为中心的、采用灵活的教育教学方法，经常在计算机课程中学习解决问题的学校，其学生更容易形成计算思维。[①] 编程教育的实施，有利于学生了解计算机技术前沿领域发展情况，进行人工智能启蒙教育；有利于让每个学生学会与智能工具打交道，体验日常生活中的人工智能产品；分学段实施不同层次的编程教学，学习用编程解决实际问题，有利于培养计算思维、创新思维等信息时代的基本素养。[②] 这些素养的培养，有利于孩子获得面向未来时代的能力。

智能技术和移动终端的出现，正在催生越来越多的青少年加入编程教育。根据前瞻产业研究院的市场报告，2019 年中国少儿编程行业整体对应的年龄人口达到了 2.37 亿[③]。作为一门新兴学科，编程教育正在成为影响青少年成长和未来发展的重要领域。据不完全统计，目前我国已有超过 200 家少儿编程的市场机构。如何有效引导编程教育可持续发展，做好市场化与基础教育的有效平衡，提高青少年科技、艺术、逻辑等层面的健康发展，成为当下需要解决的重要问题。探究青少年编程教育发展的现状、存在问题以及提出相关建议，有利于规范、引导编程教育健康发展。

本次报告的调研数据主要来自深圳点猫科技有限公司“编程猫”平台。“编程猫”平台成立于 2016 年，平台用户囊括全国主要省区市和部分农村地区，具有较好的平台样本代表性。调查时间为 2020 年 8 月至 2021 年 1

① 卜卫、任娟：《超越“数字鸿沟”：发展具有社会包容性的数字素养教育》，《新闻与写作》2020 年第 10 期。

② 黄蔚：《人工智能教育如何进校园》，《中国教育报》2018 年 5 月 19 日。

③ 前瞻产业研究院：《2020 年中国少儿编程行业市场现状及竞争格局分析》，https://bg.qianzhan.com/trends/detail/506/200909-670c747d.html，2020 年 9 月 9 日。

月，其间共进行了两次全平台问卷调查。其中，两次调研的有效问卷总数分别为 9646 份和 1367 份。因此次调查包含年龄段较小的未成年人，涉及未成年人调查隐私问题，因此，两次问卷的调查对象为参与课程报名的未成年人家长或监护人。本文分为三部分，首先是少儿编程领域教育的主要特征；其次是当前少儿编程存在的主要问题和原因；最后是对规范未成年人编程教育提出政策建议。

二 青少年在线编程学习特点：学生参与、家长态度和传播渠道

（一）在性别比例上，男生参与人数显著多于女生

目前，青少年课外编程的参与中存在显著性别差异。两次调查的数据均显示，男生参与编程课程学习的人数显著多于女生。2020 年 8 月的调查显示，参与编程课程学习的男生比例为 76.1%，女生比例为 23.9%；2020 年 12 月的调查显示，男生参与比例依旧超过 3/4（75.5%），女生为 24.5%（见图 1）。

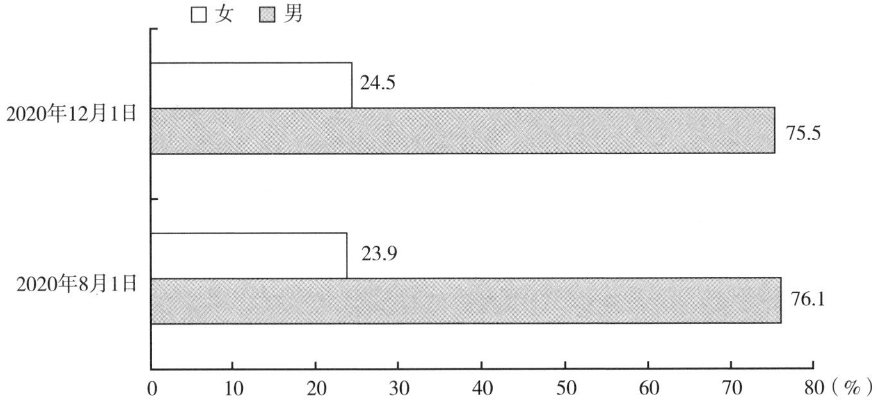

图 1 少儿编程性别比例

注：调查对象为未成年人家长，调查一有效问卷总数为 9646 份，调查二为 1367 份。

这一数据与目前我国计算机编程职业性别比例类似。根据中国日报网 2017 年的一项报道，我国女性程序员的占比约为 15%。[①] 当下固化的性别标签和性别差异化教育是导致女生参与编程学习人数较少的重要原因。

（二）入学后，超六成家长选择在 G4 ~ G7 时间段让孩子学习编程

调查显示，四年级、五年级、六年级和初一是未成年人学习编程的主要时间段，总人数占比超过六成。家长选择这一时间段让孩子参与到课外编程教育中，主要考虑孩子的学业负担、思维发展和学校的各类比赛参与等。从小、中、高三个学历时段进行比较，小学时段孩子的参与度最高，占据总人数的 67.6%，其次是初中时段，占比为 28.7%，而高中时段的参与度最低，仅为 3.5%（见图 2）。这种显著差异主要与未成年人在不同时段的学业压力有重要关联。

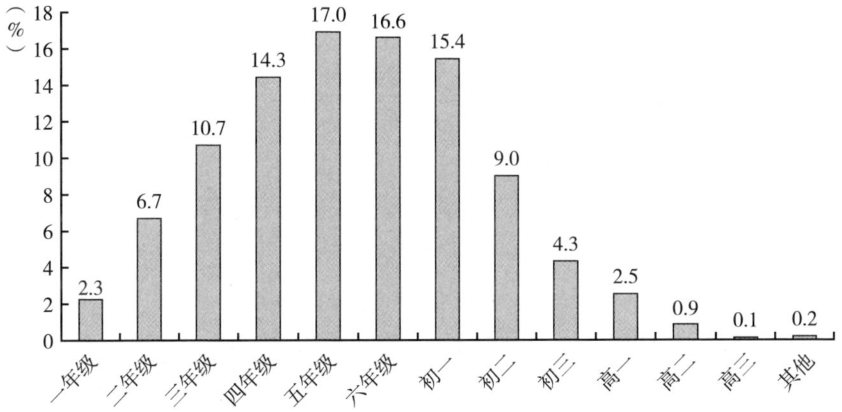

图 2　少儿编程课外培训年级分布

注：有效问卷总数为 9646 份，调研时间为 2020 年 8 月。

① 《“程序媛”带领女性进入程序员的大门》，中国日报网，http://ln.chinadaily.com.cn/2017-09/14/content_31980244.htm，2017 年 9 月 14 日。

（三）中等偏上学习成绩的孩子家长更倾向于接受校外编程教育课程

对已报名的孩子家长进行调研时发现，超过七成的家长表示自己孩子的学习成绩在班级的排名属于“中等偏上”。其中，有1/4的学生家长表示，孩子的学习成绩在班级内属于“拔尖”。仅有5.0%的孩子家长表示，孩子的学习成绩属于“中等偏下”。可以看出，家长报名参与校外编程培训的意愿与孩子的学习成绩呈现较强的正相关关系（见图3）。

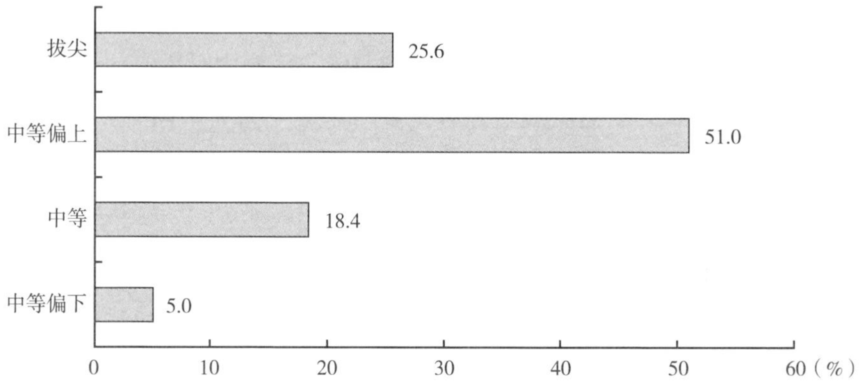

图3　参与少儿编程课外培训生的学习成绩

注：有效问卷总数为9646份，调研时间为2020年8月。

（四）思维、能力和兴趣成为家长购买校外编程课程的主要驱动力

家长或者未成年人监护人是购买校外编程课程的主要消费人群，在被问及“以下哪些因素会成为您为孩子报名编程课程”时，八成以上家长选择了“思维培养”，尤其是“锻炼逻辑思维、计算思维”。同时，近四成或以上的家长选择了“能力培养”“兴趣培养”“拓宽视野”。但只有一成左右的家长选择了“性格培养”“问题解决”“辅助学科”“赛事考级”“职业发展”（见图4）。可以看出，思维能力和兴趣培养是家长为孩子报名学习编程最主要的动因。随着素质教育在我国的迅速推广，城镇地区的家长更加注重

培养孩子的思维扩展和全面发展。购买编程课程很大程度上带有“陪伴性”的消费特征，而不具有非常明确的目的性。

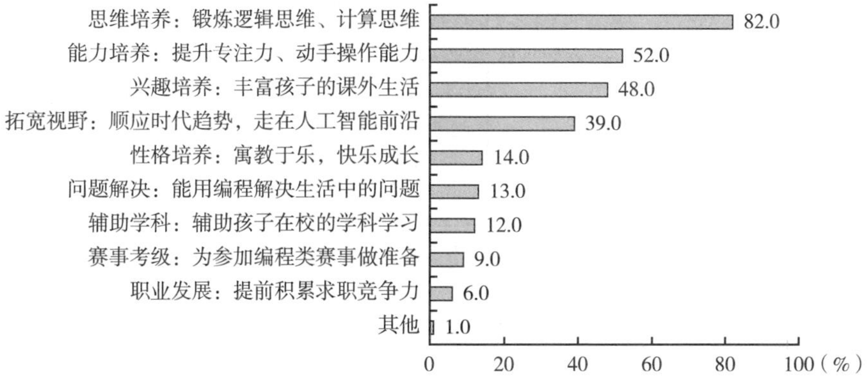

图4　家长购买课外编程课程因素（多选）

注：有效问卷总数为9646份，调研时间为2020年8月。

（五）微信公众号和书籍阅读成为家长学习育儿知识的主要途径

随着数字化进程的加快，“80后”“90后”家长的育儿途径也出现显著变化。在被问及“您平时主要通过哪些方式学习育儿类相关知识”时，除了传统的书籍类（占比为74.0%），微信公众号文章成为重要的知识获取途径。近八成的家长表示自己会通过阅读微信公众号文章获取育儿知识。除此之外，音频类、短视频类、付费知识平台类的占比分别在二成左右（见图5）。

（六）报名家长学历水平较高，但年收入差异化较大

作为市场化培训，编程课程的课外培训费用显著高于校内学习。虽然中小学要求“减负”的声音络绎不绝，但是近些年编程教育校外培训的流行程度不断增强，编程培训的赛道越来越宽。这背后一定程度上体现了家长对于未成年人教育的焦虑心态。调查发现，报名参加校外编程课的家长学历总体较高，但也呈现明显的“二分局势”，其中，学历为“大学本科”的家长比例为48.0%，而“专科及以下”的学历也有四成多（见图6）。除此之

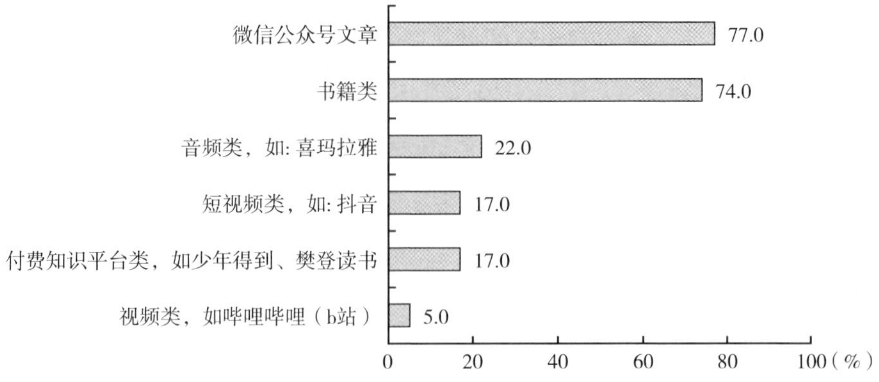

图5　家长育儿知识获取途径（多选）

注：有效问卷总数为9646份，调研时间为2020年8月。

外，不同家庭年总收入分布较为不均。除去三成的家长不想透露家庭收入外，年收入在5万~10万元的家庭占比为17.2%，年收入在10万~20万元的家庭为24.0%，另有17.2%的家庭年收入在20万~50万元。

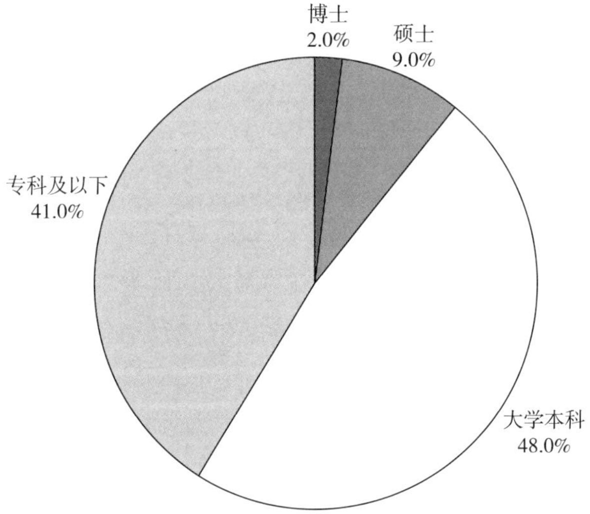

图6　参加少儿编程课程的报名家长学历

注：有效问卷总数为9646份，调研时间为2020年8月。

三　存在问题与原因分析

（一）编程教育存在显著性别参与偏差，受到社会结构性因素制约严重

多次调查问卷的回收结果均发现，少儿编程的性别参与度差异显著。主要表现为，男生参与度是女生参与度的3～4倍。学者海克在20世纪80年代的一项计算机教育研究中发现，软件编程教育存在重专业技术轻社会人文、重抽象思维轻具体研究、重男性参与轻女性表达，这使得女性在后期的学习过程中遭到一定程度的排斥，从而使女性在编程领域逐渐被边缘化。在我国工业化和产业化的过程中，制造业、计算技术类等领域也一直存在性别参与失衡的问题。[①] 有研究发现，编程的性别差异与家庭环境下的孩童教育具有显著相关性。如男孩多会被家人及朋友鼓励与计算机、手枪、赛车等技术性物体发生关联，而女生则更多地会被给予洋娃娃、毛绒玩具、手工制作等物品。社会性的性别差异意识会对未成年人的后期课程科目学习造成重要影响。

当然，当下少儿编程市场化中的性别参与差异，除了受到历史因素的影响外，与教育话语、技术发展、性别分工等社会结构因素也存在密不可分的联系。公立学校的编程课被纳入教育部的教育课程清单中，对于磨平编程教育的性别差异具有重要的作用。

（二）参与人多来自地级市以上城市地区，乡村地区占比较少

从参与校外编程课程的青少年地域分布来看，参加者多来自城镇地区。其中，来自一线和省会城市的比例占到五成以上，而县级及以下仅占报名总人数的17.0%。与此同时，从城市的层级对比来看，一线城市、省会城市、

① Sally L. Hacker, "The Culture of Engineering: Woman, Workplace and Machine." *Women's Studies International Quarterly 4* (1996), p. 341－353.

地级市城市的差异并不明显，地级市的报名比例接近三成，成为重要的课程参与地。近些年，乡村教育成为振兴乡村的重要支撑力量，缩小城乡差距，破除城乡二元结构成为乡村教育的重要发力点，[①] 但是，在市场化的教育培训中，乡村的参与度远不及城市地区。由于市场价格、可触及度，以及城乡教育观点上的差异，城乡少儿编程的市场化参与差异明显（见图 7）。

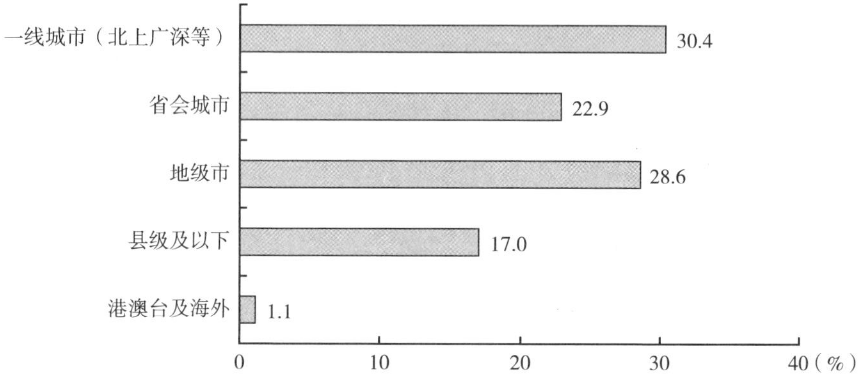

图 7　参与者所在地区

注：有效问卷总数为 9646 份，调研时间为 2020 年 8 月。

（三）家长焦虑心态凸显，参加编程培训课多想“提升孩子”

随着少儿教育的“内卷化”问题频出，家长对于孩子参加课外教育培训的问题展现出较强的焦虑心态。造成这种焦虑心态的原因众多，包括同辈压力、兴趣引导、无时间辅导孩子功课等。编程课程成为家长借此“纠正”“辅导”孩子学习或者“再发现”孩子兴趣的重要落脚点。当被问及“目前您的孩子，有哪些地方亟须改善”时，四成多家长选择了“粗心大意，做题或做事没有条理”，“喜欢玩手机或平板，沉迷电子产品”。另有超过五成的家长表示自己的孩子“专注力不足，生活和学习中经常走神”。三成多家长还表示，孩子“畏难情绪重，遇到困难易急躁或放弃”。可以发现，“对

① 钟焦平：《乡村振兴必先振兴乡村教育》，《中国教育报》2019 年 3 月 11 日，第 2 版。

现有问题”进行纠正，让自己的孩子得到有效提升成为家长为孩子报名的重要原因。孩子展现的诸多问题，也进一步加剧了家长培养孩子的焦虑心态（见图8）。

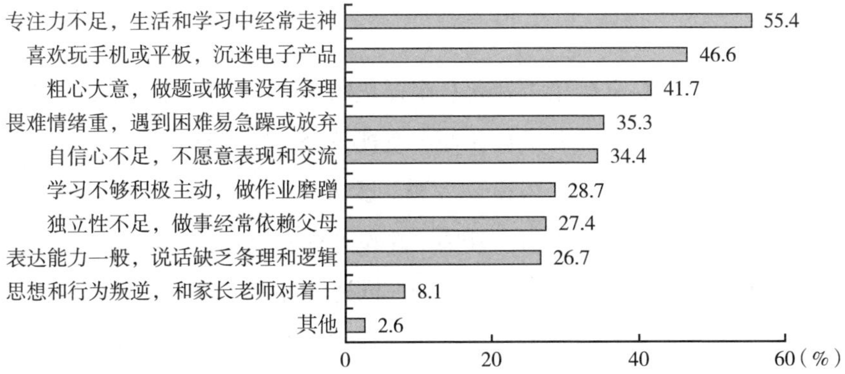

图8　家长报名编程培训课程动因（多选）

注：有效问卷总数为1367份，调研时间为2020年12月23日至2021年1月4日。

（四）少儿编程教师队伍教学水平参差不齐，规范性和专业化人才缺乏

随着大众对青少年编程教育的认知加深，家长不断增加的需求推动了校外编程教育的快速发展。根据人民网的报道和内部访谈，目前少儿编程市场的教师队伍存在教学水不平参差不齐、资质要求不明、教学水平和沟通能力难以统一量化测评等问题。单纯依靠校外机构的自主培训、招募，无法有效解决行业痛点，高技能、高学历和热爱交流的教师资源仍旧稀缺。

校外培训课中的编程教师还面临一个重要的问题，那就是自己夹在学生、家长和公司的三方关系中，很难做到平衡与规范。学生对于编程知识的掌握是动态的，需要教师做到随时变通，并快速掌握有效的控堂方法；家长对于教育理念、孩子的学习动机和老师的教授情况会有自己的反馈意见，并将很大程度上决定孩子在培训课堂上的去留；与此同时，编程授课老师也受到来自公司盈利和拓展市场的压力。老师的课堂表现和多方沟通会决定家长

的复购意愿。对此，市场缺乏相关规范性和专业化标准，来核定和规范少儿编程教师队伍的边界和责任。

（五）网络教育平台个性化和智能化提升，存在数据隐私和伦理风险问题

编程平台的发展催生了个性化、多样化的培训教育模式。但是，在追求个性化教学的背后，家长和平台往往会忽视教育内容本身的设计框架对青少年思想意识的影响。例如，2020 年 8 月，少儿编程平台 Scratch 被报道存在辱华、造谣和抹黑中国的行为。其中，在设计内容上包括“港独”、“台独”以及中美贸易摩擦抹黑中方等不实言论。同时，随着人脸识别等新兴信息技术用于少儿编程领域，对于用户海量数据的收集和使用正在成为平台数据管理的重要问题。如何正确、有效地保护未成年人隐私也成为编程教育平台重视的内容。

四 规范青少年在线编程教育的对策与建议

近些年，我国教育编程行业需求和市场覆盖不断扩大，教育部等主要管理部门推出了相关政策以规范该市场。2018 年，教育部发布《教育信息化 2.0 行动计划》，就提升学生信息素养明确指出要“完善课程方案和课程标准，充实适应信息时代、智能时代发展需要的人工智能和编程课程内容”“推动落实各级各类学校的信息技术课程，并将信息技术纳入初、高中学业水平考试”等要求。① 2019 年，教育部等八部门联合印发《关于引导规范教育移动互联网应用有序健康发展的意见》，提出对教育移动互联网应用建立备案制度、加强内容建设、规范数据管理、保障网络安全，在规范应用管理层面，提出要落实主体责任、建立推荐机制、健全选用机制、规范进校合

① 教育部：《教育信息化 2.0 行动计划》，中华人民共和国教育部政府门户网站（moe. gov. cn），2018 年 4 月 13 日。

作、促进整合共享等①。针对当下我国青少年编程教育呈现的一些具体问题，建议如下。

（一）推动编程教育纳入信息科技课程标准，关注地域差异，合理有序地推进青少年编程教育

目前，我国的编程教育在公立学校渗透率低，发展空间较大。根据相关报道，英国、日本等国家已经将少儿编程纳入公立教育体系。同时，我国教育发展的区域和地域差距较为明显，少儿编程在一、二线城市推广幅度较大，而在县乡以及农村地区渗透率则较低。

少儿编程面临编程师资人才缺乏、课内应试压力等因素的制约。在校外教育培训市场，争夺青少年的补习时间成为重要的生存手段。据不完全统计，目前我国中小学生的写作业时长在3小时左右，处于全球较高水平。强大的课业压力挤占了我国青少年的课外学习时间，且从当下的家长选择中，少儿编程的优先级水平仍然较低，普及率较低。

编程教育属于信息科技课程的教育范围，但需要看到，不同省市和地区在推进编程教育过程中存在进度不一、情况不同、标准多样等问题，青少年及家长对于编程教育的接受程度也不一样。因此，在推动将编程教育纳入信息课程标准时，需要遵循科学施策、分类引导的原则。对于经济发展落后、编程教育普及率较低的地区，需要关注未成年人的数字素养和当地教育信息化的基础设施是否支持编程教育的问题。尤其要关注教育扶贫和网络扶贫的重点地域。针对具体情况，多开展信息化教学设备的捐助、促进优质教学资源共享，实现“互联网+”条件下的教育公平。对于经济较为发达、编程普及率较高的地区，需要关注编程技术的平台化和市场化，有效防范过度教育、同辈压力等问题。

在总体课程框架上，要分类引导不同教育阶段、不同学生受众、不同功

---

① 教育部等八部门：《关于引导规范教育移动互联网应用有序健康发展的意见》（教技函〔2019〕55号），中国政府网（www.gov.cn），2019年9月5日。

能用途的编程教育应用。在课程标准的设置中，应关注少儿编程教育从入门到进阶的各个学习阶段，因地制宜，在重视基础教育的层面上，有序推进差异化教学，循序渐进地推进未成年人编程教育的系统化学习。

（二）关注编程教育师资队伍培养，规范行业师资标准，做好行业人才积累

编程教师队伍参差不齐、流动性高、缺乏统一考核评价标准是当下青少年编程教育遇到的重要问题。中国科技网认为，目前市场上的编程教育教师存在教学水平不一、缺乏权威及有公信力的第三方认证。① 从地域差异来看，不同地区的师资队伍建设差异较大。尤其是乡村地区，存在支持服务体系不够健全、乡村编程教师信息技术应用能力薄弱等问题。因此，要着眼长远，关注师资队伍的建设、培训与培养。

2021 年“两会”期间，有代表提出《关于稳步推动编程教育纳入我国基础教学体系，着力培养数字化人才的提案》，教育部在“教材提案〔2020〕400 号”文件《关于政协十三届全国委员会第三次会议第 3172 号（教育类 297 号）提案答复的函》中指出，“未来关于编程教育的主要考虑安排包括进一步培训、提升相关教师的软件编程能力”，并且提出，“根据需要，继续组织开展相关教师软件编程能力提升培训工作，推动各地开展经验分享交流活动，进一步提升编程教育实施水平”。②

“编程教育”是关于编程的教育，要求教师不仅需要具备编程的知识，同时还需要具备教学的能力。尤其是一些机构推出在线课程，线上线下教学有不同的规律，教师在授课技巧，比如课堂互动方面，需要根据学生的接受情况调整教学方式，以利于学生更好地接受知识。当前编程教育中存在

---

① 《少儿编程行业教师职业规范新标准建立》，中国科技网，https：//www. cennr. com/edu/2181. html，2020 年 12 月 22 日。

② 中华人民共和国教育部：《关于政协十三届全国委员会第三次会议第 3172 号（教育类 297 号）提案答复的函》（教材提案〔2020〕400 号），http：//www. moe. gov. cn/jyb_ xxgk/xxgk_ jyta/jyta_ jiaocaiju/202012/t20201209_ 504364. html，2020 年 11 月 6 日。

“重教师个体学习、轻教学整体应用”的问题，编程教师在授课技巧、课堂互动和学用结合等层面仍有较大拓展空间。编程教育属于覆盖不同年龄段的课程体系，且存在日益低龄化的特征，应关注教师编程能力和教学能力的双重指标，提高编程教师的综合素养。

对于市场型编程机构，当下亟须做好行业人才的积累与培训。调查发现，目前市场少儿编程专业人才缺乏，企业培训成本高，但流失率也较高，对于企业长期发展提出较大挑战。应做好市场与学校合作机制的引导与建立，帮助编程教育企业有效对接师范院校，找到合适人才；同时，建立全国性和地方性的校外培训编程教师行业标准和认证机制，帮助行业进行编程人才队伍建设。

（三）重视编程教育本土化，推进少儿编程教育平台建设和数据管理

编程教育需要重视如何本土化的问题。中国编程教育起步较晚，目前市场上大多数编程课程参考了国外课程大纲，缺乏真正适合本土的体系化优质课程。同时，受制于师资，尤其在中高考压力下，校内的编程教育处于边缘化的状态。教育市场上的编程教育机构也面临同样的困境，对于大多数家长来说，编程教育只是锦上添花，而不是必须学习的内容。部分家长在孩子的学科学习和编程教育发生冲突的时候，更多地会选择在学科教育中投入更多的时间、精力及经济投入。随着国家对编程教育的重视，这一状况会有所改变。2017 年，《国务院关于印发新一代人工智能发展规划的通知》出台。通知明确提出，要“实施全民智能教育项目，在中小学阶段设置人工智能相关课程，逐步推广编程教育，鼓励社会力量参与寓教于乐的编程教学软件、游戏的开发和推广”。当前编程教育需要解决如何和新课改融合的问题，包括对编程课程的知识进行分级、丰富课程内容等。最核心的目标是满足学生多元化和个性化的学习需求。

在推进编程课程本土化的过程中，同时需要注意推进少儿编程教育平台建设和数据管理。2017 年，《教育部关于数字教育资源公共服务体系建设与

应用的指导意见》发布，提出建成覆盖全国、互联互通、用户统一、共治共享、协同服务的具有中国特色的数字教育资源公共服务体系，实现“全国一体系、资源体系通、一人一空间、应用促教学”。[①] 2018 年 4 月，教育部印发关于《教育信息化 2.0 行动计划》的通知，通知中明确指出，要“构建一体化的‘互联网 + 教育’大平台。引入‘平台 + 教育’服务模式，整合各级各类教育资源公共服务平台和支持系统，逐步实现资源平台、管理平台的互通、衔接与开放，建成国家数字教育资源公共服务体系”。[②] “国家数字教育资源公共服务体系”在编程教育领域的投入，将有利于偏远地区、农村地区的孩子在编程教育方面获得公共服务。但是同时要注意，从全国范围来看，教育资源公共服务还远远不能适应教育信息化发展的需要，各级资源服务平台建设无序现象明显，互联互通还不够深入，区域之间尚未形成优质资源共享机制，优质资源难以充分共享。对于编程平台的建设和维护，需要统筹安排，保证城乡教育可及性。另外，在线平台的使用也存在个人数据和隐私泄露的风险，因此还需要建立数据安全保障机制，以消除潜在的风险。编程平台使用个人注册信息时，应明确告知收集使用个人信息的目的、方式和范围，并取得学生监护人或校方相关责任主体的同意。要警惕出现以默认、捆绑、停止安装使用等手段收集用户信息的问题。

（四）提高编程课程内容质量，保障青少年正确的价值理念和网络安全

教育部在《2020 年教育信息化和网络安全工作要点》中提出，要深入落实《教育部关于数字教育资源公共服务体系建设与应用的指导意见》，启动国家中小学生网络学习平台建设。充分发挥体系联盟的作用，推进体系完

① 教育部：《教育部关于数字教育资源公共服务体系建设与应用的指导意见》，中华人民共和国教育部政府门户网站（moe. gov. cn），2017 年 12 月 11 日。

② 教育部：《教育信息化 2.0 行动计划》，中华人民共和国教育部政府门户网站（moe. gov. cn），2018 年 4 月 13 日。

善标准规范、实施共建共治和深化应用服务，形成协同服务的有效机制。[①]目前，我国编程教育课程设置内容多样，各年龄阶段授课内容不同，且变化较快，需要关注编程课程的内容设置与课程质量，保证未成年人形成正确向上的网络素养。

当下，“游戏化”编程课程成为吸引青少年学习编程的重要动因。通过渐进式行为主义的体系来提升青少年参与编程学习的兴趣，在当下教育界被广泛使用。但是，也有学者和行业人士对此提出质疑，因为奖赏激发可能会激励青少年在短期内改变学习行为，却可能对长期的学习效果造成负面影响。这与青少年的网络游戏上瘾具有相似性，网络游戏通过闯关、等级、路线等机制使青少年在短时间内积累大量兴趣，极易形成短期成瘾现象，且不利于青少年的长期学习与提升。在编程内容的设置上，需要结合青少年学习的“短期效应”和“长期效应”，不能为了追求短期效果“竭泽而渔”。

一方面，编程课程内容应严格遵守相关法律法规，符合我国教育方针，要关注其在内容设置的广度和深度问题，并针对不同年龄阶段，做好内容设置和调整。另一方面，要关注未成年人网络使用时长、明确适龄范围，对内容进行严格把关。在具备论坛、社区、留言等反馈功能的编程应用平台上，可以利用社群交流和反馈提升编程课堂内容质量。需要关注编程课程的内容建设。建立内容登记制度，面向各教育阶段实施培训的编程教育应用需要建立有效的内容监督和主体登记制度。

① 教育部：《2020 年教育信息化和网络安全工作要点》，中国教育在线，2020 年 8 月 11 日。

区 域 报 告

Regional Reports

B.16 北京小学生群体互联网运用现状

左 灿*

摘 要： 本报告主要关注北京小学生群体的互联网运用状况。依据2020年“第十次中国未成年人互联网运用状况调查”北京地区的调查数据，本报告描述了北京小学生互联网运用的基本状况，分析了其对互联网的认知和态度，阐述了其网络社交与互动的特点，并对其网络安全知识和网络素养进行了解读。此外，依据北京小学生互联网的运用特征，本报告指出了目前网络运用中存在的问题，并从家长、学校、学生的层面提出了改善建议。

关键词： 小学生 互联网运用 北京

* 左灿，中国社会科学院新闻与传播研究所助理研究员。主要研究方向为文化研究、媒介与社会、网络传播。

2019～2020 年度，北京市小学生的在校生人数为 941614 人。[①] 本报告基于 2020 年“第十次中国未成年人互联网运用状况调查”的数据进行分析，其中有北京小学生样本 977 个。报告将考察北京市小学生最新的互联网使用状况，剖析他们互联网的使用特征和问题，根据其使用特点提出相关建议，以提升他们的媒介素养，为未成年人营造更好的网络环境。

一　基本现状与主要特征

（一）总体特征

本次样本中的小学生集中在 8～13 岁，其中男生占 53.3% 人，女生占 46.7% 人（见表 1）；就被调查者自我评估报告，这些小学生多数成绩在中上等，只有 9.1% 的学生成绩较差；他们与父母感情普遍较好，其中感情很好的占 76.9%，感情不好的只占 2.3%；他们父母的整体教育水平也较高，父亲学历在大学/大专及以上的占到 64.7%，母亲学历在大学/大专及以上的占到 65.5%，远高于全国水平 35.3% 和 33.8%（见图 1、图 2）。

表 1　北京小学生样本概况（2020 年）

年龄	8 岁	9 岁	10 岁	11 岁	12 岁	13 岁
占比	3%	9.4%	39.0%	34.0%	14.0%	0.6%
性别	男			女		
占比	53.3%			46.7%		

1. 首次触网年龄小，上网设备多元

调查显示，北京小学生首次上网的年龄偏早，10 岁之前上网的比例远高于全国的数据。70.9% 的北京小学生第一次上网的时间在 5～9 岁，5 岁之前上网的已达 14.6%，10 岁及之后上网的仅有 8.9%。也就是说，10 岁之前，北京大

① 北京市教育委员会：《2019～2020 学年度北京教育事业发展统计概况》，http：//jw.beijing.gov.cn/xxgk/zfxxgkml/zwjyjfzx/202003/t20200325_ 1734103.html。

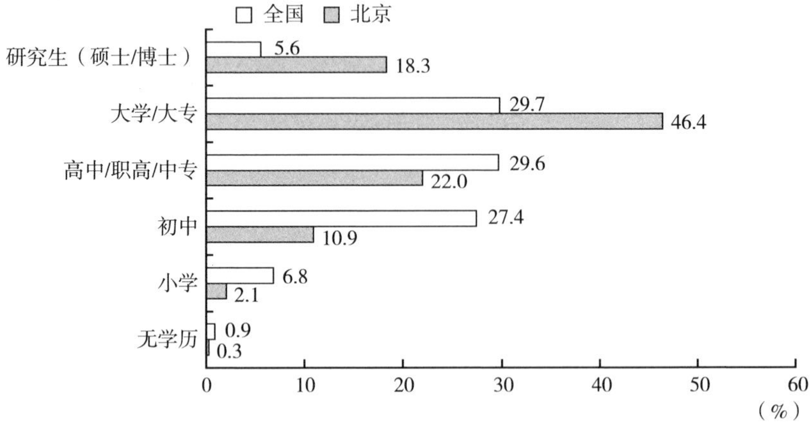

图 1　北京小学生样本父亲的教育程度（2020）

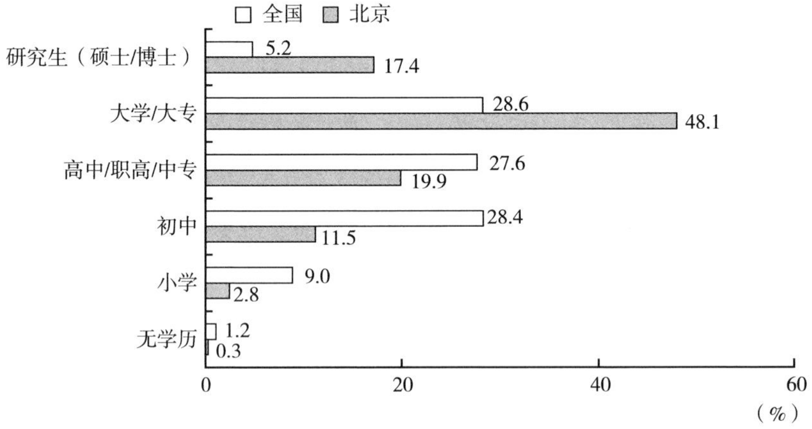

图 2　北京小学生样本母亲的教育程度（2020）

部分小学生都已经有触网经历。相比之下，全国小学生中，只有 8.7% 的人在 5 岁之前第一次上网，10 岁及之后才开始上网的比例达 21.3%（见图 3）。

这一群体的上网设备也非常多元，涵盖手机、电脑、iPad/平板电脑、机器人（小度音箱、天猫精灵、Alpha 蛋）、智能手表多种类型，79.5% 的人拥有手机，49.1% 的人有 ipad/平板电脑。其中手机上网使用率最高，58% 的小学生主要通过手机上网，其次为 ipad/平板电脑，占了 27%，主要通过电脑上网的则仅占 14%（见图 4）。从上网设备的使用来看，北京小学

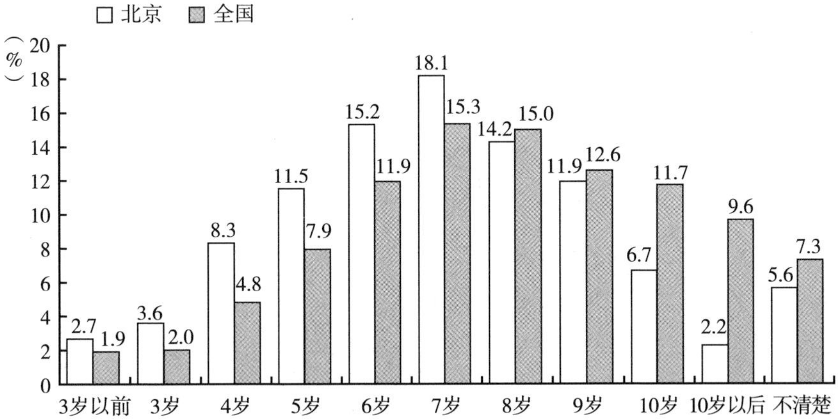

图3　北京小学生第一次上网时间对比（2020）

生的移动上网具备充足的条件。不过这一群体目前仍以在家里上网为主，主要在家里上网的占90.6%，随时随地上网的仅占4.2%。

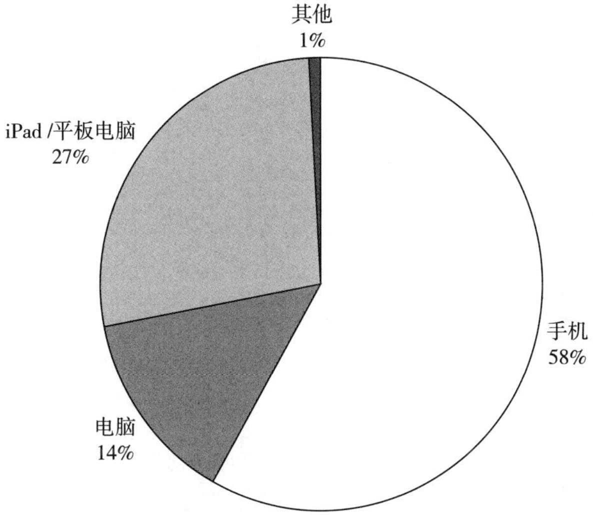

图4　北京小学生主要的上网设备（2020）

2. 广泛使用网络各种功能，微信尤为突出，性别差异有所体现

虽然这一群体只是小学生，但他们的网络功能使用非常广泛，各项功能都有涉猎，包括：新闻、邮件、在线学习、音乐、视频、直播、论坛/贴吧、

购物、游戏、微博、微信、网络文学、下载、QQ（聊天、空间、相册等）、搜索（如查找地图）、支付、网贷。其中，排在前三位的网络使用为：微信（51.8%）、游戏（47.2%）、在线学习（46.5%）。这与全国小学生的主要网络功能使用比较相近：游戏（43.8%）、在线学习（43.0%）、音乐（42.5%）。相比之下，北京小学生对微信的使用非常显著，远高于全国水平。

性别差异在小学时期也有所表现。男生排在前三位的网络功能使用为：游戏（58.1%）、微信（47.8%）和在线学习（41.0%）；女生排在前三位的网络使用则为：微信（56.9%）、在线学习（52.9%）和音乐（43.1%）。可以说，在小学时期，不同性别的学生在兴趣方面就已有所不同：男生热爱游戏，女生热爱音乐（见图5）。

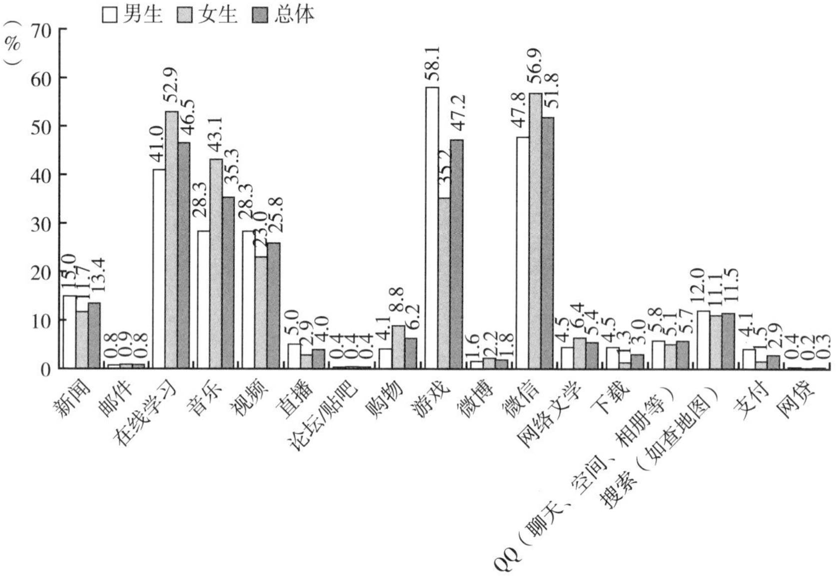

图5　北京小学生主要使用的网络功能（2020）

3. 娱乐时长有限，娱乐内容丰富

大多数小学生每天上网娱乐的时间并不长，有家长的严格管制。半数以上（55.6%）的人平时每天上网时长在1小时以内，其中的42.2%在半个小时以内，还有30.1%的小学生平时从来不上网。但也有极少数的小学生（1.2%）平时每天上网3个小时以上。周末时间，小学生网络娱乐的时间普遍会比平时长一些，上网半个小时以内的降至 31. 1%，从来不上网的比例降至 6. 5%，上网 3 个小时以上的则增至 7. 4%。

尽管上网时长有限，但小学生在这个阶段涉及的网络娱乐内容非常丰富。在上述有关网络功能的使用中可以看出，小学生对游戏、视频、音乐、网络文学等娱乐功能都有涉及，且使用游戏、音乐、视频的比例排在第二、第四、第五位，非常靠前。此外，小学生已经接触了各类图文视频 App，67. 2% 的小学生经常使用爱奇艺、腾讯等视频网站，53. 6% 的人经常使用抖音、快手等短视频，19. 5% 的人经常使用 B 站等二次元网站，15. 5% 的经常使用起点、晋江等网络文学平台，8. 8% 的经常使用网络直播平台，还有 8. 4% 的经常使用微博、贴吧等网络论坛。可以看出，北京青少年在小学阶段就已熟练了解了网络各类内容。

4. 网络课程使用人数众多，内容多元

网络课程已是小学生上网的重要内容，北京市大多数小学生都参加网课，只有 15. 3% 的小学生没有参加网课。在上网课的学生中，大部分人（72. 4%）的网课时长在每周 2 个小时以内，其中 36. 6% 的学生每周有 1 个小时以内的网课，35. 8% 的人每周上 1 ~2 个小时的网课，24. 1% 的人网课时长在 3 ~8 个小时，极少数人（3. 5%）每周要上 8 个小时以上的网课。相较于全国数据，北京小学生每周上 1 个小时以上网课的比例更高，尤其是每周上 3 小时以上网课的比例（27. 6%）远高于全国数据（18. 4%）（见图 6）。

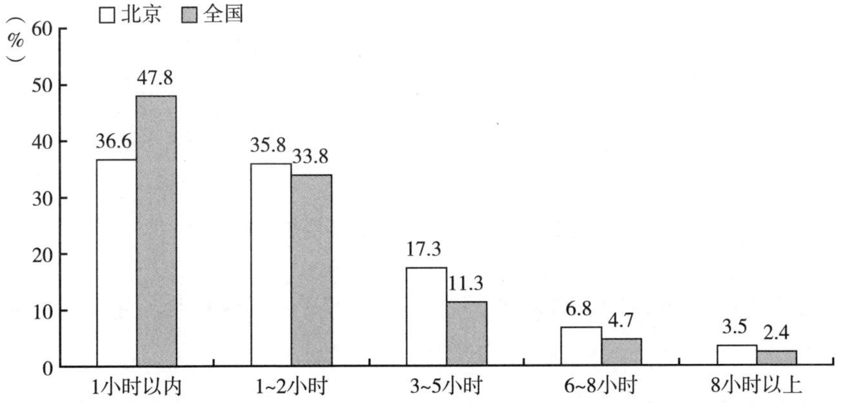

图 6　北京小学生每周上网课时长（2020）

（二）对互联网运用的认识和态度

1. 上网目的以学习为主，娱乐为辅

互联网已成为当下青少年日常生活的一部分，不管是网课的学习，还是娱乐放松，网络都已成为他们的重要渠道。此次调查显示，57.0%的北京小学生上网的主要目的是完成作业、查找资料；其后依次为娱乐游戏（48.6%）；放松休息（44.1%）；网上课堂/上网课（36.5%）；扩大知识量（26.0%）；交友交流（20.5%）；了解时事（14.8%）；表达自我/晒朋友圈（5.7%）；参与网上讨论（1.8%）；获取各类生活服务（1.7%）。从数据可以看出，虽然大部分人的上网目的与学习、娱乐有关，但也有很少一部分小学生有参与网上讨论的诉求，对网络活动有积极参与性（见图7）。

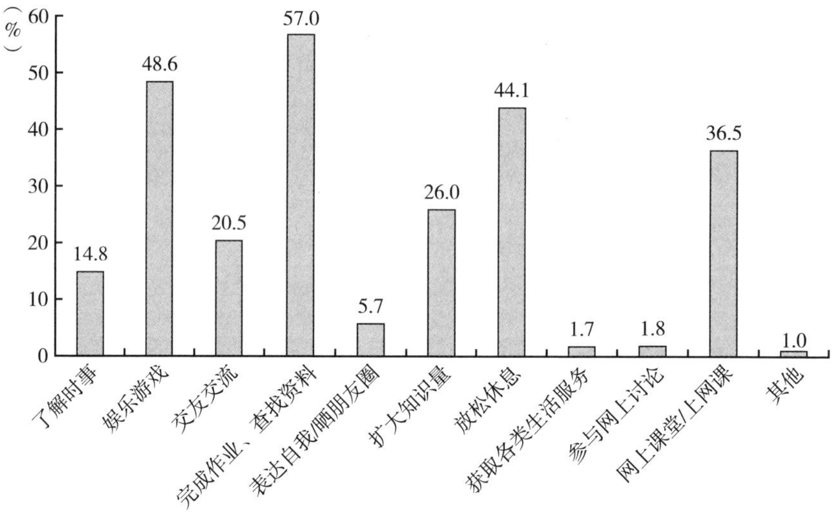

图7　北京小学生上网的最主要目的（2020）

2. 上网让获得知识更容易了，但不利之处也是多方面的，运动、健康引关注

网络给青少年的生活带来了很多便捷之处，首要的就体现在知识获取和学习上。在对网络带来的好的变化的评价中，北京小学生将下述几项排

在前列：获得知识变得容易了（47.8%）；学习方便了，很多课程/作业可以在网上进行（38.1%）；有了很多新的游戏和娱乐方式（34.3%）；很多问题能自己解决，更少依赖大人（29.9%）；与人交往变得方便了（29.7%）。这里也有显著的性别差异，男生选择较多的前三项是：获得知识变得容易了（52.0%）；有了很多新的游戏和娱乐方式（42.3%）；学习方便了，很多课程/作业可以在网上进行（32.0%）。女生选择较多的前三项则是：学习方便了，很多课程/作业可以在网上进行（45.1%）；获得知识变得容易了（43.4%）；很多问题能自己解决，更少依赖大人（34.5%）（见图8）。

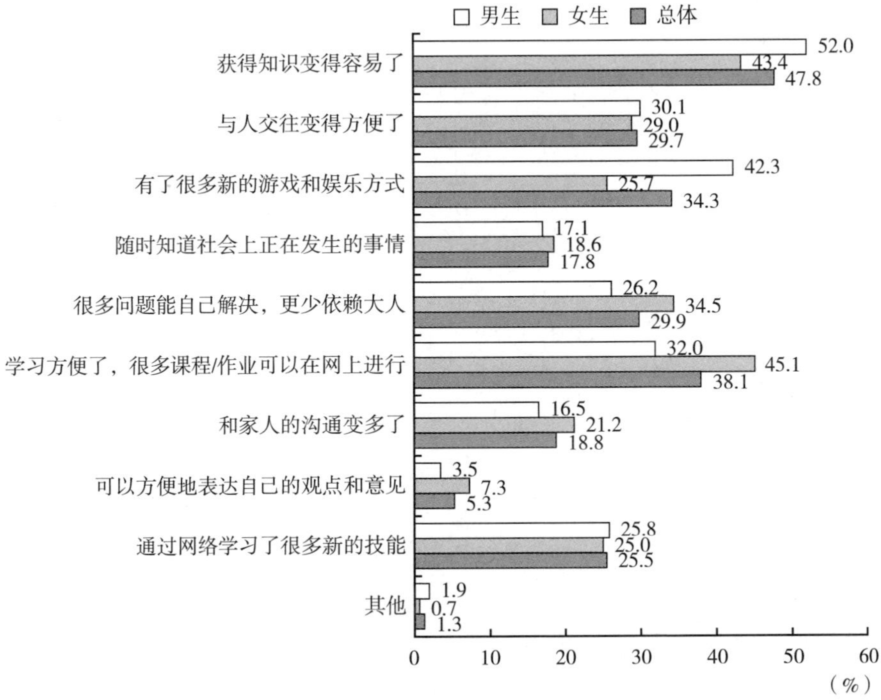

图8　北京小学生认为上网带来的好处（2020）

网络是把双刃剑，同样也有许多令人担忧的地方。受访的小学生认为，网络带来的不好的变化，首要集中在学习、健康层面：39.1%的小学生认为分走了不少学习时间；37.2%的人认为用电脑和手机太多，视力下降很快。其次，不好的变化集中在对运动、思考能力的担忧：28.1%的人认为他们比以前更爱待在家里，运动减少了；21.1%的人认为自己更懒了，更加依赖网络，懒得自己想问题；20.9%的人认为更爱玩手机、玩游戏了，难以自己控制。此外，还有11.3%的小学生认为过早接触了太多成年人的信息，增加了些烦恼；14.7%的人认为更孤独了，与人面对面接触减少了（见图9）。

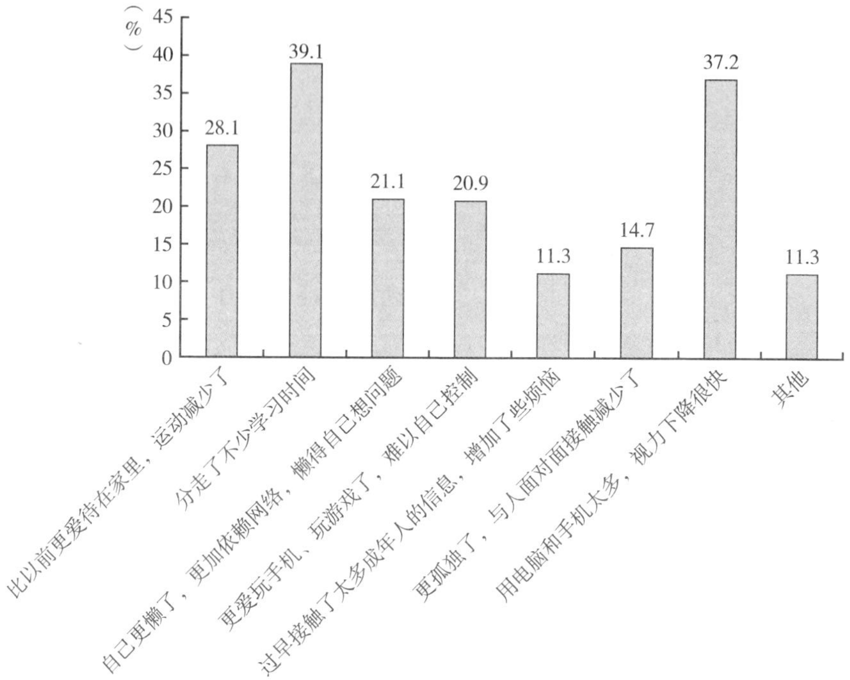

图9　北京小学生认为上网带来的坏处（2020）

3. 网络信息繁杂，小学生会模仿网络行为

网络世界充斥了各种各样的信息，对于尚未成年的小学生而言，在很多方面有潜移默化的影响。36.4%的小学生表示经常收到无关信息（如营销信息）；15.3%的人遇到过网络虚假信息/链接；10.1%的小学生在网上被辱骂过；9.8%的人收到过黄色图片或视频；9.2%的人被盗过号；7.3%的人在网上遇到过骗子；5.7%的人收到过恐怖信息；5.2%的人收到过暴力图

片或视频；甚至有2.3%的人在网上被骗过钱。如果孩子难以得到良好的引导，则很容易受这些不良信息影响。

网络流行语在小学生中并没有那么流行，但很多网络行为常被他们模仿。经常使用和较多使用网络流行语的小学生仅有17.0%，从不使用的占了27.6%，很少使用的有29.0%。面对各种网络行为，有40.5%的小学生表示自己从来不模仿，而半数以上的小学生会效仿网络行为。其中，47.5%的人会学唱网上的流行歌曲；13.7%的人会模仿网络说话方式；11.9%的人会去买网上流行的东西；9.2%的人会模仿游戏中的人物；还有9.2%的人模仿网上流行的娱乐活动；7.4%的人会尝试网上流行的新玩法（比如：团购、直播、上传视频等）；6.7%的人模仿网络穿衣打扮。可以说互联网的影响渗透在很多小学生的日常生活中。其中，男生更爱学唱网上的流行歌曲（41.0%）和模仿网络说话方式（17.3%），女生更爱学唱网上的流行歌曲（55.5%）和会去买网上流行的东西（17.5%），男生从不模仿的比例（43.7%）高于女生（36.3%）（见图10）。

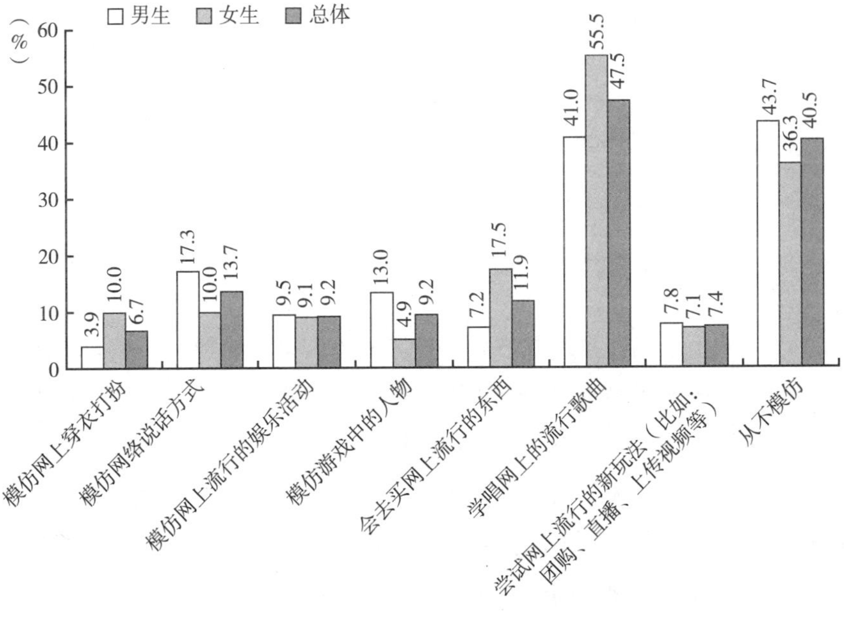

图10 北京小学生会模仿的网络行为（2020）

（三）网络社交和互动

1. 微信占有压倒性优势，小学生信息发布频率不高，多集中于个人生活

相较于以往全国未成年人对QQ的高使用率，北京小学生呈现出新的特点。在最常使用的社交平台中，微信以压倒性（82%）的比例位列第一，QQ仅占4%，也有少数小学生常使用个人空间（2%）、微博（2%）和论坛/贴吧（1%）（见图11）。

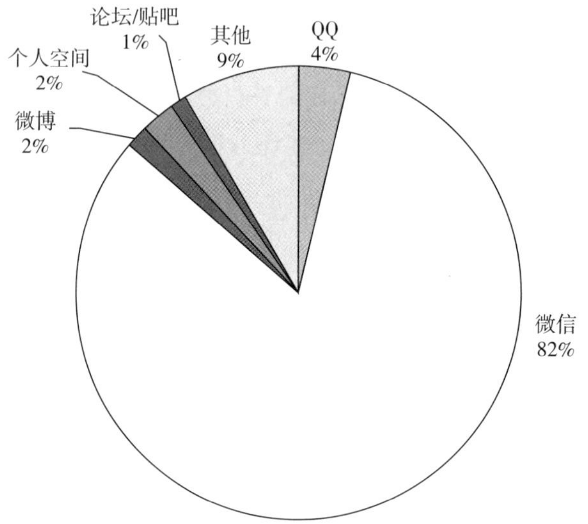

图11　北京小学生最常用的社交软件或平台（2020）

小学生的信息发布频率并不高，42.0%的人只关注别人，并不发自己的状态；30.0%的人几天才更新一次状态，每天更新一次自己状态的只占5.8%；只有2.3%的小学生每天都发很多状态。此外，小学生网络发布的信息内容多为有关个人生活的方方面面，如兴趣爱好、学习情况等，类型整体比较多元。其中，34.4%的人一般发布自己的兴趣爱好；22.7%的人倾向自己的学习情况；18.8%的人发布即时的心情感想；17.5%的人乐于展示自己的独特个性；16.7%的人发布自己和朋友的交往情况；13.7%的人喜欢晒自拍照；5.3%的人分享自己遇到的感情麻烦。

2. 网络社交以服务现实交往为主，聊天、玩游戏是认识新朋友的重要方式

小学生的网络交友还是比较谨慎的，但也有相当比例的小学生主要和网络上认识的人交流。数据显示，81.8%的人网上交流的好友大多是现实生活中认识的人；有8.9%的人表示，网络交流好友大多是通过网络认识的人，还有9.3%的人通过网络认识的人和现实生活中认识的人比例相当。

网络提供了多种认识新朋友的方式，对小学生而言，通过一起聊天（34.1%）、一起玩游戏（30.7%）认识新朋友是较多人的选择，还有28.9%的人是通过朋友的朋友认识的，有少部分网络社交活跃的小学生，会自己搜索感兴趣的人（8.0%），认识与自己在网上有互动的人（互相评论、送礼物、投票等）（5.1%），或是根据网络自动推荐认识新朋友（3.2%）。其中，男生更倾向通过一起玩游戏认识新朋友（41.0%），而女生更喜欢通过一起聊天认识新朋友（38.3%）（见图12）。对于在网上认识的新朋友，38.3%的人只在网上交流，在现实中见过面的占了27.3%，其中经常见面的有18.3%，见过几次面的有9.0%。

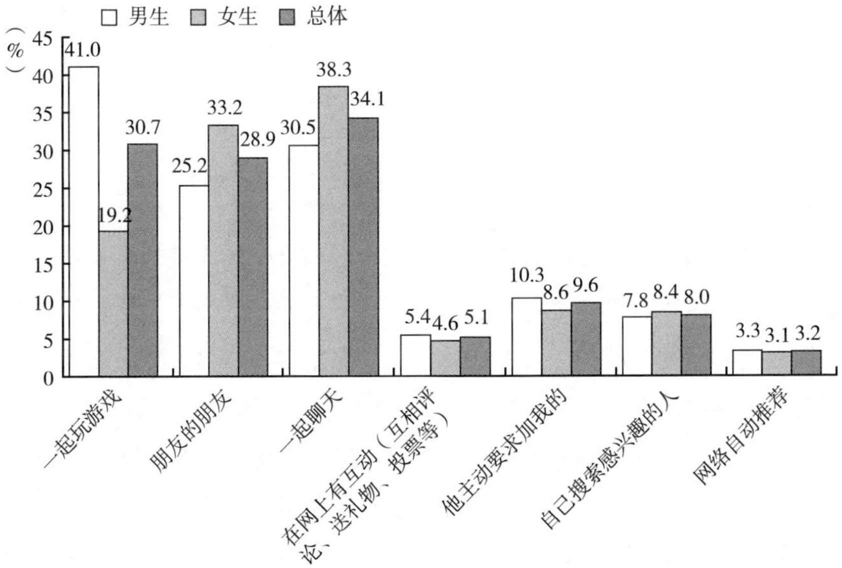

图12　北京小学生在网上认识新朋友的方式（2020）

3. 网络交往利于朋友互动、观点表达，弊处在于影响学习、信息泄露

网络交往有利有弊，小学生对这些利弊之处有自己的认识。对他们而言，网络交往最大的好处，主要体现在朋友的互动层面，如 23.9% 的人认为网络交往最大的好处是能与好友保持联系；14.4% 的人认为有朋友互动，游戏更好玩；10.5% 的人认为能随时结交新朋友；7.5% 的人认为能及时了解好友动态。其次，通过网络交往表达观点，了解信息，也是某些小学生的诉求，如 15.3% 的人认为网络交往最大的好处是能更快地了解新闻；12.5% 的人认为方便发表自己的观点；8.8% 的人认为能方便地参与感兴趣的话题讨论（见图 13）。

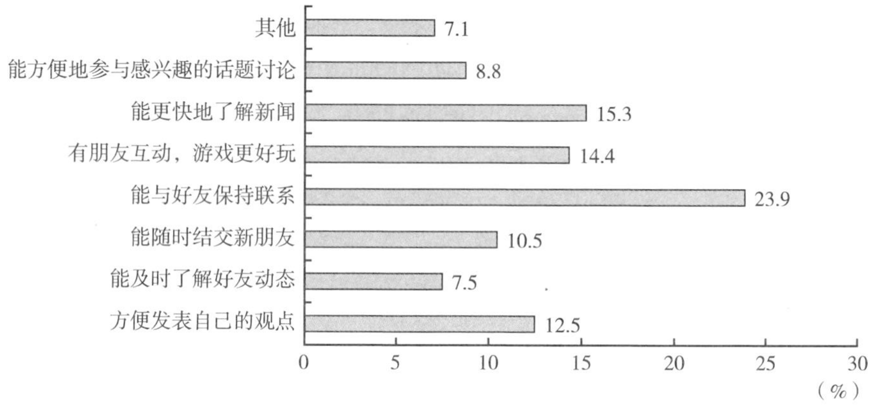

图 13　北京小学生认为网络交往的好处（2020）

网络交往的坏处一是体现在对学习、健康的影响，如 28.1% 的人认为网络交往最大的坏处是太耗时间，耽误学习，14.4% 的人认为整天宅着，运动变少；二是体现在对网络安全的担忧，18.7% 的人认为个人信息泄露是网络交往最大的坏处，17.9% 的人认为不良信息太多，13.3% 的人认为容易受骗上当。此外，还有 2.6% 的人认为现实交往变少，性格变孤僻。

4. 网络活动整体参与度不高，但有少数网络活动积极参与者

小学生对网络讨论、线上活动的整体参与度不高，但也出现了少数网络活动的积极参与者。对网络上大家都关注的社会热点事件，从来不关心的比例占 24%，只是随便看看相关消息的比例占 31%，浏览大家的评论比例占

19%，会在现实生活中与人讨论的占15%，对事件的报道进行转发分享的占7%，进行跟帖讨论的占4%（见图14）。当有人在网上组织帖子转发、集体讨论或顶帖，62.3%的人肯定不会参加，27.4%的人不确定（15.1%可能不会，12.3%可能会），1.3%的人选择肯定会参加。同样地，当有人在网上组织集体声讨、快闪活动、人肉搜索，大部分人（77.8%）肯定不会参加，不确定的有12.6%（8.3%可能不会，4.3%可能会），选择肯定会参加的有0.9%的小学生。

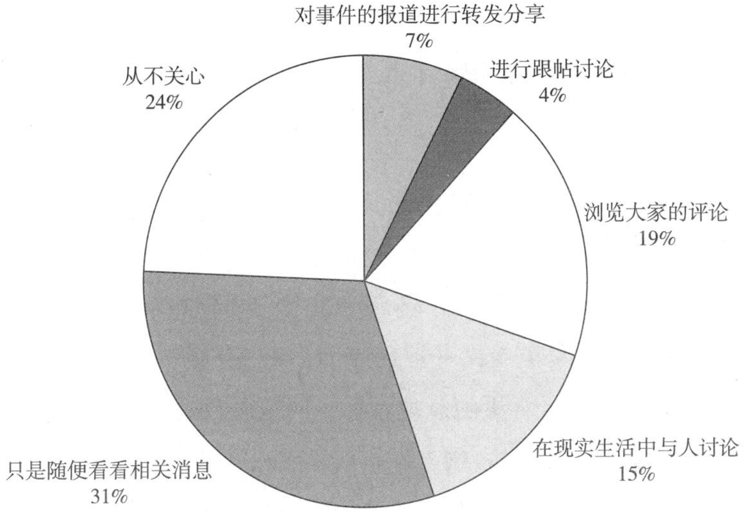

图14　北京小学生对网络热议话题的参与度（2020）

5. 亲子之间就网络使用有沟通，互动良好

多数孩子与家长感情较好，在网络使用中遵循与父母的约定。大部分孩子上网时间不会超过和家长事先约定的上网时长，也较少和父母因为上网而发生争执。选择从来不会超过约定上网时长的占33.7%；较少超过的占31.6%；有时候会超过的占了20.7%；只有13.3%的会经常超过约定时长。56.0%的小学生没有因为上网问题和家长争执过，很少或偶尔争执的占33.8%，经常争执的只有2.9%。当家长不在身边时，48.4%的人完全可以继续学习功课，不上网玩；34.1%的人大多数情况下可以做到这一点；只有1.1%的人完全做不到这一点；3.1%的人大多数情况下忍不住，会趁家长不在身边上网玩。

就网络使用的内容，多数孩子与父母之间也有良好的互动交流。67.8%的学生家长会教孩子一些上网知识或技能，而当家长不会网上操作时，会请教孩子的占了65.7%。当生活中遇到烦恼时，47.0%的人会选择在现实中向父母诉说，比例高于其他倾诉途径。在家里学习有不懂的问题时，选择求助家长的小学生比例最高，占到48.6%，求助老师的只有9.8%，有一部分学生的自助能力也非常强，16.7%的小学生选择求助学习类App，12.9%的人选择求助网络搜索功能。

（四）网络安全认识和媒介素养

1. 网络言行比较谨慎

大部分北京小学生在网络上言行比较谨慎。多数人认可一个人需要对自己的网络言行负责，73.2%的人完全同意，15.6%的人基本同意，分别有3.3%和3.2%的人选择基本不同意和完全不同意；和日常生活相比，52.4%的人表示网络发言会比平常更谨慎，30.3%的人表示和平常一样说话，5.6%的人表示比平常更随意地说话，同全国数据相比，北京小学生网络发言更谨慎（见图15）。在网上发布信息或观点时，大部分人会考虑对别人产生的影响，37.6%的人选择总是会，20.6%的人经常如此，16.1%的人有时会做这种考虑，几乎没有考虑过的占9.7%；83.2%的人几乎没有在网

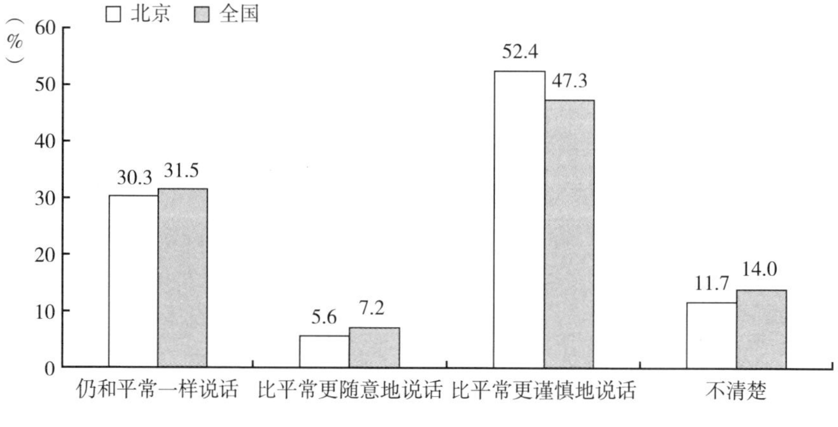

图15　北京小学生网络发言谨慎度（2020）

上主动骂过人，但也有 1.0% 的人经常或总是在网上骂人。

84.0% 的人在网上没有做过明知不应该做的事情，较少或有时违背这一规则的占 9.3%，仅有 1% 左右的人经常或总是做一些明知不应该做的事情。同样，大部分人几乎没有（66.6%）或较少（17.6%）浏览网络新奇刺激的内容，经常或总是浏览此类内容的仅有 3.2%。

2. 多数小学生对网络安全、网络隐私有所重视

多数小学生对计算机网络安全基本知识有不同程度的了解，26.5% 的人很了解，39.6% 的人了解一些，13.7% 的人一般了解，只有 4.0% 的人完全不了解；多数小学生也不同程度地使用安全软件来防御一些不良信息对网站的侵害，34.7% 的人完全会，18.2% 的人比较会，16.8% 的人有时会，只有 14.3% 的人从来不会；在上网或安装 App 遇到要填写个人信息时，65% 的人每次都会想到保护个人隐私这个问题，17% 的人经常会想到，从来没有想过的只有 4%（见图 16）；半数以上的人会设置安全级别较高的密码，选择总是、经常、有时的比例分别为 36.6%、18.1%、17%，仅有 10.8% 的人几乎不设置这样的密码；网上和不太熟悉的人聊天，如果问到个人/家里的一些信息或者事情，83.2% 的人选择肯定不会说，5.1% 的人比较不会说，

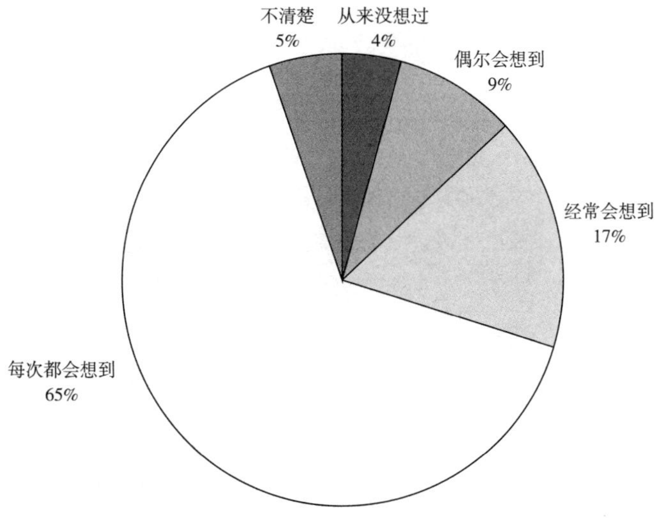

图 16　北京小学生填写网络信息时，对个人隐私的考量（2020）

总是或经常告知的占了3.3%；46.6%的人听说了/知道首部《儿童个人信息网络保护规定》的实施，15.3%的人还学习了这个规定的内容，但也有38.1%的人没听说或者不知道这项规定的实施。

3. 网络素养能力不均

对网络的使用以及对上网时的自我保护能力，小学生群体内部差异较大，能力不太均衡。35.1%的人会使用音频、视频进行网上创作或发布消息，58.6%的人不会；经常或总是利用网络搜索解决现实中的某个问题的比例并不高，前者占9.1%，后者占3.8%，但也有30.3%的人有时会使用这一功能，26.6%的人较少使用，26.4%的人几乎不利用网络搜索解决问题；多数人不同程度地使用杀毒软件，总是和经常会使用杀毒软件的分别占24.6%和19.3%，21.1%的人有时使用，只有14.9%的人从不使用，12.4%的人较少使用杀毒软件；上网和使用App时，主动选择儿童模式或青少年模式的比例并不算高，23.8%的人几乎没使用过儿童模式，13.8%的人较少使用，16.8%的人有时会使用，经常和总是使用儿童模式或青少年模式的则分别为15.1%和22.3%（见图17）。

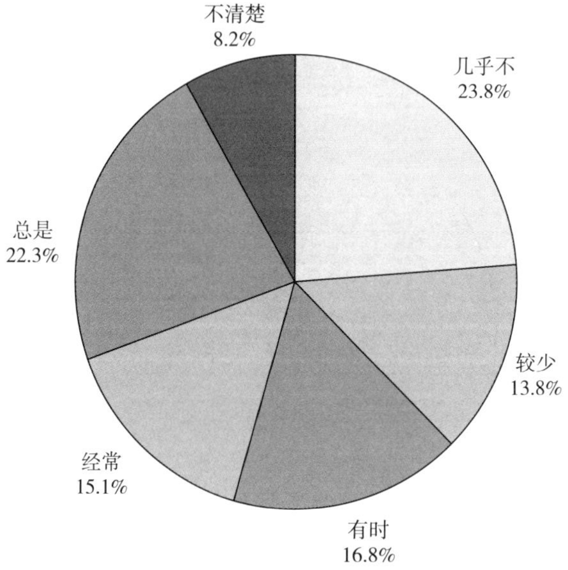

图17　北京小学生对儿童模式/青少年模式的使用（2020）

4. 家长为孩子把网络关

相较于学校的网络素养课程以及小学生和朋友之间的讨论，家长在保证孩子的网络使用安全方面发挥着重要作用。多数小学生（66.8%）并没有在学校接受过网络素养课程的训练，只有22.9%的人上过这一课程（见图18）。大部分人也不怎么和同学或朋友讨论和交流有关网络安全和青少年网络保护方面的话题，几乎不讨论的占了26.2%，较少讨论的为27.6%，有时讨论的为22.7%，经常和总是讨论的只占了8.3%和8.2%。

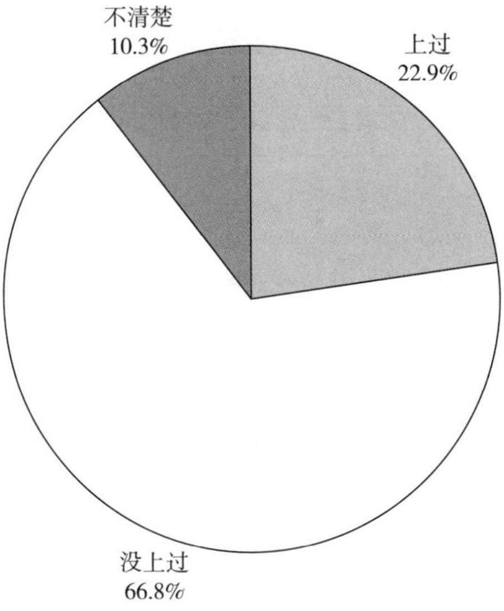

图18　大部分北京小学生上过网络素养课程情况（2020）

相比之下，大部分家长会对孩子的上网时长和内容做出规定，孩子对家长的依赖也较高。54.4%的学生家长会既规定孩子的上网时间，也规定其使用内容，33.2%的家长只规定使用时间，不规定使用内容，3.2%的家长只规定使用内容，不规定使用时间，另有7.5%的家长非常宽松，对孩子的上网时间和使用内容都没有规定（见图19）。如果在网上被人威胁或收到不良图片/视频，大多数小学生会跟父母说，其中69.4%的人完全会尽快跟父母说，7.4%的人比较会，4.6%的人有时会，从来不会跟父母说的仅有

8.3%。上网遇到感觉不安全的事情时，72.6%的人完全会及时报告给家长，选择比较会和有时会的分别占8.7%和8.2%，2.9%的人较少会报告给家长，只有3.7%的人从不会。

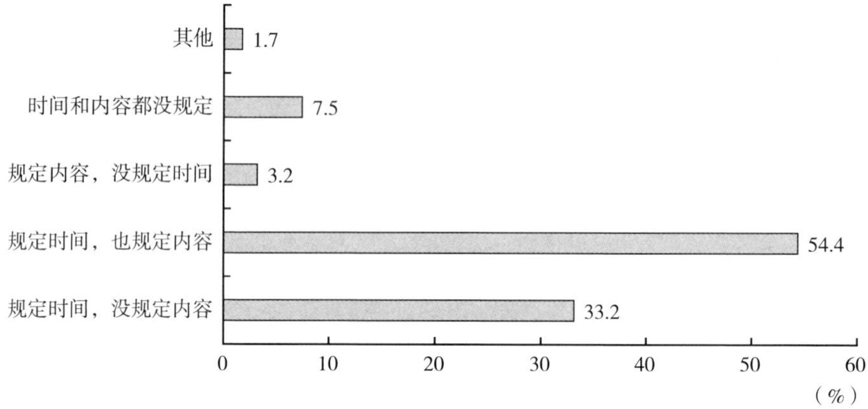

图19　北京小学生家长对孩子上网的规定（2020）

二　存在的主要问题

（一）网络已渗透小学生生活的方方面面，影响小学生价值观的判断，如何引导是难点，也是重点

小学生处于社会化的初级阶段，其人生观、价值观都有待培养，而互联网已经成为影响其价值观判断的重要渠道。从网络使用来看，在小学阶段，北京青少年就已经接触了网络的各项功能使用，对网络社交、网络视频、网络讨论等各类活动均有所涉及，网络上的内容已经在小学生的日常生活中扮演了重要角色。此外，从小学生对网络流行音乐的模仿、网络说话方式的模仿，以及购买网上流行的东西等模仿行为，也都可以看出网络内容的重要影响力。有报道称，2019年，山东有14岁和12岁的两名少女，模仿网络视频用酒精灯加热易拉罐制作爆米花，引起爆炸和着火，一人被烧伤，另一人

去世。可见不适当的网络引导危害之大。

在最想成为的人中，除了传统的教师、科学家外，小学生渴望成为明星、游戏玩家的比例相当高，而对于做工程师、工人等比例很低，还有一定比例的小学生渴望成为网红（见图20）。这里不是说职业有高下之分，而是可以看出，小学生的价值判断，对未来的想象，已经受到了互联网信息的很多影响。这也对如何在互联网的语境下，以优质的内容和信息引导小学生树立良好的价值观提出了很多难题。

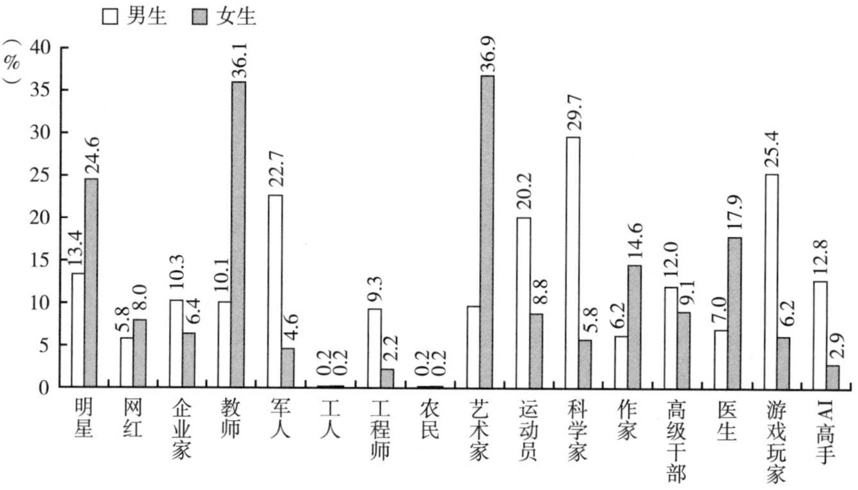

图20　北京小学生最想成为的人（2020）

（二）小学生信息处理能力有限，网络信息安全隐患大

如今小学生上网年龄普遍较早，在面对海量的网络信息时，缺乏足够的知识和经验应对。虽然有部分小学生对网络安全隐私比较重视，但网络信息数量之多、内容之复杂，都很容易超出小学生的处理能力，有较大的安全隐患。从上文小学生自己对互联网的认知来看，有一定比例的小学生认为过早接触了太多成年人的信息，增加了些烦恼，以及网络不良信息太多，个人信息容易泄露。此外，小学生也不同程度地收到过营销信息、虚假信息、黄色图片或视频、恐怖信息，也有小学生在网上被辱骂、被欺骗。

大部分小学生虽然在网上发言比较谨慎，但在网络交往中，很多人也不同程度地公布了自己的真实信息：42.2%的小学生公布自己的真实性别，27.8%的人公布自己的真实年龄，20.5%的人公布自己的真实姓名，还有14.6%的人会公布自己的真实照片，8.2%的人会公布自己的真实手机号，这都带来了一定程度的潜在风险。

（三）网络娱乐，尤其是网络游戏，对小学生诱惑大

网络娱乐和休闲放松是小学生上网的重要目的，无论是网络功能的使用，还是对网络带来的好处的认识，娱乐游戏都是小学生对网络的重要认知。虽然当下公众对网络游戏有了新的认识，尤其是随着电子竞技行业的发展，对不同类型的网络游戏也应不同对待，但对小学生而言，其知识体系和价值体系尚未完全建立起来，应谨慎对待网络游戏。此外，虽然有研究者发现经常玩电脑和网络游戏，对孩子在空间表征、视觉注意等方面有所帮助，但这取决于孩子们玩的是哪一种游戏。目前并没有证据支持，网络游戏可以促进青少年发展某些技能和认识。

从数据来看，有少数小学生已经是网络重度使用者，网络娱乐和游戏可能带来的不利影响更值得警醒：一方面，一些网络游戏中，存在大量暴力、杀戮的情节，不加筛选地玩网络游戏，不利于小学生的价值判断；另一方面，由网络娱乐和游戏带来的网络成瘾现象并不少见，不加管制的网络娱乐，不利于小学生平衡自己娱乐和学习的时间。

（四）小学生的网络使用中已存在性别差异，值得慎重对待

从上面的数据看，小学生的网络使用中，很多方面都呈现了明显的性别差异。如男生更喜欢使用网络玩游戏，女生更喜欢使用网络玩微信、听音乐；男生喜欢通过玩游戏认识新朋友，女生则喜欢通过聊天认识新朋友。在图20中也可以看到，在想成为的教师、艺术家、明星、医生、作家这几个职业中，女生比例非常显著地高于男生，而在想成为的游戏玩家、AI高手、科学家、运动员、军人、工程师这几个职业中，男生比例非常显著地高

于女生。

人的生理差异是天生的，但是社会性别有其建构性。有很多传统的观念认为女生不适合学数学、女生体力比较差、男生更勇敢等等，但这些性别差异不是生来就有的，而是与后天的成长环境有很大关联的。越来越多的女科学家、女拳击手、女军人都在打破这种传统思维。在青少年的成长初期，不应用性别局限其发展。过早地对小学生进行性别规范，容易让他们认为某些职业只适合女生或男生做，难以全面地发展自己，也难以挖掘自己的潜力。

（五）过多的网络使用，影响小学生的健康成长

互联网给生活带来了巨大的便利，但由于长期面对电脑或手机，也给公众包括小学生的健康带来很多挑战。从小学生的网络认知中可以看到，很多小学生担心自己更爱待在家里，减少了运动，也担心过多的手机、电脑使用，会带来视力的下降。此次调查数据显示，已有 36.1% 的北京小学生近视，5.3% 的小学生每天几乎都没有户外活动，11.2% 的小学生每天有半个小时以内的户外活动，22.4% 的人户外活动时间是半小时到 1 小时，1 个小时左右的有 25.8%，两个小时左右的有 19.7%，13.9% 的人有三个小时以上的户外活动。此外，从心理健康的层面，也有小学生担心自己会过度依赖网络，懒于思考，也担心会依赖网络交往而在现实中过于孤僻。在某种程度上，如尼尔·波兹曼在《童年的消逝》中描述的电视对孩子的影响一样，互联网的使用使成年人和儿童共享了更多的信息，青少年更早地进入成年人的信息世界，童年不再。

三 对策建议

（一）借力家长，加强对互联网平台的监督

以家长为桥梁，让具体的网络监督落到实处。为了给青少年营造良好的

网络环境，保护青少年的信息安全，政府层面对互联网环境的治理、对网络平台的监督管理是一个大前提，而政府层面有效的监管需要借助社会各方面力量的配合，包括志愿者团体、NGO 组织等。家长更是不容忽视的重要力量。北京小学生的互联网使用中，一个显著的特点是亲子互动良好，大部分家长为孩子的网络使用提供了监督保障。而这些孩子的家长，大学以上学历所占比例远高于全国水平，对网络的应用也普遍有较高的认识。北京网络媒体协会推出的“妈妈评审团”是一个很好的范例，以志愿加入的形式，由家长对网络不良信息监看、评议，这样的模式值得推广。此外，在网络运用中，使用儿童模式/青少年模式的小学生比例并不高，家长的配合和辅助也可以督促孩子在网络使用中采用合适的模式，并考察儿童模式/青少年模式的内容是否真的做到了针对青少年、服务青少年。这既需要动员和激励家长投入对网络内容的评议，也需要提供切实有效的途径，使家长的声音被听到、被采纳，实现自上而下和自下而上网络监督的融合。

（二）利用小学生中的“意见领袖”，创新学校活动，推进网络素养教育

学校应充分认识学生的特点，因材施教地推进网络素养教育，帮助学生认识互联网、正确使用互联网、辨别网络各类信息，引导学生的价值判断。此次调查显示，多数北京小学生并没有在学校接受过网络素养课程的训练，大部分人也不怎么和同学或朋友讨论和交流有关网络安全和青少年网络保护方面的话题。多数人并没有通过系统的媒介理论指导和训练获得有关媒介素养的知识，而更多的是基于自己的网络使用经验总结出来的。这也就对学校教育提出了更高的要求。调查显示，北京小学生网络素养能力并不均衡，有少部分小学生各项网络活动都非常活跃，对网络的使用和认识也较为丰富，可以说是潜在的“意见领袖”。而在小学生的网络交往中，现实中的朋友是分享信息的重要渠道。学校教育应充分利用小学生的这些特点，多组织小组式的学习，提供有趣的话题讨论，发挥个别网络素养高的学生的带头作用，让学生在和同龄人的交流中互相学习，共同提升网络素养。

（三）家长、学校、学生联动，发挥网络的辅助作用，平衡网络使用和日常生活

小学生仍处在成长期，应平衡网络使用和日常生活，促进健康全面发展。此次调查显示，有一定比例的小学生担心自己因为过多的网络使用而视力下降，运动减少。这些担忧不无道理，更应该是家长和学校关注之处。家长和学校可以借助网络元素，开发丰富多元的课外活动，既引导小学生的网络使用，也引领孩子开展户外活动，培养健康又有求知欲的小学生。如有的App可以依据植物形状显示植物名称和特点，家长和学校可以借助这一类App的使用，组织学生公园采风、野外郊游，甚至是简单的校园周边散步，培养学生对大自然的热爱。又如调查显示，音乐和游戏是小学生重要的网络使用功能，在体育运动中，适当结合小学生喜欢的音乐和游戏方式，也不失为一种选择。网络并不可怕，关键在于如何使用互联网。家长和学校的这些活动，可培养小学生的自主能力，学习将网络作为有用的工具，而非让网络控制自己的生活。

参考文献

崔丽娟、王小晔：《互联网对青少年心理发展影响研究综述》，《心理科学》2003年第3期。

季为民：《互联网媒体与青少年：基于近十年中国青少年互联网媒体使用调查的研究报告》，《青年记者》2019年第25期。

刘红、李静燕：《移动互联网时代青少年媒介素养教育现状及路径分析》，《前沿》2013年第2期。

孙晓蓓：《从“网红”大火现象谈互联网时代青少年的主体性危机》，《当代青年研究》2017年第2期。

吴莹莹：《互联网对青少年明星崇拜的影响及危害》，《青年记者》2014年第30期。

岳晨：《浅析互联网时代青少年的网络安全与监管》，《新闻知识》2019年第10期。

B.17 广东省未成年人网络运用和行为特征

杨斌艳　罗豆豆*

摘　要：　基于“2020年中国未成年人互联网运用状况调查”广东省调查数据，文章梳理了网络安全与网络素养、网络运用状况、社交与自我表达及网络文化等方面的数据，对广东省未成年人互联网使用的特点进行分析，洞悉可能存在的问题，指出社会、学校与家庭间应形成联动，以引导的方式帮助未成年人在互联网运用中获得更多红利。

关键词：　未成年人　网络安全　网络素养　网络文化　广东省

一　前言

CNNIC 第48次调查显示，截至2021年6月，全国互联网普及率为71.6%[①]。而国家统计局数据显示，2016年广东省互联网普及率就已达到74.0%，2019年广东省移动互联网用户数量已达到14200.29万户。[②] 广东省位于我国南岭以南、南海之滨，改革开放后，广东成为改革开放前沿阵地和引进西方经济、文化、科技的窗口，2020年广东省GDP达110760.94

* 杨斌艳，副研究员，硕士生导师，中国社会科学院新闻与传播研究所舆论学研究室副主任，主要从事舆情与国家治理、青少年网络行为研究；罗豆豆，中国社会科学院大学硕士研究生，主要研究方向为网络安全，青少年网络文化。

① 中国互联网络信息中心：第48次《中国互联网络发展状况统计报告》。

② 中华人民共和国国家统计局，http：//data.stats.gov.cn/easyquery.htm? cn = E0103&zb = A0G0H&reg = 440000&sj = 2019。

亿元。[①] 2020 年 4 月 28 日广东省统计局发布《2019 年广东人口发展状况分析》报告显示，2019 年广东省中小学生数量已达 1606. 2 万人[②]。广东作为我国经济和互联网最发达地区代表，在“十三五”期间，大力推进教育信息化，这些都为广东地区未成年人互联网的运用提供了良好的大环境。广东地区未成年人互联网运用的状况，基本能够代表反映我国未成年人互联网运用的发展最快最好的状况，也能够反映未成年人互联网运用的一些新趋势和最新潮流。

本报告基于 2020 年度中国未成年人互联网运用状况调查对广东省数据进行独立分析，此次调查共获得广东省有效学生样本 1137 个，包含小学、初中、高中三个阶段。本文主要通过对广东省与全国总体数据进行对比，剖析广东省未成年人互联网运用中的独特之处，从多个角度进行数据的观察和分析，洞察广东省未成年人网络运用的典型特色及困境，并提出对策建议。

二　互联网运用特点

（一）网络安全与网络素养

1. 整体网络安全水平高于全国平均水平

2019 年第六届世界互联网大会发布的《中国互联网发展报告 2019》显示，在中国互联网发展指标各单项排名中，广东省网络安全指数排名第一。“未成年人互联网运用状况”调查显示，在调查列出来的十种主要网络安全隐患中，广东省未成年人遇到网络安全问题和遭遇不良信息的比例明显低于全国平均水平，“以上事情都没有遇到”的比例为 45. 6%，而全国总体水平为 38. 7%。

而在十类常见网络安全隐患中，广东省未成年人遭遇最多的“经常收

① 广东省统计局：《2019 年广东省国民经济和社会发展统计公报》，2021 年 3 月 1 日，http://stats. gd. gov. cn/attachment/0/414/414580/3232254. pdf。

② 广东省统计局：《2019 年广东人口发展状况分析》，2020 年 4 月 28 日，http://stats. gd. gov. cn/attachment/0/391/391818/2985688. pdf。

到无关信息（如营销信息）”约四成（37.6%），其次是“网络虚假信息/链接”16.3%，“被人盗号”（10.1%）。而遇到“被骗钱”的比例最小，为1.9%（见图1）。

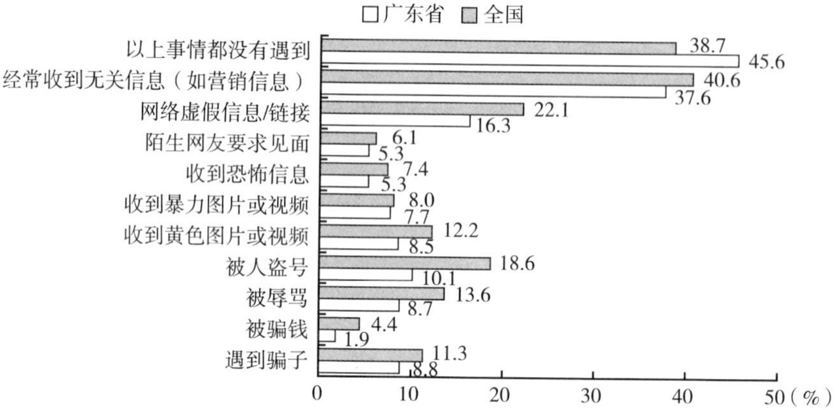

图1　未成年人上网时遇到的不良现象情况比较（2020）

2. 个人隐私保护意识强，但账户密码设置较简单

广东省未成年人与全国整体相比，在网络交往过程中更注重对个人信息的保护。在公布自己个人真实信息方面，除“班级”这一信息外（广东省未成年人公布这一信息的比例为11.3%，全国比例为8.9%），其余各项比例均低于全国总体。其中，个人信息公布比例最高的为性别，为46.4%，年龄信息则排名所有信息第二位（27.9%），最低为电子邮箱，仅有1.3%。不到一成的未成年人会公布手机号（5.6%）、照片（9.2%）等私密性较强的真实信息（见图2）。

而在对个人的网络账户密码设置方面，广东未成年人设置安全级别较高密码的比例却明显低于全国水平。以“总是”+“经常”的累计比例来看，广东未成年人的比例为46.2%，而全国“总是”+“经常”设置安全级别较高的网络密码的比例为51.2%。另外值得注意的是，有约一成（11.8%）广东未成年人对于密码的级别其实“不清楚”，略高于全国水平（8.5%）（见图3）。

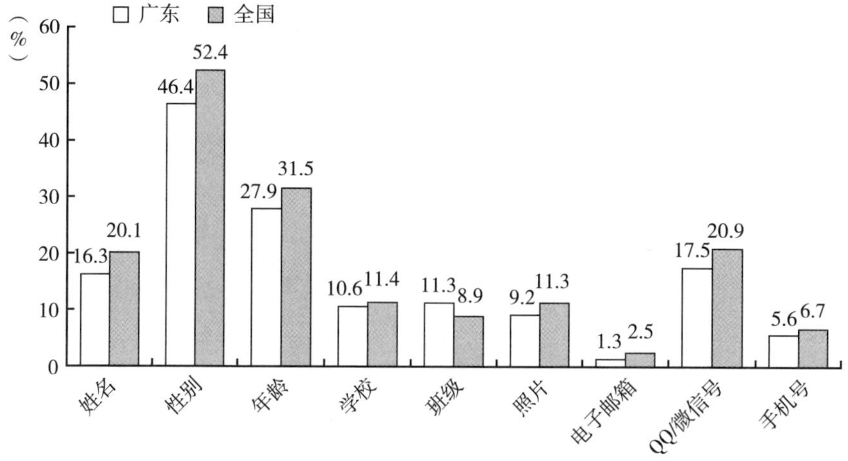

图2　未成年人在网络交往过程中公布个人真实信息情况比较（2020）

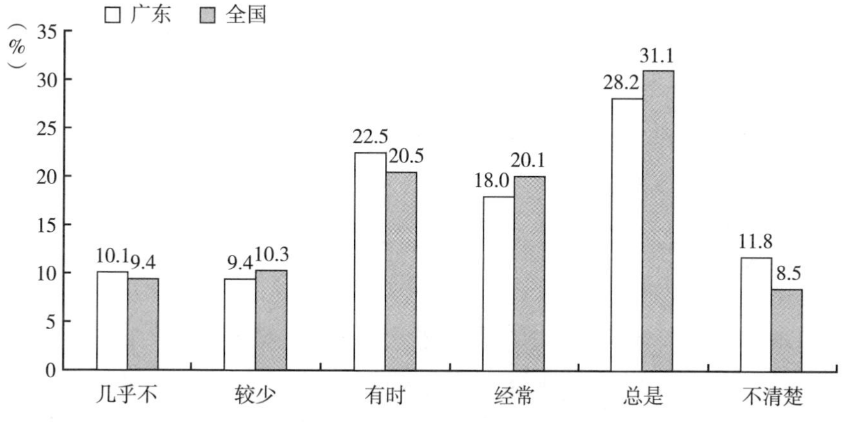

图3　未成年人设置安全级别较高的网络密码情况比较（2020）

3. 有较强的网络责任意识，对网络言行有一定控制

调查显示，约八成（77.5%）未成年人表示“几乎没有”在网上做过明知不应该做的事情，仅有0.6%的人表示“总是”在上网时做明知不该做的事情。有近八成（78.2%）未成年人对“一个人需要对自己的网络言行负责”这一观点表示认同（完全同意57.6%＋基本同意20.6%）。这两项调查广东省的数据与全国数据的趋势基本一致。说明未成年人有较强的网络

责任意识，知道应该对自己的网络言行进行负责。在具体的网络行为中，针对“发布信息或观点时是否考虑对他人的影响”，选择“经常”和“总是”的比例为45.8%，低于全国总体的51.9%。其中以选择“总是”选项的比例相差最大，广东省该选项比例为21.4%，全国为27.9%（见图4）。

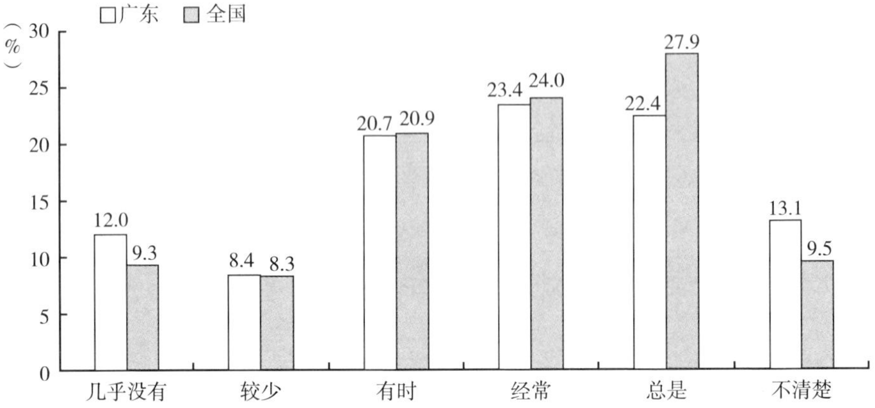

图4　未成年人发布信息或观点时考虑对他人影响情况比较（2020）

4. 约1/3人上过专门的网络素养课

广东省在青少年网络素养课程方面走在全国前列。2016年底，以“做中国好网民”为主题的小学生网络素养教育读本，经广东省教育厅审定被列入省地方课程教材，成为国内首本进入我国公共教育体系的本领域专题教材①。调查显示，广东省约1/3（33.3%）未成年人上过专门的网络素养课程，略高于全国（见图5）。

（二）网络运用状况

1. 上网“玩”的时长控制较好，近视率低于全国水平

从调查数据看，广东省未成年人在上网玩（非学习）时长方面控制较

① 张海波：《广东省中小学生网络安全及媒介素养教育研究和探索实践》，《中国信息安全》2019年第10期。

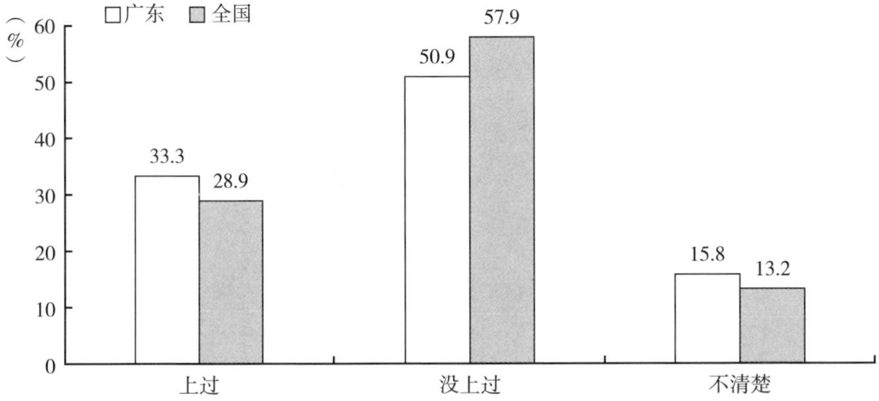

图 5　未成年人上专门网络素养课程情况比较（2020）

好。无论是周末/节假日或者是周一到周五的正常上学时间，平均每天上网玩“半小时以内”的比例都高于全国水平。而从周末/节假日上网玩的情况来看，每天平均“一个半小时”是广东和全国的一个分界点，广东“一个半小时以内”的比例累积为68.8%，而全国比例为62.1%；“三个小时及以上”的比例又明显低于全国水平（广东6.9%，全国10.2%）（见图6）。

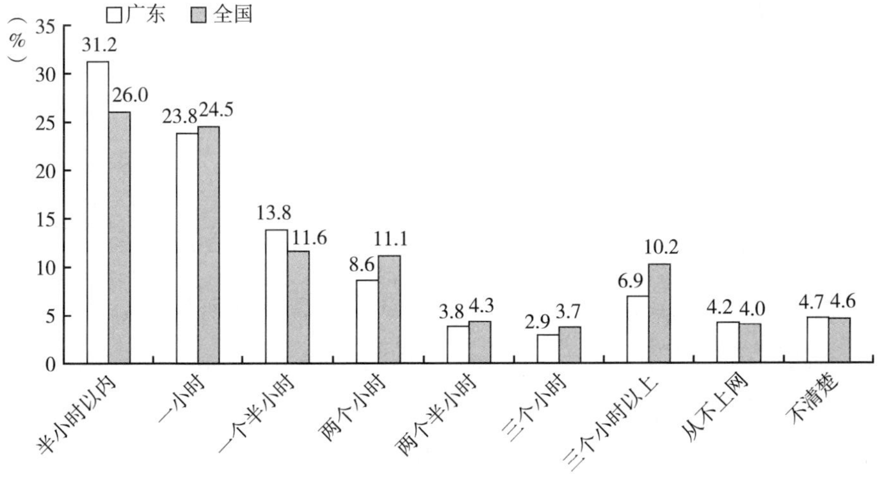

图 6　未成年人平均每天上网时间情况比较（周末/节假日）（2020）

而同时，调查数据显示，广东省未成年人每日户外运动时长高于全国水平。广东省超六成未成年人每日户外运动时间超过一小时，每日户外运动两小时及以上比例达 43.1%，略高于全国总体水平（38.8%）（见图 7）。而广东省未成年人未近视的比例为 57.0%，远高于全国总体水平（49.5%）。

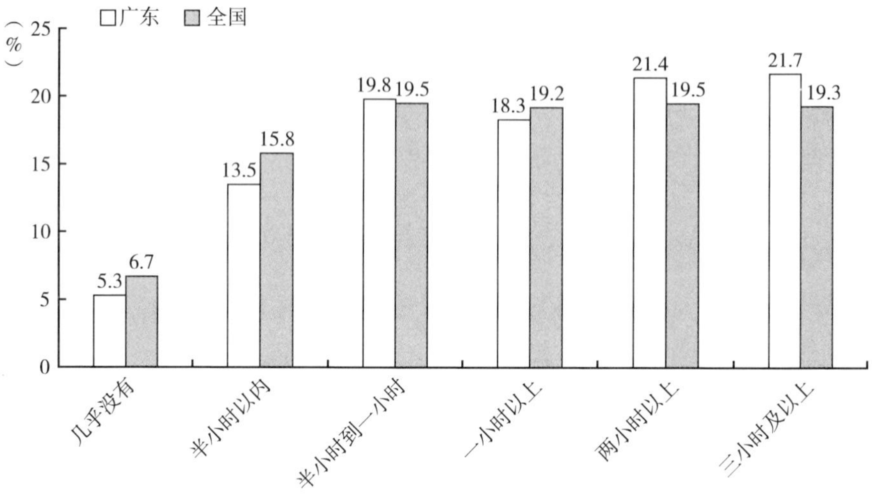

图 7 未成年人每天户外运动时间情况比较（2020）

2. 较少因上网问题与父母发生争执

调查数据显示，近六成（58.2%）未成年人表示没有因上网问题与父母发生过争执，远高于全国总体水平（50.8%），仅有 1.6% 的未成年人表示经常因上网问题与父母发生争执（见图 8）。

3. 网络的学习功能被更多挖掘

调查显示，56.9% 的广东省未成年人表示上网最主要目的是“完成作业、查找资料”列第一位，也远高于全国的（48.1%）（见图 9）。另外，在上网主要使用的功能方面，从全国来看，“音乐、游戏、在线学习”位列前三，而广东省调查数据在线学习方面略比全国水平高一些。可见，网络的学习功能开始被更多地应用和挖掘。除了娱乐游戏外，互联网已经成为未成年人学习的好帮手（见图 10）。

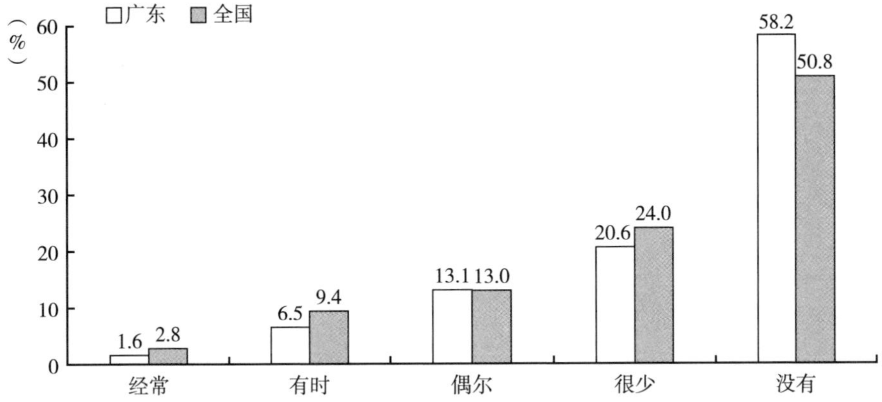

图 8　未成年人因上网问题与父母争执情况比较（2020）

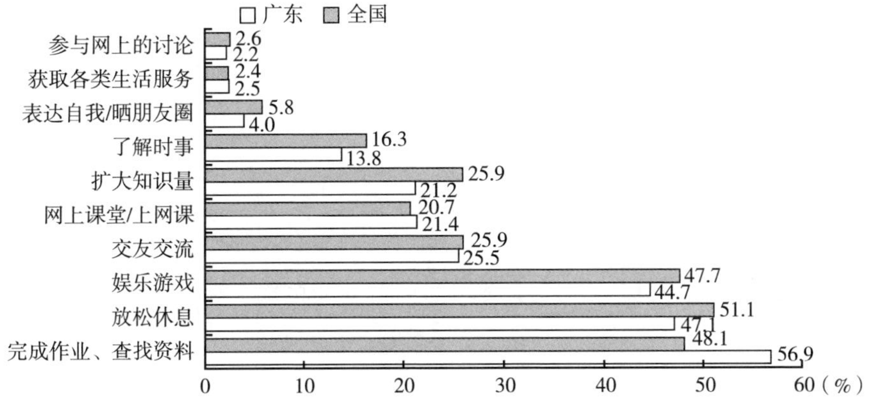

图 9　未成年人上网主要目的情况比较（2020）

（三）社交与自我表达

1. 社交以分享兴趣爱好为主，聊天是结识新朋友的主要途径

调查显示，未成年人在社交平台上主要是分享自己的兴趣爱好和自己的学习情况。与全国总体相比，广东省未成年人更倾向于通过网络聊天结识新朋友（广东 43.4%，全国 39.5%）。而通过一起玩游戏（29.4%）认识新朋友的比例则低于全国总体（33.0%）（见图 11）。

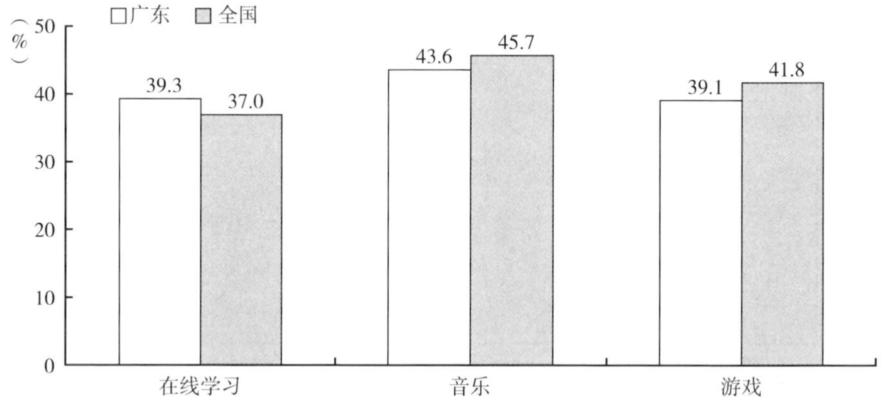

图 10　未成年人上网使用主要功能 Top3 情况比较（2020）

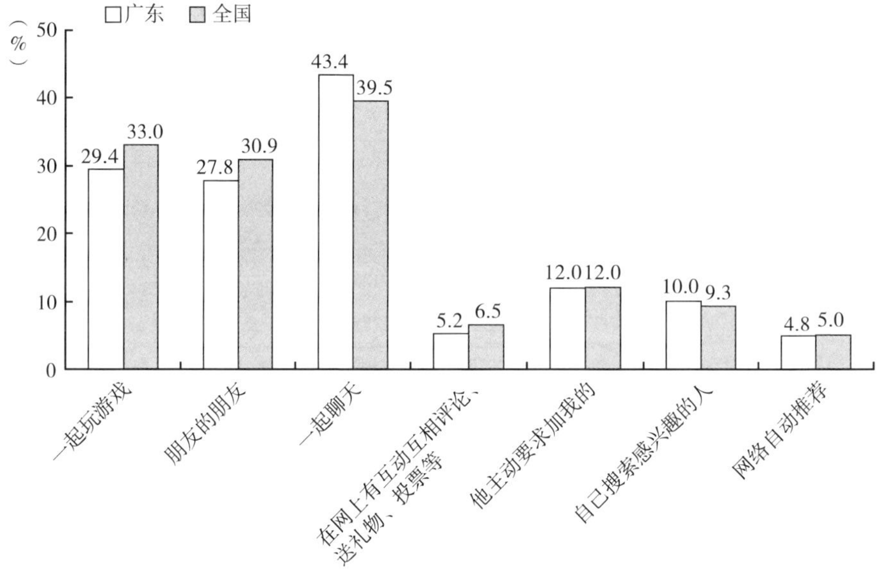

图 11　未成年人网上交友情况比较（2020）

此外，有四成（43.1%）未成年人表示与网上认识的新朋友只在网上交流，而这一比例比全国总体水平（47.3%）低，在现实中见过几次或经常见面的比例为26.5%，略高于全国总体水平（25.1%）。这表明广东省未成年人相较于全国而言，更倾向于与新结识的朋友通过线下见面进行交流（见图 12）。

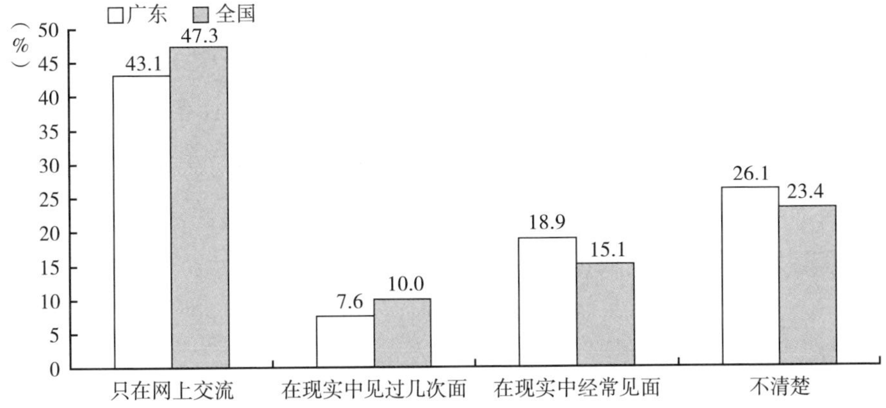

图 12 未成年人与网友现实交往情况比较（2020）

2. 不太参与网络言论或网络集体行动

对于网络上大家都关注的社会热点事件，有 32.9% 的广东省未成年人表示从不关心，远高于全国总体水平的 27.0%。仅有 7.9% 的未成年人表示会进行跟帖讨论，这一比例略低于全国总体水平（8.8%）。这表明广东省未成年人对网络上大家都关注的社会热点事件关注程度与全国相比较低（见图 13）。

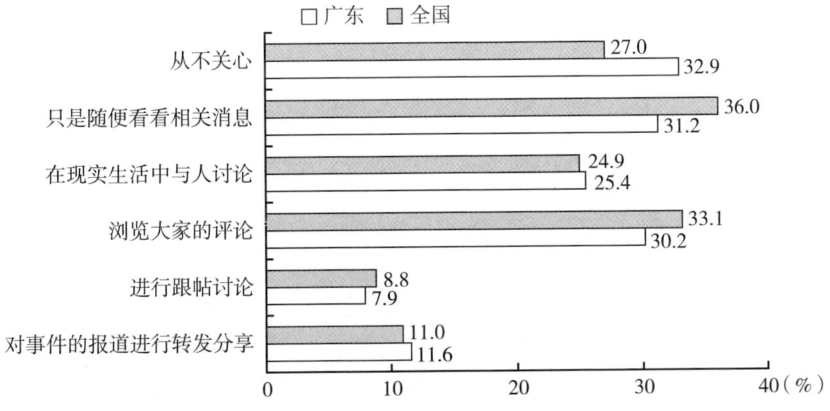

图 13 未成年人关心社会热点事件情况比较（2020）

此外，对于网上组织帖子转发、集体讨论或顶帖的活动，近六成（58.1%）的未成年人表示肯定不会参与，远高于全国整体水平（51.0%），而表示肯定会或可能会参与的未成年人占比为11.6%，低于全国的17.8%（见图14）。与此同时，对于网上组织的集体声讨、快闪活动、人肉搜索，72.8%的未成年人表示肯定不会参与（见图15），相较这些活动，未成年人对帖子转发、集体讨论或顶帖等活动的态度较缓和。

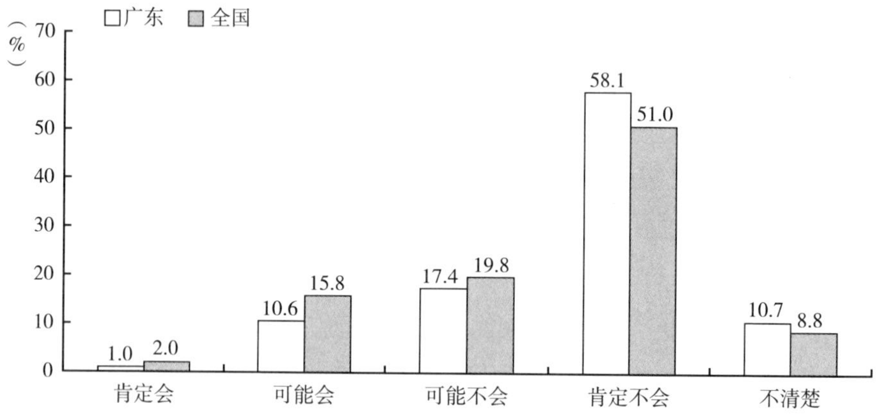

图14　未成年人参与网络组织贴子转发、集体讨论或顶帖情况比较（2020）

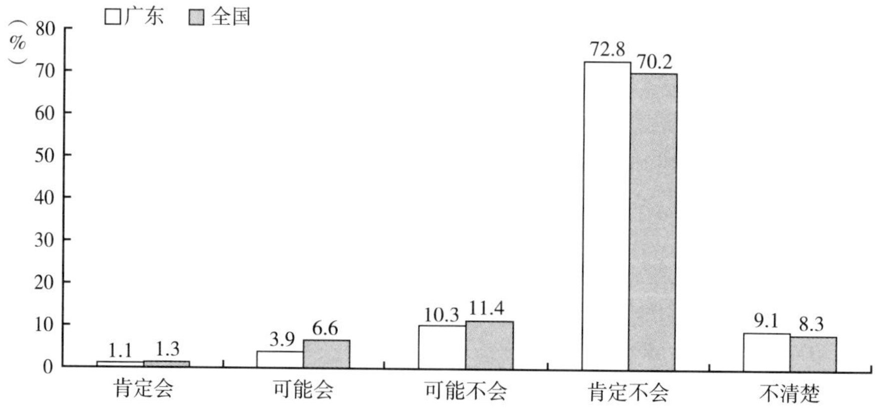

图15　未成年人参与网上组织集体声讨、快闪活动、人肉搜索情况比较（2020）

（四）网络文化

1. 超过六成未成年人经常使用视频 App

调查数据显示，与全国总体相比，广东省未成年人使用其他视频网站（如爱奇艺、腾讯视频、优酷、芒果 TV 等）（65.4%）以及短视频类（如抖音、快手、西瓜视频等）（65.3%）比例较高，使用网络论坛类（如微博、贴巴、NGA、虎扑论坛等）的广东省未成年人仅占总数的 7.0%，且低于全国总体比例（10.9%）（见图 16）。

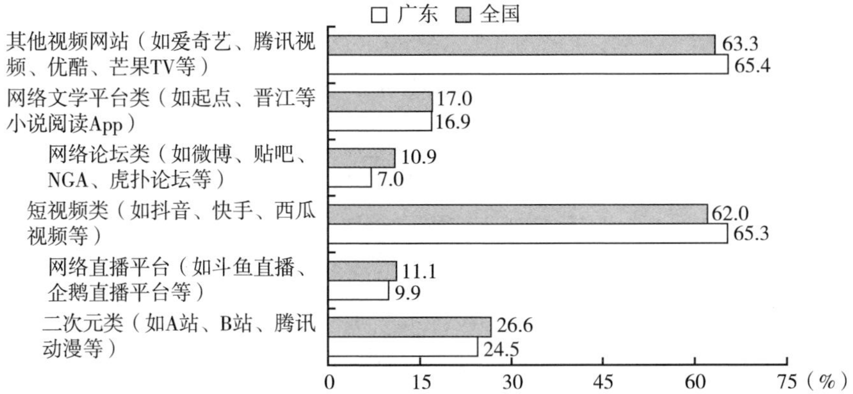

图 16　未成年人经常使用图文视频 App 情况比较（2020）

2. 受网络流行语影响相对较小

随着互联网深入每个人的生活，未成年人在一定程度上可能会受到网络文化的影响。调查数据显示，51.8% 的广东省未成年人在日常生活中很少使用或从不使用网络流行语，该比例低于全国总体水平（47.5%）（见图 17）。另外，除了在尝试网上流行的新玩法上比例略高于全国总体水平，对于网络上某些行为，广东省未成年人进行模仿的比例均低于全国总体比例，从不模仿网络上行为的比例为 37.9%，高于全国总体比例（33.2%）。在模仿的行为中，学唱网上的流行歌曲的人数最多，占总人数的 48.1%，模仿网上穿衣打扮的人数最少，仅占总人数的 6.3%（见图 18）。

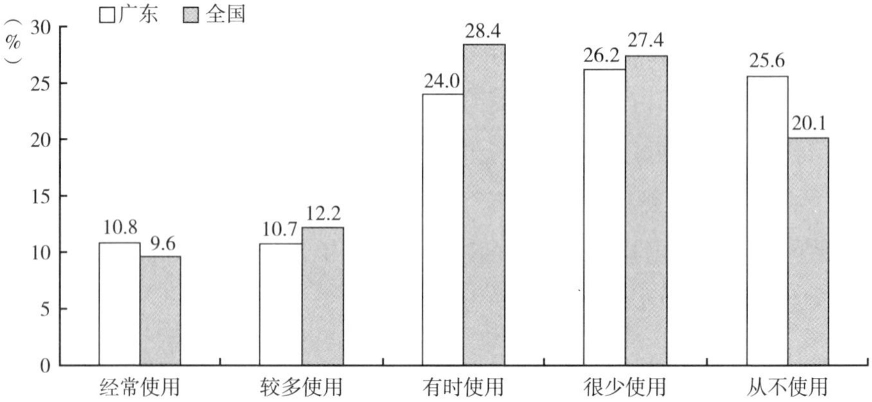

图 17　未成年人生活中使用网络流行语情况比较（2020）

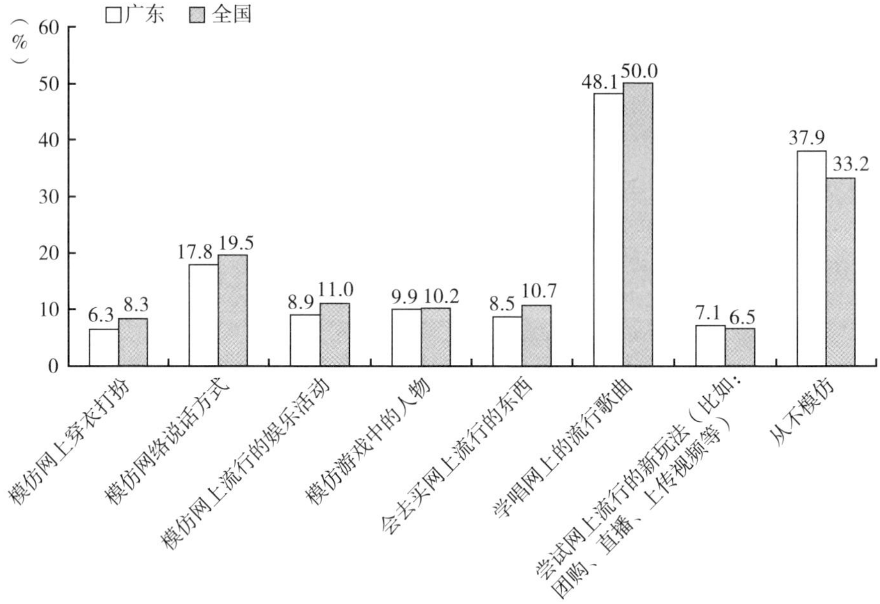

图 18　未成年人生活中模仿网上行为情况比较（2020）

（五）网络技能与网络学习

1. 互联网使用知识课程开展比例与整体相比较低

从调查数据来看，48.6%的广东省未成年人认为自己学校有专门教互联网使用知识的课程，这一比例远低于全国总体比例（55.9%），而近两成（18.4%）的未成年人认为学校从来没有过专门教上网知识的课程，这一比例高于全国整体（14.1%）。从这两项数据来看，广东省互联网使用知识课程在学校开展的比例与全国总体相比较低。但值得注意的是，在这次问卷中，有18.2%的广东省未成年人不清楚自己是否有上过与互联网使用知识相关的课程，这一比例高于全国比例（11.6%）（见图19）。

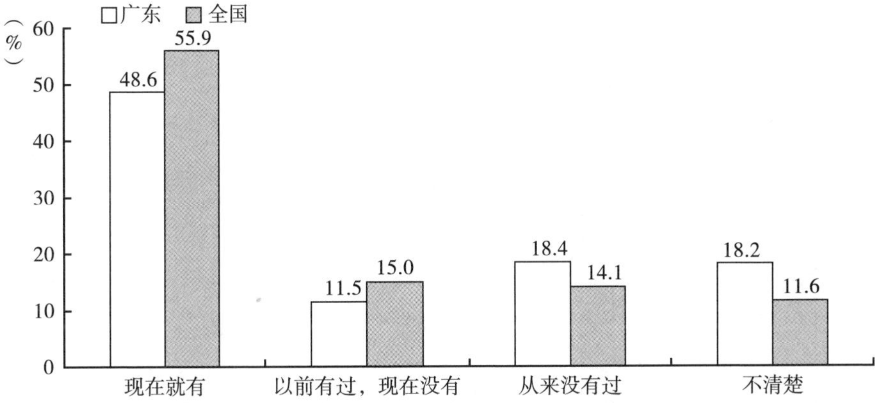

图19　未成年人学校互联网使用知识专门课程情况比较（2020）

2. 网课认同度较整体偏低，更倾向于向家长求助学习问题

在对待网课的态度上，37.0%的广东省未成年人表示比较喜欢或非常喜欢网课，低于全国总体比例（43.6%）。对网课持“一般”态度的未成年人占比最多，为38.0%，略高于全国总体比例（35.5%）（见图20）。此外，当在家学习或者做作业遇到不懂的问题时，四成（43.3%）广东省未成年人选择向家长求助，这一比例高于全国总体比例（37.0%），21.5%的未成年人会选择通过学习类App解决问题，略低于全国比例（22.5%）。通过数

据可以了解到，相较于全国而言，广东省未成年人对网课认同度更低，在家学习过程中更倾向于向家长求助学习问题（见图 21）。

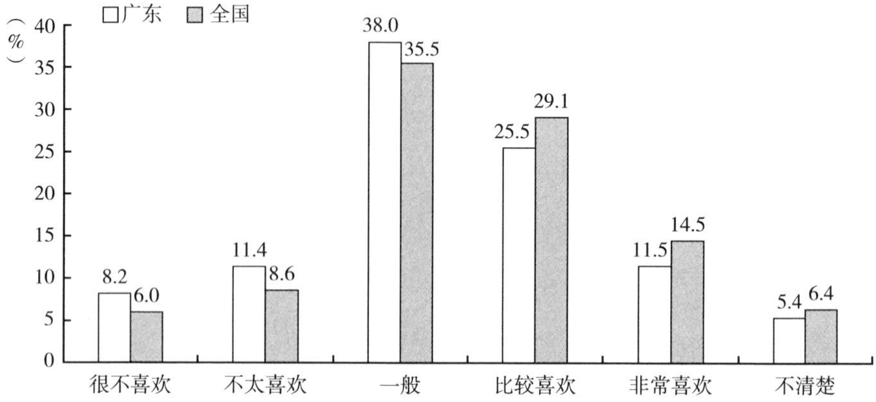

图 20　未成年人对网课的态度情况比较（2020）

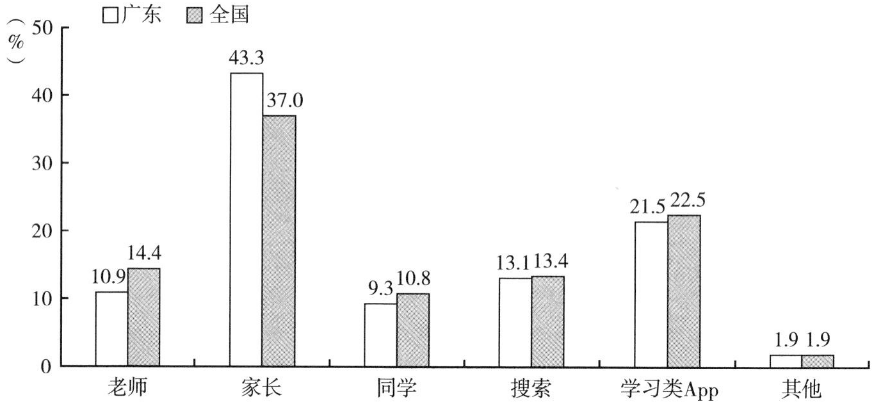

图 21　未成年人在家学习或者做作业遇到问题寻求答案方式情况比较（2020）

3. 网课时间占比较低，网络学习以学校任务为主

在一周中，42.4% 的广东省未成年人网课时间在 1 小时以内，略高于全国总体（41.2%），近七成（67.9%）未成年人每周网课时间小于两小时，每周网课时间超过 8 小时的仅占总人数的 3.3%（见图 22）。整体而言，网课时间在未成年人生活中占比较低。此外，未成年人上网的主要目的包括网

上课堂/上网课的比例为21.4%，远低于完成作业、查找资料的人数占比（56.9%）。从数据中可以看出，广东省未成年人使用网络学习以完成学校任务为主，额外的网络课程占比较低。

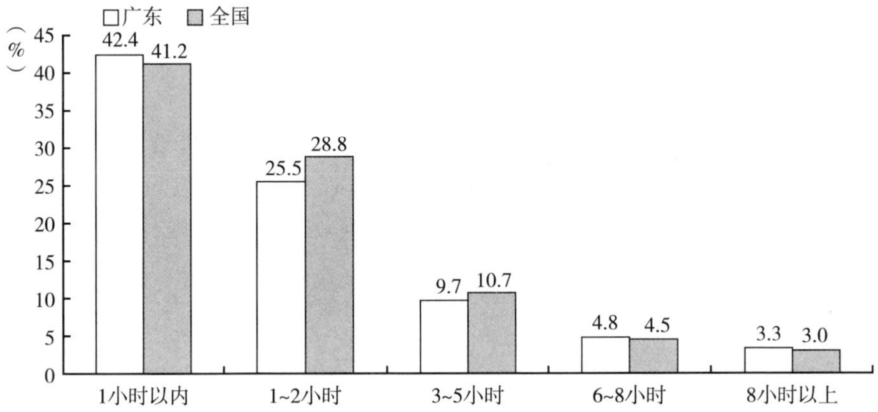

图22　未成年人每周上网课的时间比较（2020）

三　互联网使用存在的问题

（一）网络素养课程的有效性和针对性不足，需评估改进

广东省针对未成年人开展的网络素养课程比例高于全国，较为重视对未成年人网络素养的培育工作。但是，从本次问卷中针对网络素养所设计题目最终呈现的数据来看，广东省未成年人并没有显现出在网络素养方面与全国其他地区较为明显的不同。值得注意的是，相对于"自身行为的某些后果"等延伸性概念，广东省未成年人对一些较为明确的概念，如"是否会做明知不应该做的事情"，反馈则更为积极。另外，虽然未成年人对个人信息的保护意识较强，七成（75.6%）未成年人在遇到填写个人信息问题时，会考虑或经常考虑到保护个人隐私的问题，但仍有近两成（19.7%）未成年人较少或从不使用安全软件防御不良信息对网站的侵害，

而在杀毒软件的使用方面，只有不到半数（44.6%）未成年人选择总是或经常使用。

一直以来，广东省积极推进网络安全和媒介素养教育进课程教材，推动形成家庭、学校和社会“三位一体”的少年儿童网络素养教育体系，同时开展网络安全及媒介素养相关师资的培训活动，在一定程度上已经取得了不错的成绩。但是，此次调查数据也说明，未成年人网络安全及网络素养教育仍存在一定问题。网络素养课程效果并不十分明显，同时缺少对未成年人更深入理解网络行为规范的引导。未成年人作为行动者使用网络时，由于缺少足够的法律或道德知识，可能会在交往或表达中出现种种有违道德甚至违法的行为，这一点应引起重视。此外，尽管未成年人能较好地保护个人信息，但缺乏对网络技术可能带来的风险的认知，网络安全意识有待提升。

（二）受广告营销困扰较多，不良信息仍需关注治理

互联网技术的飞速发展带来的是网络使用目的的多元化，除了使用搜索引擎搜索信息外，社交类、图文视频类、游戏类网站或 App 也是未成年人使用互联网的重要应用，而不良信息一直是未成年人用网方面的一个敏感问题。在网络使用过程中，37.6%的广东省未成年人表示在上网过程中曾经常收到无关信息（如营销信息）骚扰，近六成（57.6%）的未成年人表示上网时经常在广告中遇到不良信息，而在“网络交往最大坏处”这一问题中，选择“不良信息太多”的人数最多（21.5%），广告营销及不良信息给未成年人用网带来极大困扰。

链接技术的发展使广告营销信息推送的形式不断更新，除了最初网页设置的广告外，一些弹窗类广告、嵌入式广告让人在使用网络的过程中防不胜防。一些广告弹窗的设计中，会将关闭按钮设置成为网页链接，以便增加网站点击率或是传播淫秽色情、暴力等不良信息；一些广告表面上可能与游戏或新闻信息相关，但其本身的链接却通向色情网站，或是可能携带病毒。精巧的设计或页面中的大幅嵌入让许多成年人都可能无法每次准确地绕过这些

链接，未成年人判断能力还未完全成熟，有强烈好奇心，很可能会受到不良信息的困扰。

（三）流行文化对未成年人的影响较大，值得注意

网络的普及不可避免地会对每个人的生活产生影响，除了使用网络学习以外，放松休息与娱乐游戏是广东省未成年人使用互联网的最主要目的。调查显示，图文视频 App 在未成年人当中的使用已经十分普遍，音乐、游戏等也成为未成年人上网使用的主要功能之一，网络流行文化对未成年人的影响不容小觑。互联网和移动互联网使网络文化能够进一步渗透进未成年人的生活，二次元文化、粉丝文化、网络原创音乐文化等受到未成年人欢迎，在网络文化中，他们以趣缘结群，相互分享也参与创作。

未成年人正处于成长阶段，网络流行文化对其价值观形成过程的影响值得注意，同时，基于技术/文化代际更迭的加快，青少年自我认同过程中的流动性、多样性、排斥性大大加强，也因此向主流社会对流行文化的引导提出了更高的要求。[①] 此外，网络文化所伴随的消费行为也对未成年人产生或多或少的影响。在粉丝文化、网络游戏等网络文化的参与过程中，有时伴随着消费。如喜爱偶像的粉丝除了观看影视剧、收听歌曲外，还可能购买周边产品或价格不菲的演唱会门票，游戏玩家可能需要购买装备使自己更好地升级等。从这一现象而言，需要家庭、学校与社会一起帮助未成年人形成正确的消费观。

（四）网络使用与身体健康需要关注

根据健康中国推进委员会公布的《健康中国行动（2019～2030 年）》文件中关于中小学健康促进行动的要求，中小学生在校内每天应至少有一个

① 中国青少年研究中心、苏州大学新媒介与青年文化研究中心、“青少年网络流行文化研究”课题组：《新媒介空间中的青少年文化新特征——“青少年网络流行文化研究”调研报告》，《中国青年研究》2016 年第 7 期，第 58～66、73 页。

小时的体育活动时间，并倡议在校外每天接触自然光时间在一小时以上，同时提倡中小学生非学习目的地使用电子屏幕产品单次时长不宜超过15分钟，每天累计不超过一小时。[1]

但从广东省调查情况来看，尽管每天活动时间大于或等于两小时的人数所占比例较全国总体更高，但仍有近四成（38.1%）的未成年人每天户外活动时间在一小时及以下，12.5%的未成年人认为网络交往给自己带来的最大坏处之一是整天宅在家里，运动变少，且有43.0%的未成年人有近视的情况出现。伴随着互联网用户的增多和竞争压力的增加，许多网站、App也在不断提高自己用户黏性，这可能使未成年在使用过程中沉溺在自己喜爱的内容之中，挤压线下生活、社交时间，也使得许多未成年人成为“低头族”，缺少户外活动，最终导致身体素质下降。同时，网课、线上作业和娱乐都可以依靠互联网来完成，未成年人使用电子屏幕产品的概率更高，这可能导致未成年人眼睛负荷更大，对其视力产生一定影响。

（五）互联网时代家庭教育仍需重视

在本次问卷中，广东省未成年人给自己家长就“对其上网的帮助”这一问题所打的平均分为6.5分（满分10分），六成（61.8%）未成年人表示家长经常或有时会教授自己上网的知识或技能，71.9%的未成年人表示家长上网不会操作的时候，有时或经常向自己请教。当代未成年人的父母已经拥有一定的互联网使用能力，虽然仍有“技术反哺”的现象存在，但父母也在一定程度上帮助未成年学习上网知识，其互联网观念在教育过程中会影响未成年人的用网行为。这要求家长在教育过程中，加强对未成年人网络素养、安全意识及价值观的引导，并以身作则，建立起良好的家庭教育环境。

---

① 《健康中国行动（2019～2030年）》，2019年7月15日，中华人民共和国中央人民政府网站，http：//www.gov.cn/xinwen/2019－07/15/content_5409694.htm。

四 对策与建议

（一）探索简单有效的符合本地特点、具有当地特色的素养教育

近年来，我国从国家、社会、学校到家庭层面，各界对于青少年网络素养教育的关注急剧增加，各项政策、举措与实践探索呈现井喷式涌现，这表明我国青少年网络素养教育的发展正处于急速推广的上升期。① 广东省通过改善课程设置、加强教师培训等方式，积极推动专业化网络素养培育的开展，已经取得一定的效果。此外，在推进素养教育过程中，可积极探索创新网络素养培育方式，避免枯燥、乏味的理论灌输，促进社会、学校、家庭形成联动，鼓励未成年人参与活动并相互交流，除了让未成年人知晓基本用网规范外，还应引导未成年人更进一步理解某些行为可能产生的后果，帮助他们探索并更好地应对用网过程中可能面对的复杂情况。同时，互联网迭代速度日渐加快，这要求网络素养培育应根据情况做相应调整以应对变化的环境。政府部门可联合从事媒介教育研究的专业部门等针对网络素养教育设计评价机制，进行效果评估，及时调整培育中的短板，使网络素养培育更能符合现实需求。

（二）将网络安全意识培养融入日常的安全教育中

网络已经成为未成年人学习与生活中不可缺少的一部分，对于心智尚未完全发育成熟的未成年人而言，需要全社会共同努力帮助其“安全用网、适度用网、健康用网”。除了提高青少年对个人隐私信息的保护外，也应积极引导青少年提高对可能风险的防范意识，如针对个人账户设置安全级别较高的密码，安装杀毒软件提高电脑安全等。政府相关部门应重视未成年人隐

① 方增泉、祁雪晶、王佳鑫等：《基于学校主体的中外青少年网络素养教育实践探索》，《青年探索》2019 年第 4 期，第 31 ~39 页。

私和个人信息的保护、网络欺凌的防范、未成年人支付能力和风险防范、未成年人不良信息内容管理以及未成年人网络犯罪防范与治理等方面的未成年人优先保护问题，加大网络安全维护力度，肃清网络环境。同时，要敦促各平台、网站承担起社会责任，对其页面广告链接进行严格审查，提高信息搜索过程的相关度匹配能力，减少无关信息对青少年用网的干扰。学校应在安全教育中增加网络安全教育，一方面，要帮助未成年人了解互联网技术的两面性，引导未成年人有意识地对网络技术可能给自身带来的技术风险进行防范；另一方面，可通过情境互动等方式，帮助未成年人了解包括网络诈骗、校园贷等问题可能带来的风险；此外，学校还可以定期对校园网防护系统进行检查，避免不良内容或不安全信息通过校园网进行传播，为学生在校的用网环境提供保障。同时，家庭与学校应形成联动，共同承担起保护未成年人安全上网的义务。

（三）重视网络文化对价值观的影响，加强引导培植互动

作为生活的一部分，许多未成年人通过互联网丰富自己的业余生活，不可避免地会受到网络文化的影响，同时，未成年人也为网络文化带来了更多活力。2016 年，习近平在网络安全和信息化工作座谈会中指出，“我们要本着对社会负责、对人民负责的态度依法加强网络空间治理，加强网络内容建设，做强网上正面宣传，培育积极健康、向上向善的网络文化，用社会主义核心价值观和人类优秀文明成果滋养人心、滋养社会，做到正能量充沛、主旋律高昂，为广大网民特别是青少年营造一个风清气正的网络空间。”针对网络文化现象，不能当作问题加以抵制，而应更加注重引导作用，培植优秀网络文化，加强网络文化与主流文化之间的互动，引导未成年人发现并挖掘网络文化中有价值的内容，使网络文化在未成年人成长、价值观形成过程中发挥更为积极的作用。

此外，应加强对未成年人正确消费观的培养，帮助未成年人避免在追求网络文化的过程中陷入种种问题，如追星、玩游戏、观看网络直播等过程中可能出现的过度消费问题。同时，要引导未成年人形成理性意

识，在参与集体活动或面对社会问题时能够建构起正确认识和理性观念。

（四）丰富户外活动，减少网络依赖

网络带给未成年人便利的同时，也挤占了未成年人的线下时间，如何引导未成年人平衡线上与线下的学习、生活，是互联网时代应重视的问题。一方面，尽管目前许多 App 已经推出青少年模式，但是，是否使用这一模式，在一定程度上取决于未成年人的自觉性；另一方面，丰富的网络娱乐方式带给未成年人更多的新鲜感，网络游戏等活动能够给未成年人带来更多刺激感，这让未成年人在选择休闲方式时更倾向于选择线上娱乐。网络使用时间的增加直接影响到未成年人的学习及户外运动时间。

面对这一现象，政府部门应加大对免费运动场所及器械的资金投入，在适宜的区域修建免费篮球、羽毛球、网球、乒乓球等场地，提供足够健身器材，并为类似滑板、轮滑等小众运动提供一定的场地支持，满足学生不同的户外需求。学校应推动落实教育部对在校运动时间的规定，严格保证中小学生在校期间户外运动时间，同时，要丰富户外运动形式，增加户外运动的趣味性，吸引未成年人更多地参与到户外运动中来。家长应引导孩子形成正确的时间分配观念，帮助其规划课后时间，丰富孩子课余活动内容，发掘并培养孩子独有的兴趣，引导孩子有意识地减少对网络的依赖。

附　　录

Appendix

B.18

未成年人与互联网发展大事记

（2020 年 1 月 1 日至 2021 年 6 月 1 日）

季 琳　杨军锋

1. 突如其来的新冠肺炎疫情导致全国大中小学无法按期开学。2020 年 2 月 12 日，教育部办公厅、工业和信息化部办公厅联合印发《关于中小学延期开学期间“停课不停学”有关工作安排的通知》对“停课不停学”工作提出明确意见。教育部整合国家、有关省市和学校优质教学资源，在延期开学期间开通国家中小学网络云平台和中国教育电视台空中课堂，免费供各地自主选择使用。各地也相应出台中小学全面实施线上教育教学工作的指导意见，开展线上教学相关工作，推出各种线上教学模式，推动网络学习迅速发展。

2. 2020 年 5 月 13 日，共青团中央维护青少年权益部、中国互联网络信息中心（CNNIC）联合发布《2019 年全国未成年人互联网使用情况研究报告》。报告基于对全国 31 个省（区、市）的小学、初中、高中及中等职业学校 34661 名学生抽样调查，从未成年人互联网接入环境、互联网使用、网络素养教育、网络安全与防护等方面，展示了当前我国未成年人的互联网使用特点和网上生活状态。

3. 2020 年 5 月 15 日，中国青少年新媒体协会、清华大学新闻学院沈阳教授团队以游戏平台、社交平台、短视频平台这三类青少年网络参与程度最高的平台为评估对象，联合发布《青少年互联网平台参与风险研究报告》。报告指出，当前网络游戏平台、社交平台和短视频平台在青少年群体中显现出安全风险度，衍生出一系列风险因素。其中，网络游戏已成为青少年的核心风险来源，其代入式娱乐形式更易使青少年沉溺成瘾，对青少年影响相对较大。

4. 2020 年 6 月 1 日，中国互联网协会主办了“防范未成年人沉迷网络公益公开课”，并公开发布了《防范未成年人沉迷网络倡议书》，以多元共治的指导思想，倡导全社会共同关注未成年人网络沉迷问题，多方协同、综合施策，为未成年人营造清朗的网络环境，共同守护未成年人的健康成长。

5. 2020 年 7 月 13 日，国家网信办决定即日起开展为期两个月的“清朗”未成年人暑期网络环境专项整治。此次专项重点整治学习教育类网站平台和其他网站的网课学习板块的生态问题，深入清理网站平台少儿、动画、动漫等频道的不良动画动漫产品，严厉打击直播、短视频、即时通信工具和论坛社区环节存在的涉未成年人有害信息，从严整治青少年常用的浏览器、输入法等工具类应用程序恶意弹窗问题，严格管控诱导未成年人无底线追星、拜金炫富等存在价值导向问题的不良信息和行为，集中整治网络游戏平台实名制和防沉迷措施落实不到位、诱导未成年人充值消费等问题，持续大力净化网络环境。

6. 2020 年 8 月 26 日起，为了营造良好安全的未成年人网络环境，教育部、国家新闻出版署、中央网信办、工业和信息化部、公安部、市场监管总局联合开展专项治理行动，主要聚焦未成年人沉迷网络游戏、网络不良信息、网络不良社交等问题。

7. 2020 年 9 月 19 日，国家网络安全宣传周“青少年日”之际，以“共建未成年人保护机制，促进互联网健康发展”为主题的 2020 年儿童互联网大会暨未成年人网络素养论坛，在北京、广东两地通过线上线下形式举办。广东省网络安全宣传周、中国网同步直播本次大会，并通过“广东共青团”B站直播间等11个平台进行推送。

8. 2020年9月21日，中国社会科学院新闻与传播研究所、中国社会科学院大学与社会科学文献出版社共同发布了《青少年蓝皮书：中国未成年人互联网运用报告（2020）》。发布2019~2020年“中国未成年人互联网运用状况调查”的最新报告，本次调查以GDP和人口规模作为主要指标，对全国7~18岁的在校学生进行抽样调查，向10个省区市的89所学校发放问卷12829份，收回有效问卷11210份。

9. 2020年9月23日，由中国儿童中心和北京师范大学新闻传播学院主办的《中国儿童舆情报告（2020）》新闻发布会在北京召开。该报告由中国儿童中心联手北京师范大学新闻传播学院共同打造，系国内首次就儿童发展的全领域舆情进行的一项系统研究。报告以2019年1~12月全网涉及儿童的舆情大数据为基础，通过分析超过1270万条舆情信息，全面回顾和系统梳理了2019年儿童舆情的基本情况和发展特点，并在此基础上提出了相应的对策建议。

10. 2020年10月17日，中华人民共和国主席令（第五十七号）《中华人民共和国未成年人保护法》由中华人民共和国第十三届全国人民代表大会常务委员会第二十二次会议修订通过并公布，自2021年6月1日起施行。

11. 2020年11月20日下午，2020年（第六届）中国互联网法治大会未成年人网络安全保护论坛暨“未成年人网络保护公益短视频”征集活动启动仪式在京举办。本次论坛由中国互联网协会、中国网络空间安全协会、中国国际文化艺术中心共同主办。来自法律、心理、互联网、医学健康等领域的专家学者围绕如何加强未成年人身心权益保护、防止未成年人网络成瘾、提升未成年人网络素养等话题进行了互动讨论和经验分享，为营造清朗的未成年人网络空间提供了诸多思路和建议。

12. 2020年12月26日，中华人民共和国主席令（第六十四号）《中华人民共和国预防未成年人犯罪法》由中华人民共和国第十三届全国人民代表大会常务委员会第二十四次会议修订通过，现予公布，自2021年6月1

日起施行。

13. 2020年12月28日，中国传媒大学新媒体研究院全网发布《移动互联网时代下，Z世代人群获取新闻资讯习惯研究报告》。报告聚焦Z世代人群，全面梳理在移动互联网时代下新闻资讯行业的发展趋势，深入调查Z世代人群获取新闻资讯的主要方式，并对获取的新闻资讯内容进行分析，进而总结Z世代人群获取新闻资讯的习惯。

14. 2020年12月30日，京师中国传媒智库第31期《中国青少年网络素养调查报告（2020）》发布会暨“未成年人网络保护跨学科论坛”在北京举办。此次会议由北京师范大学新闻传播学院、北京师范大学教育新闻与传媒研究中心主办。

15. 2021年1月15日，教育部办公厅发布《关于加强中小学生手机管理工作的通知》，是为保护学生视力、让学生在学校专心学习、防止沉迷网络和游戏、促进学生身心健康发展而印发的通知。

16. 2021年1月28日，北京市未成年人保护委员会召开2021年全体会议，部署全年要推进的40个重点项目。这些项目既紧密围绕新修订的未成年人保护法的内涵进行设计，又对当前社会普遍关心的未成年人健康成长问题做出回应。针对未成年人网络沉迷、网络欺凌、网络色情等问题，推出“互联护苗2021”项目，全面调动社会参与涉未成年人违法和不良信息整治，筑牢未成年人网络安全“防火墙”。

17. 2021年2月3日，中共中央发布《关于全面加强新时代少先队工作的意见》，少年儿童是祖国的未来、中华民族的希望，也是党的未来。我们党始终高度重视少年儿童、亲切关心少年儿童，始终把培养好少年儿童作为一项关系红色江山永不变色的战略性、基础性工作。全面加强新时代少先队工作，强化对少年儿童的政治启蒙和价值观塑造，引导少年儿童时刻准备着为共产主义事业而奋斗。

18. 2021年4月28日，国务院成立未成年人保护工作领导小组，作为国务院议事协调机构，统筹协调全国未成年人保护工作，研究审议未成年人保护重大事项。孙春兰任领导小组组长。

19. 2021 年 5 月 31 日，腾讯可持续社会价值事业部联合中国儿童中心发布了《2021 未成年人互联网兴趣洞察报告》，从未成年人生活方式及兴趣爱好、互联网使用习惯、未来畅想及思考等多方向，走进未成年人的互联网世界。

20. 2021 年 6 月 1 日，新修订的《未成年人保护法》正式实施。新修订的“未保法”增设了“网络保护”专章，从家庭保护、学校保护、社会保护、网络保护、政府保护、司法保护、法律责任六个方面为线上线下全方位、社会各界合力保护未成年人提供了法律保障。

21. 2021 年 6 月 1 日，在中央网信办网络法治局、团中央宣传部共同指导下，中国网络社会组织联合会、浙江省委网信办、中央电教馆、中国青少年新媒体协会共同在宁波举行“E 路护航・赋能成长”2021 未成年人网络保护研讨会，聚焦“未成年人互联网使用与保护——行业责任及社会参与”进行研讨。

Abstract

Minors' Internet use is an essential concern of the whole society. It is a grand strategy for building a cyberpower and the growth of minors in the future. This book is one of the results of the Internet Use by Minors in China Survey, a sub-project of the China Wangmai Project. The survey has been in conduction since the launch of the proiect in 2006. By January 2020, a total of ten national sample surveys have been completed. This volume of the Internet Use by Minors in China Blue Book is based on data of the tenth survey and special surveys conducted by various authors. Combining a variety of studies, this book reports on the latest status of internet use among Chinese minors, with topical discussions on trending issues of their online learning during the Covid-19 pandemic. The book continues to focus on the current status of internet use among the primary school students in Beijing, and compares and updates the characteristics of Internet use and online behavior of minors in Guangdong Province.

With rapid development of online digital technologies, the Internet has been deeply integrated and embedded in the everyday life and learning of adolescents. Placed in the environment of China's Internet development, the relationship between China's youth and the Internet should be further reflected and reconstructed. First, minors' online behavior and cognition have been deeply embedded in the digital age, thus how they can better survive digitally will be the focus. Second, teenagers are the driving force of a strong cyberpower. They are participants and creators of cyber culture, and perpetuate the inheritance of Chinese culture in cyberspace. Third, the youth growing up in the internet era need to be protected by the society. They must also have a sense of responsibility to create cyberpower in the new era. We should actively use development to promote protection and build a solid foundation for the construction of cyberpower. Fourth, internet literacy has become a survival skill for teenagers, and it naturally as a type of civic literacy in the digital age. Therefore, the research direction of this book is to interconnect Internet use, cyberpower, Internet culture and Internet civilization, and to analyze and observe them in the Chinese context.

The study reveals that: 1. There are significant urban-rural differences in cognitive attitudes and behaviors toward the Internet. More rural minors have experienced online safety problems. 2. Minors use the Internet for the first time at a much younger age. The utilization ratio of mobile terminals is very high, and there are risks of excessive entertainment and Internet addiction. 3. Video applications are the most popular among left-behind children, and they generally use online top-ups. 4. There is a trend of lowering the age of exposure to computer programming among the youth population. 5. Minors spend too much time learning online, and some educational platforms have poor quality. 6. Minors' participation in online communities has the following characteristics: niche, personalization, diversity, and clustering by people or things. The problems include entertainment, forming circles, group polarization, irrational consumption, and so forth. 7. The Internet has made socialization easier for adolescents, but it has also led to the proliferation of advertisements, and less physical fitness, etc. 8. The overall low level of Internet literacy is due to personal, family, and school factors. 9. Cyberbully, underage celebrities, and short-video addiction still exist.

The main recommendations of this book are: 1. The governance model should shift from the traditional control mode to coordination among many parties, emphasizing the responsibilities of all and collaborated innovation. 2. Governance of educational platforms and to courses should be strengthened. 3. Restriction and empowerment should have equal emphasis to enhance the educational function of short video platforms and to improve internet literacy. Software's children-only mode should be improved, too. 4. For minors' online community participation, we should establish a policy synergy mechanism, where platforms can fulfill their management responsibilities. 5. To enhance minors' internet literacy, we need to combine the strengths of all social sectors and develop action plans, build educational ecosystems, and improve relevant laws and regulations. 6. For phenomena such as personal information leaks, Internet dependence, digital divide, and underage online celebrities, we need to emphasize the responsibility of multiple social actors and switch from the traditional control model to a model with multi-party coordination.

Keywords: Minors; Network Behavior; Social Networking; Network Literacy; Network Learning; Information Protection

Contents

I General Report

Abstract: This report provides an overview of the status of minors in the online ecosystem and their internet use over the past year. In conjunction with the survey, it also reports on minors' online culture, career choices and online communities. The report analyzes the protection, guidance and online literacy of minors' internet use. It identifies several problems: The Internet has an adverse influence on minors' internet use. The internet has subtle influence on minors. Parents have limited roles in guiding minors' internet use. Internet use shows urban-rural differences and unbalanced development. Internet literacy education is unbalanced and has much room for improvement. The report recommends that we should reach a social consensus on the youth's subjective position in continuing cyberpower. Development and protection, development and governance should be well-balanced. Urban-rural disparity and development imbalance should be paid attention to and resolved. Digital care needs to be strengthened and the digital divide needs to be bridged. Digital products' impact on minors should receive continuous attention as technologies and products are being iterated. Learning the latest technology by youth groups should be promoted. There should be continuous attention to and in-depth research on the influence of internet culture on minors.

Keywords: Minors; Cyberpower; Network Culture; Internet Literacy; Internet Ecology

Ⅱ Sub-reports

Abstract: This paper is based on data from the 2020 Tenth Internet Use by Minors in China Survey. By analysing the current state, purpose and problems of internet use among middle school students, it is found that the internet has gained full popularity among them. The usage rate of mobile terminals such as cell phones is very high. Although the length and frequency of internet access among middle school students have been controlled, there are still risks of excessive entertainment and internet addiction. In the post-pandemic era, the internet has become an important learning aid for middle school students. It is recommended that families, schools, media platforms, industry, and educational administration should coordinate to achieve efficient cooperative governance of monitoring, education, error correction, regulation, and guidance.

Keywords: Middle School Students; Internet Use; Demand Analysis

Abstract: Based on data from the 2020 Internet Use by Minors in China Survey, this paper studies the cognitive attitudes and behaviors of urban and rural minors in the process of internet use. It finds that there are differences in the internet cognitive attitudes and behaviors between urban and rural minors. A digital divide is obvious, with urban minors having access to the internet earlier than rural minors. Rural minors are deeply immersed in the internet and spend longer time online on average every day. They tend to access short video content and more of them have encountered online safety problems. It proposes that the governance model should shift from the traditional control-based one to a more coordinated one and that governance should switch from a society-based paradigm to a relationship-based paradigm.

Keywords: Teenager; Urban-rural Comparison; Internet Cognitive; Digital Literacy

B.4 A Study on the Internet Use and Digital Literacy of Rural Left-behind Children

Liu Zhaoxia, Li Muyun / 067

Abstract: This report is based on the statistical data of the 2020 Internet Use by Minors in China survey. The researcher conducted in-depth interviews with left-behind children, their guardians and teachers from January 2021 to March 2021 in various places in China. Research on the Internet usage of left-behind children finds: their own cell phones have become the preferred device. Their age of first internet use is low, and they spend too much time online. They use a variety of devices. The supervision of their internet use is insufficient. Video is the most popular application. Most of them have pre-paid for services. The report offers recommendation for found from government, school, family and society.

Keywords: Rural Left-behind Children; Internet Use; Digital Literacy

Ⅲ Hot Spot Reports

Abstract: This article analyses the general state, characteristics and problems of minors' online learning before and after the Covid –19 pandemic. By analysing course content, method and duration of learning, and minors' level of satisfaction, it finds that: Online learning has become the main online activity for minors. Minors have a wide variety of course choices. They also have multiple ways of participating online learning. The study finds that minors spend too much time learning online and platforms' quality varies. This article has the following policy recommendations: Platforms and their content should be further regulated. The construction of a national online education platform should be pushed forward to offer abudent resources and a clean and healthy environment. Minors should receive more internet literacy education to learn spontaneousy and safely.

Keywords: Teenager; Online Learning; Covid –19 Pandemic

Abstract: Although cyberbullying occurs in the virtual space, there is real harm to minors behind the data, This study describes the general state of cyberbullying among minors. It identifies the focus of society's attention and different opinions, and inspects and summarizes the new trends presented by bullying. Finally, the study proposes measures for the prevention of cyberbullying.

Keywords: Teenager; Cyberbullying; Public Opinion

B.7 The Current State of Underage Weblebrities *Zeng Xin* / 141

Abstract: In 2019, for the first time, the term *wanghong* (weblebrity) has become enormously popular, surpassing "star". At present, the number of weblebrities has exceeded one million. Their continuous exposure by media has fueled their popularity. Their communication and business are rapidly rising. Minors have either become or been turned into celebrities by their parents or companies. There is also a growing number of people in the underage population who follow them. Minor weblebrities have triggered controversies, such as the protection of their privacy and safety, and the shaping of other minors' values. In this paper, based on a brief overview of underage weblebrities in China, we look at some currently influential and typical underage presenters. We then discuss the positive and negative impacts they have on minors and provide policy recommendations.

Keywords: Minors; Weblebrity; Weblebrity Culture; Social Media Platform

B.8 The Healthy Development of Minors and Their Use of Short Video Services *Xu Lingjun* / 154

Abstract: This paper studies the length, content preference, influence of minors' use of short video services. It analyzes their current state, positive effects and problems. The study finds that bad short video content affects minors' values and addiction leads to disorder in their academic life. There are also problems in mobile apps' child mode. There is a need to strengthen the educational function of short video platforms and to improve minors' internet literacy. Both restrictions and empowerment should have equal weight in order to improve the protective framework and enhance the ability of minors to use short videos.

Keywords: Short Video; Minors; Online Literacy

Ⅳ Social Networking

Abstract: For minors who are the natives of the internet, online communities are omnipresent and pervasive. It has become an important intermediary for minors to connect to society, and is an important form of autonomous social participation for minors. The participation of minors in online communities has obvious characteristics of crowding, personalization, diversification, and "gathering by people (objects)". At the same time, minors' sense of subjectivity in online communities is increasingly prominent, and there are more interactivity between online and offline worlds. However, the problems of entertainmentization, stratification, group polarization and irrational consumption affect the healthy development of minors. This paper has several policy recommendations: There should be a coordinated policy mechanism for minors' participation in online communities. Platforms should fulfil their responsibilities. Minors should be offered with more internet literacy education and guidance in their online communities.

Keywords: Internet; Network Community; Teenager; Social Participate

Abstract: This study analyses the internet's impact on Chinese minors' cognition, behaviour and emotions in their socialization. It covers the general state, trends and characteristics of such issues, identifies problems and offers policy recommendations. It is based on the 2010 –2020 data from the annual Internet Use by Minors in China reports, published by the Chinese Academy of Social

Sciences' Institute of Journalism and Communication Studies. It also integrates results of local and foreign similar studies. The study has the following findings: Parents are more open-minded about minors' internet use. Entertainment is the dominant form of use. Online idioms are entering everyday life. Minors' social participation and self-expression are acquaintance-based and observational. While enabling quick retrieval of information, internet use also eats into the time available for other social activities. The internet has completely penetrated the minor group. Minors are aware of their behaviour and are well self-disciplined. However, there are factors that may have negative impacts. They include rampant advertising, low awareness of legality, low use of child mode functionalities, excessive time spent online and lower physical fitness. Guardians, schools and socity should work together to provide a clean cyberspace.

Keywords: Internet; Minors; Socialization

B.11 Social Psychosocial Construction of Minors Against Risks Online

Guo Si / 216

Abstract: In the extremely unusual year of 2020, the internet offered a more diverse and more open way of learning and entertainment for minors. Due to the special physical and mental conditions of minors who are still developing, they face many challenges in their internet use such as safety, addiction and digital gap. To boost the psychosocial construction of minors and prepare them for risks online, this study offers several recommendations: Conduct more research on strategies of coping with mental health issues. Teach them to correct values. Realise their potentials in dealing with risks. Improve the institutions of psychosocial services. Improve online security. Narrow the digital gap.

Keywords: Teenager; Internet Risk; Social Psychological Construction

B. 12 Protection of Minors' Online Personal Information

Wang Ying / 230

Abstract: In 2020, a syngergy is formed by the legislature, government and Internet platforms to strengthen the protection of minors' online personal information. Legislation and regulations have been steadily improved and enforcement has had clear results. Individuals are keener to protect their rights. Tackling illegal demand, collection or use of personal information have been prioritized by regulators. Security issues of personal information and facial recognition test the limits of current laws. This article offers advice on protecting minors' privacy from levels of legislation, judiciary, government and society.

Keywords: Minors; Protection of Personal Information; Personal Information Infringement; Personal Information Governance

Ⅳ Internet Literacy

B. 13 Internet Use and Scientific Literacy among Minors

Du Zhitao, *Xiao Yuqi* / 241

Abstract: Minors' scientific literacy is related to gender, age, regional differences, and parents' education level, it is also related to Internet use. The degree of Internet use, time of use, Internet environment, information access channels, and information access preferences directly affect the formation of minors' scientific literacy. At the same time, minors' internet literacy also has an important impact on their scientific literacy. At present, there are several problems with the scientific literacy of minors, including the overall low level and unbalanced development, the lack of general education and online media literacy education, superficial reading and "fast food culture", and "lost in online information" . We should solve the problem through various ways and multiple interactions: home and school should coordinate to create an environment for science literacy cultivation. We should optimize the model of science education in schools. There needs to be more innovation in science communication. The gap in foundational science education should be addressed as well.

Keywords: Minors; Internet Use; Scientific Literacy

B.14 The State of International Development of Digital Citizenship Education

Dang Shengcui / 264

Abstract: Using institutional analysis and comparative research methods, from the perspective of adolescents, this paper offers an analysis of the three-dimensional technical-ethical-social context in which digital citizenship education arises. The paper examines the basic principles of digital citizenship education using the endogeneity of empowerment theory. It also explores the dynamics and synergistic mechanisms of digital citizenship education development in the United States. Finally, we propose recommendations based on the current development of digital citizenship education in China.

Keywords: Digital Citizenship; Education; International

B.15 The State of Online Computer Programming Education for Minors

Sun Ping, Ji Fangfang and Wang Xiaoyan / 277

Abstract: Teenage programming education has become an important development area for teenage internet use and online education, with a potential target audience of more than 200 million people. Our study finds that there are large gender and urban-rural differences in programming education for teenagers in China. Parents expect their children to improve their thinking abilities and develop an interest in coding. At the same time, with the continuous promotion of online education in recent years, the age of the youth population exposed to programming shows a gradually lower trend. There are also problems such as uneven teaching talents, a lack of unified regulatory standards for content, and a wide gap between urban and rural programming education. It is necessary to strengthen the content development of programming platforms, standardize data management, ensure network security, and implement the main responsibility at the regulatory level.

Keywords: Children's Programming; Minors; Online Education

Ⅵ Regional Reports

Abstract: Based on Beijing's regional data from the 2020 tenth Internet Use by Minors in China survey, this report describes the general state of internet use among primary school students in Beijing. It analyzes their perceptions of and attitudes toward the internet, describing the characteristics of their online socialization and interaction. It also offers an interpretation of their knowledge in online safety and internet literacy. This report identifies problems in their current internet use and offers suggestions for improvement to parents, schools, and students.

Keywords: Primary School Students; Internet Use; Beijing

Abstract: Based on Guandong's regional data of the 2020 Internet Use by

Ⅶ Appendix

皮 书

智库报告的主要形式
同一主题智库报告的聚合

皮书定义

皮书是对中国与世界发展状况和热点问题进行年度监测，以专业的角度、专家的视野和实证研究方法，针对某一领域或区域现状与发展态势展开分析和预测，具备前沿性、原创性、实证性、连续性、时效性等特点的公开出版物，由一系列权威研究报告组成。

皮书作者

皮书系列报告作者以国内外一流研究机构、知名高校等重点智库的研究人员为主，多为相关领域一流专家学者，他们的观点代表了当下学界对中国与世界的现实和未来最高水平的解读与分析。截至 2021 年，皮书研创机构有近千家，报告作者累计超过 7 万人。

皮书荣誉

皮书系列已成为社会科学文献出版社的著名图书品牌和中国社会科学院的知名学术品牌。2016 年皮书系列正式列入“十三五”国家重点出版规划项目；2013~2021 年，重点皮书列入中国社会科学院承担的国家哲学社会科学创新工程项目。

S 基本子库
SUB DATABASE

中国社会发展数据库（下设 12 个子库）

整合国内外中国社会发展研究成果，汇聚独家统计数据、深度分析报告，涉及社会、人口、政治、教育、法律等 12 个领域，为了解中国社会发展动态、跟踪社会核心热点、分析社会发展趋势提供一站式资源搜索和数据服务。

中国经济发展数据库（下设 12 个子库）

围绕国内外中国经济发展主题研究报告、学术资讯、基础数据等资料构建，内容涵盖宏观经济、农业经济、工业经济、产业经济等 12 个重点经济领域，为实时掌控经济运行态势、把握经济发展规律、洞察经济形势、进行经济决策提供参考和依据。

中国行业发展数据库（下设 17 个子库）

以中国国民经济行业分类为依据，覆盖金融业、旅游、医疗卫生、交通运输、能源矿产等 100 多个行业，跟踪分析国民经济相关行业市场运行状况和政策导向，汇集行业发展前沿资讯，为投资、从业及各种经济决策提供理论基础和实践指导。

中国区域发展数据库（下设 6 个子库）

对中国特定区域内的经济、社会、文化等领域现状与发展情况进行深度分析和预测，研究层级至县及县以下行政区，涉及省份、区域经济体、城市、农村等不同维度，为地方经济社会宏观态势研究、发展经验研究、案例分析提供数据服务。

中国文化传媒数据库（下设 18 个子库）

汇聚文化传媒领域专家观点、热点资讯，梳理国内外中国文化发展相关学术研究成果、一手统计数据，涵盖文化产业、新闻传播、电影娱乐、文学艺术、群众文化等 18 个重点研究领域。为文化传媒研究提供相关数据、研究报告和综合分析服务。

世界经济与国际关系数据库（下设 6 个子库）

立足“皮书系列”世界经济、国际关系相关学术资源，整合世界经济、国际政治、世界文化与科技、全球性问题、国际组织与国际法、区域研究 6 大领域研究成果，为世界经济与国际关系研究提供全方位数据分析，为决策和形势研判提供参考。

法律声明